ESTUDO SISTEMATIZADO
DA DOUTRINA ESPÍRITA

Programa Complementar
TOMO III

Organização
Cecília Rocha

ESTUDO SISTEMATIZADO
DA DOUTRINA ESPÍRITA

PROGRAMA COMPLEMENTAR
TOMO III

FEB

Copyright © 2008 by
FEDERAÇÃO ESPÍRITA BRASILEIRA – FEB

2ª edição – 6ª impressão – 2,5 mil exemplares – 5/2025

ISBN 978-65-5570-396-2

Todos os direitos reservados. Nenhuma parte desta publicação pode ser reproduzida, armazenada ou transmitida, total ou parcialmente, por quaisquer métodos ou processos, sem autorização do detentor do *copyright*.

FEDERAÇÃO ESPÍRITA BRASILEIRA – FEB
SGAN 603 – Conjunto F – Avenida L2 Norte
70830-106 – Brasília (DF) – Brasil
www.febeditora.com.br
editorial@febnet.org.br
+55 61 2101 6161

Pedidos de livros à FEB
Comercial
Tel.: (61) 2101 6161 – comercial@febnet.org.br

Todo o papel empregado nesta obra possui certificação FSC® sob responsabilidade do fabricante obtido através de fontes responsáveis.
* marca registrada de Forest Stewardship Council

Adquirindo esta obra, você está colaborando com as ações de assistência e promoção social da FEB e com o Movimento Espírita na divulgação do Evangelho de Jesus à luz do Espiritismo.

Dados Internacionais de Catalogação na Publicação (CIP)
(Federação Espírita Brasileira – Biblioteca de Obras Raras)

R672e   Rocha, Cecília (Org.), 1919-2012

         Estudo sistematizado da doutrina espírita: programa complementar / Cecília Rocha (organizadora). – 2. ed. – 6. imp. – Brasília: FEB, 2025.

         V. 3; 512 p.; 25 cm

         ISBN 978-65-5570-396-2

         1. Espiritismo – Estudo e ensino. 2. Espíritas – Educação. I. Federação Espírita Brasileira. II. Título.

CDD 133.9
CDU 133.7
CDE 60.02.00

SUMÁRIO

Apresentação 9

Atualização do Programa ESDE 10

Explicações necessárias 12

MÓDULO I
Vida no Mundo Espiritual **15**

ROTEIRO 1 – O fenômeno da morte 16

ROTEIRO 2 – Perturbação espiritual 36

ROTEIRO 3 – Das sensações e percepções dos Espíritos 50

ROTEIRO 4 – Espíritos na erraticidade 62

ROTEIRO 5 – Sorte das crianças depois da morte 70

ROTEIRO 6 – Esferas espirituais da Terra e mundos transitórios ... 79

ROTEIRO 7 – Ocupações e missões dos Espíritos 95

ROTEIRO 8 – Relações no Além-Túmulo: simpatias e antipatias . 105

ROTEIRO 9 – Afeição que os Espíritos votam a certas pessoas. Espíritos protetores 114

ROTEIRO 10 – Escolhas das provas 123

MÓDULO II
Fluidos e perispírito **133**

ROTEIRO 1 – Natureza, propriedades e qualidades dos fluidos 134

ROTEIRO 2 – Perispírito: formação, propriedades e funções .. 144

ROTEIRO 3 – Criações fluídicas 155

ROTEIRO 4 – Magnetismo: conceito e aplicação 165

ROTEIRO 5 – Aplicações do magnetismo humano 175

MÓDULO III
O fenômeno mediúnico **187**

ROTEIRO 1 – O fenômeno mediúnico através dos tempos 188

ROTEIRO 2 – Os médiuns precursores 205

ROTEIRO 3 – Finalidades e mecanismos das comunicações mediúnicas 218

ROTEIRO 4 – Natureza das comunicações mediúnicas 227

ROTEIRO 5 – As evocações e as comunicações espontâneas dos Espíritos 237

MÓDULO IV
Dos médiuns **245**

ROTEIRO 1 – Classificação e características dos médiuns 246

ROTEIRO 2 – Mediunidade nas crianças 255

ROTEIRO 3 – A influência moral do médium e do meio nas comunicações mediúnicas 265

MÓDULO V
Da prática mediúnica **279**

ROTEIRO 1 – Qualidades essenciais ao médium 280

ROTEIRO 2 – Identificação das fontes de comunicação mediúnica 291

ROTEIRO 3 – Contradições e mistificações 302

ROTEIRO 4 – Animismo 315

ROTEIRO 5 – O exercício irregular da mediunidade 324

MÓDULO VI
Obsessão e desobsessão **332**

ROTEIRO 1 – Obsessão: conceito, causas e graus 333

ROTEIRO 2 – O processo obsessivo: o obsessor e o obsidiado .. 341

ROTEIRO 3 – Obsessão e enfermidades mentais 351

ROTEIRO 4 – Desobsessão 363

MÓDULO VII
Fenômenos de emancipação da alma **373**

ROTEIRO 1 – O sono e os sonhos 374

ROTEIRO 2 – Letargia, catalepsia e fenômenos de quase-morte 388

ROTEIRO 3 – Sonambulismo, êxtase e dupla vista 405

MÓDULO VIII
A evolução do pensamento religioso **418**

ROTEIRO 1 – A base religiosa da Humanidade 419

ROTEIRO 2 – Politeísmo 429

ROTEIRO 3 – Moisés e o Decálogo 440

ROTEIRO 4 – Jesus e o Evangelho 449

ROTEIRO 5 – A revelação espírita 459

ROTEIRO 6 – Espiritismo: o Consolador prometido por Jesus .. 470

Orientações pedagógico-doutrinárias 482

Sugestões de dinâmicas de estudo 490

Planejamento do estudo espírita 501

APRESENTAÇÃO

Este livro – *Programa Complementar* (Tomo III) – conclui a série proposta para a nova programação do Estudo Sistematizado da Doutrina Espírita (ESDE).

Abrange os conteúdos doutrinários existentes em *O livro dos espíritos*, da Introdução à Conclusão, mas com ênfase na Parte Segunda desta obra espírita.

A atualidade dos ensinamentos transmitidos pelos Espíritos Superiores pode ser conferida nos seguintes temas que caracterizam os 8 módulos e os 41 roteiros de estudo: Vida no Mundo Espiritual, Fluidos e perispírito, O fenômeno mediúnico, Dos médiuns, Da prática mediúnica, Obsessão e desobsessão, Fenômenos de emancipação da alma, A evolução do pensamento religioso.

ATUALIZAÇÃO DO PROGRAMA ESDE

Em atendimento à demanda do Movimento Espírita brasileiro e fiel ao Programa ESDE, a Federação Espírita Brasileira (FEB) apresenta atualizações em procedimentos pedagógicos, respeitando o conteúdo conforme edição de 2008.

São claras as orientações da Espiritualidade Superior quanto ao Programa:

> Um programa de estudo sistematizado da Doutrina Espírita, sem nenhum demérito para todas as nobres tentativas que têm sido feitas ao largo dos anos, num esforço hercúleo para interessar os neófitos no conhecimento consciente da Nova Revelação, é o programa da atualidade sob a inspiração do Cristo (Mensagem psicofônica recebida pelo médium Divaldo Pereira Franco, na Reunião do Conselho Federativo Nacional da FEB, no dia 27 de novembro de 1983, em Brasília, DF, no lançamento da Campanha de Estudo Sistematizado da Doutrina Espírita. In: *Reformador*, jan. 1984, p. 25(29)-27(31)).

Nas comemorações dos 35 anos do Estudo Sistematizado da Doutrina Espírita (ESDE), a coordenação nacional da Área de Estudo do Espiritismo do Conselho Federativo Nacional da FEB (CFN-FEB) consultou o médium Divaldo Pereira Franco sobre a possibilidade de entrevistar os Espíritos Bezerra de Menezes, Angel Aguarod, Francisco Thiesen e Cecília Rocha, para que dessem algumas orientações e diretrizes relativas, particularmente, ao ESDE:

BEZERRA DE MENEZES:

Graças ao trabalho profícuo do ESDE, a divulgação correta e acessível da Doutrina Espírita vem encontrando maior ressonância nas mentes e nos sentimentos.

[...]

Tem sido um excelente instrumento pedagógico para divulgação do Espiritismo.

Angel Aguarod:

O que sugeriríamos diz respeito a maior exposição do nosso programa, elucidando os presidentes dos centros espíritas a adotarem o método facilitador, mediante conferências especializadas e comentários frequentes sobre a sua eficiência.

Francisco Thiesen:

Somente quando o Movimento Espírita se encontrava consolidado, graças à seriedade dos centros e instituições espíritas, é que se tornou possível o surgimento do ESDE, considerando-se a qualidade do seu programa e a revelação espiritual transmitida por médiuns sérios e devotados, escritores e conferencistas fiéis à Codificação, confirmando na atualidade a obra incomparável de Allan Kardec.

Tornaram-se paradigmas esses laboriosos instrumentos do Alto, para a ampla divulgação do Espiritismo, ora reunidos em um programa abrangente e disciplinado, que facilita o estudo e a vivência da Doutrina.

Cecília Rocha:

O ESDE facilita o entendimento da Doutrina Espírita, contribuindo seguramente com os textos que complementam as diretrizes estabelecidas, não somente elas, mas também a ampliação do conhecimento humano defluente do estudo sério e bem amplo apresentado.

Eu solicitaria a esses admiráveis e dedicados trabalhadores da Doutrina de Jesus que se entreguem a esse mister com amor, estando vigilantes para as necessidades que os tempos vierem a apresentar, tornando cada vez mais eficiente o programa iluminativo. (Reformador, abr. 2018, p. 45 a 48).

EXPLICAÇÕES NECESSÁRIAS

O Programa do Estudo Sistematizado da Doutrina Espírita (ESDE) oferece uma visão panorâmica e doutrinária do Espiritismo, fundamentada nos assuntos existentes em *O livro dos espíritos*.

O objetivo fundamental deste Programa, como dos anteriores, é propiciar condições para estudar o Espiritismo de forma séria, regular e contínua, tendo como base as obras codificadas por Allan Kardec e o Evangelho de Jesus, conforme os esclarecimentos prestados na Apresentação.

O seu conteúdo doutrinário está distribuído em dois programas, assim especificado:

Programa Fundamental – subdividido em dois tomos. O Tomo I contém 8 e o Tomo II contém 11 módulos de estudo.

Programa Complementar – constituído de um único tomo, agora numerado como Tomo III, com 8 módulos de estudo.

A formatação pedagógica-doutrinária utiliza, em ambos os programas, o sistema de módulos para agrupar assuntos semelhantes, os quais são desenvolvidos em unidades básicas denominadas *roteiros de estudo*.

A duração mínima prevista para a execução do Programa é de dois anos.

Cada roteiro de estudo, em princípio, deverá ser desenvolvido em reuniões semanais de 90 a 120 minutos.

Todos os roteiros contêm: a) uma página de rosto, em que estão definidos o número e o nome do módulo, os objetivos específicos e o conteúdo básico, norteador do assunto a ser desenvolvido em cada encontro; b) formulários de subsídios, existentes em número variável segundo a complexidade do assunto, redigidos em linguagem didática de acordo com os objetivos específicos e o conteúdo básico do roteiro; c) formulário de referências; d) um formulário de sugestões didáticas que indica como aplicar e avaliar o assunto de forma dinâmica e diversificada, este apenas nas orientações ao facilitador. Alguns roteiros contam também com anexos, glossários ou notas de rodapé, bem como recomendações de atividades extrarreunião.

Sugere-se que nas reuniões semanais, seja utilizada a mediação dialógica, permeada com o trabalho em grupo, o estudo e reflexões dos assuntos, o compartilhamento de pesquisas, dentre outras, evitando a monotonia e o cansaço.

No Programa, ora apresentado, foram inseridas citações evangélicas pertinentes aos temas dos módulos e feitos os seguintes ajustes, sem prejuízo do conteúdo:

Tomo I:

a) alteração na sequência dos módulos;

b) inclusão do módulo Movimento Espírita e Unificação (Módulo VIII);

c) exclusão dos módulos Lei Divina ou Natural e Lei de Adoração;

d) ajustes em alguns roteiros;

e) atualização de terminologias;

f) sugestões de atividades;

g) inclusão de reflexão individual ao término do estudo de cada roteiro;

h) inclusão de orientações pedagógico-doutrinárias.

Tomo II:

a) inclusão dos módulos Lei Divina ou Natural e Lei de Adoração;

b) atualização de terminologias;

c) sugestões de atividades;

d) inclusão de reflexão individual ao término do estudo de cada roteiro;

e) inclusão do roteiro Valorização e sustentação da vida (Módulo XIV, Roteiro 5);

f) inclusão de orientações pedagógico-doutrinárias.

Tomo III:

a) exclusão do módulo Movimento Espírita e Unificação (Módulo IX);

b) atualização de terminologias;

c) sugestões de atividades;

d) inclusão de reflexão individual ao término do estudo de cada roteiro.

h) inclusão de orientações pedagógico-doutrinárias.

* * *

Os vídeos sugeridos na apostila podem ser acessados digitando o *link* em sua busca na internet.

PROGRAMA COMPLEMENTAR

MÓDULO I
Vida no Mundo Espiritual

OBJETIVO GERAL

Propiciar conhecimentos da Vida no Mundo Espiritual, de acordo com o Espiritismo.

"[...] Eu sou a ressurreição e a vida. Quem crê em mim, mesmo se morrer, viverá." – JESUS. (*João*, 11:25.)

O FENÔMENO DA MORTE

1   OBJETIVOS ESPECÍFICOS

» Analisar o fenômeno da morte.

» Refletir sobre o processo de separação da alma do corpo no instante da morte do corpo físico.

2   CONTEÚDO BÁSICO

» *Que sucede à alma no instante da morte?* "Volta a ser Espírito, isto é, volve ao mundo dos Espíritos, donde se apartara momentaneamente." (Allan Kardec, *O livro dos espíritos*, q. 149).

» *O último alento quase nunca é doloroso, uma vez que ordinariamente ocorre em momento de inconsciência, mas a alma sofre antes dele a desagregação da matéria, nos estertores da agonia, e, depois, as angústias da perturbação.* [...] (Allan Kardec, *O céu e o inferno*, 2ª pt., cap. 1, it. 7).

» *A extinção da vida orgânica acarreta a separação da alma em consequência do rompimento do laço fluídico que a une ao corpo, mas essa separação nunca é brusca.* (Allan Kardec, *O céu e o inferno*, 2ª pt., cap. 1, it. 4).

» *A causa principal da maior ou menor facilidade de desprendimento é o estado moral da alma.* [...] (Allan Kardec, *O céu e o inferno*, 2ª pt., cap. 1, it. 8).

» *Na morte natural, a que sobrevém pelo esgotamento dos órgãos, em consequência da idade, o homem deixa a vida sem o perceber: é uma lâmpada que se apaga por falta de óleo.* (Allan Kardec, *O livro dos espíritos*, comentário de Kardec à q. 154).

» *[...] em todos os casos de morte violenta, quando a morte não resulta da extinção gradual das forças vitais, mais tenazes são os laços que prendem o corpo ao perispírito e, portanto, mais lento o desprendimento completo.* (Allan Kardec, *O livro dos espíritos*, comentário de Kardec à q. 162).

» [...] *No suicida, principalmente,* [essa situação] *excede a toda expectativa. Preso ao corpo por toda as suas fibras, o perispírito faz repercutir na alma todas as sensações daquele, com sofrimentos cruciantes.* (Allan Kardec, *O céu e o inferno*, 2ª pt., cap. 1, it. 12).

3   SUGESTÕES DIDÁTICAS

3.1   SUGESTÃO 1:

Introdução

Introduzir o tema explicando, em linhas gerais, o fenômeno da morte ou desencarnação, segundo a Doutrina Espírita.

Desenvolvimento

Solicitar, então, aos participantes que se dividam em cinco grupos para a realização das seguintes tarefas:

a) leitura do item determinado ao grupo;

b) troca de ideias sobre o texto lido;

c) elaboração de resumo, com base nas principais ideias desenvolvidas no texto estudado.

A distribuição dos assuntos, por grupo, pode seguir esta ordenação:

Grupo 1 – item 4.1 Individualidade do Espírito após a desencarnação;

Grupo 2 – item 4.2 Separação da alma do corpo na desencarnação;

Grupo 3 – item 4.3.1 Separação da alma do corpo;

Grupo 4 – item 4.3.2 Separação da alma do corpo na morte natural;

Grupo 5 – item 4.3.3 Separação da alma do corpo na morte súbita.

Pedir aos grupos que indiquem um relator para apresentar as conclusões do trabalho, em plenária.

Ouvir os relatos, esclarecendo possíveis dúvidas.

Conclusão

Utilizar, como fechamento e fixação do estudo e fixação do assunto, esclarecimentos sobre os itens constantes do conteúdo básico deste roteiro.

Avaliação

O estudo será considerado satisfatório se os relatos indicarem que o assunto foi corretamente entendido pelos participantes.

Técnica(s): exposição; trabalho em pequenos grupos.

Recurso(s): subsídios do Roteiro; lápis/papel; transparências ou cartaz.

3.2 SUGESTÃO 2:

Introdução

Iniciar o estudo com a seguinte questão: *O que é desencarnação?*

Ouvir o comentário, participando e estimulando os participantes nas reflexões compartilhadas, sem aprofundar o conceito.

Desenvolvimento

Propor a leitura oral comentada, com os participantes, dos itens 4.2 e 4.3, dos subsídios da apostila deste Roteiro.

Em seguida, dividir a turma em grupos:

Grupo 1 – fazer a leitura e breves comentários dos subsídios da apostila – subitem 4.3.2: Separação da alma do corpo na morte natural.

Grupo 2 – fazer a leitura e breves comentários dos subsídios da apostila – subitem 4.3.3: Separação da alma do corpo na morte súbita.

(Tempo de até 10 minutos.)

Logo após, iniciar uma discussão circular:

» *O que é desencarnação?* (Todos estão convidados para responder.)
» *O que a Doutrina Espírita esclarece acerca da separação da alma do corpo na morte natural?*
» *Existe diferença entre morte e desencarnação?*

Os participantes do Grupo 1 podem iniciar os comentários, permitindo a participação de todos.

Nesse momento, o facilitador esclarece dúvidas e complementa informações, enriquecendo a discussão de acordo com subsídios do Roteiro, convidando também o Grupo 2 para esclarecer acerca da separação da alma do corpo na morte súbita.

Na sequência, fazer a leitura oral compartilhada do texto: *Treino para a morte*, Irmão X, psicografia de Francisco Cândido Xavier, constante no livro *Cartas e crônicas*, publicado pela FEB Editora (ver Anexo, no final desse Roteiro). Convidar os participantes para comentarem suas reflexões acerca do assunto do texto.

Propor a seguinte reflexão individual (não há a necessidade de comentário):

Eu estou preparado para a desencarnação?

Conclusão

Fazer o fechamento reforçando que:

> A extinção da vida orgânica acarreta a separação da alma em consequência do rompimento do laço fluídico que a une ao corpo, mas essa separação nunca é brusca. (Allan Kardec, *O céu e o inferno*, 2ª pt., cap. 1, it. 4).

> A causa principal da maior ou menor facilidade de desprendimento é o estado moral da alma. [...] (Allan Kardec, *O céu e o inferno*, 2ª pt., cap. 1, it. 8).

Avaliação

O estudo será considerado satisfatório se as ideias de os participantes refletirem entendimento do assunto.

Técnica(s): explosão de ideias; estudo de grupo; discussão circular.

Recurso(s): subsídios do Roteiro.

3.3 SUGESTÃO 3:

Estudo de caso

Observação: O estudo de caso deve ser realizado após o estudo do roteiro.

Pode ser realizado o estudo de casos em conjunto com a turma, ou divididos em grupos.

Caso 1 – No grande desprendimento: Irmão Jacob

(Livro: *Voltei*, pelo Espírito Irmão Jacob. Psicografia de Francisco C. Xavier. cap. 2 – *À frente da morte*, it. 2.3 No grande desprendimento. FEB Editora.)

Recordando as experiências do investigador De Rochas, identificava-me em singulares processos de desdobramento.

Recluso, na impossibilidade de receber os amigos para conversações e entendimentos mais demorados, em várias ocasiões me vi fora do corpo exausto, buscando aproximar-me deles.

Nas últimas trinta horas, reconheci-me em posição mais estranha. Tive a ideia de que *dois corações* me batiam no peito. Um deles, o de carne, em ritmo descompassado, quase a parar, como relógio sob indefinível perturbação, e o outro pulsava, mais equilibrado, mais profundo...

A visão comum alterava-se. Em determinados instantes, a luz invadia-me em clarões subitâneos, mas, por minutos de prolongada duração, cercava-me densa neblina.

O conforto da câmara de oxigênio não me subtraía as sensações de estranheza.

Observei que frio intenso veio ferir-me as extremidades. Não seria a integral extinção da vida corpórea?

Procurei acalmar-me, orar intimamente e esperar. Após sincera rogativa a Jesus para que me não desamparasse, comecei a divisar à esquerda a formação de um depósito de substância prateada, semelhante a gaze tenuíssima...

Não poderia dizer se era dia ou se era noite em torno de mim, tal o nevoeiro em que me sentia mergulhado, quando notei que duas mãos caridosas me submetiam a passes de grande corrente. À medida que se desdobravam, de alto a baixo, detendo-se com particularidade no tórax, diminuíam-se-me as impressões de angústia. Lembrei, com força, o irmão Andrade, atribuindo-lhe o benefício, e implorei-lhe mentalmente se fizesse ouvir, ajudando-me.

Qual se estivesse sofrendo melindrosa intervenção cirúrgica, sob máscara pesada, ouvi alguém a confortar-me: "Não se mexa! Silêncio! Silêncio!...".

Conclui que o término da resistência orgânica era questão de minutos.

Não se estendeu o alívio, por muito tempo.

Passei a registrar sensações de esmagamento no peito.

As mãos do passista espiritual concentravam-se-me agora no cérebro. Demoraram-se, quase duas horas, sobre os contornos da cabeça. Suave sensação de bem-estar voltou a dominar-me, quando experimentei abalo indescritível na parte posterior do crânio. Não era uma pancada. Semelhava-se a um choque elétrico, de vastas proporções, no íntimo da substância cerebral. Aquelas mãos amorosas, por certo, haviam desfeito algum laço forte que me retinha ao corpo de carne...

Senti-me, no mesmo instante, subjugado por energias devastadoras.

A que comparar o fenômeno?

A imagem mais aproximada é a de uma represa, cujas comportas fossem arrancadas repentinamente.

Vi-me diante de tudo o que eu havia sonhado, arquitetado e realizado na vida. Insignificantes ideias que emitira, tanto quanto meus atos mínimos, desfilavam, absolutamente precisos, ante meus olhos aflitos, como se me fossem revelados de roldão, por estranho poder, numa câmara ultrarrápida instalada dentro de mim. Transformara-se-me o pensamento num filme cinematográfico misteriosa e inopinadamente desenrolado, a desdobrar-se, com espantosa elasticidade, para seu criador assombrado, que era eu mesmo.

No trabalho comparativo a que era constrangido pelas circunstâncias, tive a ideia de que, até aquele momento, havia sido o construtor de um lago cujas águas crescentes se constituíam de meus pensamentos, palavras e atos e a cuja tona minha alma conduzia a seu talante o barco do desejo; agora que as águas se transportavam comigo de uma região para outra, via-me no fundo, cercado de minhas próprias criações.

Não tenho, por enquanto, outro recurso verbal para definir a situação. Recordei o livro de Bozzano,* em que ele analisa o comportamento dos moribundos; entretanto, sou forçado a asseverar que todas as narrações que possuíamos, nesse sentido, comentam palidamente a realidade.

Caso 2 – Companheiro libertado: desencarnação de Dimas

(Livro: *Obreiros da vida eterna*, pelo Espírito André Luiz. Psicografia de Francisco C. Xavier. cap. 13 – *Companheiro libertado*. FEB Editora.)

Dimas, experimentando indefinível bem-estar no regaço materno, parecia esquecer, agora, todas as mágoas, sentindo-se amparado como criança semi-inconsciente, quase feliz. Ordenou Jerônimo que me conservasse vigilante, de mãos coladas à fronte do enfermo, passando, logo após, ao serviço complexo e silencioso de magnetização. Em primeiro lugar, insensibilizou inteiramente o vago, para facilitar o desligamento nas vísceras. A seguir, utilizando passes longitudinais, isolou todo o sistema nervoso simpático, neutralizando, mais tarde, as fibras inibidoras no cérebro. Descansando alguns segundos, asseverou:

---

* N.E.: *A crise da morte* – Nota do autor espiritual (nota de rodapé de número 3 do livro *Voltei*).

– Não convém que Dimas fale, agora, aos parentes. Formularia, talvez, solicitações descabidas.

Indicou o desencarnante e comentou, sorrindo:

– Noutro tempo, André, os antigos acreditavam que entidades mitológicas cortavam os fios da vida humana. Nós somos Parcas autênticas, efetuando semelhante operação...

E porque eu indagasse, tímido, por onde iríamos começar, explicou-me o orientador:

– Segundo você sabe, há três regiões orgânicas fundamentais que demandam extremo cuidado nos serviços de liberação da alma: o centro vegetativo, ligado ao ventre, como sede das manifestações fisiológicas; o centro emocional, zona dos sentimentos e desejos, sediado no tórax, e o centro mental, mais importante por excelência, situado no cérebro.

[...]

– Noutro ensejo, André, você estudará o problema transcendente das várias zonas vitais da individualidade.

Aconselhando-me cautela na ministração de energias magnéticas à mente do moribundo, começou a operar sobre o plexo solar, desatando laços que localizavam forças físicas. Com espanto, notei que certa porção de substância leitosa extravasava do umbigo, pairando em torno. Esticaram-se os membros inferiores, com sintomas de esfriamento.

Dimas gemeu, em voz alta, semi-inconsciente.

Acorreram amigos, assustados. Sacos de água quente foram-lhe apostos nos pés. Mas, antes que os familiares entrassem em cena, Jerônimo, com passes concentrados sobre o tórax, relaxou os elos que mantinham a coesão celular no centro emotivo, operando sobre determinado ponto do coração, que passou a funcionar como bomba mecânica, desreguladamente. Nova cota de substância desprendia-se do corpo, do epigastro à garganta, mas reparei que todos os músculos trabalhavam fortemente contra a partida da alma, opondo-se à libertação das forças motrizes, em esforço desesperado, ocasionando angustiosa aflição ao paciente. O campo físico oferecia-nos resistência, insistindo pela retenção do senhor espiritual.

Com a fuga do pulso, foram chamados os parentes e o médico, que acorreram, pressurosos. No regaço maternal, todavia, e sob nossa influenciação direta, Dimas não conseguiu articular palavras ou concatenar raciocínios.

Alcançáramos o coma, em boas condições.

O assistente estabeleceu reduzido tempo de descanso, mas volveu a intervir no cérebro. Era a última etapa. Concentrando todo o seu potencial de energia na fossa romboidal, Jerônimo quebrou alguma coisa que não pude perceber com minúcias, e brilhante chama violeta-dourada desligou-se da região craniana, absorvendo, instantaneamente, a vasta porção de substância leitosa já exteriorizada. Quis fitar a brilhante luz, mas confesso que era difícil fixá-la, com rigor. Em breves instantes, porém, notei que as forças em exame eram dotadas de movimento plasticizante. A chama mencionada transformou-se em maravilhosa cabeça, em tudo idêntica à do nosso amigo em desencarnação, constituindo-se, após ela, todo o corpo perispiritual de Dimas, membro a membro, traço a traço. E, à medida que o novo organismo ressurgia ao nosso olhar, a luz violeta-dourada, fulgurante no cérebro, empalidecia gradualmente, até desaparecer, de todo, como se representasse o conjunto dos princípios superiores da personalidade, momentaneamente recolhidos a um único ponto, espraiando-se, em seguida, por todos os escaninhos do organismo perispirítico, assegurando, desse modo, a coesão dos diferentes átomos, das novas dimensões vibratórias.

Dimas-desencarnado elevou-se alguns palmos acima de Dimas-cadáver, apenas ligado ao corpo por leve cordão prateado, semelhante a sutil elástico, entre o cérebro de matéria densa, abandonado, e o cérebro de matéria rarefeita do organismo liberto.

A genitora abandonou o corpo grosseiro, rapidamente, e recolheu a nova forma, envolvendo-a em túnica de tecido muito branco, que trazia consigo.

Para os nossos amigos encarnados, Dimas morrera inteiramente. Para nós outros, porém, a operação era ainda incompleta. O assistente deliberou que o cordão fluídico deveria permanecer até ao dia imediato, considerando as necessidades do "morto", ainda imperfeitamente preparado para desenlace mais rápido.

E, enquanto o médico fornecia explicações técnicas aos parentes em pranto, Jerônimo convidou-nos à retirada, confiando, porém, o recém-desencarnado àquela que lhe fora desvelada mãezinha no mundo físico:

– Minha irmã pode conservar o filho à vontade até amanhã, quando cortaremos o fio derradeiro que o liga aos despojos, antes de conduzi-lo a abrigo conveniente. Por enquanto, repousará ele na contemplação do passado, que se lhe descortina em visão panorâmica no campo interior. Além disso, acusa debilidade extrema após o laborioso esforço do momento. Por essa razão, somente poderá partir, em nossa companhia, findo o enterramento dos envoltórios pesados, aos quais se une ainda pelos últimos resíduos.

Caso 3 – Segundo caso: Dr. Horace Abraham Ackley

(Livro: *A crise da morte*, Ernesto Bozzano. Trad. Guillon Ribeiro. *Segundo caso*. FEB Editora.)

Tiro este segundo fato do volume de Morgan: *From Matter to Spirit* (p. 149). A personalidade mediúnica do Dr. Horace Abraham Ackley descreve, nestes termos, a maneira pela qual seu Espírito se separou do organismo somático:

"Como sucede a um bem grande número de humanos, meu Espírito não chegou muito facilmente a se libertar do corpo. Eu sentia que me desprendia gradualmente dos laços orgânicos, mas me encontrava em condições pouco lúcidas de existência, afigurando-se-me que sonhava. Sentia a minha personalidade como que dividida em muitas partes, que, todavia, permaneciam ligadas por um laço indissolúvel. Quando o organismo corpóreo deixou de funcionar, pôde o Espírito despojar-se dele inteiramente. Pareceu-me então que as partes destacadas da minha personalidade se reuniam numa só. Senti-me, ao mesmo tempo, levantado acima do meu cadáver, a pequena distância dele, donde eu divisava distintamente as pessoas que me cercavam o corpo. Não saberia dizer por que poder cheguei a me desprender e a me elevar no ar. Depois desse acontecimento, suponho ter passado um período bastante longo em estado de inconsciência, ou de sono (o que, aliás, acontece frequentemente, se bem isso não se dê em todos os casos); deduzo-o do fato de que, quando tornei a ver o meu cadáver, estava ele em estado de adiantada decomposição.

Logo que voltei a mim, todos os acontecimentos de minha vida me desfilaram sob as vistas, como num panorama; eram visões vivas, muito reais, em dimensões naturais, como se o meu passado se houvera tornado presente. Foi todo o meu passado o que revi, compreendido o último episódio: o da minha desencarnação. A visão passou diante de mim com tal rapidez, que quase não tive tempo de refletir, achando-me como que arrebatado por um turbilhão de emoções. A visão, em seguida, desapareceu com a mesma instantaneidade com que se mostrara; às meditações sobre o passado e o futuro, sucedeu em mim vivo interesse pelas condições atuais.

Eu ouvira dizer aos espíritas que os Espíritos desencarnados eram acolhidos no Mundo Espiritual pelos seus parentes, ou por seus Espíritos guardiães. Não vendo ninguém perto de mim, concluí que os espíritas se haviam enganado. Mas, apenas este pensamento me atravessou o Espírito, vi dois Espíritos que me eram desconhecidos e para os quais me senti atraído por um sentimento de afinidade. Soube que tinham sido homens muito instruídos e inteligentes, mas que, como eu, não haviam cogitado de desenvolver em si os princípios elevados da Espiritualidade. Chamaram-me pelo meu nome, embora não o houvesse eu pronunciado, e me acolheram com uma familiaridade tão benévola, que me senti agradavelmente reconfortado. Com eles deixei o meio onde desencarnara e onde me conservara até aquele momento. Pareceu-me nebulosa a paisagem que atravessei; mas dentro dessa meia obscuridade, fui conduzido a um lugar onde vi reunidos numerosos Espíritos, entre os quais muitos havia que eu conhecera em vida e que tinham morrido havia já algum tempo..."

Caso 4 – Episódio: rev. Willian Stainton Moses e o fenômeno que se deu junto ao leito de morte de seu pai

(Livro: *Animismo ou espiritismo?*, Ernesto Bozzano. Trad. Guillon Ribeiro. cap. 4 – *Dos fenômenos de bilocação*. FEB Editora.)

O relator-percipiente foi o reverendo William Stainton Moses e o fenômeno se deu junto ao leito de morte de seu pai. O relato ele o publicou imediatamente na revista *Light* (9 de julho de 1887), da qual era então diretor. Escreveu:

"Recentemente e pela primeira vez na minha vida, tive ocasião de estudar os processos de transição do Espírito. Tantas coisas aprendi dessa ocorrência, que julgo ser útil aos outros, narrando quanto vi... Tratava-se de um próximo parente, velho de quase 80 anos, que se avizinhava do túmulo, sem, contudo, ser para aí levado por qualquer enfermidade especial... Percebi, por certos sintomas aparentemente insignificantes, que vinha próximo o seu fim e cuidei de cumprir para com ele o meu último e triste dever...

Com auxílio dos sentidos espirituais que possuo, pude ver que em torno e acima do seu corpo se ia acumulando a "aura" luminosa com que o Espírito tem de formar para si um corpo espiritual. Verifiquei que ela aumentava gradativamente de volume e densidade, se bem sujeita a variações contínuas para mais ou para menos, conforme as oscilações que a vitalidade do moribundo experimentava. Dessa maneira, foi-me dado notar que, às vezes, um alimento leve que ele ingeria ou um influxo magnético provindo da pessoa que se lhe aproximava tinham por efeito reanimar momentaneamente aquele corpo, fazendo voltar a ele o Espírito. Por conseguinte, aquela "aura" parecia em contínua função de fluxo e refluxo. Assistia esse processo durante doze dias e doze noites e, se bem já no sétimo dia o corpo desse mostras positivas de iminente dissolução, persistia imutável a maravilhosa flutuação da vitalidade espiritual, em via de exteriorização. Entretanto, mudara a coloração da "aura" que, além disso, ia assumindo formas cada vez mais definidas, à medida que se aproximava, para o Espírito, o momento da libertação. Somente vinte quatro horas antes da morte, quando já o corpo jazia inerte, com as mãos entrelaçadas sobre o peito, notei o aparecimento de "Espíritos guardiães", que se acercaram do moribundo e, sem nenhum esforço, retiraram daquele corpo exausto o Espírito.

Nesse instante, as pessoas da família declararam que o referido corpo estava morto. Talvez assim fosse; de fato, o pulso e o coração nenhum sinal davam de vida, nem o espelho se embasava com o hálito. Contudo, os "cordões magnéticos" ainda retinham preso ao corpo o Espírito e se conservaram assim por trinta e oito horas. Acho que se, nesse período, se realizassem condições favoráveis e sobre o cadáver houvesse atuado uma vontade potente, o Espírito seria chamado de novo ao corpo. Não terá sido nessas circunstâncias que se deu a ressurreição de Lázaro? Quando, finalmente, os "cordões fluídicos" se romperam, o semblante do defunto, onde se lia os sofrimentos experimentados, se tornou completamente sereno e tomou uma expressão inefável de paz e repouso.

Reflexões para discussão circular:

» *Qual a característica* (ou quais características) *em comum nos casos estudados?*
» *Como descrever a situação da morte? E da desencarnação?*
» *Como se dá o processo da desencarnação?*
» *Quais os aspectos mais relevantes que contribuem na facilidade e na dificuldade da desencarnação?*
» *O que define uma boa desencarnação? Como devemos nos preparar para ela?*
» *Qual o significado das "Leis Morais" para o Espírito?*
» *Como podemos avaliar o aspecto "desprendimento" e "desapego"? Etc.*

Atividade extra para a próxima reunião de estudos:

Pedir aos participantes que leiam o texto *Treino para a morte,* do Espírito Irmão X, psicografia de Francisco Cândido Xavier, constante no livro *Cartas e crônicas,* publicado pela FEB Editora – e, em seguida, destaquem as principais ideias desenvolvidas pelo autor (veja o texto no Anexo).

No instante da morte, ou desencarnação, o Espírito "[...] volve ao mundo dos Espíritos, donde se apartara momentaneamente". A individualidade do desencarnado é preservada e, graças ao seu perispírito, mantém os traços característicos de si mesmo, aprendendo a se relacionar com outros desencarnados. Como a morte é um fenômeno natural, a pessoa, em geral, guarda a "[...] lembrança e o desejo de ir para um mundo melhor, lembrança cheia de doçura ou de amargor, conforme o uso que ela fez da vida. Quanto mais pura for, melhor compreenderá a futilidade do que deixa na Terra" [Allan Kardec, *O livro dos espíritos,* q. 149, 150-a, 150-b].

4 SUBSÍDIOS

4.1 INDIVIDUALIDADE DO ESPÍRITO APÓS A DESENCARNAÇÃO

Existem interpretações filosóficas e religiosas que defendem a hipótese de que, após a desencarnação, o Espírito perde a sua individualidade e se incorpora ao *Todo-Universal*, chamado de Deus por uns; por outros, "Alma Universal". O Espiritismo assim se pronuncia a respeito deste assunto:

> *O conjunto dos Espíritos não forma um todo? não constitui um mundo completo? Quando estás numa assembleia, és parte integrante dela; mas, não obstante, conservas sempre a tua individualidade.*[1]

> *Os que pensam que, pela morte, a alma reingressa no todo universal estão em erro, se supõem que, semelhante à gota d'água que cai no oceano, ela perde ali a sua individualidade. Estão certos, se por todo universal entendem o conjunto dos seres incorpóreos, conjunto de que cada alma ou Espírito é um elemento.*

> *Se as almas se confundissem num amálgama só teriam as qualidades do conjunto, nada as distinguiria umas das outras. Careceriam de inteligência e de qualidades pessoais quando, ao contrário, em todas as comunicações* [mediúnicas], *denotam ter consciência do seu eu e vontade própria.* [...] *Se, após a morte, só houvesse o que se chama o Grande Todo, a absorver todas as individualidades, esse Todo seria uniforme e, então, as comunicações que se recebessem do Mundo Invisível seriam idênticas. Desde que, porém, lá se nos deparam seres bons e maus, sábios e ignorantes, felizes e desgraçados; que lá os há de todos os caracteres: alegres e tristes, levianos e ponderados etc., patente se faz que eles são seres distintos. A individualidade ainda mais evidente se torna, quando esses seres provam a sua identidade por indicações incontestáveis, particularidades individuais verificáveis, referentes às suas vidas terrestres. Também não pode ser posta em dúvida, quando se fazem visíveis nas aparições. A individualidade da alma nos era ensinada em teoria, como artigo de fé. O Espiritismo a torna manifesta e, de certo modo, material.*[2]

4.2 SEPARAÇÃO DA ALMA DO CORPO NA DESENCARNAÇÃO

A separação entre a alma e o corpo não é, em geral, dolorosa. "[...] *o corpo quase sempre sofre mais durante a vida do que no momento da morte; a alma nenhuma parte toma nisso. Os sofrimentos que algumas vezes se experimentam no instante da morte são um gozo para o Espírito, que vê chegar o termo do seu exílio*".[3] É importante considerar que, sendo a morte um fenômeno biológico natural, ocorrendo falência geral do sistema, a alma se liberta do corpo.[4]

> *Por ser exclusivamente material, o corpo sofre as vicissitudes da matéria. Depois de funcionar por algum tempo, ele se desorganiza e decompõe. O princípio vital* [que animava os órgãos do corpo], *não mais encontrando elemento para sua atividade,*

se extingue e o corpo morre. O Espírito, para quem, este, carente de vida, se torna inútil, deixa-o, como se deixa uma casa em ruínas, ou uma roupa imprestável.⁵

O fenômeno da desencarnação é oposto ao da encarnação. Assim, quando

> [...] o Espírito tem de encarnar num corpo humano em vias de formação, um laço fluídico, que mais não é do que uma expansão do seu perispírito, o liga ao gérmen que o atrai por uma força irresistível, desde o momento da concepção. [...] Sob a influência do princípio vital e material do gérmen, o perispírito, que possui certas propriedades da matéria, se une, molécula a molécula, ao corpo em formação, donde o poder dizer-se que o Espírito, por intermédio do seu perispírito, se enraíza, de certa maneira, nesse gérmen, como uma planta na terra. [...]

> Por um efeito contrário, a união do perispírito e da matéria carnal, que se efetuara sob a influência do princípio vital do gérmen, cessa, desde que esse princípio deixa de atuar, em consequência da desorganização do corpo. Mantida que era por uma força atuante, tal união se desfaz, logo que essa força deixa de atuar. Então, o perispírito se desprende, molécula a molécula, conforme se unira, e ao Espírito é restituída a liberdade. Assim, não é a partida do Espírito que causa a morte do corpo; a morte é que determina a partida do Espírito.⁶

Dessa forma, durante a reencarnação o

> [...] Espírito se acha preso ao corpo pelo seu envoltório semimaterial ou perispírito. A morte é a destruição do corpo somente, não a desse outro invólucro, que do corpo se separa quando cessa neste a vida orgânica [...].⁷

4.3 A DESENCARNAÇÃO

4.3.1 Separação da alma do corpo

A desencarnação não provoca, em geral, sofrimento ao Espírito desencarnante.

> [...] a alma se desprende gradualmente, não se escapa como um pássaro cativo a que se restitua subitamente a liberdade. Aqueles dois estados [vida e morte do corpo] se tocam e confundem, de sorte que o Espírito se solta pouco a pouco dos laços que o prendiam. Estes laços se desatam, não se quebram.⁸

> [...] A observação demonstra que, no instante da morte, o desprendimento do perispírito não se completa subitamente; que, ao contrário, se opera gradualmente e com uma lentidão muito variável conforme os indivíduos. Em uns é bastante rápido, podendo dizer-se que o momento da morte é [mais ou menos] o da libertação [...]. Em outros, naqueles sobretudo cuja vida foi toda material e sensual, o desprendimento é muito menos rápido, durando algumas vezes dias, semanas e até meses, o que não implica existir, no corpo, a menor vitalidade,

nem a possibilidade de volver à vida, mas uma simples afinidade com o Espírito, afinidade que guarda sempre proporção com a preponderância que, durante a vida, o Espírito deu à matéria. É, com efeito, racional conceber-se que, quanto mais o Espírito se haja identificado com a matéria, tanto mais penoso lhe seja separar-se dela; ao passo que a atividade intelectual e moral, a elevação dos pensamentos operam um começo de desprendimento, mesmo durante a vida do corpo, de modo que, chegando a morte, ele é quase instantâneo. [...][9]

Nos estertores da desencarnação, ou agonia, "[...] *a alma, algumas vezes, já tem deixado o corpo; nada mais há que a vida orgânica. O homem já não tem consciência de si mesmo; entretanto, ainda lhe resta um sopro de vida orgânica. O corpo é a máquina que o coração põe em movimento. Existe, enquanto o coração faz circular nas veias o sangue, para o que não necessita da alma*".[10] Nos instantes finais da separação, muitas "[...] *vezes a alma sente que se desfazem os laços que a prendem ao corpo. Emprega então todos os esforços para desfazê-los inteiramente. Já em parte desprendida da matéria, vê o futuro desdobrar-se diante de si e goza, por antecipação, do estado de Espírito.*[11]

Vale a pena destacar que

O último alento quase nunca é doloroso, uma vez que ordinariamente ocorre em momento de inconsciência, mas a alma sofre antes dele a desagregação da matéria, nos estertores da agonia, e, depois, as angústias da perturbação. Demo-nos pressa em afirmar que esse estado não é geral, porquanto a intensidade e duração do sofrimento estão na razão direta da afinidade existente entre corpo e perispírito. Assim, quanto maior for essa afinidade, tanto mais penosos e prolongados serão os esforços da alma para desprender-se. Há pessoas nas quais a coesão é tão fraca que o desprendimento se opera por si mesmo, como que naturalmente; é como se um fruto maduro se desprendesse do seu caule, e é o caso das mortes calmas, de pacífico despertar.[12]

A causa principal da maior ou menor facilidade de desprendimento é o estado moral da alma. A afinidade entre o corpo e o perispírito é proporcional ao apego à matéria, que atinge o seu máximo no homem, cujas preocupações dizem respeito exclusiva e unicamente à vida e gozos materiais. Ao contrário, nas almas puras, que antecipadamente se identificam com a Vida Espiritual, o apego é quase nulo. E desde que a lentidão e a dificuldade do desprendimento estão na razão do grau de pureza e desmaterialização da alma, de nós somente depende o tornar fácil ou penoso, agradável ou doloroso, esse desprendimento.[13]

4.3.2 Separação da alma do corpo na morte natural

Tratando-se de morte natural resultante da extinção das forças vitais por velhice ou doença, o desprendimento opera-se gradualmente; para o homem cuja alma se desmaterializou e cujos pensamentos se destacam das coisas terrenas,

> *o desprendimento quase se completa antes da morte real, isto é, ao passo que o corpo ainda tem vida orgânica, já o Espírito penetra a Vida Espiritual, apenas ligado por elo tão frágil que se rompe com a última pancada do coração. Nesta contingência o Espírito pode ter já recuperado a sua lucidez, de molde a tornar-se testemunha consciente da extinção da vida do corpo, considerando-se feliz por tê-lo deixado. Para esse a perturbação é quase nula, ou antes, não passa de ligeiro sono calmo, do qual desperta com indizível impressão de esperança e ventura.[14]*

Nesta situação, "[...] o homem deixa a vida sem o perceber: é uma lâmpada que se apaga por falta de óleo".[15]

> *No homem materializado e sensual, que mais viveu do corpo que do Espírito, e para o qual a Vida Espiritual nada significa, nem sequer lhe toca o pensamento, tudo contribui para estreitar os laços materiais, e, quando a morte se aproxima, o desprendimento, conquanto se opere gradualmente também, demanda contínuos esforços. As convulsões da agonia são indícios da luta do Espírito, que, às vezes, procura romper os elos resistentes, e outras se agarra ao corpo do qual uma força irresistível o arrebata com violência, molécula por molécula.[16]*

4.3.3 Separação da alma do corpo na morte súbita

A morte súbita pode ou não estar associada a um ato de violência. São mortes violentas: homicídios, torturas, suicídios, desastres, calamidades naturais ou provocadas pelo homem etc. Tais mortes provocam no desencarnado sofrimento que varia ao infinito.

> *Na morte violenta as sensações não são precisamente as mesmas. Nenhuma desagregação inicial há começado previamente a separação do perispírito; a vida orgânica em plena exuberância de força é subitamente aniquilada. Nestas condições, o desprendimento só começa depois da morte e não pode completar-se rapidamente. O Espírito, colhido de improviso, fica como que aturdido e sente, e pensa, e acredita-se vivo, prolongando-se esta ilusão até que compreenda o seu estado. Este estado intermediário entre a vida corporal e a espiritual é dos mais interessantes para ser estudado, porque apresenta o espetáculo singular de um Espírito que julga material o seu corpo fluídico, experimentando ao mesmo tempo todas as sensações da vida orgânica. Há, além disso, dentro desse caso, uma série infinita de modalidades que variam segundo os conhecimentos e progressos morais do Espírito. Para aqueles cuja alma está purificada, a situação pouco dura, porque já possuem em si como que um desprendimento antecipado, cujo termo a morte mais súbita não faz senão apressar. Outros há, para os quais a situação se prolonga por anos inteiros. É uma situação essa muito frequente até nos casos de morte comum, que nada tendo de penosa para Espíritos adiantados, se torna horrível para os atrasados. No suicida, principalmente, excede a toda expectativa. Preso ao corpo por todas as suas fibras, o perispírito faz repercutir na alma todas as sensações daquele, com sofrimentos cruciantes.[17]*

O estado do Espírito por ocasião da morte pode ser assim resumido: Tanto maior é o sofrimento, quanto mais lento for o desprendimento do perispírito; a presteza deste desprendimento está na razão direta do adiantamento moral do Espírito; para o Espírito desmaterializado, de consciência pura, a morte é qual um sono breve, isento de agonia, e cujo despertar é suavíssimo.[18]

Para que cada qual trabalhe na sua purificação, reprima as más tendências e domine as paixões, preciso se faz que abdique das vantagens imediatas em prol do futuro, visto como, para identificar-se com a Vida Espiritual, encaminhando para ela todas as aspirações e preferindo-a à vida terrena, não basta crer, mas compreender. Devemos considerar essa vida debaixo de um ponto de vista que satisfaça ao mesmo tempo à razão, à lógica, ao bom senso e ao conceito em que temos a grandeza, a bondade e a Justiça de Deus. Considerado deste ponto de vista, o Espiritismo, pela fé inabalável que proporciona, é, de quantas doutrinas filosóficas que conhecemos, a que exerce mais poderosa influência.

O espírita sério não se limita a crer, porque compreende, e compreende, porque raciocina; a vida futura é uma realidade que se desenrola incessantemente a seus olhos; uma realidade que ele toca e vê, por assim dizer, a cada passo e de modo que a dúvida não pode empolgá-lo, ou ter guarida em sua alma. A vida corporal, tão limitada, amesquinha-se diante da Vida Espiritual, da verdadeira vida. Que lhe importam os incidentes da jornada se ele compreende a causa e utilidade das vicissitudes humanas, quando suportadas com resignação? A alma eleva-se-lhe nas relações com o mundo visível; os laços fluídicos que o ligam à matéria enfraquecem-se, operando-se por antecipação um desprendimento parcial que facilita a passagem para a outra vida. A perturbação consequente à transição pouco perdura, porque, uma vez franqueado o passo, para logo se reconhece, nada estranhando, antes compreendendo, a sua nova situação.[19]

REFERÊNCIAS

[1] KARDEC, Allan. *O livro dos espíritos*. Trad. Guillon Ribeiro. 93. ed. 9. imp. (Edição Histórica). Brasília, DF: FEB, 2019. q. 151.

[2] _____. _____. Comentário de Kardec à q.152.

[3] _____. _____. Comentário de Kardec à q. 154.

[4] _____. _____. Comentário de Kardec à q. 155.

[5] _____. *A gênese*. Trad. Guillon Ribeiro. 53. ed. 9. imp. (Edição Histórica). Brasília, DF: FEB, 2020. cap. 11, it. 13.

[6] _____. _____. it. 18.

[7] _____. *O livro dos espíritos*. Trad. Guillon Ribeiro. 93. ed. 9. imp. (Edição Histórica). Brasília, DF: FEB, 2019. Comentário de Kardec à q. 155.

[8] _____. _____. q. 155.

[9] _____. _____. Comentário de Kardec à q. 155.

10 _____. _____. q. 156.
11 _____. _____. q. 157.
12 _____. *O céu e o inferno*. Trad. Manuel Justiniano Quintão. 61. ed. 5. imp. (Edição Histórica). Brasília, DF: FEB, 2018. 2ª pt., cap. 1, it. 7.
13 _____. _____. it. 8.
14 _____. _____. it. 9.
15 _____. *O livro dos espíritos*. Trad. Guillon Ribeiro. 93. ed. 9. imp. (Edição Histórica). Brasília, DF: FEB, 2019. Comentário de Kardec à q. 154.
16 _____. *O céu e o inferno*. Trad. Manuel Justiniano Quintão. 61. ed. 5. imp. (Edição Histórica). Brasília, DF: FEB, 2018. 2ª pt., cap. 1, it.9.
17 _____. _____. it.12.
18 _____. _____. it.13.
19 _____. _____. it.14.

ANEXO

TREINO PARA A MORTE

Preocupado com a sobrevivência além do túmulo, você pergunta, espantado, como deveria ser levado a efeito o treinamento de um homem para as surpresas da morte.

A indagação é curiosa e realmente dá que pensar.

Creia, contudo, que, por enquanto, não é muito fácil preparar tecnicamente um companheiro à frente da peregrinação infalível.

Os turistas que procedem da Ásia ou da Europa habilitam futuros viajantes com eficiência, por lhes não faltarem os termos analógicos necessários. Mas nós, os desencarnados, esbarramos com obstáculos quase intransponíveis.

A rigor, a Religião deve orientar as realizações do Espírito, assim como a Ciência dirige todos os assuntos pertinentes à vida material. Entretanto, a Religião, até certo ponto, permanece jungida ao superficialismo do sacerdócio, sem tocar a profundez da alma.

Importa considerar também que a sua consulta, em vez de ser encaminhada a grandes teólogos da Terra, hoje domiciliados na Espiritualidade, foi endereçada justamente a mim, pobre noticiarista sem méritos para tratar de semelhante inquirição.

Pode acreditar que não obstante achar-me aqui de novo, há quase vinte anos de contado, sinto-me ainda no assombro de um xavante, repentinamente trazido da selva mato-grossense para alguma de nossas universidades, com a obrigação de filiar-se, de inopino, aos mais elevados estudos e às mais complicadas disciplinas.

Em razão disso, não posso reportar-me senão ao meu próprio ponto de vista, com as deficiências do selvagem surpreendido junto à coroa da civilização.

Preliminarmente, admito deva referir-me aos nossos antigos maus hábitos. A cristalização deles, aqui, é uma praga tiranizante.

Comece a renovação de seus costumes pelo prato de cada dia. Diminua gradativamente a volúpia de comer a carne dos animais. O cemitério na barriga é um tormento, depois da grande transição. O lombo de porco ou o bife de vitela, temperados com sal e pimenta, não nos situam muito longe dos nossos antepassados, os tamoios e os caiapós, que se devoravam uns aos outros.

Os excitantes largamente ingeridos constituem outra perigosa obsessão. Tenho visto muitas almas de origem aparentemente primorosa, dispostas a trocar o próprio Céu pelo uísque aristocrático ou pela nossa cachaça brasileira.

Tanto quanto lhe seja possível, evite os abusos do fumo. Infunde pena a angústia dos desencarnados amantes da nicotina.

Não se renda à tentação dos narcóticos. Por mais aflitivas lhe pareçam as crises do estágio no corpo, aguente firme os golpes da luta. As vítimas da cocaína, da morfina e dos barbitúricos demoram-se largo tempo na cela escura da sede e da inércia.

E o sexo? Guarde muito cuidado na preservação do seu equilíbrio emotivo. Temos aqui muita gente boa carregando consigo o inferno rotulado de "amor".

Se você possui algum dinheiro ou detém alguma posse terrestre, não adie doações, caso esteja realmente inclinado a fazê-las. Grandes homens, que admirávamos no mundo pela habilidade e poder com que concretizavam importantes negócios, aparecem, junto de nós, em muitas ocasiões, à maneira de crianças desesperadas por não mais conseguirem manobrar os talões de cheque.

Em família, observe cautela com testamentos. As doenças fulminatórias chegam de assalto, e, se a sua papelada não estiver em ordem, você padecerá muitas humilhações, através de tribunais e cartórios.

Sobretudo, não se apegue demasiado aos laços consanguíneos. Ame sua esposa, seus filhos e seus parentes com moderação, na certeza de que, um dia, você estará ausente deles e de que, por isso mesmo, agirão quase sempre em desacordo com a sua vontade, embora lhe respeitem a memória. Não se esqueça de que, no estado presente da educação terrestre, se alguns afeiçoados lhe registrarem a presença extraterrena, depois dos funerais, na certa intimá-lo-ão a descer aos infernos, receando-lhe a volta inoportuna.

Se você já possui o tesouro de uma fé religiosa, viva de acordo com os preceitos que abraça. É horrível a responsabilidade moral de quem já conhece o caminho, sem equilibrar-se dentro dele.

Faça o bem que puder, sem a preocupação de satisfazer a todos. Convença-se de que se você não experimenta simpatia por determinadas criaturas, há muita gente que suporta você com muito esforço.

Por essa razão, em qualquer circunstância, conserve o seu nobre sorriso.

Trabalhe sempre, trabalhe sem cessar.

O serviço é o melhor dissolvente de nossas mágoas.

Ajude-se, pelo leal cumprimento de seus deveres.

Quanto ao mais, não se canse nem indague em excesso, porque, com mais tempo ou menos tempo, a morte lhe oferecerá o seu cartão de visita, impondo-lhe ao conhecimento tudo aquilo que, por agora, não lhe posso dizer.

FONTE: XAVIER, Francisco Cândido. *Cartas e crônicas*. Pelo Espírito Irmão X. 14. ed. 3. imp. Brasília, DF: FEB, 2015. cap. 4.

PERTURBAÇÃO ESPIRITUAL

1 OBJETIVO ESPECÍFICO

» Analisar as experiências da perturbação espiritual, que ocorrem por ocasião da morte do corpo físico.

2 CONTEÚDO BÁSICO

» *Na transição da vida corporal para a espiritual, produz-se [...] um outro fenômeno de importância capital – a perturbação. Nesse instante a alma experimenta um torpor que paralisa momentaneamente as suas faculdades, neutralizando, ao menos em parte, as sensações. É como se disséssemos um estado de catalepsia, de modo que a alma quase nunca testemunha conscientemente o derradeiro suspiro. Dizemos quase nunca, porque há casos em que a alma pode contemplar conscientemente o desprendimento [...]. A perturbação pode, pois, ser considerada o estado normal no instante da morte e perdurável por tempo indeterminado, variando de algumas horas a alguns anos. [...]* (Allan Kardec, *O céu e o inferno*, 2ª pt., cap. 1, it. 6).

» *Por ocasião da morte, tudo, a princípio, é confuso. De algum tempo precisa a alma para entrar no conhecimento de si mesma. Ela se acha como que aturdida, no estado de uma pessoa que despertou de profundo sono e procura orientar-se sobre a sua situação. A lucidez das ideias e a memória do passado lhe voltam, à medida que se apaga a influência da matéria que ela acaba de abandonar, e à medida que se dissipa a espécie de névoa que lhe obscurece os pensamentos. Muito variável é o tempo que dura a perturbação que se segue à morte. Pode ser de algumas horas, como também de muitos meses e até de muitos anos. Aqueles que, desde quando ainda viviam na Terra, se identificaram com o estado futuro que os aguardava, são os em quem menos longa ela é, porque esses compreendem imediatamente a posição em que se encontram.*

[...]

A perturbação que se segue à morte nada tem de penosa para o homem de bem, que se conserva calmo, semelhante em tudo a quem acompanha as fases de um tranquilo despertar. Para aquele cuja consciência ainda não está pura, a perturbação é cheia de ansiedade e de angústias, que aumentam à proporção que ele da sua situação se compenetra.

Nos casos de morte coletiva, tem sido observado que todos os que perecem ao mesmo tempo nem sempre tornam a ver-se logo. Presas da perturbação que se segue à morte, cada um vai para seu lado, ou só se preocupa com os que lhe interessam. (Allan Kardec, O livro dos espíritos, comentário de Kardec à q. 165).

3 SUGESTÕES DIDÁTICAS

3.1 SUGESTÃO 1:

Introdução

Explicar, em linhas gerais, o que é e como ocorre a perturbação espiritual por ocasião da morte do corpo físico.

Desenvolvimento

Concluídas as explicações, convidar os participantes para analisarem as diferentes experiências de perturbação espiritual, tendo como base os exemplos citados no Anexo deste Roteiro, extraídos da segunda parte do livro O céu e o inferno.

Solicitar a formação de quatro grupos e entregar a cada um deles um caso para ser lido, discutido e, posteriormente, debatido em plenário (veja Anexo no final desse Roteiro).

Realizar o debate dos casos, em plenário, orientando-se pelo seguinte roteiro:

a) breve descrição do caso;

b) análise, juntamente com a turma, da experiência vivida pelo Espírito por ocasião da sua desencarnação, destacando as possíveis causas que caracterizaram o estado de maior ou menor perturbação espiritual.

Conclusão

Destacar, como conclusão do estudo, a importância do conhecimento espírita ante a realidade da desencarnação que, cedo ou tarde, todos deveremos enfrentar (veja em Referências a nota 11)

Avaliação

O estudo será considerado satisfatório se os participantes analisarem as diferentes experiências de perturbação espiritual, por ocasião da morte do corpo físico, de acordo com o debate realizado em plenário.

Técnica(s): exposição; estudo de caso, adaptado.

Recurso(s): subsídios deste Roteiro; textos adaptados de relatos existentes no livro *O céu e o inferno*, segunda parte.

3.2 SUGESTÃO 2:

Introdução

Iniciar o estudo com a seguinte questão: *O que é perturbação espiritual no momento da desencarnação?*

Ouvir o comentário, participando e estimulando a turma nas reflexões compartilhadas, sem aprofundar o conceito.

Desenvolvimento

Propor a leitura oral comentada, com os participantes, dos itens 4.1 e 4.2 dos subsídios do Roteiro 2 da apostila.

Em seguida, dividir os participantes em grupos:

Grupo 1 – fazer a leitura e breves comentários dos subsídios – subitem 4.2.1: Perturbação espiritual em Espíritos moralmente atrasados.

Grupo 2 – fazer a leitura e breves comentários dos subsídios – subitem 4.2.2: Perturbação em razão de morte violenta;

Grupo 3 – fazer a leitura e breves comentários dos subsídios – subitem 4.2.3: Perturbação dos suicidas

Grupo 4 – fazer a leitura e breves comentários dos subsídios – subitem 4.2.4: Perturbação em caso de morte coletiva

(Tempo de até 10 minutos.)

Logo após, iniciar uma discussão circular (todos estão convidados para responder e participar):

» *O que é perturbação espiritual na ocasião da desencarnação?*

» *Como é a perturbação em razão de morte violenta?*

» *Explique a perturbação em caso de suicídio.*

» *Comente sobre a perturbação em caso de morte coletiva.*

Os participantes de cada grupo podem iniciar os comentários, permitindo a participação de todos.

Nesse momento, o facilitador esclarece dúvidas e complementa informações enriquecendo a discussão de acordo com subsídios do Roteiro.

Propor a seguinte reflexão individual (não há a necessidade de comentário):

Eu estou preparado para não me deixar perturbar no momento da desencarnação?

Conclusão

Fazer o fechamento reforçando que:

> Na transição da vida corporal para a espiritual, produz-se [...] um outro fenômeno de importância capital – a perturbação. Nesse instante a alma experimenta um torpor que paralisa momentaneamente as suas faculdades, neutralizando, ao menos em parte, as sensações. É como se disséssemos um estado de catalepsia, de modo que a alma quase nunca testemunha conscientemente o derradeiro suspiro. Dizemos quase nunca, porque há casos em que a alma pode contemplar conscientemente o desprendimento [...]. A perturbação pode, pois, ser considerada o estado normal no instante da morte e perdurável por tempo indeterminado, variando de algumas horas a alguns anos. [...] (Allan Kardec, *O céu e o inferno*, 2ª pt., cap. 1, it. 6).

Avaliação

O estudo será considerado satisfatório se as ideias de os participantes refletirem entendimento do assunto.

Técnica(s): explosão de ideias; estudo de grupo; discussão circular.

Recurso(s): subsídios do Roteiro.

Atividade extrarreunião para o próximo encontro de estudo (Roteiro 3) – Sugestão 2.

Esta atividade pode ser proposta a um grupo pequeno de participantes ou pesquisa livre para todos:

» Fazer o estudo da questão 257 de *O livro dos espíritos*, marcando pontos que julgar importante destacar.

4 SUBSÍDIOS

4.1 PERTURBAÇÃO ESPIRITUAL POR OCASIÃO DA DESENCARNAÇÃO

Sabemos que

> [...] *o Espírito não é uma abstração, é um ser definido limitado e circunscrito. O Espírito encarnado no corpo constitui a alma. Quando o deixa, por ocasião da morte, não sai dele despido de todo o envoltório. Todos* [os Espíritos] *nos dizem que conservam a forma humana e, com efeito, quando nos aparecem, trazem as que lhes conhecíamos.*
>
> *Observemo-los atentamente, no instante em que acabem de deixar a vida; acham-se em estado de perturbação; tudo se lhes apresenta confuso em torno; veem perfeito ou mutilado, conforme o gênero da morte, o corpo que tiveram; por outro lado se reconhecem e sentem vivos; alguma coisa lhes diz que aquele corpo lhes pertence e não compreendem como podem estar separados dele. Continuam a ver-se sob a forma que tinham antes de morrer e esta visão, nalguns, produz, durante certo tempo, singular ilusão: a de se crerem ainda vivos. Falta-lhes a experiência do novo estado em que se encontram, para se convencerem da realidade.* [...]¹

Desta forma, a consciência da própria morte, ou da desencarnação recente, ainda não é nítida para a maioria dos Espíritos. Em primeiro lugar

> *O desprendimento opera-se gradualmente e com lentidão variável, segundo os indivíduos e as circunstâncias da morte.*
>
> *Os laços que prendem a alma ao corpo não se rompem senão aos poucos, e tanto menos rapidamente quanto mais a vida foi material e sensual.*²

Em segundo lugar, desconhecendo a realidade do Além-Túmulo, o instante que se segue à morte é, em geral, confuso. A pessoa precisa de

> [...] *algum tempo para se reconhecer; ela conserva-se tonta, no estado do homem que sai de profundo sono e que procura compreender a sua situação. A lucidez das ideias e a memória do passado lhe voltam, à medida que se destrói a influência da matéria de que ela acaba de separar-se, e que se dissipa o nevoeiro que lhe obscurece os pensamentos.*
>
> *O tempo da perturbação, sequente à morte, é muito variável; pode ser de algumas horas somente, como de muitos dias, meses ou, mesmo, de muitos anos. É menos*

longa, entretanto, para aqueles que, enquanto vivos [encarnados] se identificaram com o seu estado futuro, porque esses compreendem imediatamente sua situação; porém, é tanto mais longa quanto mais materialmente o indivíduo viveu.[3]

4.2 NÍVEIS DE PERTURBAÇÃO ESPIRITUAL, SEQUENTES À DESENCARNAÇÃO

A perturbação que se segue à separação entre a alma e o corpo, pelo fenômeno da morte, é variável de indivíduo para indivíduo, em grau e tempo de duração. Tudo

> *[...] depende da elevação de cada um. Aquele que já está purificado, se reconhece quase imediatamente, pois que se libertou da matéria antes que cessasse a vida do corpo, enquanto o homem carnal, aquele cuja consciência ainda não está pura, guarda por muito mais tempo a impressão da matéria.*[4]

> *Para aquele cuja consciência não é pura e amou mais a vida corporal que a espiritual, esse momento é cheio de ansiedade e de angústias, que vão aumentando à medida que ele se reconhece, porque então sente medo e certo terror diante do que vê e sobretudo do que entrevê. A sensação, a que podemos chamar física, é a de grande alívio e de imenso bem-estar, fica-se como que livre de um fardo, e o Espírito sente-se feliz por não mais experimentar as dores corporais que o atormentavam alguns instantes antes; sente-se livre, desembaraçado, como aquele a quem tirassem as cadeias que o prendiam.*

> *Em sua nova situação, a alma vê e ouve ainda outras coisas que escapam à grosseria dos órgãos corporais. Tem, então, sensações e percepções que nos são desconhecidas.*[5]

4.2.1 Perturbação espiritual em Espíritos moralmente atrasados

> *Um fenômeno mui frequente entre os Espíritos de certa inferioridade moral é o acreditarem-se ainda vivos, podendo esta ilusão prolongar-se por muitos anos, durante os quais eles experimentarão todas as necessidades, todos os tormentos e perplexidades da vida.*[6]

> *Para o criminoso, a presença incessante das vítimas e das circunstâncias do crime é um suplício cruel.*[7]

4.2.2 Perturbação em razão de morte violenta

> *[...] Nos casos de morte violenta, por suicídio, suplício, acidente, apoplexia, ferimentos etc., o Espírito fica surpreendido, espantado e não acredita estar morto. Obstinadamente sustenta que não o está. No entanto, vê o seu próprio corpo, reconhece que esse corpo é seu, mas não compreende que se ache separado dele. Acerca-se das pessoas a quem estima, fala-lhes e não percebe por que elas não o ouvem. Semelhante ilusão se prolonga até ao completo desprendimento do perispírito. Só então o Espírito se reconhece como tal e compreende que não pertence*

> *mais ao número dos vivos. Este fenômeno se explica facilmente. Surpreendido de improviso pela morte, o Espírito fica atordoado com a brusca mudança que nele se operou; considera ainda a morte como sinônimo de destruição, de aniquilamento. Ora, porque pensa, vê, ouve, tem a sensação de não estar morto. Mais lhe aumenta a ilusão o fato de se ver com um corpo semelhante, na forma, ao precedente, mas cuja natureza etérea ainda não teve tempo de estudar. Julga-o sólido e compacto como o primeiro e, quando se lhe chama a atenção para esse ponto, admira-se de não poder palpá-lo. [...] Ora, como pensam livremente e veem, julgam naturalmente que não dormem. Certos Espíritos revelam essa particularidade, se bem que a morte não lhes tenha sobrevindo inopinadamente. Todavia, sempre mais generalizada se apresenta entre os que, embora doentes, não pensavam em morrer. Observa-se então o singular espetáculo de um Espírito assistir ao seu próprio enterramento como se fora o de um estranho, falando desse ato como de coisa que lhe não diz respeito, até o momento em que compreende a verdade.*[8]

4.2.3 Perturbação dos suicidas

A perturbação no caso dos suicidas é sempre penosa, independentemente do gênero de suicídio.

> *A observação, realmente, mostra que os efeitos do suicídio não são idênticos. Alguns há, porém, comuns a todos os casos de morte violenta e que são a consequência da interrupção brusca da vida. Há, primeiro, a persistência mais prolongada e tenaz do laço que une o Espírito ao corpo, por estar quase sempre esse laço na plenitude da sua força no momento em que é partido, ao passo que, no caso de morte natural, ele se enfraquece gradualmente e muitas vezes se desfaz antes que a vida se haja extinguido completamente. As consequências deste estado de coisas são o prolongamento da perturbação espiritual, seguindo-se à ilusão em que, durante mais ou menos tempo, o Espírito se conserva de que ainda pertence ao número dos vivos.*

> *A afinidade que permanece entre o Espírito e o corpo produz, nalguns suicidas, uma espécie de repercussão do estado do corpo no Espírito, que, assim, a seu mau grado, sente os efeitos da decomposição, donde lhe resulta uma sensação cheia de angústias e de horror, estado esse que também pode durar pelo tempo que devia durar a vida que sofreu interrupção. Não é geral este efeito [...]. Em alguns, verifica-se uma espécie de ligação à matéria, de que inutilmente procuram desembaraçar-se, a fim de voarem para mundos melhores, cujo acesso, porém, se lhes conserva interdito. A maior parte deles sofre o pesar de haver feito uma coisa inútil, pois que só decepções encontram.*[9]

4.2.4 Perturbação em caso de morte coletiva

> *Nos casos de morte coletiva, tem sido observado que todos os que perecem ao mesmo tempo nem sempre tornam a ver-se logo. Presas da perturbação que se segue à morte, cada um vai para seu lado, ou só se preocupa com os que lhe interessam.*[10]

Allan Kardec, em se reportando à necessidade de identificação com a Vida Espiritual – em detrimento da vida terrena –, com vistas a um despertar mais tranquilo, assim se expressa:

> Para que cada qual trabalhe na sua purificação, reprima as más tendências e domine as paixões, preciso se faz que abdique das vantagens imediatas em prol do futuro, *visto como, para identificar-se com a Vida Espiritual, encaminhando para ela todas as aspirações e preferindo-a à vida terrena, não basta crer, mas compreender. Devemos considerar essa vida debaixo de um ponto de vista que satisfaça ao mesmo tempo à razão, à lógica, ao bom senso e ao conceito em que temos a Grandeza, a Bondade e a Justiça de Deus. Considerado deste ponto de vista, o Espiritismo, pela fé inabalável que proporciona, é, de quantas doutrinas filosóficas que conhecemos, a que exerce mais poderosa influência.*
>
> *O espírita sério não se limita a crer porque compreende, e compreende, porque raciocina; a vida futura é uma realidade que se desenrola incessantemente a seus olhos; uma realidade que ele toca e vê, por assim dizer, a cada passo e de modo que a dúvida não pode empolgá-lo, ou ter guarida em sua alma. A vida corporal, tão limitada, amesquinha-se diante da Vida Espiritual, da verdadeira vida. Que lhe importam os incidentes da jornada se ele compreende a causa e utilidade das vicissitudes humanas, quando suportadas com resignação? A alma eleva-se-lhe nas relações com o mundo visível; os laços fluídicos que o ligam à matéria enfraquecem-se, operando-se por antecipação um desprendimento parcial que facilita a passagem para a outra vida. A perturbação consequente à transição pouco perdura, porque, uma vez franqueado o passo, para logo se reconhece, nada estranhando, antes compreendendo, a sua nova situação.*[11]

REFERÊNCIAS

1 KARDEC, Allan. *O livro dos médiuns*. Trad. Guillon Ribeiro. 81. ed. 9. imp. (Edição Histórica). Brasília, DF: FEB, 2020. 2ª pt., cap. 1, it. 53.

2 _____. *O que é o espiritismo*. Trad. Redação de *Reformador* em 1884. 56. ed. 7. imp. (Edição Histórica). Brasília, DF: FEB, 2019. cap. 3, it. 144.

3 _____. _____. it. 145.

4 _____. *O livro dos espíritos*. Trad. Guillon Ribeiro. 93. ed. 9. imp. (Edição Histórica). Brasília, DF: FEB, 2019. q. 164.

5 _____. *O que é o espiritismo*. Trad. Redação de *Reformador* em 1884. 56. ed. 7. imp. (Edição Histórica). Brasília, DF: FEB, 2019. cap. 3, it. 145.

6 _____. *O céu e o inferno*. Trad. Manuel Justiniano Quintão. 61. ed. 5. imp. (Edição Histórica). Brasília, DF: FEB, 2018. 1ª pt., cap. 7, it. Código penal da vida futura, 23º código.

7 _____. _____. 24º código.

8 _____. *O livro dos espíritos*. Trad. Guillon Ribeiro. 93. ed. 9. imp. (Edição Histórica). Brasília, DF: FEB, 2019. Comentário de Kardec à q. 165.

9 _____. _____. Comentário de Kardec à q. 957.

10 _____. _____. Comentário de Kardec à q. 165.

11 _____. *O céu e o inferno*. Trad. Manuel Justiniano Quintão. 61. ed. 5. imp. (Edição Histórica). Brasília, DF: FEB, 2018. 2ª pt., cap. 1, it. 14.

ANEXO

Textos para debate

Caso 1: Sanson

Antigo membro da Sociedade Espírita de Paris, faleceu a 21 de abril de 1862, depois de um ano de atrozes padecimentos. Pediu a Allan Kardec que o evocasse logo após a sua desencarnação, o que foi feito em duas diferentes ocasiões.

Resumo do Caso:

> Kardec: Fostes tão sofredor que podemos, penso eu, perguntar como vos achais agora... Sentis ainda as vossas dores? Comparando a situação de hoje com a de dois dias atrás, que sensações experimentais?
>
> Sanson: A minha situação é bem ditosa; acho-me regenerado, renovado, como se diz entre vós, nada mais sentindo das antigas dores. A passagem da vida terrena para a dos Espíritos deixou-me de começo num estado incompreensível, porque ficamos algumas vezes muitos dias privados de lucidez. Eu havia feito, no entanto, um pedido a Deus para permitir-me falar aos que estimo, e Deus ouviu-me.
>
> Kardec: Ao fim de que tempo recobrastes a lucidez das ideias?
>
> Sanson: Ao fim de oito horas. [...]
>
> Kardec: Que efeito vos causa o vosso corpo aqui ao lado?
>
> Sanson: Meu corpo! pobre, mísero despojo... volve ao pó, enquanto eu guardo a lembrança de todos que me estimaram. Vejo essa pobre carne decomposta, morada que foi do meu Espírito, provação de tantos anos! Obrigado, mísero corpo, pois que purificaste o meu Espírito! O meu sofrimento, dez vezes bendito, deu-me um lugar bem compensador, por isso que tão depressa posso comunicar-me convosco...
>
> Kardec: Conservastes as ideias até ao último instante?

SANSON: Sim. O meu Espírito conservou as suas faculdades, e quando eu já não mais via, pressentia. Toda a minha existência se desdobrou na memória e o meu último pensamento, a última prece, foi para que pudesse comunicar-me convosco, como o faço agora; em seguida pedi a Deus que vos protegesse, para que o sonho da minha vida se completasse.

KARDEC: Tivestes consciência do momento em que o corpo exalou o derradeiro suspiro? que se passou convosco nesse momento? que sensação experimentastes?

SANSON: [...] Eu não sentia, nada compreendia e, no entanto, uma felicidade inefável me extasiava de gozo, livre do peso das dores.

*

Durante a cerimônia do cemitério, ele ditou as palavras seguintes: "Não vos atemorize a morte, meus amigos: ela é um estágio da vida [...] Repito: coragem e boa vontade! Não deis mais que medíocre valor aos bens terrenos, e sereis recompensados. [...]"

*

KARDEC: Dissestes que por ocasião de expirar nada víeis, porém pressentíeis. Compreende-se que nada vísseis corporalmente, mas o que pressentíeis antes da extinção seria já a claridade do Mundo dos Espíritos?

SANSON: Foi o que eu disse precedentemente, o instante da morte dá clarividência ao Espírito; os olhos não veem, porém o Espírito, que possui uma vista bem mais profunda, descobre instantaneamente um mundo desconhecido, e a verdade, brilhando de súbito, lhe dá momentaneamente imensa alegria ou funda mágoa, conforme o estado de consciência e a lembrança da vida passada.

KARDEC: Podeis dizer-nos o que vos impressionou, o que vistes no momento em que os vossos olhos se abriram à luz? Podeis descrever-nos, se é possível, o aspecto das coisas que se vos depararam?

SANSON: Quando pude voltar a mim e ver o que tinha diante dos olhos, fiquei como que ofuscado, sem poder compreender, porquanto a lucidez não volta repentinamente. Deus, porém, que me deu uma prova exuberante da sua bondade, permitiu-me recuperasse as faculdades, e foi então que me vi cercado de numerosos, bons e fiéis amigos. Todos os Espíritos Protetores que nos assistem, rodeavam-me sorrindo; uma alegria sem par irradiava-lhes do semblante e também eu, forte e animado, podia sem esforço percorrer os espaços. O que eu vi não tem nome na linguagem dos homens. [...]

FONTE: KARDEC, Allan. *O céu e o inferno*. Trad. Manuel Justiniano Quintão. 61. ed. 5. imp. (Edição Histórica). Brasília, DF: FEB, 2018. 2ª pt., cap. 2 – *Espíritos felizes*, it. I (Câmara mortuária, 23 de abril de 1862), pergs. 3, 4, 6, 7, 8; comentário de Kardec; it. II (Sociedade Espírita de Paris, 25 de abril de 1862), pergs. 7 e 8.

Caso 2: Sra. Hélène Michel

Resumo do Caso:

Jovem de 25 anos, falecida subitamente no lar, sem sofrimentos, sem causa previamente conhecida. Rica e um tanto frívola, a leviandade de caráter predispunha-a mais para as futilidades da vida do que para as coisas sérias. Não obstante, possuía um coração bondoso e era dócil, afetuosa e caritativa.

Evocada três dias após a morte por pessoas conhecidas, exprimia-se assim:

"Não sei onde estou... que turbação me cerca! Chamaste-me, e eu vim. Não compreendo por que não estou em minha casa; lamentam a minha ausência quando presente estou, sem poder fazer-me reconhecida. Meu corpo não mais me pertence, e, no entanto, eu lhe sinto a algidez... Quero deixá-lo e mais a ele me prendo, sempre... Sou como que duas personalidades... Oh! quando chegarei a compreender o que comigo se passa? É necessário que vá lá ainda... meu outro *eu*, que lhe sucederá na minha ausência? Adeus."

Comentário de Kardec:

O sentimento da dualidade que não está ainda destruído por uma completa separação, é aqui evidente. Caráter volúvel, permitindo-lhe a posição e a fortuna a satisfação de todos os caprichos, deveria igualmente favorecer as tendências de leviandade. Não admira, pois, tenha sido lento o seu desprendimento, a ponto de três dias após a morte, sentir-se ainda ligada ao invólucro corporal. Mas, como não possuísse vícios sérios e fosse de boa índole, essa situação nada tinha de penosa e não deveria prolongar-se por muito tempo. Evocada novamente depois de alguns dias, as suas ideias estavam já muito modificadas. Eis o que disse:

"– Obrigada por haverdes orado por mim. Reconheço a Bondade de Deus, que me subtraiu aos sofrimentos e apreensões consequentes ao desligamento do meu Espírito. À minha pobre mãe será difícílimo resignar-se; entretanto, será confortada, e o que a seus olhos constitui sensível desgraça, era fatal e indispensável para que as coisas do Céu se lhe tornassem no que devem ser: tudo. Estarei ao seu lado até o fim da sua provação terrestre, ajudando-a a suportá-la.

Não sou infeliz, porém, muito tenho ainda a fazer para aproximar-me da situação dos bem-aventurados. Pedirei a Deus me conceda voltar a essa Terra para reparação do tempo que aí perdi nesta última existência.

A fé vos ampare, meus amigos; confiai na eficácia da prece, mormente quando partida do coração. Deus é bom."

ALLAN KARDEC: Levastes muito tempo a reconhecer-vos?

HÉLÈNE: Compreendi a morte no mesmo dia que por mim orastes.

ALLAN KARDEC: Era doloroso o estado de perturbação?

HÉLÈNE: Não, eu não sofria, acreditava sonhar e aguardava o despertar. Minha vida não foi isenta de dores, mas todo ser encarnado nesse mundo deve sofrer. Resignando-me à vontade de Deus, a minha resignação foi por Ele levada em conta. Grata vos sou pelas preces que me auxiliaram no reconhecimento de mim mesma. Obrigada; voltarei sempre com prazer. Adeus."

FONTE: KARDEC, Allan. *O céu e o inferno*. Trad. Manuel Justiniano Quintão. 61. ed. 5. imp. (Edição Histórica). Brasília, DF: FEB, 2018. 2ª pt., cap. 3 – *Espíritos em condições medianas*.

Caso 3: Novel

Resumo do Caso:

(O Espírito dirige-se ao médium, que em vida o conhecera.)

"Vou contar-te o meu sofrimento quando morri. Meu Espírito, preso ao corpo por elos materiais, teve grande dificuldade em desembaraçar-se — o que já foi, por si uma rude angústia.

A vida que eu deixava aos 21 anos era ainda tão vigorosa que eu não podia crer na sua perda. Por isso procurava o corpo, estava admirado, apavorado por me ver perdido num turbilhão de sombras. Por fim, a consciência do meu estado e a revelação das faltas cometidas, em todas as minhas encarnações, feriram-me subitamente, enquanto uma luz implacável me iluminava os mais secretos âmagos da alma, que se sentia desnudada e logo possuída de vergonha acabrunhante. Procurava fugir a essa influência interessando-me pelos objetos que me cercavam, novos, mas que, no entanto, *já conhecia*; os Espíritos luminosos, flutuando no éter, davam-me a ideia de uma ventura a que eu não podia aspirar; formas sombrias e desoladas, mergulhadas umas em tedioso desespero; furiosas ou irônicas outras, deslizavam em torno de mim ou por sobre a terra a que me chumbava. Eu via agitarem-se os humanos cuja ignorância invejava; toda uma ordem de sensações desconhecidas, ou antes *reencontradas*, invadiram-me simultaneamente. Como que arrastado por força irresistível, procurando fugir à dor encarniçada, franqueava as distâncias, os elementos, os obstáculos materiais, sem que as belezas naturais nem os esplendores celestes pudessem acalmar um instante a dor acerba da consciência, nem o pavor causado pela revelação da eternidade. Pode um mortal prejulgar as torturas materiais pelos arrepios da carne; mas as vossas frágeis dores, amenizadas pela esperança, atenuadas por distrações ou mortas pelo esquecimento, não vos darão nunca a ideia das angústias de uma alma que sofre sem tréguas, sem esperança, sem arrependimento. Decorrido um tempo cuja duração não posso precisar, invejando os eleitos cujos esplendores entrevia, detestando os maus Espíritos que me perseguiam com remoques, desprezando os humanos cujas torpezas eu via, passei de profundo abatimento a uma revolta insensata.

Chamaste-me finalmente, e pela primeira vez um sentimento suave e terno me acalmou; escutei os ensinos que te dão os teus guias, a verdade impôs-se-me, orei; Deus ouviu-me, revelou-se-me por sua clemência, como já se me havia revelado por sua Justiça."

FONTE: KARDEC. Allan. *O céu e o inferno*. Trad. Manuel Justiniano Quintão. 61. ed. 5. imp. (Edição Histórica). Brasília, DF: FEB, 2018. 2ª pt., cap. 4 – *Espíritos sofredores*.

Caso 4: François-Simon Louvet

Resumo do Caso:

A seguinte comunicação foi dada espontaneamente, em uma reunião espírita no Havre, a 12 de fevereiro de 1863:

"Tereis piedade de um pobre miserável que passa de há muito por cruéis torturas?! Oh! o vácuo... o Espaço... despenho-me... caio... morro... Acudam-me! Deus, eu tive uma existência tão miserável... Pobre diabo, sofri fome muitas vezes na velhice; e foi por isso que me habituei a beber, a ter vergonha e desgosto de tudo.

Quis morrer, e atirei-me... Oh! meu Deus! Que momento! E para que tal desejo, quando o termo estava tão próximo? Orai, para que eu não veja incessantemente este *vácuo debaixo de mim*... Vou despedaçar-me de encontro a essas pedras! Eu vo-lo suplico, a vós que conheceis as misérias dos que não mais pertencem a esse mundo. Não me conheceis, mas eu sofro tanto... Para que mais provas? Sofro! Não será isso o bastante? Se eu tivera fome, em vez deste sofrimento mais terrível e, aliás, imperceptível para vós, não vacilaríeis em aliviar-me com uma migalha de pão. Pois eu vos peço que oreis por mim... Não posso permanecer por mais tempo neste estado... Perguntai a qualquer desses felizes que aqui estão, e sabereis quem fui. Orai por mim."

Palavras de um benfeitor espiritual:

"Esse que acaba de se dirigir a vós foi um pobre infeliz que teve na Terra a prova da miséria; vencido pelo desgosto, faltou-lhe a coragem, e, em vez de olhar para o Céu como devia, entregou-se à embriaguez; desceu aos extremos últimos do desespero, pondo termo à sua triste provação: atirou-se da Torre Francisco I, no dia 22 de julho de 1857. Tende piedade de sua pobre alma, que não é adiantada, mas que lobriga da vida futura o bastante para sofrer e desejar uma reparação. Rogai a Deus lhe conceda essa graça, e com isso tereis feito obra meritória."

Buscando-se informes a respeito, encontrou-se no *Journal du Havre*, de 23 de julho de 1857, a seguinte notícia local:

"Ontem, às quatro horas da tarde, os transeuntes do cais foram dolorosamente impressionados por um horrível acidente: um homem atirou-se da torre, vindo despedaçar-se sobre as pedras. Era um velho puxador de sirga, cujo pendor à embriaguez o arrastara ao suicídio. Chamava-se François-Victor-Simon Louvet. O corpo foi transportado para a casa de uma das suas filhas, à rua de la Corderie.

Tinha 67 anos."

Comentário de Kardec:

Seis anos fazia que esse homem morrera e ele se via ainda cair da torre, despedaçando-se nas pedras... Aterra-o o vácuo, horroriza-o a perspectiva da queda... e isso há seis anos! Quanto tempo durará tal estado? Ele não o sabe, e essa incerteza lhe aumenta as angústias. [...]

FONTE: *O céu e o inferno*. Trad. Manuel Justiniano Quintão. 61. ed. 5. imp. (Edição Histórica). Brasília, DF: FEB, 2018. 2ª pt., cap. 5 – *Suicidas*.

DAS SENSAÇÕES E PERCEPÇÕES DOS ESPÍRITOS

1. OBJETIVO ESPECÍFICO

   » Analisar as características das sensações e percepções dos Espíritos.
   » Refletir sobre a relação entre as sensações e percepções dos Espíritos e seu progresso espiritual.

2. CONTEÚDO BÁSICO

   » *O corpo é instrumento da dor. Se não é a causa primária desta é, pelo menos, a causa imediata. A alma tem a percepção da dor: essa percepção é o efeito. A lembrança que da dor a alma conserva pode ser muito penosa, mas não pode ter ação física. De fato, nem o frio, nem o calor são capazes de desorganizar os tecidos da alma, que não é suscetível de congelar-se, nem de queimar-se. [...] Toda gente sabe que aqueles a quem se amputou um membro costumam sentir dor no membro que lhes falta. Certo que aí não está a sede, ou, sequer, o ponto de partida da dor. O que há, apenas, é que o cérebro guardou desta a impressão. Lícito, portanto, será admitir-se que coisa análoga ocorra nos sofrimentos do Espírito após a morte. [...]*

   » *[...] Liberto do corpo, o Espírito pode sofrer, mas esse sofrimento não é corporal, embora não seja exclusivamente moral, como o remorso, pois que ele se queixa de frio e calor. Também não sofre mais no inverno do que no verão: temo-los visto atravessar chamas, sem experimentarem qualquer dor. Nenhuma impressão lhes causa, conseguintemente, a temperatura. [...]*

   [...]

[...] *Sabemos que no Espírito há percepção, sensação, audição, visão; que essas faculdades são atributos do ser todo e não, como no homem, de uma parte apenas do ser; mas, de que modo ele as tem? Ignoramo-lo.* [...]

Dizendo que os Espíritos são inacessíveis às impressões da matéria que conhecemos, referimo-nos aos Espíritos muito elevados, cujo envoltório etéreo não encontra analogia neste mundo. Outro tanto não acontece com os de perispírito mais denso, os quais percebem os nossos sons e odores, não, porém, apenas por uma parte limitada de suas individualidades, conforme lhes sucedia quando vivos [encarnados]. [...] *Eles ouvem o som da nossa voz, entretanto, nos compreendem sem o auxílio da palavra, somente pela transmissão do pensamento.* [...] *Pelo que concerne à vista, essa, para o Espírito, independe da luz, qual a temos. A faculdade de ver é um atributo essencial da alma, para quem a obscuridade não existe. É, contudo, mais extensa, mais penetrante nas mais purificadas. A alma, ou o Espírito, tem, pois, em si mesma, a faculdade de todas as percepções* [...]. (Allan Kardec: *O livro dos espíritos*, q. 257).

3 SUGESTÕES DIDÁTICAS

3.1 SUGESTÃO 1:

Introdução

Apresentar, no início da reunião, o objetivo específico do tema, comentando-o rapidamente.

Desenvolvimento

Propor aos participantes, em seguida, leitura silenciosa dos subsídios deste Roteiro.

Concluída a leitura, pedir a cada participante que, com base no texto, registre numa folha de papel duas ou três ideias que, efetivamente, traduzam sensações e percepções evidenciadas pelos Espíritos no Além-Túmulo.

Orientar a formação de pequenos grupos para a execução da seguinte tarefa:

a) discussão das ideias selecionadas por cada participante;

b) seleção ou integração dessas ideias, por consenso;

c) registro das conclusões do trabalho em grupo, em transparência ou material semelhante;

d) indicação de um relator para apresentar as conclusões do trabalho;

e) apresentação, seguida de explicações, de cada ideia registrada pelo grupo.

Conclusão

Emitir comentários sobre as conclusões apresentadas pelos relatores, fazendo os ajustes considerados importantes.

Avaliação

O estudo será considerado satisfatório se os participantes explicarem corretamente as principais sensações e percepções dos Espíritos desencarnados.

Técnica(s): exposição; estudo em pequenos grupos.

Recurso(s): subsídios deste Roteiro; materiais utilizados para dinamizar as apresentações dos relatores dos grupos.

3.2 SUGESTÃO 2:

Introdução

Iniciar o estudo comentando brevemente as primeiras impressões da leitura extra-encontro sugerida.

Desenvolvimento

Convidar os participantes para as reflexões do tema: percepção e sensações dos Espíritos, com base nas anotações da leitura extra-encontro de estudo (todos estão convidados para responder).

» *No que consistem as percepções e sensações dos Espíritos?*

» *O que mais marcou do assunto estudado? Por quê?*

Nesse momento, o facilitador esclarece dúvidas e complementa informações, enriquecendo a discussão de acordo com os textos estudados.

Propor a seguinte reflexão individual (não há a necessidade de comentário):

Como devo viver a vida para que eu tenha boas sensações e percepções no Mundo Espiritual?

Conclusão

Fazer o fechamento reforçando que:

> [...] Liberto do corpo, o Espírito pode sofrer, mas esse sofrimento não é corporal, embora não seja exclusivamente moral, como o remorso, pois que ele se queixa de frio e calor. Também não sofre mais no inverno do que no verão: temo-los visto atravessar chamas, sem experimentarem qualquer dor. Nenhuma impressão lhes causa, conseguintemente, a temperatura. [...]
>
> [...]
>
> [...] Sabemos que no Espírito há percepção, sensação, audição, visão; que essas faculdades são atributos do ser todo e não, como no homem, de uma parte apenas do ser; mas, de que modo ele as tem? Ignoramo-lo. [...]
>
> Dizendo que os Espíritos são inacessíveis às impressões da matéria que conhecemos, referimo-nos aos Espíritos muito elevados, cujo envoltório etéreo não encontra analogia neste mundo. Outro tanto não acontece com os de perispírito mais denso, os quais percebem os nossos sons e odores, não, porém, apenas por uma parte limitada de suas individualidades, conforme lhes sucedia quando vivos [encarnados]. [...] Eles ouvem o som da nossa voz, entretanto, nos compreendem sem o auxílio da palavra, somente pela transmissão do pensamento. [...] Pelo que concerne à vista, essa, para o Espírito, independe da luz, qual a temos. A faculdade de ver é um atributo essencial da alma, para quem a obscuridade não existe. É, contudo, mais extensa, mais penetrante nas mais purificadas. A alma, ou o Espírito, tem, pois, em si mesma, a faculdade de todas as percepções [...]. (Allan Kardec, *O livro dos espíritos*, q. 257).

Avaliação

O estudo será considerado satisfatório se as ideias de os participantes refletirem entendimento do assunto.

Técnica(s): estudo extra-encontro; discussão circular.

Recurso(s): subsídios do Roteiro, *O livro dos espíritos*.

3.3 SUGESTÃO 3:

Estudo de caso – André Luiz.

Observação: O estudo de caso deve ser realizado após o estudo do Roteiro.

Pode ser realizado o estudo de casos em conjunto com a turma, ou divididos em grupos.

Reflexões para discussão circular:

» Quais foram as percepções e sensações do Espírito, após a desencarnação?
» Como o próprio André define sua última encarnação?
» O que ele sente que faltou para que sua volta ao Mundo Espiritual tivesse sido diferente? Etc.

(Livro: *Nosso lar*. Pelo Espírito André Luiz. Psicografia de Francisco C. Xavier. cap. 1 – *Nas zonas inferiores*; cap. 2 – *Clarêncio*. FEB Editora.)

Capítulo 1 – Nas zonas inferiores

Eu guardava a impressão de haver perdido a ideia de tempo. A noção de espaço esvaíra-se-me de há muito.

Estava convicto de não mais pertencer ao número dos encarnados no mundo e, no entanto, meus pulmões respiravam a longos haustos.

Desde quando me tornara joguete de forças irresistíveis? Impossível esclarecer.

Sentia-me, na verdade, amargurado duende nas grades escuras do horror. Cabelos eriçados, coração aos saltos, medo terrível senhoreando-me, muita vez gritei como louco, implorei piedade e clamei contra o doloroso desânimo que me subjugava o espírito; mas, quando o silêncio implacável não me absorvia a voz estentórica, lamentos mais comovedores, que os meus, respondiam-me aos clamores. Outras vezes, gargalhadas sinistras rasgavam a quietude ambiente. Algum companheiro desconhecido estaria, a meu ver, prisioneiro da loucura. Formas diabólicas, rostos alvares, expressões animalescas surgiam, de quando em quando, agravando-me o assombro. A paisagem, quando não totalmente escura, parecia banhada de luz alvacenta, como que amortalhada em neblina espessa, que os raios de sol aquecessem de muito longe.

E a estranha viagem prosseguia... Com que fim? Quem o poderia dizer? Apenas sabia que fugia sempre... O medo me impelia de roldão. Onde o lar, a esposa, os filhos? Perdera toda a noção de rumo. O receio do ignoto e o pavor da treva absorviam-me todas as faculdades de raciocínio, logo que me desprendera dos últimos laços físicos, em pleno sepulcro!

Atormentava-me a consciência: preferiria a ausência total da razão, o não ser.

De início, as lágrimas lavavam-me incessantemente o rosto e apenas, em minutos raros, felicitava-me a bênção do sono. Interrompia-se, porém, bruscamente, a sensação de alívio. Seres monstruosos acordavam-me, irônicos; era imprescindível fugir deles.

Reconhecia, agora, a esfera diferente a erguer-se da poalha do mundo e, todavia, era tarde. Pensamentos angustiosos atritavam-me o cérebro.

Mal delineava projetos de solução, incidentes numerosos impeliam-me a considerações estonteantes. Em momento algum, o problema religioso surgiu tão profundo a meus olhos. Os princípios puramente filosóficos, políticos e científicos, figuravam-se-me agora extremamente secundários para a vida humana. Significavam, a meu ver, valioso patrimônio nos planos da Terra, mas urgia reconhecer que a Humanidade não se constitui de gerações transitórias e sim de Espíritos eternos, a caminho de gloriosa destinação. Verificava que alguma coisa permanece acima de toda cogitação meramente intelectual. Esse algo é a fé, manifestação divina ao homem. Semelhante análise surgia, contudo, tardiamente. De fato, conhecia as letras do Velho Testamento e muita vez folheara o Evangelho; entretanto, era forçoso reconhecer que nunca procurara as letras sagradas com a luz do coração. Identificava-as por meio da crítica de escritores menos afeitos ao sentimento e à consciência, ou em pleno desacordo com as verdades essenciais. [...]

Em verdade, não fora um criminoso, no meu próprio conceito. A filosofia do imediatismo, porém, absorvera-me. A existência terrestre, que a morte transformara, não fora assinalada de lances diferentes da craveira comum.

Filho de pais talvez excessivamente generosos, conquistara meus títulos universitários sem maior sacrifício, compartilhara os vícios da mocidade do meu tempo, organizara o lar, conseguira filhos, perseguira situações estáveis que garantissem a tranquilidade econômica do meu grupo familiar, mas, examinando atentamente a mim mesmo, algo me fazia experimentar a noção de tempo perdido, com a silenciosa acusação da consciência. Habitara a Terra, gozara-lhe os bens, colhera as bênçãos da vida, mas não lhe retribuíra ceitil do débito enorme. Tivera pais, cuja generosidade e sacrifícios por mim nunca avaliei; esposa e filhos que prendera, ferozmente, nas teias rijas do egoísmo destruidor. Possuíra um lar que fechei a todos os que palmilhavam o deserto da angústia. Deliciara-me com os júbilos da família, esquecido de estender essa bênção divina à imensa família humana, surdo a comezinhos deveres de fraternidade.

Enfim, como a flor de estufa, não suportava agora o clima das realidades eternas. Não desenvolvera os germes divinos que o Senhor da Vida colocara em minha alma. Sufocara-os, criminosamente, no desejo incontido de bem-estar. Não adestrara órgãos para a vida nova. Era justo, pois, que aí despertasse à maneira de aleijado que, restituído ao rio infinito da eternidade, não pudesse acompanhar senão compulsoriamente a carreira incessante das águas; ou como mendigo infeliz que, exausto em pleno deserto, perambula à mercê de impetuosos tufões.

Ó amigos da Terra! Quantos de vós podereis evitar o caminho da amargura com o preparo dos campos interiores do coração? Acendei vossas luzes antes de atravessar a grande sombra. Buscai a verdade antes que a verdade vos surpreenda. Suai agora para não chorardes depois.

Capítulo 2 – Clarêncio

"Suicida! Suicida! Criminoso! Infame!" — gritos assim cercavam-me de todos os lados. Onde os sicários de coração empedernido? Por vezes, enxergava-os de relance, escorregadios na treva espessa e, quando meu desespero atingia o auge, atacava-os, mobilizando extremas energias. Em vão, porém, esmurrava o ar nos paroxismos da cólera. Gargalhadas sarcásticas feriam-me os ouvidos, enquanto os vultos negros desapareciam na sombra.

Para quem apelar? Torturava-me a fome, a sede me escaldava. Comezinhos fenômenos da experiência material patenteavam-se-me aos olhos. Crescera-me a barba, a roupa começava a romper-se com os esforços da resistência, na região desconhecida. A circunstância mais dolorosa, no entanto, não é o terrível abandono a que me sentia votado, mas o assédio incessante de forças perversas que me assomavam nos caminhos ermos e obscuros. Irritavam-me, aniquilavam-me a possibilidade de concatenar ideias. Desejava ponderar maduramente a situação, esquadrinhar razões e estabelecer novas diretrizes ao pensamento, mas aquelas vozes, aqueles lamentos misturados de acusações nominais, desnorteavam-me irremediavelmente.

— Que buscas, infeliz! Aonde vais, suicida?

Tais objurgatórias, incessantemente repetidas, perturbavam-me o coração. Infeliz, sim; mas, suicida? — Nunca! Essas increpações, a meu ver, não eram procedentes. Eu havia deixado o corpo físico a contragosto. Recordava meu porfiado duelo com a morte. Ainda julgava ouvir os últimos pareceres médicos, enunciados na Casa de Saúde; lembrava a assistência desvelada que tivera, os curativos dolorosos que experimentara nos dias longos que se seguiram à delicada operação dos intestinos. Sentia, no curso dessas reminiscências, o contato do termômetro, o pique desagradável da agulha de injeções e, por fim, a última cena que precedera o grande sono: minha esposa ainda jovem e os três filhos contemplando-me no terror da eterna separação. Depois... o despertar na paisagem úmida e escura e a grande caminhada que parecia sem-fim.

Por que a pecha de suicídio, quando fora compelido a abandonar a casa, a família e o doce convívio dos meus? O homem mais forte conhecerá limites à resistência emocional. Firme e resoluto a princípio, comecei por entregar-me a longos períodos de desânimo, e, longe de prosseguir na fortaleza moral, por ignorar o próprio fim, senti que as lágrimas longamente represadas visitavam-me com mais frequência, extravasando do coração.

A quem recorrer? Por maior que fosse a cultura intelectual trazida do mundo, não poderia alterar, agora, a realidade da vida. Meus conhecimentos, ante o infinito, semelhavam-se a pequenas bolhas de sabão levadas ao vento impetuoso que transforma as paisagens. Eu era alguma coisa que o tufão da verdade carreava para muito longe. Entretanto, a situação não modificava a outra realidade do meu ser essencial. Perguntando a mim mesmo se não enlouquecera, encontrava a consciência vigilante, esclarecendo-me que continuava a ser eu mesmo, com o sentimento e a cultura colhidos na experiência material. Persistiam as necessidades fisiológicas, sem modificação. Castigava-me a fome todas as fibras, e, nada obstante, o abatimento progressivo não me fazia cair definitivamente em absoluta exaustão. De quando em quando, deparavam-se-me verduras que me pareciam agrestes, em torno de humildes filetes d'água a que me atirava sequioso. Devorava as folhas desconhecidas, colava os lábios à nascente turva, enquanto mo permitiam as forças irresistíveis, a impelirem-me para a frente. Muita vez suguei a lama da estrada, recordei o antigo pão de cada dia, vertendo copioso pranto. [...] Foi quando comecei a recordar que deveria existir um Autor da Vida, fosse onde fosse. Essa ideia confortou-me. Eu, que detestara as religiões no mundo, experimentava agora a necessidade de conforto místico. Médico extremamente arraigado ao negativismo da minha geração, impunha-se-me atitude renovadora. Tornava-se imprescindível confessar a falência do amor-próprio, a que me consagrara orgulhoso.

E, quando as energias me faltaram de todo, quando me senti absolutamente colado ao lodo da Terra, sem forças para reerguer-me, pedi ao Supremo Autor da Natureza me estendesse mãos paternais, em tão amargurosa emergência.

Quanto tempo durou a rogativa? Quantas horas consagrei à súplica, de mãos postas, imitando a criança aflita? Apenas sei que a chuva das lágrimas me lavou o rosto; que todos os meus sentimentos se concentraram na prece dolorosa. Estaria, então, completamente esquecido? Não era, igualmente, filho de Deus, embora não cogitasse de conhecer-lhe a atividade sublime quando engolfado nas vaidades da experiência humana? Por que não me perdoaria o Eterno Pai, quando providenciava ninho às aves inconscientes e protegia, bondoso, a flor tenra dos campos agrestes?

[...] Foi nesse instante que as neblinas espessas se dissiparam e alguém surgiu, emissário dos Céus. Um velhinho simpático me sorriu paternalmente. Inclinou-se, fixou nos meus os grandes olhos lúcidos, e falou:

— Coragem, meu filho! O Senhor não te desampara.

Amargurado pranto banhava-me a alma toda. Emocionado, quis traduzir meu júbilo, comentar a consolação que me chegava, mas, reunindo todas as forças que me restavam, pude apenas inquirir:

— Quem sois, generoso emissário de Deus?

O inesperado benfeitor sorriu bondoso e respondeu:

— Chama-me Clarêncio, sou apenas teu irmão.

4 SUBSÍDIOS

4.1 SENSAÇÕES E PERCEPÇÕES DOS ESPÍRITOS

> *Sofrem os Espíritos? Que sensações experimentam? Tais questões nos são naturalmente dirigidas e vamos tentar resolvê-las. Inicialmente devemos dizer que, para isso, não nos contentamos com as respostas dos Espíritos. De certa maneira, por meio de numerosas observações, tivemos que considerar a sensação com o fato.*[1]

Após essas considerações, registradas por Kardec na *Revista Espírita* de 1858,[2] mês de dezembro, o Codificador pede ao Espírito São Luiz explicações sobre a penosa sensação de frio que um Espírito dizia sentir. Esse relato intrigou Kardec de tal forma que o levou a indagar de São Luiz: "*— Concebemos os sofrimentos morais, como pesares, remorsos, vergonha; mas calor e frio, a dor física, não são efeitos morais; experimentariam os Espíritos tais sensações?*". O Espírito, então, lhe respondeu com outra pergunta: "*— Tua alma sente frio? Não; mas tem consciência da sensação que age sobre o corpo*".

Refletindo sobre essas informações Kardec conclui:

> *Disso parece resultar que esse Espírito de avarento não sentia frio real, mas a lembrança da sensação do frio que havia suportado e essa lembrança, tida por ele como realidade, tornava-se um suplício.*

No entanto, o benfeitor espiritual enfatiza:

> *É mais ou menos isso. Fique bem entendido que há uma distinção, que compreendeis perfeitamente, entre a dor física e a dor moral; não se deve confundir o efeito com a causa.*

Allan Kardec nos apresenta, com a lucidez que lhe é peculiar, a seguinte análise deste assunto, tão útil quanto necessário à prática mediúnica.

> *O corpo é o instrumento da dor. Se não é a causa primária desta é, pelo menos, a causa imediata. A alma tem a percepção da dor: essa percepção é o efeito. A lembrança que da dor a alma conserva pode ser muito penosa, mas não pode ter ação física. De fato, nem o frio, nem o calor são capazes de desorganizar os tecidos da alma, que não é suscetível de congelar-se, nem de queimar-se. Não vemos todos os dias a recordação ou a apreensão de um mal físico produzirem o efeito desse mal, como se real fora? Não as vemos até causar a morte? Toda gente sabe que aqueles a quem se amputou um membro costumam sentir dor no membro que lhes falta. Certo que aí não está a sede, ou, sequer, o ponto de partida da dor. O que há, apenas, é que o cérebro guardou desta a impressão. Lícito, portanto, será admitir-se que coisa análoga ocorra nos sofrimentos do Espírito após a morte. Um estudo aprofundado do perispírito, que tão importante papel desempenha em todos os fenômenos espíritas; nas aparições vaporosas ou tangíveis; no estado em que o Espírito vem a encontrar-se por ocasião da morte; na ideia, que tão*

*frequentemente manifesta, de que ainda está vivo; nas situações tão comoventes que nos revelam os dos suicidas, dos supliciados, dos que se deixaram absorver pelos gozos materiais; e inúmeros outros fatos, muita luz lançaram sobre esta questão, dando lugar a explicações que passamos a resumir.*³

As sensações e percepções sentidas e relatadas pelos Espíritos são mediadas pelo perispírito

*[...] É o princípio da vida orgânica, porém não o da vida intelectual, que reside no Espírito. É, além disso, o agente das sensações exteriores. No corpo, os órgãos, servindo-lhes de condutos, localizam essas sensações. Destruído o corpo, elas se tornam gerais. Daí o Espírito não dizer que sofre mais da cabeça do que dos pés, ou vice-versa. Não se confundam, porém, as sensações do perispírito, que se tornou independente, com as do corpo. Estas últimas só por termo de comparação as podemos tomar e não por analogia. Liberto do corpo, o Espírito pode sofrer, mas esse sofrimento não é corporal, embora não seja exclusivamente moral, como o remorso, pois que ele se queixa de frio e calor. Também não sofre mais no inverno do que no verão: temo-los visto atravessar chamas, sem experimentarem qualquer dor. Nenhuma impressão lhes causa, conseguintemente, a temperatura. A dor que sentem não é, pois, uma dor física propriamente dita: é um vago sentimento íntimo, que o próprio Espírito nem sempre compreende bem, precisamente porque a dor não se acha localizada e porque não a produzem agentes exteriores; é mais uma reminiscência do que uma realidade, reminiscência, porém, igualmente penosa. Algumas vezes, entretanto, há mais do que isso, como vamos ver.*⁴

Nos dias atuais, este assunto é de fácil assimilação, mesmo para o cidadão comum, devido ao progresso alcançado pelas ciências psíquicas no século XX e no atual. Este fato, aliás, nos faz refletir sobre a incrível capacidade de análise de Kardec, pois sem contar com os conhecimentos que temos atualmente, conseguiu compreender nitidamente o assunto. Continuando com as explicações, esclarece-nos o Codificador:

Ensina-nos a experiência que, por ocasião da morte, o perispírito se desprende mais ou menos lentamente do corpo; que, durante os primeiros minutos depois da desencarnação, o Espírito não encontra explicação para a situação em que se acha. Crê não estar morto, por isso que se sente vivo; vê a um lado o corpo, sabe que lhe pertence, mas não compreende que esteja separado dele. Essa situação dura enquanto haja qualquer ligação entre o corpo e o perispírito. Disse-nos, certa vez, um suicida: "Não, não estou morto." *E acrescentava: No entanto, sinto os vermes a me roerem. Ora, indubitavelmente, os vermes não lhe roíam o perispírito e ainda menos o Espírito; roíam-lhe apenas o corpo. Como, porém, não era completa a separação do corpo e do perispírito, uma espécie de repercussão moral se produzia, transmitindo ao Espírito o que estava ocorrendo no corpo. Repercussão talvez não seja o termo próprio, porque pode induzir à suposição de um efeito muito material. Era antes a visão do que se passava com o corpo, ao qual ainda o conservava ligado o perispírito, o que lhe causava a ilusão, que ele tomava por realidade. Assim, pois, não haveria no caso uma reminiscência, porquanto ele não fora, em vida, roído pelos vermes: havia o sentimento de um fato da atualidade. Isto mostra que deduções se podem tirar dos fatos, quando atentamente observados.*

Durante a vida, o corpo recebe impressões exteriores e as transmite ao Espírito por intermédio do perispírito, que constitui, provavelmente, o que se chama fluido nervoso. Uma vez morto, o corpo nada mais sente, por já não haver nele Espírito, nem perispírito. Este, desprendido do corpo, experimenta a sensação, porém, como já não lhe chega por um conduto limitado, ela se lhe torna geral. Ora, não sendo o perispírito, realmente, mais do que simples agente de transmissão, pois que no Espírito é que está a consciência, lógico será deduzir-se que, se pudesse existir perispírito sem Espírito, aquele nada sentiria, exatamente como um corpo que morreu. Do mesmo modo, se o Espírito não tivesse perispírito, seria inacessível a toda e qualquer sensação dolorosa. É o que se dá com os Espíritos completamente purificados. Sabemos que quanto mais eles se purificam, tanto mais etérea se torna a essência do perispírito, donde se segue que a influência material diminui à medida que o Espírito progride, isto é, à medida que o próprio perispírito se torna menos grosseiro.

[...]

Dizendo que os Espíritos são inacessíveis às impressões da matéria que conhecemos, referimo-nos aos Espíritos muito elevados, cujo envoltório etéreo não encontra analogia neste mundo. Outro tanto não acontece com os de perispírito mais denso, os quais percebem os nossos sons e odores, não, porém, apenas por uma parte limitada de suas individualidades, conforme lhes sucedia quando vivos. Pode-se dizer que, neles, as vibrações moleculares se fazem sentir em todo o ser e lhes chegam assim ao sensorium commune, *que é o próprio Espírito, embora de modo diverso e talvez, também, dando uma impressão diferente, o que modifica a percepção. Eles ouvem o som da nossa voz, entretanto, nos compreendem sem o auxílio da palavra, somente pela transmissão do pensamento. Em apoio do que dizemos há o fato de que essa penetração é tanto mais fácil, quanto mais desmaterializado está o Espírito. Pelo que concerne à vista, essa, para o Espírito, independe da luz, qual a temos. A faculdade de ver é um atributo essencial da alma, para quem a obscuridade não existe. É, contudo, mais extensa, mais penetrante nas mais purificadas. A alma, ou o Espírito, tem, pois, em si mesma, a faculdade de todas as percepções. Estas, na vida corpórea, se obliteram pela grosseria dos órgãos do corpo; na vida extracorpórea se vão desanuviando, à proporção que o invólucro semimaterial se eteriza.*[5]

Podemos, então, concluir com Kardec:

Os Espíritos possuem todas as percepções que tinham na Terra, porém em grau mais alto, porque as suas faculdades não estão amortecidas pela matéria; eles têm sensações desconhecidas por nós, veem e ouvem coisas que os nossos sentidos limitados nos não permitem ver nem ouvir. Para eles não há obscuridade, excetuando-se aqueles que, por punição, se acham temporariamente nas trevas.[6]

REFERÊNCIAS

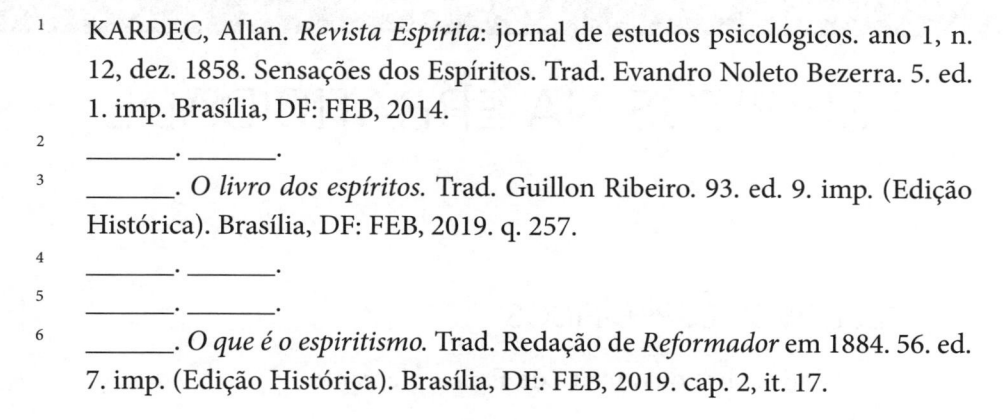

[1] KARDEC, Allan. *Revista Espírita*: jornal de estudos psicológicos. ano 1, n. 12, dez. 1858. Sensações dos Espíritos. Trad. Evandro Noleto Bezerra. 5. ed. 1. imp. Brasília, DF: FEB, 2014.

[2] _____. _____.

[3] _____. *O livro dos espíritos*. Trad. Guillon Ribeiro. 93. ed. 9. imp. (Edição Histórica). Brasília, DF: FEB, 2019. q. 257.

[4] _____. _____.

[5] _____. _____.

[6] _____. *O que é o espiritismo*. Trad. Redação de *Reformador* em 1884. 56. ed. 7. imp. (Edição Histórica). Brasília, DF: FEB, 2019. cap. 2, it. 17.

ESPÍRITOS NA ERRATICIDADE

1 OBJETIVOS ESPECÍFICOS

» Refletir sobre o conceito de Espírito errante.

» Analisar as características dos Espíritos na erraticidade.

» Refletir sobre a vida no Plano Espiritual, no período de erraticidade.

2 CONTEÚDO BÁSICO

» *Que é a alma no intervalo das encarnações?* "Espírito errante, que aspira a novo destino, que espera." (Allan Kardec, *O livro dos espíritos*, q. 224).

» O estado de erraticidade pode durar desde "[...] *algumas horas até alguns milhares de séculos. Propriamente falando, não há extremo limite estabelecido para o estado de erraticidade, que pode prolongar-se muitíssimo, mas que nunca é perpétuo. Cedo ou tarde, o Espírito terá que volver a uma existência apropriada a purificá-lo das máculas de suas existências precedentes*". (Allan Kardec, *O livro dos espíritos*, q. 224-a).

» *Essa duração depende da vontade do Espírito, ou lhe pode ser imposta como expiação?* "É uma consequência do livre-arbítrio. Os Espíritos sabem perfeitamente o que fazem. Mas, também, para alguns, constitui uma punição que Deus lhes inflige. Outros pedem que ela se prolongue, a fim de continuarem estudos que só na condição de Espírito livre podem efetuar-se com proveito." (Allan Kardec, *O livro dos espíritos*, q. 224-b).

» *Poder-se-á dizer que são errantes todos os Espíritos que não estão encarnados?* "Sim, com relação aos que tenham de reencarnar. [...]" (Allan Kardec, *O livro dos espíritos*, q. 226).

3 SUGESTÕES DIDÁTICAS

3.1 SUGESTÃO 1:

Introdução

Apresentar as seguintes palavras de Jesus:

> "Não se turbe o vosso coração. Credes em Deus, crede também em mim. Há muitas moradas na casa de meu Pai; se assim não fosse, já eu vo-lo teria dito, pois me vou para vos preparar o lugar. Depois que me tenha ido e que vos houver preparado o lugar, voltarei e vos retirarei para mim, a fim de que onde eu estiver, também vós aí estejais." (*João*, 14:1 a 3).

Fazer a correlação das palavras de Jesus com o sentido de Espírito errante e de erraticidade, de acordo com o item 4.1 dos subsídios.

Desenvolvimento

Logo após, dividir os participantes em pequenos grupos para a realização das seguintes tarefas:

a) ler os subsídios deste Roteiro;

b) discutir o seu conteúdo;

c) apresentar resumo do assunto, no qual constem: conceito de Espírito errante; principais características da erraticidade;

d) indicar relator para apresentar o resumo, em plenário.

Solicitar aos representantes dos grupos que apresentem as conclusões do trabalho.

Ouvir os relatos esclarecendo possíveis dúvidas.

Ouvir as conclusões do grupo fazendo os comentários pertinentes.

Conclusão

Voltar ao texto evangélico, citado na Introdução, ressaltando que as palavras de Jesus podem referir-se, de acordo com a interpretação de Kardec, não apenas à pluralidade dos mundos habitados, mas também "[...] *ao estado venturoso ou desgraçado do Espírito na erraticidade* [...]". (Allan Kardec, *O evangelho segundo o espiritismo,* cap. 3, it. 2).

Avaliação

O estudo será considerado satisfatório se os participantes explicarem corretamente o que é Espírito errante e citarem as principais características do estado de erraticidade.

Técnica(s): exposição; estudo em pequenos grupos.

Recurso(s): citação do Evangelho de Jesus; subsídios deste Roteiro.

3.2 SUGESTÃO 2:

Introdução

Iniciar o estudo com a seguinte leitura:

> "Não se turbe o vosso coração. Credes em Deus, crede também em mim. Há muitas moradas na casa de meu Pai; se assim não fosse, já eu vo-lo teria dito, pois me vou para vos preparar o lugar. Depois que me tenha ido e que vos houver preparado o lugar, voltarei e vos retirarei para mim, a fim de que onde eu estiver, também vós aí estejais." (*João*, 14:1 a 3).

Em seguida, comentá-la, relacionando-a com os conceitos de erraticidade e de Espírito errante.

Desenvolvimento

Propor a leitura oral comentada, com os participantes, das questões 223 a 233 de *O livro dos espíritos*.

Iniciar uma reflexão circular:

» *Como podemos definir erraticidade?*

» *E Espírito errante?*

» *Qual a importância da erraticidade para o Espírito?* Etc.

Nesse momento, o facilitador esclarece dúvidas e complementa informações enriquecendo a discussão.

Propor a seguinte reflexão individual (não há a necessidade de comentário):

O que planejo para meu momento durante a erraticidade?

Conclusão

Fazer o fechamento reforçando que Espíritos errantes existem de diferentes níveis evolutivos, constituindo a maioria dos Espíritos desencarnados do nosso planeta. São felizes ou desgraçados

> "Mais ou menos, conforme seus méritos. Sofrem por efeito das paixões cuja essência conservaram, ou são felizes, de conformidade com o grau de desmaterialização a que hajam chegado. Na erraticidade, o Espírito percebe o que lhe falta para ser mais feliz e, desde então, procura os meios de alcançá-lo. [...]" (Allan Kardec, *O livro dos espíritos*, q. 231).

Avaliação

O estudo será considerado satisfatório se as ideias de os participantes refletirem entendimento do assunto.

Técnica(s): exposição dialogada; leitura oral compartilhada; discussão circular.

Recurso(s): subsídios do Roteiro, *O livro dos espíritos*.

4 SUBSÍDIOS

4.1 CONCEITO DE ESPÍRITO ERRANTE

O Espírito retorna ao Mundo Espiritual, após a morte do corpo físico. Depois de passar pelas experiências que caracterizam o desligamento entre a alma e o corpo, regressa ao "[...] *mundo espírita, que preexiste e sobrevive a tudo*".[1] Começa, então, a fase de reintegração a uma nova forma de vida, em outro plano vibratório. O perispírito, desligado do corpo físico, revela com mais sutileza suas propriedades que, sob o comando do pensamento e da vontade do Espírito, proporcionam-lhe as transformações necessárias à sua adaptação no Plano Espiritual. Após um período, mais ou menos prolongado, nas regiões espirituais, o Espírito reinicia as experiências reencarnatórias. No intervalo das reencarnações, a alma recebe a denominação de "*Espírito errante, que aspira a novo destino, que espera*".[2] O intervalo entre as reencarnações é de duração variável:

> Desde algumas horas até alguns milhares de séculos. Propriamente falando, não há extremo limite estabelecido para o estado de erraticidade, que pode prolongar-se muitíssimo, mas que nunca é perpétuo. Cedo ou tarde, o Espírito terá que volver a uma existência apropriada a purificá-lo das máculas de suas existências precedentes.[3]

A palavra "errante" – utilizada por Kardec para designar o estado do Espírito que ainda precisa reencarnar – causa, às vezes, algumas dúvidas. Assim, importa considerar que errante, do francês *errant*, significa, neste contexto, o mesmo que em português: o que não é fixo, o que vagueia. Esse estado de erraticidade cessa quando o Espírito atinge o estágio da Perfeição Moral, tornando-se Espírito Puro. Não é mais errante, visto que chegou à perfeição, seu estado definitivo.[4]

Dessa forma, os Espíritos que necessitam de melhoria – intelectual e moral – retornam inúmeras vezes à experiência reencarnatória. No espaço de tempo compreendido entre uma e outra reencarnação eles não se fixam numa determinada localidade no Plano Espiritual, em decorrência do aprendizado que necessitam desenvolver. Nessa situação, recebem a denominação de *Espíritos errantes*. Ainda que se encontrem na categoria de errantes, os Espíritos têm oportunidade de progredir. O estudo, o aconselhamento de Espíritos que lhes são superiores, a observação, as experiências vivenciadas, entre outros, lhes facultam os meios de melhoria espiritual.[5] Situação diversa ocorre com os Espíritos evoluídos que, por não possuírem maiores necessidades de reencarnar, conforme o grau de perfeição que tenham alcançado, permanecem ligados a determinadas colônias na Espiritualidade. Nessas regiões elevadas do Plano Espiritual atuam como orientadores, promovendo o progresso da humanidade terrestre.

4.2 ERRATICIDADE

Espíritos errantes existem de diferentes níveis evolutivos, constituindo a maioria dos Espíritos desencarnados do nosso planeta. São felizes ou desgraçados

> *Mais ou menos, conforme seus méritos. Sofrem por efeito das paixões cuja essência conservaram, ou são felizes, de conformidade com o grau de desmaterialização a que hajam chegado. Na erraticidade, o Espírito percebe o que lhe falta para ser mais feliz e, desde então, procura os meios de alcançá-lo. Nem sempre, porém, lhe é permitido reencarnar como fora de seu agrado, representando isso, para ele, uma punição.*[6]

Sendo assim,

> *As condições dos Espíritos e as maneiras por que veem as coisas variam ao infinito, de conformidade com os graus de desenvolvimento moral e intelectual em que se achem. Geralmente, os Espíritos de ordem elevada só por breve tempo se aproximam da Terra. Tudo o que aí se faz é tão mesquinho em comparação com as grandezas do infinito, tão pueris são, aos olhos deles, as coisas a que os homens*

mais importância ligam, que quase nenhum atrativo lhes oferece o nosso mundo, a menos que para aí os leve o propósito de concorrerem para o progresso da Humanidade. Os Espíritos de ordem intermédia são os que mais frequentemente baixam a este planeta, se bem considerem as coisas de um ponto de vista mais alto do que quando encarnados. Os Espíritos vulgares, esses são os que aí mais se comprazem e constituem a massa da população invisível do globo terráqueo. Conservam quase que as mesmas ideias, os mesmos gostos e as mesmas inclinações que tinham quando revestidos do invólucro corpóreo. Metem-se em nossas reuniões, negócios, divertimentos, nos quais tomam parte mais ou menos ativa, segundo seus caracteres. Não podendo satisfazer às suas paixões, gozam na companhia dos que a elas se entregam e os excitam a cultivá-las. Entre eles, no entanto, muitos há, sérios, que veem e observam para se instruírem e aperfeiçoarem.[7]

Entretanto, as ideias, e, consequentemente, os conhecimentos dos Espíritos modificam-se na erraticidade. Com efeito,

[...] sofrem grandes modificações, à proporção que o Espírito se desmaterializa. Pode este, algumas vezes, permanecer longo tempo imbuído das ideias que tinha na Terra; mas, pouco a pouco, a influência da matéria diminui e ele vê as coisas com maior clareza. É então que procura os meios de se tornar melhor.[8]

Outro ponto que merece destaque diz respeito à sobrevivência dos animais, após a morte do corpo físico. Os Espíritos Superiores nos esclarecem que a alma do animal

Fica numa espécie de erraticidade, pois que não mais se acha unida ao corpo, mas não é um Espírito errante. O Espírito errante é um ser que pensa e obra por sua livre vontade. De idêntica faculdade não dispõe o dos animais. A consciência de si mesmo é o que constitui o principal atributo do Espírito. O do animal, depois da morte, é classificado pelos Espíritos a quem incumbe essa tarefa e utilizado quase imediatamente. Não lhe é dado tempo de entrar em relação com outras criaturas.[9]

REFERÊNCIAS

[1] KARDEC, Allan. *O livro dos espíritos*. Trad. Guillon Ribeiro. 93. ed. 9. imp. (Edição Histórica). Brasília, DF: FEB, 2019. q. 85.
[2] _____. _____. q. 224.
[3] _____. _____. q. 224-a.
[4] _____. _____. q. 226.
[5] _____. _____. q. 227.
[6] _____. _____. q. 231.
[7] _____. _____. Comentário de Kardec à q. 317.
[8] _____. _____. q. 318.
[9] _____. _____. q. 600.

MENSAGEM

Prece de Lívia, filha de Basílio

Estrelas – ninhos da vida,
Entre os espaços profundos,
Novos lares, novos mundos,
Velados por tênue véu...
Aladas rosas de Ceres,
Nascidas ao Sol de Elêusis,
Sois a morada dos deuses,
Que vos engastam no céu!...

Dizei-nos que tudo é belo,
Dizei-nos que tudo é santo,
Inda mesmo quando há pranto
No sonho que nos conduz.
Proclamai à terra estranha,
Dominada de tristeza,
Que em tudo reina a beleza
Vestida de amor e luz.

Quando a noite for mais fria
Pela dor que nos procura,
Rompei a cadeia escura
Que nos prenda o coração,
Acendendo a madrugada
No campo de Novo Dia,
Onde a ventura irradia
Eterna ressurreição.

Dai consolo ao peregrino,
Que segue à mercê da sorte,
Sem teto, sem paz, sem norte,
Torturado, sofredor...
Templos do Azul Infinito,
Descerrai à Humanidade
A glória da divindade
Na glória do vosso amor.

Estrelas – ninhos da vida,
Entre os espaços profundos,
Novos lares, novos mundos,
Velados por tênue véu...
Aladas rosas de Ceres,
Nascidas ao Sol de Elêusis,
Sois a morada dos deuses,
Que vos engastam no céu!...

FONTE: XAVIER, Francisco Cândido. *Ave, Cristo!*. Pelo Espírito Emmanuel. 24. ed. 8. imp. Brasília, DF: FEB 2016. 2ª pt., cap. 1 – *Provas e lutas*.

SORTE DAS CRIANÇAS DEPOIS DA MORTE

1 OBJETIVO ESPECÍFICO

» Refletir sobre a situação da criança depois da morte e seu processo de desenvolvimento espiritual.

2 CONTEÚDO BÁSICO

» *Não tendo podido praticar o mal, o Espírito de uma criança que morreu em tenra idade pertence a alguma das categorias superiores?* "Se não fez o mal, igualmente não fez o bem e Deus não o isenta das provas que tenha de padecer. Se for um Espírito puro, não o é pelo fato de ter animado apenas uma criança, mas porque já progredira até à pureza." (Allan Kardec, O livro dos espíritos, q. 198).

» *A curta duração da vida da criança pode representar, para o Espírito que a animava, o complemento de existência precedente interrompida antes do momento em que devera terminar, e sua morte, também não raro, constitui* provação ou expiação para os pais. (Allan Kardec, O livro dos espíritos, q. 199).

» Quando "[...] *o Espírito já alcançou elevada classe evolutiva, assumindo o comando mental de si mesmo, adquire o poder de facilmente desprender-se das imposições da forma* [...]. *Contudo, para a grande maioria das crianças que desencarnam, o caminho não é o mesmo* [...]. *É por esse motivo que não podemos prescindir dos períodos de recuperação para quem se afasta do veículo físico, na fase infantil* [...]". (André Luiz, *Entre a Terra e o céu*, cap. 10 – *Preciosa conversação*).

» No Mundo Espiritual há diversas instituições devotadas ao acolhimento e ao reajuste de Espíritos desencarnados na infância. (André

Luiz, *Entre a Terra e o céu*, cap. 9 – *No Lar da Bênção*. Apud *A vida além do véu* (rev. G. Vale Owen, 2ª pt., cap. 4 – *Diagnosticando recém-chegados da Terra*).

3 SUGESTÕES DIDÁTICAS

3.1 SUGESTÃO 1:

Introdução

Apresentar o assunto e os objetivos da reunião.

Propor a leitura oral, comentada com os participantes, das questões 197 a 199-a de *O livro dos espíritos*.

Desenvolvimento

Em seguida, fazer uma exposição sobre as causas espirituais da morte na infância, tendo como base o item 4.1 dos subsídios deste Roteiro. Estimular a participação de todos, seja por meio de perguntas, adequadamente inseridas durante a explanação, seja respondendo dúvidas.

Solicitar, então, aos participantes que se organizem em três grupos para a realização das seguintes atividades:

Grupo 1 – leitura do item 4.2 dos subsídios; elaboração de quadro-mural, contendo as principais características do Espírito da criança após a morte do corpo físico; apresentação do trabalho por um relator, previamente indicado pelo grupo.

Grupo 2 – leitura do item 4.2 e do subitem 4.2.1 dos subsídios (Lar da Bênção); elaboração de quadro-mural contendo as principais características desta localidade espiritual de auxílio à criança; apresentação do trabalho por um relator, previamente indicado pelo grupo.

Grupo 3 – leitura do item 4.2 e do subitem 4.2.2 dos subsídios (Cidade de Castrel); elaboração de quadro-mural contendo as principais características desta localidade espiritual de auxílio à criança; apresentação do trabalho por um relator, previamente indicado pelo grupo.

Observação: Colocar à disposição dos grupos materiais para a realização do quadro-mural: cartolinas, pincéis hidrográficos de cores variadas, fita adesiva etc.

Ouvir as conclusões dos grupos fazendo os comentários pertinentes.

Conclusão

Concluir o estudo, relembrando o ensinamento milenar – "A Natureza não dá saltos" –, relacionando-o ao desenvolvimento da criança, após a morte do corpo físico.

Avaliação

O estudo será considerado satisfatório, se:

a) a turma participar, efetivamente, da exposição sobre a sorte das crianças após a desencarnação;

b) registrar no quadro-mural informações sobre as instituições espirituais de auxílio à criança;

c) participar da exposição feita pelo monitor.

Técnica(s): leitura; interpretação de texto; exposição; estudo em grupos.

Recurso(s): subsídios do Roteiro, *O livro dos espíritos*.

3.2 SUGESTÃO 2:

Introdução

Iniciar o estudo com a questão 199 de *O livro dos espíritos*:

Por que tão frequentemente a vida se interrompe na infância?

Ouvir os comentários e fazer a leitura da resposta:

> "A curta duração da vida da criança pode representar, para o Espírito que a animava, o complemento de existência precedente interrompida antes do momento em que devera terminar, e sua morte, também não raro, constitui *provação ou expiação para os pais.*"

Desenvolvimento

Propor a leitura oral comentada, com os participantes, das questões 197 a 199-a de *O livro dos espíritos*.

Em seguida, dividir os participantes em grupos para a leitura e estudo dos subsídios da apostila.

Grupo 1 – leitura e comentário do item 4.1 dos subsídios, destacando pontos importantes.

Grupo 2 – leitura e comentário do item 4.2 dos subsídios, destacando pontos importantes.

Após a discussão nos grupos, convidar os participantes para compartilharem as reflexões. O Grupo 1 expõe o de que trata o texto, destacando pontos importantes. O Grupo 2 também apresenta o assunto e vai complementando as reflexões.

Nesse momento, o facilitador esclarece dúvidas e complementa informações enriquecendo a discussão.

Propor a seguinte reflexão individual (não há a necessidade de comentário):

A infância representa uma fase para o Espírito encarnado.

Conclusão

Fazer o fechamento reforçando que:

> "A curta duração da vida da criança pode representar, para o Espírito que a animava, o complemento de existência precedente interrompida antes do momento em que devera terminar, e sua morte, também não raro, constitui *provação ou expiação para os pais*." (Allan Kardec, *O livro dos espíritos*, q. 199).

Avaliação

O estudo será considerado satisfatório se as ideias de os participantes refletirem entendimento do assunto.

Técnica(s): exposição dialógica; leitura oral compartilhada; discussão circular.

Recurso(s): subsídios do Roteiro, *O livro dos espíritos*.

4 SUBSÍDIOS

4.1 CAUSAS ESPIRITUAIS DA MORTE NA INFÂNCIA

É comum, no nosso planeta, a morte na infância, mesmo no que se refere às comunidades que desfrutam de melhor qualidade de vida.

> *A curta duração da vida da criança pode representar, para o Espírito que a animava, o complemento de existência precedente interrompida antes do momento em que devera terminar, e sua morte, também não raro, constitui* provação ou expiação para os pais.[1]

O esclarecimento e o consolo oferecidos pelo Espiritismo tornam mais leve a tristeza que representa, em especial, a morte na infância.

Mas há males nesta vida cuja causa primária é o homem, outros há também aos quais, pelo menos na aparência, ele é completamente estranho e que parecem atingi-lo como por fatalidade. Tal, por exemplo, a perda de entes queridos e a dos que são o amparo da família. [...][2]

Analisando esta questão de perto, Allan Kardec assim se expressa:

Que dizer, enfim, dessas crianças que morrem em tenra idade e da vida só conheceram sofrimentos? Problemas são esses que ainda nenhuma filosofia pôde resolver, anomalias que nenhuma religião pôde justificar e que seriam a negação da bondade, da justiça e da Providência de Deus, se se verificasse a hipótese de ser criada a alma ao mesmo tempo que o corpo e de estar a sua sorte irrevogavelmente determinada após a permanência de alguns instantes na Terra. Que fizeram essas almas, que acabam de sair das mãos do Criador, para que se vissem, neste mundo, a braços com tantas misérias e para merecerem no futuro uma recompensa ou uma punição qualquer, visto que não hão podido praticar nem o bem, nem o mal?

Todavia, por virtude do axioma segundo o qual todo efeito tem uma causa, tais misérias são efeitos que hão de ter uma causa e, desde que se admita um Deus justo, essa causa também há de ser justa. Ora, ao efeito precedendo sempre a causa, se esta não se encontra na vida atual, há de ser anterior a essa vida, isto é, há de estar numa existência precedente. Por outro lado, não podendo Deus punir alguém pelo bem que fez, nem pelo mal que não fez, se somos punidos, é que fizemos o mal; se esse mal não o fizemos na presente vida, tê-lo-emos feito noutra. É uma alternativa a que ninguém pode fugir e em que a lógica decide de que parte se acha a Justiça de Deus.[3]

O Espírito Sanson, ex-membro da Sociedade Espírita de Paris, em mensagem datada de 1863, esclarece, pondera e aconselha:

Quando a morte ceifa nas vossas famílias, arrebatando, sem restrições, os mais moços antes dos velhos, costumais dizer: Deus não é justo, pois sacrifica um que está forte e tem grande futuro e conserva os que já viveram longos anos cheios de decepções; pois leva os que são úteis e deixa os que para nada mais servem; pois despedaça o coração de uma mãe, privando-a da inocente criatura que era toda a sua alegria.

Humanos, é nesse ponto que precisais elevar-vos acima do terra a terra da vida, para compreenderdes que o bem, muitas vezes, está onde julgais ver o mal, a sábia previdência onde pensais divisar a cega fatalidade do destino. Por que haveis de avaliar a Justiça Divina pela vossa? Podeis supor que o Senhor dos mundos se aplique, por mero capricho, a vos infligir penas cruéis? Nada se faz sem um fim inteligente e, seja o que for que aconteça, tudo tem a sua razão de ser. Se perscrutásseis melhor todas as dores que vos advêm, nelas encontraríeis sempre a razão divina, razão regeneradora, e os vossos miseráveis interesses se tornariam de tão secundária consideração, que os atiraríeis para o último plano.

Crede-me, a morte é preferível, numa encarnação de vinte anos, a esses vergonhosos desregramentos que pungem famílias respeitáveis, dilaceram corações de mães e fazem que antes do tempo embranqueçam os cabelos dos pais. Frequentemente, a morte prematura é um grande benefício que Deus concede àquele que se vai e que assim se preserva das misérias da vida, ou das seduções que talvez lhe acarretassem a perda. Não é vítima da fatalidade aquele que morre na flor dos anos; é que Deus julga não convir que ele permaneça por mais tempo na Terra.

É uma horrenda desgraça, dizeis, ver cortado o fio de uma vida tão prenhe de esperanças! De que esperanças falais? Das da Terra, onde o liberto houvera podido brilhar, abrir caminho e enriquecer? Sempre essa visão estreita, incapaz de elevar-se acima da matéria. Sabeis qual teria sido a sorte dessa vida, ao vosso parecer tão cheia de esperanças? Quem vos diz que ela não seria saturada de amarguras? Desdenhais então das esperanças da vida futura, ao ponto de lhe preferirdes as da vida efêmera que arrastais na Terra? Supondes então que mais vale uma posição elevada entre os homens, do que entre os Espíritos bem-aventurados?

Em vez de vos queixardes, regozijai-vos quando praz a Deus retirar deste vale de misérias um de seus filhos. Não será egoístico desejardes que ele aí continuasse para sofrer convosco? Ah! essa dor se concebe naquele que carece de fé e que vê na morte uma separação eterna. Vós, espíritas, porém, sabeis que a alma vive melhor quando desembaraçada do seu invólucro corpóreo. Mães, sabei que vossos filhos bem-amados estão perto de vós; sim, estão muito perto; seus corpos fluídicos vos envolvem, seus pensamentos vos protegem, a lembrança que deles guardais os transporta de alegria, mas também as vossas dores desarrazoadas os afligem, porque denotam falta de fé e exprimem uma revolta contra a Vontade de Deus.

Vós, que compreendeis a Vida Espiritual, escutai as pulsações do vosso coração a chamar esses entes bem-amados e, se pedirdes a Deus que os abençoe, em vós sentireis fortes consolações, dessas que secam as lágrimas; sentireis aspirações grandiosas que vos mostrarão o porvir que o soberano Senhor prometeu.[4]

Por outro lado, reflitamos com Kardec:

Se uma única existência tivesse o homem e se, extinguindo-se-lhe ela, sua sorte ficasse decidida para a eternidade, qual seria o mérito de metade do gênero humano, da que morre na infância, para gozar, sem esforços, da felicidade eterna e com que direito se acharia isenta das condições, às vezes tão duras, a que se vê submetida a outra metade? Semelhante ordem de coisas não corresponderia à Justiça de Deus. Com a reencarnação, a igualdade é real para todos. O futuro a todos toca sem exceção e sem favor para quem quer que seja. Os retardatários só de si mesmos se podem queixar. Forçoso é que o homem tenha o merecimento de seus atos, como tem deles a responsabilidade.[5]

4.2 SORTE DAS CRIANÇAS DEPOIS DA MORTE

Ao desencarnar, o Espírito que animava o corpo de uma criança nem sempre retorna de imediato à fase adulta. É bem verdade que volta ao seu precedente vigor, uma vez que não sofre mais as limitações da vida no plano material.

> [...] Entretanto, não readquire a anterior lucidez, senão quando se tenha completamente separado daquele envoltório, isto é, quando mais nenhum laço exista entre ele e o corpo.[6]

O livro *Entre a Terra e o céu*, de André Luiz, registra – a respeito da sorte das crianças após a desencarnação – interessante diálogo entre os Espíritos Hilário e Blandina, esta ao que parece, a vigilante mais responsável pelos pequeninos na Instituição Espiritual Lar da Bênção:

> – Antigamente, na Terra [considerou Hilário], *conforme a Teologia clássica, supúnhamos que os inocentes, depois da morte, permaneciam recolhidos ao descanso do limbo, sem a glória do Céu e sem o tormento do Inferno, e, nos últimos tempos, com as novas concepções do Espiritualismo, acreditávamos que o menino desencarnado retomasse, de imediato, a sua personalidade de adulto...*
>
> – Em muitas situações, é o que acontece – esclareceu Blandina, afetuosa –; *quando o Espírito já alcançou elevada classe evolutiva, assumindo o comando mental de si mesmo, adquire o poder de facilmente desprender-se das imposições da forma, superando as dificuldades da desencarnação prematura. Conhecemos grandes almas que renasceram na Terra por brevíssimo prazo, simplesmente com o objetivo de acordar corações queridos para a aquisição de valores morais, recobrando, logo após o serviço levado a efeito, a respectiva apresentação que lhes era costumeira. Contudo, para a grande maioria das crianças que desencarnam, o caminho não é o mesmo. Almas ainda encarceradas no automatismo inconsciente, acham-se relativamente longe do autogoverno. Jazem conduzidas pela natureza, à maneira das criancinhas no colo maternal. Não sabem desatar os laços que as aprisionam aos rígidos princípios que orientam o mundo das formas e, por isso, exigem tempo para se renovarem no justo desenvolvimento. É por esse motivo que não podemos prescindir dos períodos de recuperação para quem se afasta do veículo físico, na fase infantil, uma vez que, depois do conflito biológico da reencarnação ou da desencarnação, para quantos se acham nos primeiros degraus da conquista de poder mental, o tempo deve funcionar como elemento indispensável de restauração. E a variação desse tempo dependerá da aplicação pessoal do aprendiz à aquisição de luz interior, pelo próprio aperfeiçoamento moral.*[7]

Essas considerações justificam, assim, a existência de inúmeras instituições de auxílio à infância no Plano Espiritual, seja para adequá-las à realidade da nova moradia, seja para assisti-las numa nova encarnação. A título de ilustração, citaremos alguns exemplos extraídos da literatura espírita.

4.2.1 Lar da Bênção

Fonte: Livro *Entre a Terra e o céu*, ditado pelo Espírito André Luiz, psicografia de Francisco Cândido Xavier. FEB Editora.

É uma "[...] *importante colônia educativa, misto de escola de mães e domicílio dos pequeninos que regressam da esfera carnal*".[8] Essa Colônia, situada no Espaço Espiritual correspondente às terras brasileiras, tem como objetivo preparar mães para a maternidade responsável e atender às crianças que desencarnam e encarnam. Tais crianças encontram aí o apoio necessário ao seu reajustamento espiritual. Assim é que, nos primeiros momentos como libertos do corpo físico, ou enquanto lhes dure o equilíbrio, são abençoadas pela assistência superior e amiga dos benfeitores espirituais do Lar da Bênção e pelo afeto inesquecível daquelas que foram suas genitoras, as quais, ainda presas aos liames da carne, são, no entanto, levadas à Colônia para auxiliar e acompanhar o reerguimento dos filhos.[9]

4.2.2 Cidade de Castrel

Fonte: Livro *A vida além do véu*, ditado por Espíritos diversos, recebido pela escrita mediúnica mecânica do reverendo inglês G. Vale Owen, tradução de Carlos Imbassahy. FEB Editora.

Essa Colônia Espiritual, cujas informações nos chegaram com a primeira edição do livro acima citado (1921), tem como tarefa básica o atendimento à infância. Recebe Espíritos desencarnados na infância, prepara-os para a nova realidade da vida, reintegra-os aos planos que lhes são destinados, após terem retornado à forma adulta, ou prepara Espíritos para a reencarnação, acompanhando-os na fase infantil. Apesar de a linguagem predominante no livro não ser atual, é uma obra de leitura agradável, que muito nos esclarece. A Colônia, situada entre montanhas, possui uma cúpula dourada no centro, cercada por um terraço cheio de colunas. Uma longa rua corta a cidade de um extremo ao outro, formando uma alameda, onde estão localizadas as residências dos seus dirigentes. Há muitos terrenos, espaçosos edifícios e construções para o atendimento à criança.[10] Vivem aí muitos trabalhadores do campo, dedicados à horticultura, e muitos da cidade, dedicados a tarefas juntos à infância. É uma localidade muito bela e iluminada; há muitas fontes de água e predominância de ambiente harmônico. O desejo do bem é a nota reinante.[11]

REFERÊNCIAS

1. KARDEC, Allan. *O livro dos espíritos*. Trad. Guillon Ribeiro. 93. ed. 9. imp. (Edição Histórica). Brasília, DF: FEB, 2019. q. 199.
2. _____. *O evangelho segundo o espiritismo*. Trad. Guillon Ribeiro. 131. ed. 13. imp. (Edição Histórica). Brasília, DF: FEB, 2019. cap. 5, it. 6.
3. _____. _____.
4. _____. _____. it. 21.
5. _____. *O livro dos espíritos*. Trad. Guillon Ribeiro. 93. ed. 9. imp. (Edição Histórica). Brasília, DF: FEB, 2019. Comentário de Kardec à q. 199-a.
6. _____. _____. q. 381.
7. XAVIER, Francisco Cândido. *Entre a Terra e o céu*. Pelo Espírito André Luiz. 27. ed. 11. imp. Brasília, DF: FEB, 2020. cap. 10 – *Preciosa conversação*.
8. _____. _____. cap. 9 – *No Lar da Bênção*.
9. _____. _____. cap. 9 – *No Lar da Bênção*, cap. 11 – *Novos apontamentos*.
10. OWEN, Vale G. A. *A vida além do véu*. Trad. Carlos Imbassahy. 7. ed. 1. reimp. Brasília, DF: FEB, 2011. 2ª pt., cap. 4 – *Diagnosticando recém-chegados da Terra*. (Cidade e os domínios de Castrel), p. 127.
11. _____. _____.

ESFERAS ESPIRITUAIS DA TERRA E MUNDOS TRANSITÓRIOS

1 **OBJETIVOS ESPECÍFICOS**

» Analisar as principais características das esferas espirituais da Terra.

» Refletir sobre a função dos mundos transitórios.

2 **CONTEÚDO BÁSICO**

» [...] *Conforme se ache este [o Espírito] mais ou menos depurado e desprendido dos laços materiais, variarão ao infinito o meio em que ele se encontre, o aspecto das coisas, as sensações que experimente, as percepções que tenha. Enquanto uns não se podem afastar da esfera onde viveram, outros se elevam e percorrem o Espaço e os mundos* [...]. (Allan Kardec, *O evangelho segundo o espiritismo*, cap. 3, it. 2).

» O Mundo Espiritual "[...] *para onde vamos após a morte é formado de diferentes esferas, representando vários graus de iluminação e felicidade; e iremos para aquelas em consonância com nossas condições espirituais* [...]". (Arthur Conan Doyle, *A história do espiritualismo*: de Swedenborg ao início do século XX, cap. 1 – A história de Swedenborg. Trad. José Carlos da Silva Silveira. FEB Editora).

» *O Espiritismo começou o inapreciável trabalho de positivar a continuação da vida além da morte, fenômeno natural do caminho de ascensão. Esferas múltiplas de atividade espiritual interpenetram-se nos diversos setores da existência. A morte não extingue a colaboração amiga, o amparo mútuo, a intercessão confortadora, o serviço evolutivo. As dimensões vibratórias do Universo são infinitas, como infinitos são os mundos que povoam a Imensidade.* (Emmanuel, *Obreiros da vida eterna, Rasgando véus* [prefácio]).

> *Há, de fato [...] mundos que servem de estações ou pontos de repouso aos Espíritos errantes?* "Sim, há mundos particularmente destinados aos seres errantes, mundos que lhes podem servir de habitação temporária, espécies de bivaques, de campos onde descansem de uma demasiado longa erraticidade, estado este sempre um tanto penoso. São, entre os outros mundos, posições intermédias, graduadas de acordo com a natureza dos Espíritos que a elas podem ter acesso e onde eles gozam de maior ou menor bem-estar." (Allan Kardec, *O livro dos espíritos*, q. 234).

3 SUGESTÕES DIDÁTICAS

3.1 SUGESTÃO 1:

Introdução

Entregar, a cada participante, uma cópia do texto *A lenda do peixinho vermelho* para leitura silenciosa (veja Anexo).

Terminada a leitura, realizar breve interpretação do texto, pedindo aos participantes que indiquem os pontos mais significativos.

Desenvolvimento

Em seguida, fazer uma ligeira explanação sobre as esferas espirituais e os mundos transitórios, fornecendo uma visão panorâmica do assunto (subsídios deste Roteiro, itens 4.1 e 4.2).

Solicitar então aos participantes que se organizem em pequenos grupos para: leitura de uma das partes dos subsídios; resumo, com base nas principais ideias do texto; apresentação do resumo por um relator indicado pelo grupo.

Observação: Sugerimos, para a realização do trabalho em grupo, a seguinte distribuição de assuntos:

Grupo 1 – leitura do subitem 4.1.1 dos subsídios: Elementos constitutivos das esferas espirituais.

Grupo 2 – leitura do subitem 4.1.2 Condições ambientais das esferas espirituais.

Grupo 3 – leitura do subitem 4.1.3 Esferas espirituais nas regiões de trevas.

Grupo 4 – leitura do subitem 4.1.4 Esferas espirituais no umbral.

Grupo 5 – leitura do subitem 4.1.5 Esferas espirituais de transição.

Grupo 6 – leitura do subitem 4.1.6 Esferas espirituais superiores.

Grupo 7 – leitura do item 4.2 Mundos transitórios.

Ouvir as apresentações, fazendo comentários pertinentes.

Conclusão

Apresentar, em recurso visual, as seguintes palavras de Kardec, com respeito à situação dos Espíritos após a desencarnação:

> [...] Enquanto uns não se podem afastar da esfera onde viveram, outros se elevam e percorrem o Espaço e os mundos [...]. (*O evangelho segundo o espiritismo*, cap. 3, it. 2).

Fazer, a seguir, correlação das ideias aí contidas com a situação vivida pelas principais personagens de *A lenda do peixinho vermelho*.

Avaliação

O estudo será considerado satisfatório se os participantes apresentarem, no resumo, as principais características das diferentes esferas espirituais e dos mundos transitórios.

Técnica(s): leitura; interpretação de texto; exposição; estudo em grupo.

Recurso(s): texto – *A lenda do peixinho vermelho*; subsídios deste Roteiro; cartaz/transparência com um trecho de *O evangelho segundo o espiritismo*.

3.2 SUGESTÃO 2:

Introdução

Iniciar o estudo com uma breve exposição dialogada sobre *As esferas espirituais da Terra*, com base no texto dos subsídios.

Desenvolvimento

Em seguida, dividir os participantes em grupos e propor as seguintes atividades:

Grupo 1 – fazer a leitura e breves comentários dos subsídios da apostila: subitens 4.1.1 – Elementos constitutivos das esferas espirituais e 4.1.2 – Condições ambientais das esferas espirituais.

Grupo 2 – fazer a leitura e breves comentários dos subsídios da apostila: subitens 4.1.3 – Esferas espirituais das regiões de trevas e 4.1.4 – Esferas espirituais do umbral.

Grupo 3 – fazer a leitura e breves comentários dos subsídios da apostila: subitens 4.1.5 – Esferas espirituais de transição e 4.1.6 – Esferas espirituais superiores

Grupo 4 – fazer a leitura e breves comentários dos subsídios da apostila: item 4.2 – Mundos transitórios; questões 234 a 236-d de *O livro dos espíritos*.

Os grupos deverão destacar pontos importantes a serem discutidos de cada assunto, apresentando-os aos demais.

(Tempo de até 20 minutos.)

Logo após, iniciar uma discussão circular:

» *Quais as principais características das diferentes esferas espirituais?*
» *Em que esfera nós, os encarnados estamos situados no momento? Justifique.*
» *O que define os ambientes espirituais? Como são criados?*
» *Como definir mundos transitórios? Etc.*

Nesse momento, o facilitador esclarece dúvidas e complementa informações enriquecendo a discussão de acordo com subsídios do Roteiro e *O livro dos espíritos*.

Propor a seguinte reflexão individual (não há a necessidade de comentário):

Em que esfera espiritual acredito estar, quando na erraticidade?

Conclusão

Fazer o fechamento reforçando que:

> O Espiritismo começou o inapreciável trabalho de positivar a continuação da vida além da morte, fenômeno natural do caminho de ascensão. Esferas múltiplas de atividade espiritual interpenetram-se nos diversos setores da existência. A morte não extingue a colaboração amiga, o amparo mútuo, a intercessão confortadora, o serviço evolutivo. As dimensões vibratórias do Universo são infinitas, como infinitos são os mundos que povoam a Imensidade. (Emmanuel, *Obreiros da vida eterna*, Rasgando véus [prefácio]).

Avaliação

O estudo será considerado satisfatório se as ideias de os participantes refletirem entendimento do assunto.

Técnica(s): explosão de ideias; estudo de grupo; discussão circular.

Recurso(s): subsídios do Roteiro.

Atividade de preparação para o próximo encontro de estudo – Sugestão 2:

Esta atividade pode ser proposta a um grupo pequeno de participantes ou para todos:

> » Fazer o estudo dos subsídios do Roteiro 7.
> » Fazer a leitura das questões 573, 575, 576 e 578 de *O livro dos espíritos*.
> » Conceituar missões e ocupações dos Espíritos.
> » Pesquisar em diferentes mídias, personagens, ações que você entende como "missões e ocupações" dos homens como encarnados (apenas um exemplo).

4 SUBSÍDIOS

4.1 ESFERAS ESPIRITUAIS DA TERRA

Ensina-nos Jesus:

> *Na casa de meu Pai há muitas moradas. Se não fosse assim, eu vos teria dito, pois vou preparar-vos o lugar, e quando for e vos tiver preparado o lugar, virei novamente e vos levarei comigo, a fim de que, onde eu estiver, estejais vós também, e para onde vou, conheceis o caminho. (João, 14:2 a 4).*

Segundo a Doutrina Espírita, estas palavras de Jesus se aplicam tanto aos diferentes mundos habitados no Universo quanto aos planos evolutivos existentes no nosso planeta, objeto de estudo neste Roteiro. Interpretando, porém, o ensinamento de Jesus podemos dizer que

> *A casa do Pai é o Universo. As diferentes moradas são os mundos que circulam no Espaço Infinito e oferecem, aos Espíritos que neles encarnam, moradas correspondentes ao adiantamento dos mesmos Espíritos.*

> *Independente da diversidade dos mundos, essas palavras de Jesus também podem referir-se ao estado venturoso ou desgraçado do Espírito na erraticidade. Conforme se ache este mais ou menos depurado e desprendido dos laços materiais, variarão ao infinito o meio em que ele se encontre, o aspecto das coisas, as sensações que experimente, as percepções que tenha. Enquanto uns não se podem afastar da esfera onde viveram, outros se elevam e percorrem o Espaço e os mundos; enquanto alguns Espíritos culpados erram nas trevas, os bem-aventurados gozam de resplendente claridade e do espetáculo sublime do Infinito; finalmente, enquanto o mau, atormentado de remorsos e pesares, muitas vezes insulado, sem consolação, separado dos que constituíam objeto de suas afeições, pena sob o guante dos sofrimentos morais, o justo, em convívio*

com aqueles a quem ama, frui as delícias de uma felicidade indizível. Também nisso, portanto, há muitas moradas, embora não circunscritas, nem localizadas.[1]

O Espírito André Luiz nos presta inúmeras informações sobre a vida no Plano Espiritual. Esclarece que são "[...] *mundos sutis, dentro dos mundos grosseiros, maravilhosas esferas que se interpenetram* [...]".[2] Tais esferas espirituais permanecem invisíveis ao ser humano encarnado, no atual estágio evolutivo em que nos encontramos, em primeiro lugar pelas naturais limitações biológicas da nossa visão física, segundo em razão do pouco desenvolvimento das nossas faculdades espirituais.[3]

Num esforço de síntese apresentamos, em seguida, as principais características das esferas espirituais existentes no Além-Túmulo.

4.1.1 Elementos constitutivos das esferas espirituais

No Plano Espiritual, o homem desencarnado vai lidar, mais diretamente, com um fluido vivo e multiforme, estuante e inestancável, a nascer-lhe da própria alma, uma vez que podemos defini-lo, até certo ponto, por subproduto do fluido cósmico, absorvido pela mente humana, em processo vitalista semelhante à respiração, pelo qual a criatura assimila a força emanante do Criador, esparsa em todo o cosmo, transubstanciando-a, sob a própria responsabilidade, para influenciar na Criação, a partir de si mesma.

Esse fluido é seu próprio pensamento contínuo, gerando potenciais energéticos com que não havia sonhado.

Decerto que na esfera nova de ação, a que se vê arrebatado pela morte, encontra a matéria conhecida no mundo, em nova escala vibratória.

Elementos atômicos mais complicados e sutis, aquém do hidrogênio e além do urânio, em forma diversa daquela em que se caracterizam na gleba planetária, engrandecem-lhe a série estequiogenética [Tabela estequiométrica ou Tabela periódica dos elementos químicos].

O solo do Mundo Espiritual, estruturado com semelhantes recursos, todos eles raiando na quintessência, corresponde ao peso específico do Espírito, e, detendo possibilidades e riquezas virtuais, espera por ele a fim de povoar-se de glória e beleza [...].[4]

4.1.2 Condições ambientais das esferas espirituais

Na moradia de continuidade para a qual se transfere, encontra, pois, o homem as mesmas leis de gravitação que controlam a Terra, com os dias e as noites marcando a conta do tempo, embora os rigores das estações estejam suprimidos pelos fatores de ambiente que asseguram a harmonia da Natureza, estabelecendo clima quase constante e quase uniforme [isto em se tratando das esferas de mediana e superior evolução]. [...]

Plantas e animais domesticados pela inteligência humana, durante milênios, podem ser aí aclimatados e aprimorados, por determinados períodos de existência, ao fim dos quais regressam aos seus núcleos de origem no solo terrestre, para que avancem na romagem evolutiva, compensados com valiosas aquisições de acrisolamento, pelos quais auxiliam a flora e a fauna habituais à Terra, com os benefícios das chamadas mutações espontâneas.

As plantas, pela configuração celular mais simples, atendem, no plano extrafísico, à reprodução limitada, aí deixando descendentes que, mais tarde, volvem também à leira do homem comum [...].

Ao longo dessas vastíssimas regiões de matéria sutil que circundam o corpo ciclópico do planeta, com extensas zonas cavitárias, sob as linhas que lhes demarcam o início de aproveitamento, qual se observa na crosta da própria Terra, a estender-se da superfície continental até o leito dos oceanos, começam as povoações felizes e menos felizes, tanto quanto as aglomerações infernais de criaturas desencarnadas que, por temerem as formações dos próprios pensamentos, se refugiam nas sombras, receando ou detestando a presença da luz.[5]

4.1.3 Esferas espirituais das regiões de trevas

Os Espíritos Superiores nos esclarecem que há "[...] *esferas de vida em toda parte* [...]; *o vácuo sempre há de ser mera imagem literária. Em tudo há energias viventes e cada espécie de seres funciona em determinada zona da vida*".[6] "*Chamamos Trevas as regiões mais inferiores que conhecemos.* [...]"[7] São regiões (ou esferas) espirituais situadas abaixo e na superfície do globo terráqueo, também conhecidas como abismo ou regiões abismais.[8, 9]

Transitando por essas regiões, em trabalho de auxílio, o Espírito André Luiz nos relata suas impressões sobre tais paragens espirituais:

Noutras circunstâncias e noutro tempo, não conseguiria eu dominar o pavor que nos infundia a paisagem escura e misteriosa à nossa frente. Vagavam no espaço estranhos sons. Ouvia perfeitamente gritos de seres selvagens e, em meio deles, dolorosos gemidos humanos, emitidos, talvez, a imensa distância... Aves de monstruosa configuração, mais negras do que a noite, de longe em longe se afastavam do nosso caminho, assustadiças. E embora a sombra espessa, observava alguma coisa da infinita desolação ambiente.

Após alguns minutos de marcha, surgiu-nos a Lua, como bola sangrenta, através do nevoeiro, espalhando escassos raios de luz.

Poderíamos identificar, agora, certas particularidades do terreno áspero.

[...]

Atingimos zona pantanosa, em que sobressaía rasteira vegetação. Ervas mirradas e arbustos tristes assomavam indistintamente do solo.

> *Fundamente espantado, porém, ao ladear imenso charco, ouvi soluços próximos. Guardava a nítida impressão de que as vozes procediam de pessoas atoladas em repelentes substâncias, tais as emanações desagradáveis que pairavam no ar. Oh! que forças nos defrontavam ali! A treva difusa não deixava perceber minudências; todavia, convencera-me da existência de vítimas vizinhas de nós, esperando-nos amparo providencial. [...]*[10]

4.1.4 Esferas espirituais do umbral

O Umbral "[...] *começa na crosta terrestre. É a zona obscura de quantos no mundo não se resolveram a atravessar as portas dos deveres sagrados, a fim de cumpri-los, demorando-se no vale da indecisão ou no pântano dos erros numerosos.* [...]".[11]

Nas localidades umbralinas mais próximas da crosta o clima é, predominantemente, frio, pela ausência de luz solar. Ventania sopra em todas as direções. A topografia ambiental forma um conjunto de paisagens misteriosas ou lúgubres, que observamos em alguns filmes. Há picos altíssimos, que se assemelham a agulhas de treva. Nos precipícios e abismos encontramos esquisita vegetação. Aves de aspecto horripilante enchem o silêncio de pios angustiantes.[12]

> [...] *O Umbral funciona, portanto, como região destinada a esgotamento de resíduos mentais; uma espécie de zona purgatorial, onde se queima a prestações o material deteriorado das ilusões que a criatura adquiriu por atacado, menosprezando o sublime ensejo de uma existência terrestre.*
>
> [...]
>
> *– O Umbral é região de profundo interesse para quem esteja na Terra. Concentra-se, aí, tudo o que não tem finalidade para a Vida Superior.* [...] *Há legiões compactas de almas irresolutas e ignorantes que não são suficientemente perversas para serem enviadas a colônias de reparação mais dolorosa, nem bastante nobres para serem enviadas a planos de elevação. Representam fileiras de habitantes do Umbral, companheiros imediatos dos homens encarnados, separados deles apenas por leis vibratórias. Não é de estranhar, portanto, que semelhantes lugares se caracterizem por grandes perturbações. Lá vivem, agrupam-se, os revoltados de toda espécie. Formam, igualmente, núcleos invisíveis de notável poder, pela concentração das tendências e desejos gerais.* [...] *É zona de verdugos e vítimas, de exploradores e explorados.*
>
> [...]
>
> [...] *A zona inferior a que nos referimos é qual a casa onde não há pão: todos gritam e ninguém tem razão.* [...][13]

4.1.5 Esferas espirituais de transição

Estão situadas acima do Umbral e abaixo das regiões superiores. Como exemplo, citamos a colônia espiritual Nosso Lar. Nela ainda existe sofrimento, mas os seus habitantes, de evolução mediana, são mais esclarecidos. Essa posição espiritual favorece a Natureza, caracterizada por belezas e harmonias inexistentes nos planos inferiores. A colônia possui várias avenidas enfeitadas de árvores frondosas. O ar aí é puro, e a atmosfera é de profunda tranquilidade espiritual. Não há, porém, qualquer sinal de inércia ou de ociosidade, visto que as vias públicas estão sempre repletas de entidades numerosas em constantes atividades, indo e vindo.[14]

O Espírito André Luiz nos relata as suas impressões do ambiente de Nosso Lar, quando lá chegou:

> [...] *O bosque, em floração maravilhosa, embalsamava o vento fresco de inebriante perfume. Tudo em prodígio de cores e luzes cariciosas. Entre margens bordadas de grama viçosa, toda esmaltada de azulíneas flores, deslizava um rio de grandes proporções. A corrente rolava tranquila, mas tão cristalina que parecia tonalizada em matiz celeste, em vista dos reflexos do firmamento. Estradas largas cortavam a verdura da paisagem. Plantadas a espaços regulares, árvores frondosas ofereciam sombra amiga, à maneira de pousos deliciosos, na claridade do sol confortador. Bancos de caprichosos formatos convidavam ao descanso.*[15]

A Colônia, que é essencialmente de trabalho e realização, divide-se administrativamente em seis ministérios, orientados, cada qual, por dozes ministros. São os Ministérios da Regeneração, do Auxílio, da Comunicação, do Esclarecimento, da Elevação e da União Divina. Os quatro primeiros aproximam-se das esferas terrestres, e os dois últimos ligam-se ao Plano Superior, visto que a cidade espiritual é zona de transição.

Os serviços mais grosseiros localizam-se no Ministério da Regeneração, e os mais sublimes, no da União Divina.[16]

4.1.6 Esferas espirituais superiores

Trata-se de regiões espirituais que, para as pessoas que desconhecem a realidade do Além-Túmulo, são consideradas verdadeiros paraísos. Exprimem, na verdade, "[...] *diferentes graus de purificação e, por conseguinte, de felicidade* [...]".[17] André Luiz nos relata a inesquecível experiência vivida numa esfera espiritual para onde foi conduzido, durante o sono, enquanto o seu perispírito repousava no leito, em *Nosso Lar*. O que aconteceu com este amigo espiritual foi assim, segundo suas próprias palavras:

> Daí a instantes, sensações de leveza invadiram-me a alma toda e tive a impressão de ser arrebatado em pequenino barco, rumando a regiões desconhecidas. Para onde me dirigia? Impossível responder. A meu lado, um homem silencioso sustinha o leme. E qual criança que não pode enumerar nem definir as belezas do caminho, deixava-me conduzir sem exclamações de qualquer natureza, extasiado embora com as magnificências da paisagem. Parecia-me que a embarcação seguia célere, não obstante os movimentos de ascensão.
>
> Decorridos minutos, vi-me à frente de um porto maravilhoso, onde alguém me chamou com especial carinho:
>
> – André!... André!...
>
> Desembarquei com precipitação verdadeiramente infantil. Reconheceria aquela voz entre milhares. Num momento, abraçava minha mãe em transbordamentos de júbilo.
>
> Fui conduzido, então, por ela, a prodigioso bosque, onde as flores eram dotadas de singular propriedade – a de reter a luz, revelando a festa permanente do perfume e da cor. Tapetes dourados e luminosos estendiam-se, dessa maneira, sob as grandes árvores sussurrantes ao vento. Minhas impressões de felicidade e paz eram inexcedíveis. [...][18]

As esferas superiores, à semelhança das inferiores, apresentam diferentes graus de elevação espiritual. As comunidades redimidas, *Asclépios*, por exemplo, formam um conjunto do *Plano dos Imortais*. Estão situadas "[...] nas regiões mais elevadas da região espiritual da Terra [...]".[19]

O habitante dessas esferas

> [...] *Vive muito acima de nossas noções de forma, em condições inapreciáveis à nossa atual conceituação da vida. Já perdeu todo o contato direto com a crosta terrestre e só poderia fazer-se sentir, por lá, por intermédio de enviados e missionários de grande poder.* [...][20]

4.2 MUNDOS TRANSITÓRIOS

> [São] [...] *mundos particularmente destinados aos seres errantes, mundos que lhes podem servir de habitação temporária, espécies de bivaques, de campos onde descansem de uma demasiado longa erraticidade, estado este sempre um tanto penoso. São, entre os outros mundos, posições intermédias, graduadas de acordo com a natureza dos Espíritos que a elas podem ter acesso e onde eles gozam de maior ou menor bem-estar.*[21]

A Doutrina Espírita esclarece:

> [...] *os Espíritos que se encontram nesses mundos podem deixá-los, a fim de irem para aonde devam ir. Figurai-os como bandos de aves que pousam numa ilha, para aí aguardarem que se lhes refaçam as forças, a fim de seguirem seu destino.*[22]

Durante a estada nessas localidades os Espíritos progridem, porque

> [...] Os que vão a tais mundos levam o objetivo de se instruírem e de poderem mais facilmente obter permissão para passar a outros lugares melhores e chegar à perfeição que os eleitos atingem.[23]

Dois pontos merecem ser destacados, em relação a tais mundos:

a) Não se conservam perpetuamente destinados a receber Espíritos errantes: "[...] a condição deles é meramente temporária".[24]

b) Seres corpóreos não habitam esses mundos, pois a superfície estéril não favorece a reencarnação. Entretanto, esta esterilidade é também temporária, em razão da evolução natural do mundo.[25]

> Temos, assim, no Espaço Incomensurável, mundos-berços e mundos-experiências, mundos-universidades e mundos-templos, mundos-oficinas e mundos-reformatórios, mundos-hospitais e mundos-prisões.[26]

Dessa forma,

> A morte a ninguém propiciará passaporte gratuito para a ventura celeste. Nunca promoverá compulsoriamente homens a anjos. Cada criatura transporá essa aduana da eternidade com a exclusiva bagagem do que houver semeado, e aprenderá que a ordem e a hierarquia, a paz do trabalho edificante, são característicos imutáveis da Lei, em toda parte.

> Ninguém, depois do sepulcro, gozará de um descanso a que não tenha feito jus, porque "o Reino do Senhor não vem com aparências externas".[27] [Lucas, 17:20].

REFERÊNCIAS

1. KARDEC, Allan. *O evangelho segundo o espiritismo*. Trad. Guillon Ribeiro. 131. ed. 13. imp. (Edição Histórica). Brasília, DF: FEB, 2019. cap. 3, it. 2.
2. XAVIER, Francisco Cândido. *Os mensageiros*. Pelo Espírito André Luiz. 47. ed. 14. imp. Brasília, DF: FEB, 2020. cap. 15 – A viagem.
3. _____. _____.
4. XAVIER, Francisco Cândido; VIEIRA, Waldo. *Evolução em dois mundos*. Pelo Espírito André Luiz. 27. ed. 13. imp. Brasília, DF: FEB, 2020. 1ª pt., cap. 13 – Alma e fluidos, it. Fluido vivo.
5. _____. _____. It. Vida na Espiritualidade.
6. XAVIER, Francisco Cândido. *Nosso lar*. Pelo Espírito André Luiz. 64. ed. 7. imp. Brasília, DF: FEB, 2016. cap. 44 – As trevas.
7. _____. _____.
8. _____. _____.

9 _____. *Obreiros da vida eterna*. Pelo Espírito André Luiz. 35. ed. 8. imp. Brasília, DF: FEB, 2017. cap. 7 – *Leitura mental*, últ. parágrafo.

10 _____. _____. cap. 6 – *Dentro da noite*.

11 _____. *Nosso lar*. Pelo Espírito André Luiz. 64. ed. 7. imp. Brasília, DF: FEB, 2016. cap. 12 – *O Umbral*.

12 _____. *Os mensageiros*. Pelo Espírito André Luiz. 47. ed. 14. imp. Brasília, DF: FEB, 2020. cap. 15 – *A viagem*.

13 _____. *Nosso lar*. Pelo Espírito André Luiz. 64. ed. 7. imp. Brasília, DF: FEB, 2016. cap. 12 – *O Umbral*.

14 _____. _____. cap. 8 – *Organização de serviços*.

15 _____. _____. cap. 10 – *No Bosque das Águas*.

16 _____. _____. cap. 8 – *Organização de serviços*.

17 KARDEC, Allan. *O livro dos espíritos*. Trad. Guillon Ribeiro. 93. ed. 9. imp. (Edição Histórica). Brasília, DF: FEB, 2019. q. 1017.

18 XAVIER, Francisco Cândido. *Nosso lar*. Pelo Espírito André Luiz. 64. ed. 7. imp. Brasília, DF: FEB, 2016. cap. 36 – *O sonho*.

19 _____. *Obreiros da vida eterna*. Pelo Espírito André Luiz. 35. ed. 8. imp. Brasília, DF: FEB, 2017. cap. 3 – *O sublime visitante*.

20 _____. _____.

21 KARDEC, Allan. *O livro dos espíritos*. Trad. Guillon Ribeiro. 93. ed. 9. imp. (Edição Histórica). Brasília, DF: FEB, 2019. q. 234.

22 _____. _____. q. 234-a.

23 _____. _____. q. 235.

24 _____. _____. q. 236.

25 _____. _____. q. 236-a, 236-b.

26 XAVIER, Francisco Cândido. *Religião dos espíritos*. Pelo Espírito Emmanuel. 22. ed. 9. imp. Brasília, DF: FEB, 2019. cap. 78 – *Pluralidade dos mundos habitados*.

27 _____. *No mundo maior*. Pelo Espírito André Luiz. 28. ed. 5. imp. Brasília, DF: FEB, 2016. *Na jornada evolutiva* [prefácio de Emmanuel].

ANEXO

A lenda do peixinho vermelho

No centro de formoso jardim, havia grande lago, adornado de ladrilhos azul-turquesa.

Alimentado por diminuto canal de pedra, escoava suas águas, do outro lado, através de grade muito estreita.

Nesse reduto acolhedor, vivia toda uma comunidade de peixes, a se refestelarem, nédios e satisfeitos, em complicadas locas, frescas e sombrias. Elegeram um dos concidadãos de barbatanas para os encargos de rei, e ali viviam, plenamente despreocupados, entre a gula e a preguiça.

Junto deles, porém, havia um peixinho vermelho, menosprezado de todos.

Não conseguia pescar a mais leve larva, nem refugiar-se nos nichos barrentos.

Os outros, vorazes e gordalhudos, arrebatavam para si todas as formas larvárias e ocupavam, displicentes, todos os lugares consagrados ao descanso.

O peixinho vermelho que nadasse e sofresse. Por isso mesmo era visto, em correria constante, perseguido pela canícula ou atormentado de fome.

Não encontrando pouso no vastíssimo domicílio, o pobrezinho não dispunha de tempo para muito lazer e começou a estudar com bastante interesse.

Fez o inventário de todos os ladrilhos que enfeitavam as bordas do poço, arrolou todos os buracos nele existentes e sabia, com precisão, onde se reuniria maior massa de lama por ocasião de aguaceiros.

Depois de muito tempo, à custa de longas perquirições, encontrou a grade do escoadouro.

À frente da imprevista oportunidade de aventura benéfica, refletiu consigo: "Não será melhor pesquisar a vida e conhecer outros rumos?"

Optou pela mudança.

Apesar de macérrimo pela abstenção completa de qualquer conforto, perdeu várias escamas, com grande sofrimento, a fim de atravessar a passagem estreitíssima.

Pronunciando votos renovadores, avançou, otimista, pelo rego d'água, encantado com as novas paisagens, ricas de flores e sol que o defrontavam, e seguiu, embriagado de esperança...

Em breve, alcançou grande rio e fez inúmeros conhecimentos.

Encontrou peixes de muitas famílias diferentes, que com ele simpatizaram, instruindo-o quanto aos percalços da marcha e descortinando-lhe mais fácil roteiro.

Embevecido, contemplou nas margens homens e animais, embarcações e pontes, palácios e veículos, cabanas e arvoredo.

Habituado com o pouco, vivia com extrema simplicidade, jamais perdendo a leveza e a agilidade naturais.

Conseguiu, desse modo, atingir o oceano, ébrio de novidade e sedento de estudo.

De início, porém, fascinado pela paixão de observar, aproximou-se de uma baleia para quem toda a água do lago em que vivera não seria mais que diminuta ração; impressionado com o espetáculo, abeirou-se dela mais que devia e foi tragado com os elementos que lhe constituíam a primeira refeição diária.

Em apuros, o peixinho aflito orou ao Deus dos peixes, rogando proteção no bojo do monstro e, não obstante as trevas em que pedia salvamento, sua prece foi ouvida, porque o valente cetáceo começou a soluçar e vomitou, restituindo-o às correntes marinhas.

O pequeno viajante, agradecido e feliz, procurou companhias simpáticas e aprendeu a evitar os perigos e tentações.

Plenamente transformado em suas concepções do mundo, passou a reparar as infinitas riquezas da vida. Encontrou plantas luminosas, animais estranhos, estrelas móveis e flores diferentes no seio das águas. Sobretudo, descobriu a existência de muitos peixinhos, estudiosos e delgados tanto quanto ele, junto dos quais se sentia maravilhosamente feliz.

Vivia, agora, sorridente e calmo, no Palácio de Coral que elegera, com centenas de amigos, para residência ditosa, quando, ao se referir ao seu começo laborioso, veio a saber que somente no mar as criaturas aquáticas dispunham de mais sólida garantia, uma vez que, quando o estio se fizesse mais arrasador, as águas de outra altitude continuariam a correr para o oceano.

O peixinho pensou, pensou... e sentindo imensa compaixão daqueles com quem convivera na infância, deliberou consagrar-se à obra do progresso e salvação deles.

Não seria justo regressar e anunciar-lhes a verdade? Não seria nobre ampará-los, prestando-lhes a tempo valiosas informações?

Não hesitou.

Fortalecido pela generosidade de irmãos benfeitores que com ele viviam no Palácio de Coral, empreendeu comprida viagem de volta.

Tornou ao rio, do rio dirigiu-se aos regatos e dos regatos se encaminhou para os canaizinhos que o conduziram ao primitivo lar.

Esbelto e satisfeito como sempre, pela vida de estudo e serviço a que se devotava, varou a grade e procurou, ansiosamente, os velhos companheiros.

Estimulado pela proeza de amor que efetuava, supôs que o seu regresso causasse surpresa e entusiasmo gerais. Certo, a coletividade inteira lhe celebraria o feito, mas depressa verificou que ninguém se mexia.

Todos os peixes continuavam pesados e ociosos, repimpados nos mesmos ninhos lodacentos, protegidos por flores de lótus, de onde saíam apenas para disputar larvas, moscas ou minhocas desprezíveis.

Gritou que voltara a casa, mas não houve quem lhe prestasse atenção, porquanto ninguém, ali, dera pela ausência dele.

Ridiculizado, procurou, então, o rei de guelras enormes e comunicou-lhe a reveladora aventura.

O soberano, algo entorpecido pela mania de grandeza, reuniu o povo e permitiu que o mensageiro se explicasse.

O benfeitor desprezado, valendo-se do ensejo, esclareceu, com ênfase, que havia outro mundo líquido, glorioso e sem-fim. Aquele poço era uma insignificância que podia desaparecer, de momento para outro. Além do escoadouro próximo desdobravam-se outra vida e outra experiência. Lá fora, corriam regatos ornados de flores, rios caudalosos repletos de seres diferentes e, por fim, o mar, onde a vida aparece cada vez mais rica e mais surpreendente. Descreveu o serviço de tainhas e salmões, de trutas e esqualos. Deu notícias do peixe-lua, do peixe-coelho e do galo-do-mar. Contou que vira o céu repleto de astros sublimes e que descobrira árvores gigantescas, barcos imensos, cidades praieiras, monstros temíveis, jardins submersos, estrelas do oceano e ofereceu-se para conduzi-los ao Palácio de Coral, onde viveriam todos, prósperos e tranquilos. Finalmente os informou de que semelhante felicidade, porém, tinha igualmente seu preço. Deveriam todos emagrecer convenientemente, abstendo-se de devorar tanta larva e tanto verme nas locas escuras e aprendendo a trabalhar e estudar tanto quanto era necessário à venturosa jornada.

Assim que terminou, gargalhadas estridentes coroaram-lhe a preleção.

Ninguém acreditou nele.

Alguns oradores tomaram a palavra e afirmaram solenes, que o peixinho vermelho delirava, que outra vida além do poço era francamente impossível, que aquela história de riachos, rios e oceanos era mera fantasia de cérebro demente e alguns chegaram a declarar que falavam em nome do Deus dos peixes, que trazia os olhos voltados para eles unicamente.

O soberano da comunidade, para melhor ironizar o peixinho, dirigiu-se em companhia dele até à grade de escoamento e, tentando, de longe, a travessia, exclamou, borbulhante:

– Não vês que não cabe aqui nem uma só de minhas barbatanas? Grande tolo! vai-te daqui! Não nos perturbes o bem-estar... Nosso lago é o centro do Universo... Ninguém possui vida igual à nossa!...

Expulso a golpes de sarcasmo, o peixinho realizou a viagem de retorno e instalou-se, em definitivo, no Palácio de Coral, aguardando o tempo.

Depois de alguns anos, apareceu pavorosa e devastadora seca.

As águas desceram de nível. E o poço onde viviam os peixes pachorrentos e vaidosos esvaziou-se, compelindo a comunidade inteira a perecer atolada na lama...

FONTE: XAVIER, Francisco Cândido. *Libertação*. Pelo Espírito André Luiz. 33. ed. 8. imp. Brasília, DF: FEB, 2017. *Ante as portas livres* [prefácio de Emmanuel].

MENSAGEM

PRECE AOS ANJOS GUARDIÃES E AOS ESPÍRITOS PROTETORES

Espíritos bem-amados, anjos guardiães que, com a permissão de Deus, pela sua infinita misericórdia, velais sobre os homens, sede nossos protetores nas provas da vida terrena. Dai-nos força, coragem e resignação; inspirai-nos tudo o que é bom, detende-nos no declive do mal; que a vossa bondosa influência nos penetre a alma; fazei sintamos que um amigo devotado está ao nosso lado, que vê os nossos sofrimentos e partilha das nossas alegrias.

E tu, meu bom anjo, não me abandones. Necessito de toda a tua proteção, para suportar com fé e amor as provas que praza a Deus enviar-me.

FONTE: KARDEC, Allan. *O evangelho segundo o espiritismo*. Trad. Guillon Ribeiro. 131. ed. 13. imp. (Edição Histórica). Brasília, DF: FEB, 2019. cap. 28, it. 14.

OCUPAÇÕES E MISSÕES DOS ESPÍRITOS

1 **OBJETIVOS ESPECÍFICOS**

» Analisar as características gerais das ocupações e as missões dos Espíritos.

» Refletir sobre a responsabilidade das missões espirituais.

2 **CONTEÚDO BÁSICO**

» [...] *As almas, ou Espíritos, têm ocupações em relação com o seu grau de adiantamento, ao mesmo tempo que procuram instruir-se e melhorar-se.* (Allan Kardec, *O que é o espiritismo*, cap. 3, q. 159).

» *São incessantes as ocupações dos Espíritos?* "Incessantes, sim, atendendo-se a que sempre ativos são os seus pensamentos, porquanto vivem pelo pensamento. Importa, porém, não identifiqueis as ocupações dos Espíritos com as ocupações materiais dos homens. Essa mesma atividade lhes constitui um gozo, pela consciência que têm de ser úteis." (Allan Kardec, *O livro dos espíritos*, q. 563).

» *Haverá Espíritos que se conservem ociosos, que em coisa alguma útil se ocupem?* "Há, mas esse estado é temporário e dependendo do desenvolvimento de suas inteligências. Há, certamente, como há homens que só para si mesmos vivem. Pesa-lhes, porém, essa ociosidade e, cedo ou tarde, o desejo de progredir lhes faz necessária a atividade e felizes se sentirão por poderem tornar-se úteis. [...]" (Allan Kardec, *O livro dos espíritos*, q. 564).

» *As missões dos Espíritos têm sempre por objeto o bem. Quer como Espíritos, quer como homens, são incumbidos de auxiliar o progresso da Humanidade, dos povos ou dos indivíduos, dentro de um círculo de ideias mais ou menos amplas, mais ou menos especiais e de velar pela execução de determinadas coisas. Alguns desempenham missões mais restritas e, de certo modo, pessoais ou inteiramente locais, como sejam assistir os enfermos, os agonizantes, os aflitos, velar por aqueles de quem se constituíram guias e protetores, dirigi-los, dando--lhes conselhos ou inspirando-lhes bons pensamentos. Pode dizer-se que há tantos gêneros de missões quantas as espécies de interesses a resguardar, assim no mundo físico, como no moral. O Espírito se adianta conforme à maneira por que desempenha a sua tarefa.* (Allan Kardec, *O livro dos espíritos*, comentário de Kardec à q. 569).

3 SUGESTÕES DIDÁTICAS

3.1 SUGESTÃO 1:

Introdução

Conceituar *missão e ocupação* dos Espíritos, tendo como base os subsídios deste Roteiro.

Entregar aos participantes algumas ilustrações, extraídas de revistas ou da internet, que exemplifiquem cenas do cotidiano: pessoas cultivando a terra; cientista trabalhando; alguém auxiliando o próximo; um músico tocando algum instrumento; um professor dando aula; uma mãe cuidando do filho; um enfermo sendo assistido etc.

Observação: É importante que cada participante receba, no mínimo, duas gravuras.

Em seguida, pedir-lhes que classifiquem as ilustrações recebidas em dois grupos: as que caracterizam ocupações e as que são indicativas de missões.

Pedir-lhes que justifiquem a classificação realizada.

Desenvolvimento

Solicitar, então, aos participantes que se reúnam em pequenos grupos para a realização das seguintes tarefas:

1) ler os subsídios do Roteiro;

2) tendo por base o conteúdo lido, explicar em que consistem as ocupações e as missões dos Espíritos;

3) listar, com base nos subsídios, as maiores dificuldades para o exercício das missões, nos planos espiritual e físico. Utilizar folhas de papel pardo ou de cartolina.

4) colocar as folhas de papel pardo ou de cartolina em local visível a todos.

Ouvir as conclusões dos grupos e prestar os esclarecimentos cabíveis.

Conclusão

Encerrar o estudo, ressaltando os seguintes pontos:

a) o valor do trabalho dos Espíritos Superiores, desencarnados ou encarnados;

b) o bem como único objeto de uma missão;

c) a relação entre a importância das missões e o grau de adiantamento dos Espíritos.

Avaliação

O estudo será considerado satisfatório, se os participantes realizarem corretamente as tarefas propostas no trabalho em grupo.

Técnica(s): trabalho em pequenos grupos; exposição.

Recurso(s): subsídios do Roteiro; orientação para o trabalho em grupo; ilustrações diversas; folhas de papel pardo/cartolina; canetas hidrográficas; papel; lápis/caneta.

3.2 SUGESTÃO 2:

Introdução

Iniciar a reunião com a apresentação dos resultados da pesquisa solicitada, na semana anterior, como atividade extra.

Desenvolvimento

Pedir aos participantes ou grupos apresentarem a conclusão de seus trabalhos.

Cada participante apresenta a sua pesquisa e comenta sua compreensão de *ocupação e missão* dos Espíritos.

Os participantes deverão destacar pontos importantes a serem refletidos em suas pesquisas.

O facilitador escreverá em cartaz ou lousa os personagens e ações escolhidos, comparando os que se repetem, comentando os efeitos das ações em curto, médio e longo prazos.

Em seguida, propor uma discussão circular:

» *Como entender "ocupação e missão" dos Espíritos?*

» *Qual ocupação ou missão é mais importante: a dos Espíritos desencarnados ou dos Espíritos encarnados?*

» *Qual a nossa "missão ou ocupação" como encarnados?* Etc.

Nesse momento, o facilitador esclarece dúvidas e complementa informações enriquecendo a discussão de acordo com subsídios do Roteiro e *O livro dos espíritos*, questões 558 a 584.

Propor a seguinte reflexão individual (não há a necessidade de comentário):

Qual tem sido minha ocupação nessa encarnação?

Conclusão

Fazer o fechamento reforçando que:

> As missões dos Espíritos têm sempre por objeto o bem. Quer como Espíritos, quer como homens, são incumbidos de auxiliar o progresso da Humanidade, dos povos ou dos indivíduos, dentro de um círculo de ideias mais ou menos amplas, mais ou menos especiais e de velar pela execução de determinadas coisas. Alguns desempenham missões mais restritas e, de certo modo, pessoais ou inteiramente locais, como sejam assistir os enfermos, os agonizantes, os aflitos, velar por aqueles de quem se constituíram guias e protetores, dirigi-los, dando-lhes conselhos ou inspirando-lhes bons pensamentos. Pode dizer-se que há tantos gêneros de missões quantas as espécies de interesses a resguardar, assim no mundo físico, como no moral. O Espírito se adianta conforme à maneira por que desempenha a sua tarefa. (Allan Kardec, *O livro dos espíritos*, comentário de Kardec à q. 569).

Avaliação

O estudo será considerado satisfatório se as ideias dos participantes refletirem entendimento do assunto.

Técnica(s): exposição de estudo extra-encontro; discussão circular.

Recurso(s): subsídios do roteiro, *O livro dos espíritos*, pesquisa.

4 SUBSÍDIOS

Os Espíritos Superiores

> *Concorrem para a harmonia do Universo, executando as vontades de Deus, cujos ministros eles são. A vida espírita é uma ocupação contínua, mas que nada*

tem de penosa, como a vida na Terra, porque não há a fadiga corporal, nem as angústias das necessidades.[1]

Os Espíritos inferiores e imperfeitos também desempenham função útil no Universo, uma vez que todos "[...] *têm deveres a cumprir* [...]".[2]

> [...] *As almas, ou Espíritos, têm ocupações em relação com o seu grau de adiantamento, ao mesmo tempo que procuram instruir-se e melhorar-se.*[3]

São incessantes as ocupações dos Espíritos "[...] *atendendo-se a que sempre ativos são os seus pensamentos, porquanto vivem pelo pensamento* [...]". Não podemos, entretanto, identificar "[...] *as ocupações dos Espíritos com as ocupações materiais dos homens* [encarnados]. *Essa mesma atividade lhes constitui um gozo, pela consciência que têm de ser úteis*".[4]

Existem Espíritos, todavia, que se conservam ociosos,

> [...] *mas esse estado é temporário e dependendo do desenvolvimento de suas inteligências.* [...] *Pesa-lhes, porém, essa ociosidade e, cedo ou tarde, o desejo de progredir lhes faz necessária a atividade e felizes se sentirão por poderem tornar-se úteis* [...].[5]

Em relação às coisas deste mundo, pode dizer-se que

> [...] *os Espíritos se ocupam conforme ao grau de elevação ou de inferioridade em que se achem. Os Espíritos Superiores dispõem, sem dúvida, da faculdade de examiná-las nas suas mínimas particularidades, mas só o fazem na medida em que isso seja útil ao progresso. Unicamente os Espíritos inferiores ligam a essas coisas uma importância relativa às reminiscências que ainda conservam e às ideias materiais que ainda se não extinguiram neles.*[6]

Assim é que muitos destes últimos nos rodeiam constantemente, tomando parte ativa em tudo o que fazemos, de acordo com as suas naturezas.

> *As missões dos Espíritos têm sempre por objeto o bem. Quer como Espíritos, quer como homens, são incumbidos de auxiliar o progresso da Humanidade, dos povos ou dos indivíduos, dentro de um círculo de ideias mais ou menos amplas, mais ou menos especiais e de velar pela execução de determinadas coisas. Alguns desempenham missões mais restritas e, de certo modo, pessoais ou inteiramente locais, como sejam assistir os enfermos, os agonizantes, os aflitos, velar por aqueles de quem se constituíram guias e protetores, dirigi-los, dando-lhes conselhos ou inspirando-lhes bons pensamentos. Pode dizer-se que há tantos gêneros de missões quantas as espécies de interesses a resguardar, assim no mundo físico, como no moral. O Espírito se adianta conforme à maneira por que desempenha a sua tarefa.*[7]

"*A importância das missões corresponde às capacidades e à elevação do Espírito* [...]".[8] Ele pede determinada missão "[...] *e ditoso se considera se a obtém*".[9]

Em seguida, apresentaremos exemplos de missões para um melhor entendimento do assunto.

4.1 MISSÃO ESPIRITUAL DE UM POVO

As seguintes palavras de Jesus – constantes do livro *Brasil, coração do mundo, pátria do evangelho* –, dirigidas a um dos mais elevados mensageiros do orbe terrestre, ilustram a missão espiritual programada em benefício de um povo.

> *– Ismael [guia espiritual do Brasil], manda o meu coração que doravante sejas o zelador dos patrimônios imortais que constituem a Terra do Cruzeiro. [...] Reúne as incansáveis falanges do Infinito, que cooperam nos ideais sacrossantos de minha doutrina, e inicia, desde já, a construção da pátria do meu ensinamento. Para aí transplantei a árvore da minha misericórdia e espero que a cultives com a tua abnegação e com o teu sublimado heroísmo. [...] Guarda este símbolo da paz e inscreve na sua imaculada pureza o lema da tua coragem e do teu propósito de bem servir à causa de Deus e, sobretudo, lembra-te sempre de que estarei contigo no cumprimento dos teus deveres, com os quais abrirás para a Humanidade dos séculos futuros um caminho novo, mediante a sagrada revivescência do Cristianismo.*
>
> *Ismael recebe o lábaro bendito das mãos compassivas do Senhor, banhado em lágrimas de reconhecimento, e, como se entrara em ação o impulso secreto da sua vontade, eis que a nívea bandeira tem agora uma insígnia. Na sua branca substância, uma tinta celeste inscrevera o lema imortal: "Deus, Cristo e Caridade" [...].*[10]
>
> *[...] Ismael reuniu em grande assembleia os seus colaboradores mais devotados, com o objetivo de instituir um programa para as suas atividades espirituais na Terra de Santa Cruz [nome anterior do Brasil]:*
>
> *– Irmãos – exclamou ele no seio da multidão de companheiros abnegados –, plantamos aqui, sob o olhar misericordioso de Jesus, a sua bandeira de paz e de perdão. Todo um campo de trabalhos se desdobra às nossas vistas. Precisamos de colaboradores devotados que não temam a luta e o sacrifício. [...]*
>
> *[...]*
>
> *Quase todos os Espíritos santificados, ali presentes, se oferecem como voluntários da grande causa. Entre muitos, descobriremos José de Anchieta e Bartolomeu dos Mártires, Manuel da Nóbrega, Diogo Jácome, Leonardo Nunes e muitos outros, que também foram dos chamados para esse conclave no Mundo Invisível.*[11]

Emmanuel apresenta, no *Prefácio* da obra supracitada, uma síntese da missão do Brasil:

> *[...] O Brasil não está somente destinado a suprir as necessidades materiais dos povos mais pobres do planeta, mas, também, a facultar ao mundo inteiro uma expressão consoladora de crença e de fé raciocinada e a ser o maior celeiro de*

claridades espirituais do orbe inteiro. [...] Nossa tarefa visa a esclarecer o ambiente geral do país, argamassando as suas tradições de fraternidade com o cimento das verdades puras, porque, se a Grécia e a Roma da Antiguidade tiveram a sua hora, como elementos primordiais das origens de toda a civilização do Ocidente; se o império português e o espanhol se alastraram quase por todo o planeta; se a França, se a Inglaterra têm tido a sua hora proeminente nos tempos que assinalam as etapas evolutivas do mundo, o Brasil terá também o seu grande momento, no relógio que marca os dias da evolução da Humanidade.

Se outros povos atestaram o progresso, pelas expressões materializadas e transitórias, o Brasil terá a sua expressão imortal na vida do Espírito, representando a fonte de um pensamento novo, sem as ideologias de separatividade, e inundando todos os campos das atividades humanas com uma nova luz. [...] [12]

4.2 MISSÃO ESPIRITUAL DE DESENCARNADOS

André Luiz, pela mediunidade de Francisco Cândido Xavier, trouxe, por exemplo, importantes revelações acerca das missões desempenhadas pelos desencarnados incumbidos de retirar das zonas espirituais de sofrimento os Espíritos ainda ligados às paixões humanas. Narra, em um dos seus livros, o citado autor espiritual:

Ao soar das dezenove horas, orientados pela administradora da Casa [a irmã Zenóbia], preparamo-nos para pequena jornada ao abismo.

[...]

[...] Ao transpormos o limiar [da Casa Transitória], explicou-nos, cuidadosa:

– Convém manter apagado, no trajeto, todo o material luminoso. – E, fitando-nos resoluta, informou: – Quanto a nós, sigamos silenciosos, a pé. Não será razoável utilizar a volitação em distância tão curta. Mais justo assemelharmo-nos aos pobres que habitam estes sítios, perante os quais, enquanto perdure a pequena caminhada, deveremos guardar a maior quietude. Qualquer desatenção prejudicar-nos-á o objetivo. [13]

Continuando sua narrativa, assinala André Luiz:

Noutras circunstâncias e noutro tempo, não conseguiria eu dominar o pavor que nos infundia a paisagem escura e misteriosa à nossa frente. Vagavam no espaço estranhos sons. Ouvia perfeitamente gritos de seres selvagens e, em meio deles, dolorosos gemidos humanos, emitidos, talvez, a imensa distância... Aves de monstruosa configuração, mais negras do que a noite, de longe em longe se afastavam de nosso caminho, assustadiças. E embora a sombra espessa, observava alguma coisa da infinita desolação ambiente.

[...]

Atingimos zona pantanosa, em que sobressaía rasteira vegetação. Ervas mirradas e arbustos tristes assomavam indistintamente do solo.

Fundamente espantado, porém, ao ladear imenso charco, ouvi soluços próximos. Guardava a nítida impressão de que as vozes procediam de pessoas atoladas em repelentes substâncias, tais as emanações desagradáveis que pairavam no ar. Oh! Que forças nos defrontavam, ali! A treva difusa não deixava perceber minudências; todavia, convencera-me da existência de vítimas vizinhas de nós, esperando-nos amparo providencial. [...]

[...]

Verificou-se, então, o imprevisto. Certamente, as entidades em súplica permaneciam jungidas ao mesmo lugar, mas figuras animalescas e rastejantes, lembrando sáurios de descomunais proporções, avançaram para a nossa caravana [...]. Eram em grande número e davam para estarrecer o ânimo mais intrépido. [...]

[...]

Mais alguns minutos e havíamos varado a região dos charcos. [...]

Prosseguindo a marcha, penetramos escarpada região e, atendendo ao sinal da irmã Zenóbia, os 20 auxiliares que nos seguiam postaram-se em determinado ponto, com a recomendação de nos aguardarem a volta.

A diretora da Casa Transitória, então, conduziu-nos os quatro, caminho adentro, acentuando que encetaríamos isoladamente a primeira parte do programa de serviço. [...]

[...]

Logo após, evidenciando preocupação em sossegar-nos o íntimo, referentemente aos sofredores anônimos que encontráramos no caminho, explicou-nos delicadamente:

– Não somos impermeáveis às rogativas dos nossos irmãos que ainda gemem no charco de dor a que se atiraram voluntariamente. Dilaceram-nos o espírito as imprecações dos infelizes. No entanto, a Casa Transitória de Fabiano tem-lhes prestado o socorro possível, ajuda essa que, até hoje, vem sendo repelida pelos nossos irmãos infortunados. Debalde libertamo-los, periodicamente, dos monstros que os escravizam, organizando-lhes refúgio salutar. Fogem de nossa influenciação retificadora e tornam espontaneamente ao charco. É imprescindível que o sofrimento lhes solidifique a vontade, para as abençoadas lutas do porvir.[14]

4.3 MISSÃO ESPIRITUAL DE ENCARNADOS

A missão espiritual dos encarnados consiste

> Em instruir os homens, em lhes auxiliar o progresso; em lhes melhorar as instituições, por meios diretos e materiais. As missões, porém, são mais ou menos gerais e importantes. O que cultiva a terra desempenha tão nobre missão, como o que governa, ou o que instrui. Tudo na Natureza se encadeia. Ao mesmo tempo que o Espírito se depura pela encarnação, concorre, dessa forma, para a execução

dos desígnios da Providência. Cada um tem neste mundo a sua missão, porque todos podem ter alguma utilidade.[15]

Em geral, reconhece-se que um homem tem na Terra uma determinada missão pelas "[...] *grandes coisas que opera, pelos progressos a cuja realização conduz seus semelhantes*".[16]

É, por exemplo, o caso do artista, conforme assinala Emmanuel:

> *Sempre que a sua arte se desvencilha dos interesses do mundo, transitórios e perecíveis, para considerar tão somente a luz espiritual que vem do coração uníssono com o cérebro, nas realizações da vida, então o artista é um dos mais devotados Missionários de Deus, porquanto saberá penetrar os corações na paz da meditação e do silêncio, alcançando o mais alto sentido da evolução de si mesmo e de seus irmãos em Humanidade.*[17]

Há, contudo, missões pessoais de grande importância. Dizem os Espíritos Superiores que a paternidade

> *É, sem contestação possível, uma verdadeira missão. É ao mesmo tempo grandíssimo dever e que envolve, mais do que o pensa o homem, a sua responsabilidade quanto ao futuro. Deus colocou o filho sob a tutela dos pais, a fim de que estes o dirijam pela senda do bem, e lhes facilitou a tarefa dando àquele uma organização débil e delicada, que o torna propício a todas as impressões. Muitos há, no entanto, que mais cuidam de aprumar as árvores do seu jardim e de fazê-las dar bons frutos em abundância, do que de formar o caráter de seu filho. Se este vier a sucumbir por culpa deles, suportarão os desgostos resultantes dessa queda e partilharão dos sofrimentos do filho na vida futura, por não terem feito o que lhes estava ao alcance para que ele avançasse na estrada do bem.*[18]

Dessa forma,

> *Os Espíritos encarnados têm ocupações inerentes às suas existências corpóreas. No estado de erraticidade, ou de desmaterialização, tais ocupações são adequadas ao grau de adiantamento deles.*
>
> *Uns percorrem os mundos, se instruem e preparam para nova encarnação.*
>
> *Outros, mais adiantados, se ocupam com o progresso, dirigindo os acontecimentos e sugerindo ideias que lhe sejam propícias. Assistem os homens de gênio que concorrem para o adiantamento da Humanidade.*
>
> *Outros encarnam com determinada missão de progresso.*
>
> *Outros tomam sob sua tutela os indivíduos, as famílias, as reuniões, as cidades e os povos, dos quais se constituem os anjos guardiães, os gênios protetores e os Espíritos familiares.*
>
> *Outros, finalmente, presidem aos fenômenos da Natureza, de que se fazem os agentes diretos.*

Os Espíritos vulgares se imiscuem em nossas ocupações e diversões.

Os impuros ou imperfeitos aguardam, em sofrimentos e angústias, o momento em que praza a Deus proporcionar-lhes meios de se adiantarem. Se praticam o mal, é pelo despeito de ainda não poderem gozar do bem.[19]

REFERÊNCIAS

[1] _____. KARDEC, Allan. *O livro dos espíritos*. Trad. Guillon Ribeiro. 93. ed. 9. imp. (Edição Histórica). Brasília, DF: FEB, 2019. q. 558.

[2] _____. _____. q. 559.

[3] _____. *O que é o espiritismo*. Trad. Revista *Reformador* em 1884. 56. ed. 1. imp. (Edição Histórica). Brasília, DF: FEB, 2013. cap. 3, it. O homem depois da morte.

[4] _____. *O livro dos espíritos*. Trad. Guillon Ribeiro. 93. ed. 9. imp. (Edição Histórica). Brasília, DF: FEB, 2019. q. 563.

[5] _____. _____. q. 564.

[6] _____. _____. Comentário de Kardec à q. 567.

[7] _____. _____. Comentário de Kardec à q. 569.

[8] _____. _____. q. 571.

[9] _____. _____. q. 572.

[10] XAVIER, Francisco Cândido. *Brasil, coração do mundo, pátria do evangelho*. Pelo Espírito Humberto de Campos. 34. ed. 16. imp. Brasília, DF: FEB, 2021. cap. 3 – *Os degredados*.

[11] _____. _____. cap. 4 – *Os missionários*.

[12] _____. _____. *Prefácio*.

[13] _____. *Obreiros da vida eterna*. Pelo Espírito André Luiz. 35. ed. 8. imp. Brasília, DF: FEB, 2017. cap. 6 – *Dentro da noite*.

[14] _____. _____.

[15] KARDEC, Allan. *O livro dos espíritos*. Trad. Guillon Ribeiro. 93. ed. 9. imp. (Edição Histórica). Brasília, DF: FEB, 2019. q. 573.

[16] _____. _____. q. 575.

[17] XAVIER, Francisco Cândido. *O consolador*. Pelo Espírito Emmanuel. 29. ed. 11. imp. Brasília, DF: FEB, 2020. q. 162.

[18] KARDEC, Allan. *O livro dos espíritos*. Trad. Guillon Ribeiro. 93. ed. 9. imp. (Edição Histórica). Brasília, DF: FEB, 2019. q. 582.

[19] _____. _____. Comentário de Kardec à q. 584.

RELAÇÕES NO ALÉM-TÚMULO: SIMPATIAS E ANTIPATIAS

1 **OBJETIVOS ESPECÍFICOS**

» Analisar as características do relacionamento entre os Espíritos no Mundo Espiritual.

» Refletir sobre as causas que provocam as relações de simpatia e de antipatia entre os Espíritos.

2 **CONTEÚDO BÁSICO**

» Os Espíritos "[...] *Evitam-se ou se aproximam, conforme a simpatia ou a antipatia que reciprocamente uns inspiram aos outros, tal qual sucede entre vós.* [...] *Os da mesma categoria se reúnem por uma espécie de afinidade e formam grupos ou famílias* [...]". (Allan Kardec, *O livro dos espíritos*, q. 278).

» *Continua a existir sempre, no mundo dos Espíritos, a afeição mútua que dois seres se consagraram na Terra?* "Sem dúvida, desde que originada de verdadeira simpatia. Se, porém, nasceu principalmente de causas de ordem física, desaparece com a causa. As afeições entre os Espíritos são mais sólidas e duráveis do que na Terra, porque não se acham subordinadas aos caprichos dos interesses materiais e do amor-próprio." (Allan Kardec, *O livro dos espíritos*, q. 297).

» *Conservarão ressentimento um do outro, no mundo dos Espíritos, dois seres que foram inimigos na Terra?* "Não; compreenderão que era estúpido o ódio que se votavam mutuamente e pueril o motivo que o inspirava. Apenas os Espíritos imperfeitos conservam uma espécie de animosidade, enquanto se não purificam. [...]" (Allan Kardec, *O livro dos espíritos*, q. 293).

> A lembrança dos atos maus que dois homens praticaram um contra o outro constitui obstáculo a que entre eles reine simpatia? "Essa lembrança os induz a se afastarem um do outro." (Allan Kardec, *O livro dos espíritos*, q. 294).

3 SUGESTÕES DIDÁTICAS

3.1 SUGESTÃO 1:

Introdução

Esclarecer, no início da reunião, que as manifestações de simpatia e antipatia existentes entre as pessoas não traduzem, necessariamente, relacionamento anterior, proveniente de outras reencarnações (veja *O livro dos espíritos*, questão 387).

Desenvolvimento

Em seguida, pedir aos participantes que leiam silenciosa e atentamente os subsídios deste Roteiro.

Concluída a leitura, dividir os participantes em pequenos grupos, para a realização das seguintes tarefas:

1) troca de opiniões sobre as ideias contidas no texto dos subsídios lido;

2) elaboração de resumo do assunto, com os seguintes destaques: a explicação do processo de relacionamento entre os Espíritos, no Além-Túmulo; identificação das causas que determinam as relações de simpatia e de antipatia entre os Espíritos.

Conclusão

Ouvir as conclusões apresentadas pelos grupos, esclarecendo possíveis dúvidas.

Encerrar o estudo enfatizando a importância de eliminar ressentimentos, tendo como base a questão 293 de *O livro dos espíritos* e o ensinamento de Jesus, constante em *Mateus*, 5:25 e 26.

Avaliação

O estudo será considerado satisfatório se os participantes explicarem como se processa o relacionamento entre os Espíritos no Além-Túmulo, e identificarem as causas que determinam as manifestações de simpatia e antipatia existentes entre as pessoas.

Técnica(s): exposição; leitura; estudo em pequenos grupos.

Recurso(s): *O livro dos espíritos*; subsídios do Roteiro; pequenos textos dos subsídios; texto do Evangelho de *Mateus*.

3.2 SUGESTÃO 2:

Introdução

Iniciar a reunião com a questão 297 de *O livro dos espíritos*:

Continua a existir sempre, no mundo dos Espíritos, a afeição mútua que dois seres se consagram na Terra?

Ouvir os comentários seguida da leitura da resposta.

Fazer breves comentários.

Desenvolvimento

Dividir os participantes em grupos. Pedir para que façam a leitura das seguintes questões de *O livro dos espíritos*:

Grupo 1 – questões 274 a 279 – Reflexão: *No que consiste as relações no Além-Túmulo?*

Grupo 2 – questões 280 a 290 – Reflexão: *Como se dá a aproximação e a comunicação entre os Espíritos no Além-Túmulo?*

Grupo 3 – questões 291 a 296 – Reflexão: *No que consiste as relações de simpatia e antipatia no Além-Túmulo?*

Grupo 4 – questões 297 a 303 – Reflexão: *Existe união de almas? Justifique.*

(Tempo aproximado de 20 minutos.)

Após a discussão dos grupos, pedir aos grupos que apresentem na sequência os assuntos estudados.

Em seguida, propor uma discussão circular:

» *Abrir para perguntas dos participantes referentes aos assuntos estudados.*

» *Os grupos poderão responder perguntas referentes ao que foi estudado.*

» *O facilitador: ouve, ou responde, ou complementa as repostas dos participantes.*

Nesse momento, o facilitador esclarece dúvidas e complementa informações enriquecendo a discussão de acordo com subsídios do Roteiro e as questões de *O livro dos espíritos* estudadas.

Propor a seguinte reflexão individual (não há a necessidade de comentário):

Como espero ser recebido(a) no Plano Espiritual?

Quais, provavelmente, serão os Espíritos com quem me relacionarei?

Conclusão

Fazer o fechamento, reforçando ao dizer que:

> – A simpatia ou a antipatia têm as suas raízes profundas no Espírito, na sutilíssima entrosagem dos fluidos peculiares a cada um e, quase sem sensações experimentadas pela criatura, desde o pretérito delituoso, em iguais circunstâncias.
>
> Devemos, porém, considerar que toda antipatia, aparentemente a mais justa, deve morrer para dar lugar à simpatia que edifica o coração para o trabalho construtivo e legítimo da fraternidade. (Emmanuel, *O consolador*, q. 173).

Isso porque

> O amor é uma força inexaurível, renova-se sem cessar e enriquece ao mesmo tempo aquele que dá e aquele que recebe. [...] (Léon Denis, *O problema do ser, do destino e da dor*, 3ª pt., cap. 25 – *O amor*).

Movidos pelo amor, os Espíritos

> [...] constituem também agrupamentos separados, famílias que se foram pouco a pouco formando através dos séculos, pela comunidade das alegrias e das dores. [...] (Léon Denis, *O problema do ser, do destino e da dor*, 3ª pt., cap. 25 – *O amor*).

Essas famílias

> [...] se fortalecem pela purificação e se perpetuam no mundo dos Espíritos, através das várias migrações da alma [...]. (Allan Kardec, *O evangelho segundo o espiritismo*, cap. 14, it. 8).
>
> Quem pode descrever os sentimentos ternos, íntimos, que unem esses seres, as alegrias inefáveis nascidas da fusão das inteligências e das consciências, a união das almas sob o sorriso de Deus? (Léon Denis, *O problema do ser, do destino e da dor*, 3ª pt., cap. 25 – *O amor*).

Avaliação

O estudo será considerado satisfatório se as ideias dos participantes refletirem entendimento do assunto.

Técnica(s): estudo de grupo; discussão circular.

Recurso(s): subsídios do Roteiro, *O livro dos espíritos*.

Atividade de preparação para o próximo encontro de estudo – Sugestão 2.

Esta atividade pode ser proposta a um grupo pequeno de participantes ou pesquisa livre para todos:

» Pesquisar sobre anjos da guarda, Espíritos Protetores, familiares ou simpáticos em *O livro dos espíritos*, questões: 489 a 521 e nos subsídios da apostila – Roteiro 9.

» Que entender por anjo de guarda ou Espírito Protetor?

» Qual sua missão? Como se dá a escolha do protegido?

» O Espírito Protetor pode nos abandonar?

» Os Espíritos familiares são os mesmos a quem chamamos Espíritos simpáticos ou protetores?

4   SUBSÍDIOS

Allan Kardec indaga aos instrutores da Humanidade se os Espíritos das diferentes ordens se acham misturados uns com os outros. Os benfeitores esclarecem assim:

> [...] *eles se veem, mas se distinguem uns dos outros. Evitam-se ou se aproximam, conforme a simpatia ou a antipatia que reciprocamente uns inspiram aos outros, tal qual sucede entre vós. Constituem um mundo do qual o vosso é pálido reflexo. Os da mesma categoria se reúnem por uma espécie de afinidade e formam grupos ou famílias, unidos pelos laços da simpatia e pelos fins a que visam: os bons, pelo desejo de fazerem o bem; os maus, pelo de fazerem o mal, pela vergonha de suas faltas e pela necessidade de se acharem entre os que se lhes assemelham.*[1]

> *Tal uma grande cidade onde os homens de todas as classes e de todas as condições se veem e encontram, sem se confundirem; onde as sociedades se formam pela analogia dos gostos; onde a virtude e o vício se acotovelam, sem trocarem palavras.*[2]

Note-se que nem todos os Espíritos têm acesso a esses diferentes grupos ou sociedades. Assim é que os bons podem ir

> [...] *a toda parte e assim deve ser, para que possam influir sobre os maus. As regiões, porém, que os bons habitam estão interditadas aos Espíritos imperfeitos, a fim de que não as perturbem com suas paixões inferiores.*[3]

Cabe, desse modo, aos bons Espíritos "[...] *combater as más inclinações dos outros*, a fim de ajudá-los a subir. *É sua missão*".[4] Para isso, exercem sobre os Espíritos imperfeitos uma autoridade irresistível, porque alicerçada na superioridade moral.⁵

Os Espíritos se comunicam entre si pelo fluido universal, que estabelece entre eles constante intercâmbio, uma vez que é o veículo de transmissão dos seus pensamentos, como para nós o ar é o meio pelo qual se propaga o som. Constitui esse fluido "[...] *uma espécie de telégrafo universal, que liga todos os mundos e permite que os Espíritos se correspondam de um mundo a outro*".⁶ Essa a razão por que os Espíritos não podem, reciprocamente, dissimular os seus pensamentos, particularmente os Espíritos imperfeitos em relação aos Espíritos Superiores, uma vez que, para estes, "[...] *tudo é patente* [...]".⁷

Além da simpatia geral, fundamentada na semelhança entre eles existente, os Espíritos se ligam uns aos outros por afeições particulares, tal como sucede entre os encarnados, sendo, porém, mais forte o laço afetivo no Plano Espiritual, uma vez que "[...] *não se acha exposto às vicissitudes das paixões*".⁸

> *A simpatia que atrai um Espírito para outro resulta da perfeita concordância de seus pendores e instintos. Se um tivesse que completar o outro, perderia a sua individualidade.*⁹

Desse modo, a afeição mútua que dois seres se consagraram na Terra continua a existir no Mundo Espiritual

> [...] *desde que originada de verdadeira simpatia. Se, porém, nasceu principalmente de causas de ordem física, desaparece com a causa. As afeições entre os Espíritos são mais sólidas e duráveis do que na Terra, porque não se acham subordinadas aos caprichos dos interesses materiais e do amor-próprio.*¹⁰

Não obstante essas considerações, é importante ressaltar que inexiste

> [...] *união particular e fatal, de duas almas. A união que há é a de todos os Espíritos, mas em graus diversos, segundo a categoria que ocupam, isto é, segundo a perfeição que tenham adquirido. Quanto mais perfeitos, tanto mais unidos. Da discórdia nascem todos os males dos humanos; da concórdia resulta a completa felicidade.*¹¹

Assim, é inexata a expressão "metades eternas", usada para designar certos Espíritos simpáticos, unidos por uma grande afeição, uma vez que, se "[...] *um Espírito fosse a metade de outro, separados os dois, estariam ambos incompletos*".¹²

O Espírito Emmanuel, por sua vez, utiliza-se do termo *almas gêmeas*, para designar dois Espíritos mais intimamente ligados nas experiências evolutivas, ressaltando, contudo, que não se trata, no caso, das referidas *metades eternas.*¹³ E acrescenta que o amor das almas gêmeas não constitui restrição ao amor universal,

> [...] *porquanto, atingida a culminância evolutiva, todas as expressões afetivas se irmanam na conquista do Amor Divino. O amor das almas gêmeas, em suma, é aquele que o Espírito, um dia, sentirá pela Humanidade inteira.*¹⁴

Por outro lado, podem os Espíritos, se imperfeitos, sentir recíproca antipatia e, mesmo, ódio.¹⁵ Esses sentimentos são consequência das relações de inimizade do passado. A lembrança dos atos maus praticados durante a existência corpórea induz os Espíritos a se afastarem uns dos outros, constituindo-se, assim, obstáculo a que entre eles reine simpatia.¹⁶ Essa animosidade se mantém "[...] *enquanto se não purificam* [...]".¹⁷

Pode-se dizer que

> – *A simpatia ou a antipatia têm as suas raízes profundas no Espírito, na sutilíssima entrosagem dos fluidos peculiares a cada um e, quase sem sensações experimentadas pela criatura, desde o pretérito delituoso, em iguais circunstâncias.*
>
> *Devemos, porém, considerar que toda antipatia, aparentemente a mais justa, deve morrer para dar lugar à simpatia que edifica o coração para o trabalho construtivo e legítimo da fraternidade.*¹⁸

Isso porque "*O amor é uma força inexaurível, renova-se sem cessar e enriquece ao mesmo tempo aquele que dá e aquele que recebe*". [...]¹⁹

Movidos pelo amor, os Espíritos "[...] *constituem também agrupamentos separados, famílias que se foram pouco a pouco formando através dos séculos, pela comunidade das alegrias e das dores.* [...]".²⁰

Essas famílias "[...] *se fortalecem pela purificação e se perpetuam no mundo dos Espíritos, através das várias migrações da alma* [...]".²¹

> *Quem pode descrever os sentimentos ternos, íntimos, que unem esses seres, as alegrias inefáveis nascidas da fusão das inteligências e das consciências, a união das almas sob o sorriso de Deus?*²²

Em suma,

> *O amor é a lei própria da vida e, sob o seu domínio sagrado, todas as criaturas e todas as coisas se reúnem ao Criador, dentro do plano grandioso da unidade universal.*²³

REFERÊNCIAS

1. KARDEC, Allan. *O livro dos espíritos*. Trad. Guillon Ribeiro. 93. ed. 9. imp. (Edição Histórica). Brasília, DF: FEB, 2019. q. 278.
2. _____. _____. Comentário de Kardec à q. 278.
3. _____. _____. q. 279.
4. _____. _____. q. 280.
5. _____. _____. q. 274.
6. _____. _____. q. 282.
7. _____. _____. q. 283.
8. _____. _____. q. 291.
9. _____. _____. q. 301.
10. _____. _____. q. 297.
11. _____. _____. q. 298.
12. _____. _____. q. 299.
13. XAVIER, Francisco Cândido. *O consolador*. Pelo Espírito Emmanuel. 29. ed. 11. imp. Brasília, DF: FEB, 2020. *Nota à primeira edição*.
14. _____. _____. q. 326.
15. KARDEC, Allan. *O livro dos espíritos*. Trad. Guillon Ribeiro. 93. ed. 9. imp. (Edição Histórica). Brasília, DF: FEB, 2019. q. 292.
16. _____. _____. q. 294.
17. _____. _____. q. 293.
18. XAVIER, Francisco Cândido. *O consolador*. Pelo Espírito Emmanuel. 29. ed. 11. imp. Brasília, DF: FEB, 2020. q. 173.
19. DENIS, Léon. *O problema do ser, do destino e da dor*. 32. ed. 11. imp. Brasília, DF: FEB, 2019. 3ª pt., cap. 25 – *O amor*.
20. _____. _____.
21. KARDEC, Allan. *O evangelho segundo o espiritismo*. Trad. Guillon Ribeiro. 131. ed. 13. imp. (Edição Histórica). Brasília, DF: FEB, 2019. cap. 14, it. 8.
22. DENIS, Léon. *O problema do ser, do destino e da dor*. 32. ed. 11. imp. Brasília, DF: FEB, 2019. 3ª pt., cap. 25 – *O amor*.
23. XAVIER, Francisco Cândido. *O consolador*. Pelo Espírito Emmanuel. 29. ed. 11. imp. Brasília, DF: FEB, 2020. q. 322.

MENSAGEM

Prece perante as aflições da vida

Deus Onipotente, que vês as nossas misérias, digna-te de escutar, benevolente, a súplica que neste momento te dirijo. Se é desarrazoado o meu pedido, perdoa-me; se é justo e conveniente segundo as tuas vistas, que os bons Espíritos, executores das tuas vontades, venham em meu auxílio para que ele seja satisfeito.

Como quer que seja, meu Deus, faça-se a tua vontade. Se os meus desejos não forem atendidos, é que está nos teus desígnios experimentar-me e eu me submeto sem me queixar. Faze que por isso nenhum desânimo me assalte e que nem a minha fé nem a minha resignação sofram qualquer abalo.

FONTE: KARDEC, Allan. *O evangelho segundo o espiritismo*. Trad. Guillon Ribeiro. 131. ed. 13. imp. (Edição Histórica). Brasília, DF: FEB, 2019. cap. 28, it. 27.

AFEIÇÃO QUE OS ESPÍRITOS VOTAM A CERTAS PESSOAS. ESPÍRITOS PROTETORES

1 OBJETIVOS ESPECÍFICOS

» Analisar por que os Espíritos votam afeição a certas pessoas encarnadas.

» Refletir sobre o papel dos Espíritos protetores.

2 CONTEÚDO BÁSICO

» *Os Espíritos se afeiçoam de preferência a certas pessoas?* "Os bons Espíritos simpatizam com os homens de bem, ou suscetíveis de se melhorarem. Os Espíritos inferiores com os homens viciosos, ou que podem tornar-se tais. Daí suas afeições, como consequência da conformidade dos sentimentos." (Allan Kardec, *O livro dos espíritos*, q. 484).

» *Todos temos, ligado a nós, desde o nosso nascimento, um Espírito bom, que nos tomou sob a sua proteção. Desempenha, junto de nós, a missão de um pai para com seu filho: a de nos conduzir pelo caminho do bem e do progresso, através das provações da vida. Sente-se feliz, quando correspondemos à sua solicitude; sofre, quando nos vê sucumbir.*

[...] Invocamo-lo, então, como nosso anjo guardião, nosso bom gênio. [...]

Além do anjo guardião, que é sempre um Espírito Superior, temos Espíritos Protetores que, embora menos elevados, não são menos bons e magnânimos. Contamo-los entre amigos ou parentes, ou, até, entre pessoas que não conhecemos na existência atual. Eles nos assistem com seus conselhos e, não raro, intervindo nos atos da nossa vida. (Allan Kardec, *O evangelho segundo o espiritismo*, cap. 28, it. 11).

3 SUGESTÕES BÁSICAS

3.1 SUGESTÃO 1:

Introdução

Realizar uma breve exposição do assunto, tendo como base o conteúdo básico deste Roteiro.

Desenvolvimento

Em seguida, dividir os participantes em dois grupos.

Pedir-lhes que realizem a seguinte tarefa:

Grupo 1 – leitura das questões 489 a 495 – primeiro parágrafo, de *O livro dos espíritos*.

Grupo 2 – leitura das questões 513 e 514, de *O livro dos espíritos*.

Concluída a leitura, solicitar aos participantes a formação de um grande círculo para discussão do assunto, objeto deste roteiro.

Observação: Sugerimos que o facilitador prepare um questionário, tendo como referência os *subsídios*, com a finalidade de dinamizar a discussão circular.

Conclusão

Destacar, ao final, o pensamento dos Espíritos Superiores assinalados, respectivamente, nas Referências 17, 19 e 20.

Avaliação

O estudo será considerado satisfatório se os participantes opinarem, com acerto, nas atividades da discussão circular.

Técnica(s): exposição; leitura; discussão circular.

Recurso(s): conteúdo básico e subsídios deste Roteiro; *O livro dos espíritos*.

3.2 SUGESTÃO 2:

Introdução

Iniciar a reunião com o estudo extraencontro realizado pelos participantes.

Desenvolvimento

Em seguida, propor uma discussão circular:

» *Que conclusão podemos chegar acerca da afeição que os Espíritos votam a certas pessoas?*

» *Qual o papel dos Espíritos Protetores?*

Nesse momento, o facilitador esclarece dúvidas e complementa informações, enriquecendo a discussão de acordo com subsídios do Roteiro e as questões de *O livro dos espíritos* estudadas.

Propor a seguinte reflexão individual (não há a necessidade de comentário):

Tenho procurado a orientação de meu Espírito Protetor? Ouço seus conselhos?

Conclusão

Fazer o fechamento reforçando que:

> Todos temos, ligado a nós, desde o nosso nascimento, um Espírito bom, que nos tomou sob a sua proteção. Desempenha, junto de nós, a missão de um pai para com seu filho: a de nos conduzir pelo caminho do bem e do progresso, através das provações da vida. Sente-se feliz, quando correspondemos à sua solicitude; sofre, quando nos vê sucumbir.

> [...] Invocamo-lo, então, como nosso anjo guardião, nosso bom gênio. [...]

> Além do anjo guardião, que é sempre um Espírito Superior, temos Espíritos Protetores que, embora menos elevados, não são menos bons e magnânimos. Contamo-los entre amigos ou parentes, ou, até, entre pessoas que não conhecemos na existência atual. Eles nos assistem com seus conselhos e, não raro, intervindo nos atos da nossa vida. (Allan Kardec, *O evangelho segundo o espiritismo*, cap. 28, it. 11).

Avaliação

O estudo será considerado satisfatório se as ideias de os participantes refletirem entendimento do assunto.

Técnica(s): estudo extra-encontro; discussão circular.

Recurso(s): subsídios do Roteiro, *O livro dos espíritos*.

ROTEIRO 9 – Afeição que os Espíritos votam a certas pessoas. Espíritos protetores

4 SUBSÍDIOS

4.1 OS ESPÍRITOS SIMPÁTICOS

Ensina a Doutrina Espírita que os Espíritos se afeiçoam de preferência a certas pessoas.

> Os bons Espíritos simpatizam com os homens de bem, ou suscetíveis de se melhorarem. Os Espíritos inferiores com os homens viciosos, ou que podem tornar-se tais. Daí suas afeições, como consequência da conformidade dos sentimentos.[1]

Nem sempre, contudo, é exclusivamente moral a afeição que os Espíritos dedicam aos encarnados. Com efeito,

> A verdadeira afeição nada tem de carnal; mas quando um Espírito se apega a uma pessoa, nem sempre o faz só por afeição. À estima que essa pessoa lhe inspira pode agregar-se uma reminiscência das paixões humanas.[2]

Assim, os Espíritos denominados simpáticos

> [...] são os que se sentem atraídos para o nosso lado por afeições particulares e ainda por uma certa semelhança de gostos e de sentimentos, tanto para o bem como para o mal. De ordinário, a duração de suas relações se acha subordinada às circunstâncias.[3]

Muitas vezes um Espírito se une particularmente a um indivíduo para protegê-lo. É o chamado *irmão espiritual, bom Espírito* ou *bom gênio*,[4] *Espírito familiar*,[5] ou, ainda, a*njo de guarda* ou *guardião*. Esta última denominação se destaca, por designar o "[...] *Espírito protetor, pertencente a uma ordem elevada*".[6] Há, desse modo, "[...] *gradações na proteção e na simpatia* [...]".[7]

> Os Espíritos familiares se ligam a certas pessoas por laços mais ou menos duráveis, com o fim de lhes serem úteis, dentro dos limites do poder, quase sempre muito restrito, de que dispõem. São bons, porém muitas vezes pouco adiantados e mesmo um tanto levianos. Ocupam-se de boamente com as particularidades da vida íntima e só atuam por ordem ou com permissão dos Espíritos protetores.[8]

A missão do *anjo de guarda*, por sua vez, é

> A de um pai com relação aos filhos; a de guiar o seu protegido pela senda do bem, auxiliá-lo com seus conselhos, consolá-lo nas suas aflições, levantar-lhe o ânimo nas provas da vida.[9]

Essa proteção é exercida desde o nascimento até a desencarnação do indivíduo "[...] *e muitas vezes o acompanha na vida espírita, depois da morte, e mesmo através de muitas existências corpóreas* [...]".[10] Quando vê que seus conselhos são inúteis pode o Espírito Protetor afastar-se temporariamente do seu protegido, respeitando-lhe o livre-arbítrio, mas "[...] *Não o abandona completamente, porém, e sempre se faz ouvir. É então o homem quem tapa os ouvidos. O protetor volta desde que este o chame".*[11]

4.2 A DOUTRINA DOS ANJOS GUARDIÕES

Afirmam os Espíritos São Luís e Santo Agostinho:

> *"É uma doutrina, esta, dos anjos guardiães, que, pelo seu encanto e doçura, devera converter os mais incrédulos. Não vos parece grandemente consoladora a ideia de terdes sempre junto de vós seres que vos são superiores, prontos sempre a vos aconselhar e amparar, a vos ajudar na ascensão da abrupta montanha do bem; mais sinceros e dedicados amigos do que todos os que mais intimamente se vos liguem na Terra? Eles se acham ao vosso lado por ordem de Deus. Foi Deus quem aí os colocou e, aí permanecendo por Amor de Deus, desempenham bela, porém penosa missão. Sim, onde quer que estejais, estarão convosco. Nem nos cárceres, nem nos hospitais, nem nos lugares de devassidão, nem na solidão, estais separados desses amigos a quem não podeis ver, mas cujo brando influxo vossa alma sente, ao mesmo tempo que lhes ouve os ponderados conselhos.*
>
> *Ah! se conhecêsseis bem esta verdade! Quanto vos ajudaria nos momentos de crise! Quanto vos livraria dos maus Espíritos! Mas, oh! quantas vezes, no dia solene, não se verá esse anjo constrangido a vos observar: 'Não te aconselhei isto? Entretanto, não o fizeste. Não te mostrei o abismo? Contudo, nele te precipitaste! Não fiz ecoar na tua consciência a voz da verdade? Preferiste, no entanto, seguir os conselhos da mentira!' Oh! interrogai os vossos anjos guardiães; estabelecei entre eles e vós essa terna intimidade que reina entre os melhores amigos. Não penseis em lhes ocultar nada, pois que eles têm o olhar de Deus e não podeis enganá-los. Pensai no futuro; procurai adiantar-vos na vida presente. Assim fazendo, encurtareis vossas provas e mais felizes tornareis as vossas existências. Vamos, homens, coragem! De uma vez por todas, lançai para longe todos os preconceitos e ideias preconcebidas. Entrai na nova senda que diante dos passos se vos abre. Caminhai! Tendes guias, segui-os, que a meta não vos pode faltar, porquanto essa meta é o próprio Deus.*
>
> *Aos que considerem impossível que Espíritos verdadeiramente elevados se consagrem a tarefa tão laboriosa e de todos os instantes, diremos que nós vos influenciamos as almas, estando embora muitos milhões de léguas distantes de vós. O Espaço, para nós, nada é, e, não obstante viverem noutro mundo, os nossos Espíritos conservam suas ligações com os vossos. Gozamos de qualidades que não podeis compreender, mas ficai certos de que Deus não nos impôs tarefa superior às nossas forças e de que não vos deixou sós na Terra, sem amigos e sem amparo. Cada anjo de guarda tem o seu protegido, pelo qual vela, como o pai pelo filho. Alegra-se, quando o vê no bom caminho; sofre, quando lhe ele despreza os conselhos.*
>
> *Não receeis fatigar-nos com as vossas perguntas. Ao contrário, procurai estar sempre em relação conosco. Sereis assim mais fortes e mais felizes. [...]".*[12]

ROTEIRO 9 – Afeição que os Espíritos votam a certas pessoas. Espíritos protetores

A respeito desse assunto, assinala Kardec:

> *Nada tem de surpreendente a doutrina dos anjos guardiães, a velarem pelos seus protegidos, mau grado a distância que medeia entre os mundos. É, ao contrário, grandiosa e sublime. Não vemos na Terra o pai velar pelo filho, ainda que de muito longe, e auxiliá-lo com seus conselhos correspondendo-se com ele? Que motivo de espanto haverá, então, em que os Espíritos possam, de um outro mundo, guiar os que, habitantes da Terra, eles tomaram sob sua proteção, uma vez que, para eles, a distância que vai de um mundo a outro é menor do que a que, neste planeta, separa os continentes? Não dispõem, além disso, do fluido universal, que entrelaça todos os mundos, tornando-os solidários; veículo imenso da transmissão dos pensamentos, como o ar é, para nós, o da transmissão do som?*[13]

Neste ponto, é oportuno esclarecer que os *anjos*, segundo o Espiritismo, não constituem seres privilegiados na Criação. São apenas Espíritos

> *[...] chegados ao grau de perfeição que a criatura comporta, fruindo em sua plenitude a prometida felicidade. Antes, porém, de atingir o grau supremo, gozam de felicidade relativa ao seu adiantamento, felicidade que consiste, não na ociosidade, mas nas funções que a Deus apraz confiar-lhes [...].*[14]

Uma dessas funções consiste em assistir os homens, ajudando-os a progredirem. Desse modo, embora o *anjo* propriamente dito seja aquele que se elevou na hierarquia espiritual até atingir o estado de *puro Espírito*,[15] o chamado *anjo guardião* pode pertencer a uma ordem elevada[16] sem, necessariamente, haver alcançado a perfeição moral.

A propósito da relação de graus evolutivos entre o *anjo guardião* e o seu protegido, o Espírito André Luiz apresenta o seguinte esclarecimento:

> *– Será justo lembrar que estamos plasmando nossa individualidade imperecível no espaço e no tempo, ao preço de continuadas e difíceis experiências. A ideia de um ente divinizado e perfeito, invariavelmente ao nosso lado, ao dispor de nossos caprichos ou ao sabor de nossas dívidas, não concorda com a justiça. Que governo terrestre destacaria um de seus ministros mais sábios e especializados na garantia do bem de todos para colar-se, indefinidamente, ao destino de um só homem, quase sempre renitente cultor de complicados enigmas e necessitado, por isso mesmo, das mais severas lições da vida? Por que haveria de obrigar-se um arcanjo a descer da Luz Eterna para seguir, passo a passo, um homem deliberadamente egoísta ou preguiçoso? Tudo exige lógica, bom senso.*[17]

Essas considerações, todavia, não significam que os *anjos de guarda* permaneçam distantes de nós, uma vez que o "[...] *Sol está com o verme, amparando-o na furna, a milhões e milhões de quilômetros, sem que o verme esteja com o Sol.*[18] Assim, entre nós e os nossos *anjos guardiões* pode existir uma grande desigualdade evolutiva. Tal circunstância, porém, não nos afasta da sua constante proteção, embora a sua influência possa exercer-se a distância. Teremos, no entanto, sempre à nossa volta Espíritos Protetores, uma vez que,

> [...] Em qualquer região, convivem conosco os Espíritos familiares de nossa vida e de nossa luta. Dos seres mais embrutecidos aos mais sublimados, temos a corrente de amor, cujos elos podemos simbolizar nas almas que se querem ou que se afinam umas com as outras, dentro da infinita gradação do progresso. [...].[19]

É o que também ensinam os instrutores da Codificação Espírita:

> Todo homem tem um Espírito que por ele vela, mas as missões são relativas ao fim que visam. Não dais a uma criança, que está aprendendo a ler, um professor de filosofia. O progresso do Espírito familiar guarda relação com o do Espírito protegido. Tendo um Espírito que vela por vós, podeis tornar-vos, a vosso turno, o protetor de outro que vos seja inferior e os progressos que este realize, com o auxílio que lhe dispensardes, contribuirão para o vosso adiantamento. Deus não exige do Espírito mais do que comportem a sua natureza e o grau de elevação a que já chegou.[20]

Todos temos, assim,

> [...] um desses gênios tutelares que nos inspira nas horas difíceis e dirige-nos pelo bom caminho. [...] Saber que temos um amigo fiel e sempre disposto a socorrer-nos, de perto como de longe, influenciando-nos a grandes distâncias ou conservando-se junto de nós nas provações; saber que ele nos aconselha por intuição e nos aquece com o seu amor, eis uma fonte inapreciável de força moral. O pensamento de que testemunhas benévolas e invisíveis veem todos os nossos atos, regozijando-se ou entristecendo-se, deve inspirar-nos mais sabedoria e circunspecção. É por essa proteção oculta que se fortificam os laços de solidariedade que ligam o Mundo Celeste à Terra, o Espírito livre ao homem, Espírito prisioneiro da carne. É por essa assistência contínua que se criam, de um a outro lado, as simpatias profundas, as amizades duradouras e desinteressadas. O amor que anima o Espírito elevado vai pouco a pouco se estendendo a todos os seres sem cessar, revertendo tudo para Deus, Pai das almas, foco de todas as potências efetivas.[21]

Podemos, então, dizer que, além dos Espíritos que nos são simpáticos, de um modo geral,

> Todos temos, ligado a nós, desde o nosso nascimento, um Espírito bom, que nos tomou sob a sua proteção. Desempenha, junto de nós, a missão de um pai para com seu filho: a de nos conduzir pelo caminho do bem e do progresso, através das provações da vida. Sente-se feliz, quando correspondemos à sua solicitude; sofre, quando nos vê sucumbir.
>
> Seu nome pouco importa, pois bem pode dar-se que não tenha nome conhecido na Terra. Invocamo-lo, então, como nosso anjo guardião, nosso bom gênio. Podemos mesmo invocá-lo sob o nome de qualquer Espírito Superior, que mais viva e particular simpatia nos inspire.

Além do anjo guardião, que é sempre um Espírito Superior, temos Espíritos Protetores que, embora menos elevados, não são menos bons e magnânimos. Contamo-los entre amigos ou parentes, ou, até, entre pessoas que não conhecemos na existência atual. Eles nos assistem com seus conselhos e, não raro, intervindo nos atos da nossa vida.

[...]

Deus, em o nosso anjo guardião, nos deu um guia principal e superior e, nos Espíritos protetores e familiares, guias secundários.[22]

REFERÊNCIAS

[1] KARDEC, Allan. *O livro dos espíritos*. Trad. Guillon Ribeiro. 93. ed. 9. imp. (Edição Histórica). Brasília, DF: FEB, 2019. q. 484.

[2] _____. _____. q. 485.

[3] _____. _____. Comentário de Kardec à q. 514.

[4] _____. _____. q. 489.

[5] _____. _____. q. 514.

[6] _____. _____. q. 490.

[7] _____. _____. q. 514.

[8] _____. _____. Comentário de Kardec à q. 514.

[9] _____. _____. q. 491.

[10] _____. _____. q. 492.

[11] _____. _____. q. 495.

[12] _____. _____.

[13] _____. _____. Comentário de Kardec à q. 495.

[14] _____. *O céu e o inferno*. Trad. Manuel Justiniano Quintão. 61. ed. 5. imp. (Edição Histórica). Brasília, DF: FEB, 2018. 1ª pt., cap. 8, it. 13.

[15] _____. _____.

[16] _____. *O livro dos espíritos*. Trad. Guillon Ribeiro. 93. ed. 9. imp. (Edição Histórica). Brasília, DF: FEB, 2019. q. 490.

[17] XAVIER, Francisco Cândido. *Entre a Terra e o céu*. Pelo Espírito André Luiz. 27. ed. 11. imp. Brasília, DF: FEB, 2020. cap. 33 – *Aprendizado*.

[18] _____. _____.

[19] _____. _____.

[20] KARDEC, Allan. *O livro dos espíritos*. Trad. Guillon Ribeiro. 93. ed. 9. imp. (Edição Histórica). Brasília, DF: FEB, 2019. q. 509.

[21] DENIS, Léon. *Depois da morte*. 28. ed. 4. imp. Brasília, DF: FEB, 2016. 4ª pt., cap. 35 – *A vida superior*.

[22] KADEC, Allan. *O evangelho segundo o espiritismo*. Trad. Guillon Ribeiro. 131. ed. 13. imp. (Edição Histórica). Brasília, DF: FEB, 2019. cap. 28, it. 11.

MENSAGEM

A PRECE

O Senhor da Verdade e da Clemência
Concedeu-nos a fonte cristalina
Da prece, água do amor, pura e divina,
Que suaviza os rigores da existência.

Toda oração é a doce quinta-essência
Da esperança ditosa e peregrina,
Filha da crença que nos ilumina
Os mais tristes refolhos da consciência.

Feliz o coração que espera e ora,
Sabendo contemplar a eterna aurora
Do Além, pela oração profunda e imensa.

Enquanto o mundo anseia, estranho e aflito,
A prece alcança as bênçãos do Infinito,
Nos caminhos translúcidos da Crença.

JOÃO DE DEUS

FONTE: XAVIER, Francisco Cândido. *Parnaso de além-túmulo.* (Poesias mediúnicas). 19. ed. 6. imp. Brasília, DF: FEB, 2019.

ESCOLHAS DAS PROVAS

1 OBJETIVOS ESPECÍFICOS

» Analisar em que consiste a escolha das provas, feita pelo Espírito antes de reencarnar.

» Refletir sobre como o Espírito se orienta na escolha das provas.

2 CONTEÚDO BÁSICO

» *Quando na erraticidade, antes de começar nova existência corporal, tem o Espírito consciência e previsão do que lhe sucederá no curso da vida terrena?* "Ele próprio escolhe o gênero de provas por que há de passar e nisso consiste o seu livre-arbítrio." (Allan Kardec, *O livro dos espíritos,* q. 258).

» *Do fato de pertencer ao Espírito a escolha do gênero de provas que deva sofrer, seguir-se-á que todas as tribulações que experimentamos na vida nós as previmos e buscamos?* "Todas, não, pois ninguém pode dizer que haveis previsto e buscado tudo o que vos sucede no mundo, até às mínimas coisas. Escolhestes apenas o gênero das provações. As particularidades correm por conta da posição em que vos achais; são, muitas vezes, consequências das vossas próprias ações. [...] Os acontecimentos secundários se originam das circunstâncias e da força mesma das coisas. Previstos só são os fatos principais, os que influem no destino. [...]" (Allan Kardec, *O livro dos espíritos,* q. 259).

» *Que é o que dirige o Espírito na escolha das provas que queira sofrer?* "Ele escolhe, de acordo com a natureza de suas faltas, as que o levem à expiação destas e a progredir mais depressa. Uns, portanto, impõem a si mesmos uma vida de misérias e privações, objetivando suportá-las com coragem; outros preferem experimentar as tentações da riqueza e do poder, muito mais perigosas, pelos abusos e má aplicação a que podem dar lugar, pelas paixões inferiores que uma e outros desenvolvem; muitos, finalmente, se decidem a experimentar suas forças nas lutas que terão de sustentar em contato com o vício." (Allan Kardec, *O livro dos espíritos*, q. 264).

» A escolha da prova, entretanto, não tem caráter absoluto, uma vez que Deus "[...] *pode impor certa existência a um Espírito, quando este, pela sua inferioridade ou má vontade, não se mostra apto a compreender o que lhe seria mais útil* [...]". (Allan Kardec, *O livro dos espíritos*, q. 262-a).

3 SUGESTÕES DIDÁTICAS

3.1 SUGESTÃO 1:

Introdução

Realizar breve exposição sobre a escolha das provas, feita pelo Espírito antes de reencarnar.

Desenvolvimento

Em seguida, dividir os participantes em três grupos para a realização das tarefas abaixo especificadas:

a) cada grupo deve ler um dos tópicos dos subsídios, trocar opiniões sobre o assunto e redigir um pequeno resumo, com base nas principais ideias aí desenvolvidas;

b) indicação de um colega para ser relator do grupo;

c) rodízio dos relatores dos grupos, segundo esta ordem:

1 → 2 → 3 → 1;

d) cada relator lê, no grupo para onde se deslocou, o resumo elaborado por sua equipe. Se necessário, acrescenta outras informações, propostas no novo grupo;

e) os relatores continuam o rodízio, repetindo os passos anteriormente realizados, e, ao final, retornam a seus grupos de origem.

Fazer a integração do assunto com base nos objetivos do Roteiro, esclarecendo as possíveis dúvidas.

Observações: Tempo para a realização das tarefas "a" e "b": 20 minutos; tempo destinado a cada rodízio: 10 minutos, no máximo.

Conclusão

Concluir o estudo, destacando a importância da escolha das provas como manifestação do livre-arbítrio. Esclarecer que a liberdade dessa escolha está em consonância com as condições de fazer-se uma opção correta com vistas aos próprios interesses espirituais.

Avaliação

O estudo será considerado satisfatório, se os participantes oferecerem contribuições significativas no trabalho em grupo.

Técnica(s): exposição; painel integrado.

Recurso(s): subsídios deste Roteiro; lápis/papel.

3.2 SUGESTÃO 2:

Introdução

Iniciar o estudo com as perguntas (fazer a primeira e deixá-los refletir, sem comentário; depois de 3 minutos fazer a segunda; deixar mais 3 minutos e fazer a terceira, permitir mais 3 minutos de reflexão pessoal, em silêncio):

» *Fui eu quem escolhi a minha vida?*

» *Todas as experiências que estou vivendo são fruto de minhas escolhas no Plano Espiritual?*

» *Como saber se tudo que se passa nessa atual existência é resultado das minhas escolhas antes de reencarnar?*

Desenvolvimento

Em seguida, perguntar aos participantes se gostariam de compartilhar das reflexões acima.

Ouvir as reflexões convidando-os para a leitura compartilhada de *O livro dos espíritos*, questões 258 a 273.

Nesse momento, o facilitador esclarece dúvidas e complementa informações, de acordo com subsídios do Roteiro e as questões de *O livro dos espíritos*.

Propor a seguinte reflexão individual (não há a necessidade de comentário):

Estou aproveitando as oportunidades da encarnação para melhorar meus sentimentos?

Conclusão

Fazer o fechamento reforçando que, desse modo:

> A doutrina da liberdade que temos de escolher as nossas existências e as provas que devamos sofrer deixa de parecer singular, desde que se atenda a que os Espíritos, uma vez desprendidos da matéria, apreciam as coisas de modo diverso da nossa maneira de apreciá-las. Divisam a meta, que bem diferente é para eles dos gozos fugitivos do mundo. Após cada existência, veem o passo que deram e compreendem o que ainda lhes falta em pureza para atingirem aquela meta. Daí o se submeterem voluntariamente a todas as vicissitudes da vida corpórea, solicitando as que possam fazer que a alcancem mais presto. Não há, pois, motivo de espanto no fato de o Espírito não preferir a existência mais suave. Não lhe é possível, no estado de imperfeição em que se encontra, gozar de uma vida isenta de amarguras. Ele o percebe e, precisamente para chegar a fruí-la, é que trata de se melhorar. (Allan Kardec, *O livro dos espíritos*, comentário de Kardec à q. 266).

Avaliação

O estudo será considerado satisfatório se as ideias de os participantes refletirem entendimento do assunto.

Técnica(s): leitura comentada; discussão circular.

Recursos(s): subsídios do Roteiro, *O livro dos espíritos*.

3.3 SUGESTÃO 3:

Sugestão de filme para debate: *Nosso Lar*

Pode ser escolhido momentos diferentes para assistir e debater o filme.

Nesse debate podem ser revisados todos os roteiros, como conclusão do Módulo I – Vida no Mundo Espiritual. A partir das experiências de André Luiz, podem ser propostas as reflexões sobre os temas:

a) O fenômeno da morte;

b) Perturbação espiritual;

c) Sensações e percepções dos Espíritos;

d) Espíritos errantes;

e) Esferas espirituais da Terra e mundos transitórios;

f) Ocupações e missões dos Espíritos;

g) Relações de Além-Túmulo;

h) Afeição que os Espíritos votam a certas pessoas;

i) Espíritos Protetores;

j) Escolha das provas.

Atividade de preparação para o próximo encontro de estudo – Sugestão 2.

Esta atividade pode ser proposta a um grupo pequeno de participantes ou pesquisa livre para todos:

» Fazer o estudo do capítulo 14 – *Fluidos*, itens 1 a 6 – Natureza e propriedade dos fluidos, de *A gênese*, Allan Kardec; e dos subsídios do Roteiro 1 – Natureza, propriedades e qualidades dos fluidos do Módulo II – Fluido e perispírito.

» Explique a natureza dos fluidos.

» Explique as propriedades que os fluidos apresentam.

4 SUBSÍDIOS

4.1 A ESCOLHA DAS PROVAS: EM QUE CONSISTE

Segundo o Espiritismo, as tribulações da existência física não são impostas por Deus ao ser humano, uma vez que o próprio Espírito, na erraticidade, antes de reencarnar, "[...] *escolhe o gênero de provas por que há de passar e nisso consiste o seu livre-arbítrio*".[1]

Contudo,

> Nada ocorre sem a permissão de Deus, porquanto foi Deus quem estabeleceu todas as Leis que regem o Universo. [...] Dando ao Espírito a liberdade de escolher, Deus lhe deixa a inteira responsabilidade de seus atos e das consequências que estes tiverem. Nada lhe estorva o futuro; abertos se lhe acham, assim, o caminho do bem, como o do mal. Se vier a sucumbir, restar-lhe-á a consolação de que nem tudo se lhe acabou e que a Bondade Divina lhe concede a liberdade de recomeçar o que foi malfeito. Ademais, cumpre se distinga o que é obra da Vontade de Deus do que o é da vontade do homem. [...].[2]

Assim, dizem os Espíritos Superiores:

> [...] *Se um perigo vos ameaça, não fostes vós quem o criou e sim Deus. Vosso, porém, foi o desejo de a ele vos expordes, por haverdes visto nisso um meio de progredirdes, e Deus o permitiu.*[3]

Ensinam, ainda, os instrutores da Humanidade que nem todas as tribulações experimentadas pelo Espírito encarnado foram por ele previstas:

> [...] *ninguém pode dizer que haveis previsto e buscado tudo o que vos sucede no mundo, até às mínimas coisas. Escolhestes apenas o gênero das provações. As particularidades correm por conta da posição em que vos achais; são, muitas vezes, consequências das vossas próprias ações. Escolhendo, por exemplo, nascer entre malfeitores, sabia o Espírito a que arrastamentos se expunha; ignorava, porém, quais os atos que viria a praticar. Esses atos resultam do exercício da sua vontade, ou do seu livre-arbítrio. Sabe o Espírito que, escolhendo tal caminho, terá que sustentar lutas de determinada espécie; sabe, portanto, de que natureza serão as vicissitudes que se lhe depararão, mas ignora se se verificará este ou aquele êxito. Os acontecimentos secundários se originam das circunstâncias e da força mesma das coisas. Previstos só são os fatos principais, os que influem no destino. Se tomares uma estrada cheia de sulcos profundos, sabes que terás de andar cautelosamente, porque há muitas probabilidades de caíres; ignoras, contudo, em que ponto cairás e bem pode suceder que não caias, se fores bastante prudente. Se, ao percorreres uma rua, uma telha te cair na cabeça, não creias que estava escrito, segundo vulgarmente se diz.*[4]

4.2 CRITÉRIOS UTILIZADOS NA ESCOLHA DAS PROVAS

Para proceder à escolha das provas por que há de passar, o Espírito se orienta pela "[...] *natureza de suas faltas* [...]".[5]

Desse modo, escolhe aquelas que o levem à expiação dessas faltas

> [...] *e a progredir mais depressa. Uns, portanto, impõem a si mesmos uma vida de misérias e privações, objetivando suportá-las com coragem; outros preferem experimentar as tentações da riqueza e do poder, muito mais perigosas, pelos abusos e má aplicação a que podem dar lugar, pelas paixões inferiores que uma e outros desenvolvem; muitos, finalmente, se decidem a experimentar suas forças nas lutas que terão de sustentar em contato com o vício.*[6]

Se, ao contrário, apegados ainda aos desejos inferiores, os Espíritos escolhem um gênero de vida que lhes possibilite a satisfação desses desejos, nem por isso se afastarão dos efeitos dos seus atos.

> [...] *A prova vem por si mesma e eles a sofrem mais demoradamente. Cedo ou tarde, compreendem que a satisfação de suas paixões brutais lhes acarretou deploráveis consequências, que eles sofrerão durante um tempo que lhes parecerá eterno. E Deus os deixará nessa persuasão, até que se tornem conscientes da falta em que incorreram e peçam, por impulso próprio, lhes seja concedido resgatá-la, mediante úteis provações.*[7]

Neste ponto, é oportuno esclarecer que, embora, à primeira vista, possa parecer natural que o Espírito escolha provas menos dolorosas, tal fato não se dá com frequência, porque, logo "[...] *que este se desliga da matéria, cessa toda ilusão e outra passa a ser a sua maneira de pensar*".[8]

Com efeito,

> Sob a influência das ideias carnais, o homem, na Terra, só vê das provas o lado penoso. Tal a razão de lhe parecer natural sejam escolhidas as que, do seu ponto de vista, podem coexistir com os gozos materiais. Na Vida Espiritual, porém, compara esses gozos fugazes e grosseiros com a inalterável felicidade que lhe é dado entrever e desde logo nenhuma impressão mais lhe causam os passageiros sofrimentos terrenos. Assim, pois, o Espírito pode escolher prova muito rude e, conseguintemente, uma angustiada existência, na esperança de alcançar depressa um estado melhor, como o doente escolhe muitas vezes o remédio mais desagradável para se curar de pronto. [...].[9]

De igual modo, o Espírito pode, às vezes, enganar-se, e

> [...] escolher uma [prova] que esteja acima de suas forças e sucumbir. Pode também escolher alguma que nada lhe aproveite, como sucederá se buscar vida ociosa e inútil. Mas, então, voltando ao mundo dos Espíritos, verifica que nada ganhou e pede outra que lhe faculte recuperar o tempo perdido.[10]

Desse modo,

> A doutrina da liberdade que temos de escolher as nossas existências e as provas que devamos sofrer deixa de parecer singular, desde que se atenda a que os Espíritos, uma vez desprendidos da matéria, apreciam as coisas de modo diverso da nossa maneira de apreciá-las. Divisam a meta, que bem diferente é para eles dos gozos fugitivos do mundo. Após cada existência, veem o passo que deram e compreendem o que ainda lhes falta em pureza para atingirem aquela meta. Daí o se submeterem voluntariamente a todas as vicissitudes da vida corpórea, solicitando as que possam fazer que a alcancem mais presto. Não há, pois, motivo de espanto no fato de o Espírito não preferir a existência mais suave. Não lhe é possível, no estado de imperfeição em que se encontra, gozar de uma vida isenta de amarguras. Ele o percebe e, precisamente para chegar a fruí-la, é que trata de se melhorar.[11]

4.3 A PRERROGATIVA DA ESCOLHA DAS PROVAS E SUAS LIMITAÇÕES

A escolha das provas, como manifestação do livre-arbítrio, entretanto, não tem caráter absoluto, uma vez que Deus

> [...] pode impor certa existência a um Espírito, quando este, pela sua inferioridade ou má vontade, não se mostra apto a compreender o que lhe seria mais útil, e quando vê que tal existência servirá para a purificação e o progresso do Espírito, ao mesmo tempo que lhe sirva de expiação.[12]

Assim, pode-se dizer que

> As leis inflexíveis da Natureza, ou, antes, os efeitos resultantes do passado, decidem a sua reencarnação. O Espírito inferior, ignorante dessas leis, pouco cuidadoso de seu futuro, sofre maquinalmente a sua sorte [...]. O Espírito adiantado

> *inspira-se nos exemplos que o cercam na vida fluídica, recolhe os avisos de seus guias espirituais, pesa as condições boas ou más de sua reaparição neste mundo, prevê os obstáculos, as dificuldades da jornada, traça o seu programa e toma fortes resoluções com o propósito de executá-las. Só volta à carne quando está seguro do apoio dos invisíveis, que o devem auxiliar em sua nova tarefa. [...].*[13]

Por outro lado, quando, em sua origem, o Espírito é ainda inexperiente para escolher adequadamente as provas da sua existência,

> *Deus lhe supre a inexperiência, traçando-lhe o caminho que deve seguir [...]. Deixa-o, porém, pouco a pouco, à medida que o seu livre-arbítrio se desenvolve, senhor de proceder à escolha e só então é que muitas vezes lhe acontece extraviar-se, tomando o mau caminho, por desatender os conselhos dos bons Espíritos. [...].*[14]

Ainda a propósito da questão da escolha das provas, são bastante elucidativos os comentários do instrutor Druso, trazidos por André Luiz no seguinte relato:

> *– Há trinta anos, desfrutei o convívio de dois benfeitores, a cuja abnegação muito devo neste pouso de luz. Ascânio e Lucas, assistentes respeitados na Esfera Superior, integravam-nos a equipe de mentores valorosos e amigos... Quando os conheci em pessoa, já haviam despendido vários lustros no amparo aos irmãos transviados e sofredores. Cultos e enobrecidos, eram companheiros infatigáveis em nossas melhores realizações. Acontece, porém, que depois de largos decênios de luta, nos prélios da fraternidade santificante, suspirando pelo ingresso nas esferas mais elevadas, para que se lhes expandissem os ideais de santidade e beleza, não demonstravam a necessária condição específica para o voo anelado. Totalmente absortos no entusiasmo de ensinar o caminho do bem aos semelhantes, não cogitavam de qualquer mergulho no pretérito, por isso que, muitas vezes, quando nos fascinamos pelo esplendor dos cimos, nem sempre nos sobra disposição para qualquer vistoria aos nevoeiros do vale... Dessa forma, passaram a desejar ardentemente a ascensão, sentindo-se algo desencantados pela ausência de apoio das autoridades que lhes não reconheciam o mérito imprescindível. Dilatava-se o impasse, quando um deles solicitou o pronunciamento da Direção Geral a que nos achamos submissos. O requerimento encontrou curso normal até que, em determinada fase, ambos foram chamados a exame devido. A posição imprópria que lhes era característica foi carinhosamente analisada por técnicos do Plano Superior, que lhes reconduziram a memória a períodos mais recuados no tempo. Diversas fichas de observação foram extraídas do campo mnemônico, à maneira das radioscopias dos atuais serviços médicos no mundo e, por intermédio delas, importantes conclusões surgiram à tona... Em verdade, Ascânio e Lucas possuíam créditos extensos, adquiridos em quase cinco séculos sucessivos de aprendizado digno, somando as cinco existências últimas nos círculos da carne e as estações de serviço espiritual, nas vizinhanças da arena física; no entanto, quando a gradativa auscultação lhes alcançou as atividades do século XV, algo surgiu que lhes impôs dolorosa meditação... Arrebatadas ao arquivo da memória e a doer-lhes profundamente no Espírito, depois da operação magnética*

a que nos referimos, reapareceram nas fichas mencionadas as cenas de ominoso delito por ambos cometido, em 1429, logo após a libertação de Orléans, quando formavam no exército de Joana d'Arc... Famintos de influência junto aos irmãos de armas, não hesitaram em assassinar dois companheiros, precipitando-os do alto de uma fortaleza no território de Gâtinais, sobre fossos imundos, embriagando-se nas honrarias que lhes valeram, mais tarde, torturantes remorsos além do sepulcro. Chegados a esse ponto da inquietante investigação, pela respeitabilidade de que se revestiam, foram inquiridos pelos poderes competentes se desejavam ou não prosseguir na sondagem singular, ao que responderam negativamente, preferindo liquidar a dívida, antes de novas imersões nos depósitos da subconsciência. Desse modo, em vez de continuarem insistindo na elevação a níveis mais altos, suplicaram, ao revés, o retorno ao campo dos homens, no qual acabam de pagar o débito a que aludimos.

– Como? – indagou Hilário, intrigado.

– Já que podiam escolher o gênero de provação, em vista dos recursos morais amealhados no mundo íntimo – informou o orientador –, optaram por tarefas no campo da aeronáutica, a cuja evolução ofereceram as suas vidas. Há dois meses regressaram às nossas linhas de ação, depois de haverem sofrido a mesma queda mortal que infligiram aos companheiros de luta no século XV.

– E o nosso caro instrutor visitou-os nos preparativos da reencarnação agora terminada? – inquiri com respeito.

– Sim, por várias vezes os avistei, antes da partida. Associavam-se a grande comunidade de Espíritos amigos, em departamento específico de reencarnação, no qual centenas de entidades, com dívidas mais ou menos semelhantes às deles também se preparavam para o retorno à carne, abraçando, assim, trabalho redentor em resgates coletivos.

– E todos podiam selecionar o gênero de luta em que saldariam as suas contas? – perguntei, ainda, com natural interesse.

– Nem todos – disse Druso, convicto. – Aqueles que possuíam grandes créditos morais, qual acontecia aos benfeitores a que me reporto, dispunham desse direito. Assim é que a muitos vi, habilitando-se para sofrer a morte violenta, em favor do progresso da aeronáutica e da engenharia, da navegação marítima e dos transportes terrestres, da ciência médica e da indústria em geral, verificando, no entanto, que a maioria, por força dos débitos contraídos e consoante os ditames da própria consciência, não alcançava semelhante prerrogativa, cabendo-lhe aceitar sem discutir amargas provas, na infância, na mocidade ou na velhice, em acidentes diversos, desde a mutilação primária até a morte, de modo a redimir-se de faltas graves.[15]

Levando-se em conta tudo o que foi exposto, pode-se concluir que a prerrogativa de o Espírito escolher as provas da existência carnal está sempre em consonância com as suas condições de fazer uma escolha correta, com vistas aos próprios interesses espirituais.

REFERÊNCIAS

1. KARDEC, Allan. *O livro dos espíritos*. Trad. Guillon Ribeiro. 93. ed. 9. imp. (Edição Histórica). Brasília, DF: FEB, 2019. q. 258.
2. _____. _____. q. 258-a.
3. _____. _____.
4. _____. _____. q. 259.
5. _____. _____. q. 264.
6. _____. _____.
7. _____. _____. q. 265.
8. _____. _____. q. 266.
9. _____. _____. Comentário de Kardec à q. 266.
10. _____. _____. q. 269.
11. _____. _____. Comentário de Kardec à q. 266.
12. _____. _____. q. 262-a.
13. DENIS, Léon. *Depois da morte*. 28. ed. 4. imp. Brasília, DF: FEB, 2016. 4ª pt., cap. 41 – *Reencarnação*.
14. KARDEC, Allan. *O livro dos espíritos*. Trad. Guillon Ribeiro. 93. ed. 9. imp. (Edição Histórica). Brasília, DF: FEB, 2019. q. 262.
15. XAVIER, Francisco Cândido. *Ação e reação*. Pelo Espírito André Luiz. 30. ed. 13. imp. Brasília, DF: FEB, 2020. cap. 18 – *Resgates coletivos*.

PROGRAMA COMPLEMENTAR

MÓDULO II
Fluidos e perispírito

OBJETIVO GERAL

Propiciar conhecimentos sobre os fluidos e a natureza fluídica do perispírito.

"[...] Alguém me tocou, pois eu percebi um poder que saiu de mim. [...] Filha, a tua fé te salvou [...]." – Jesus (*Lucas*, 8:46 e 48.)

NATUREZA, PROPRIEDADES E QUALIDADES DOS FLUIDOS

1 **OBJETIVOS ESPECÍFICOS**

» Analisar a natureza, as propriedades e as qualidades dos fluidos.

» Refletir sobre a ação do pensamento na modificação das propriedades e qualidades dos fluidos.

2 **CONTEÚDO BÁSICO**

» *O fluido cósmico universal é [...] a matéria elementar primitiva, cujas modificações e transformações constituem a inumerável variedade dos corpos da natureza. Como princípio elementar do Universo, ele assume dois estados distintos: o de eterização ou imponderabilidade, que se pode considerar o primitivo estado normal, e o de materialização ou de ponderabilidade, que é, de certa maneira, consecutivo àquele. O ponto intermédio é o da transformação do fluido em matéria tangível. Mas, ainda aí, não há transição brusca, porquanto podem considerar-se os nossos fluidos imponderáveis como termo médio entre os dois estados.* (Allan Kardec, *A gênese*, cap. 14, it. 2).

» *A pureza absoluta, da qual nada nos pode dar ideia, é o ponto de partida do fluido universal; o ponto oposto é o em que ele se transforma em matéria tangível. Entre esses dois extremos, dão-se inúmeras transformações, mais ou menos aproximadas de um e de outro. Os fluidos mais próximos da materialidade, os menos puros, conseguintemente, compõem o que se pode chamar* a atmosfera espiritual da Terra. *É desse meio, onde igualmente vários são os graus de pureza, que os Espíritos encarnados e desencarnados, deste planeta, haurem os elementos necessários à economia de suas existências. Por muito sutis e impalpáveis que nos sejam esses fluidos, não deixam por isso de ser de natureza grosseira, em comparação com os fluidos etéreos das regiões superiores.* (Allan Kardec, *A gênese*, cap. 14, it. 5).

3 SUGESTÕES DIDÁTICAS

3.1 SUGESTÃO 1:

Introdução

Apresentar, no início da reunião, em recurso visual, a frase: *Fluido Cósmico Universal.*

Realizar breve comentário sobre o assunto, correlacionando-o com as ideias desenvolvidas no Roteiro 1 (O fluido cósmico universal e fluido vital), Módulo VII do Programa Fundamental – Tomo I.

Desenvolvimento

Solicitar, então, aos participantes que leiam silenciosamente os subsídios deste Roteiro, assinalando as ideias que indiquem natureza, propriedade e qualidade dos fluidos.

Durante a atividade de leitura, afixar no mural da sala dois cartazes contendo apenas os títulos: 1) Natureza; 2) Propriedade dos fluidos; 3) Qualidades dos fluidos.

Após a leitura, entregar, aleatoriamente, a cada participante uma tira de cartolina contendo frases copiadas dos subsídios nos itens 4.1, 4.2 e 4.3, referentes à natureza, propriedades e qualidades dos fluidos.

Pedir a cada participante que afixe a tira de cartolina recebida em um dos três cartazes.

Verificar se a montagem dos cartazes está adequada, fazendo as correções necessárias.

Promover amplo debate sobre o assunto, a partir das frases constantes do mural, esclarecendo possíveis dúvidas.

Conclusão

Destacar os pontos relevantes do debate, e retornar aos objetivos deste Roteiro, verificando se foram atingidos.

Avaliação

O estudo será considerado satisfatório, se o grupo participar com interesse da montagem dos cartazes, e demonstrar compreensão do assunto durante o debate.

Técnica(s): exposição, leitura; montagem de cartaz, debate.

Recurso(s): subsídios do Programa Fundamental – Tomo I (Roteiro 1 do Módulo VII); subsídios deste Roteiro; cartazes, tiras de cartolinas com frases, fita adesiva.

3.2 SUGESTÃO 2:

Introdução

Apresentar, no início da reunião, em recurso visual, a frase: *Fluido Cósmico Universal*.

Realizar breve comentário sobre o assunto, correlacionando-o com as ideias desenvolvidas no Roteiro 1 (O fluido cósmico universal e fluido vital), Módulo VII do Programa Fundamental – Tomo I.

Desenvolvimento

Iniciar a reunião com o estudo extra-encontro realizado pelos participantes.

Propor o primeiro tópico para quem quiser compartilhar seu estudo:

Explicar a natureza dos fluidos.

À medida que os participantes vão apresentando seus estudos, ir esclarecendo as dúvidas e complementando informações acerca deste primeiro tópico.

Propor o segundo tópico para quem quiser compartilhar seu estudo:

Explique as propriedades que os fluidos apresentam.

Conforme os participantes vão apresentando seus estudos, ir esclarecendo as dúvidas e complementando informações acerca deste segundo tópico.

Em seguida, convidar os participantes para a leitura oral comentada dos itens 16, 17, 20 e 21 do capítulo 14 – *Os fluidos*, do livro *A gênese* de Allan Kardec.

Nesse momento, o facilitador esclarece dúvidas e complementa informações de acordo com subsídios do Roteiro e itens estudados de *A gênese*.

Propor a seguinte reflexão individual (não há a necessidade de comentário):

Como mantenho boas as minhas forças fluídicas?

Conclusão

Fazer o fechamento reforçando que:

> A pureza absoluta, da qual nada nos pode dar ideia, é o ponto de partida do fluido universal; o ponto oposto é o em que ele se transforma em matéria tangível. Entre esses dois extremos, dão-se inúmeras transformações, mais ou menos aproximadas de um e de outro. Os fluidos mais próximos da materialidade, os menos puros, conseguintemente, compõem o que se pode chamar a atmosfera espiritual da Terra. É desse meio, onde igualmente vários são os graus de pureza, que os Espíritos encarnados e desencarnados, deste planeta, haurem os elementos necessários à economia de suas existências. Por muito sutis e impalpáveis que nos sejam esses fluidos, não deixam por isso de ser de natureza grosseira, em comparação com os fluidos etéreos das regiões superiores. (Allan Kardec, *A gênese*, cap. 14, it. 5).

Avaliação

O estudo será considerado satisfatório se as ideias de os participantes refletirem entendimento do assunto.

Técnica(s): leitura oral comentada; atividade extra-encontro de estudo e discussão circular.

Recurso(s): subsídios do Roteiro, *A gênese*.

4 SUBSÍDIOS

4.1 NATUREZA DOS FLUIDOS

Ao estudarmos – no Roteiro 1 do Módulo VII (Pluralidade dos mundos habitados) do Programa Fundamental, Tomo I – os conceitos e as características gerais do fluido cósmico universal, vimos que ele é

> [...] *a matéria elementar primitiva, cujas modificações e transformações constituem a inumerável variedade dos corpos da Natureza. Como princípio elementar do Universo, ele assume dois estados distintos: o de eterização ou imponderabilidade, que se pode considerar o primitivo estado normal, e o de materialização ou de ponderabilidade, que é, de certa maneira, consecutivo àquele. O ponto intermédio é o da transformação do fluido em matéria tangível. Mas, ainda aí, não há transição brusca, porquanto podem considerar-se os nossos fluidos imponderáveis como termo médio entre os dois estados.*

> Cada um desses dois estados dá lugar, naturalmente, a fenômenos especiais: ao segundo pertencem os do mundo visível e ao primeiro os do mundo invisível. Uns, os chamados fenômenos materiais, são da alçada da Ciência propriamente dita, os outros, qualificados de fenômenos espirituais ou psíquicos, *porque se ligam de modo especial à existência dos Espíritos, cabem nas atribuições do Espiritismo.* Como, porém, a Vida Espiritual e a vida corporal se acham incessantemente em contato, os fenômenos das duas categorias muitas vezes se produzem simultaneamente. No estado de encarnação, o homem somente pode perceber os fenômenos psíquicos que se prendem à vida corpórea; os do domínio espiritual escapam aos sentidos materiais e só podem ser percebidos no estado de Espírito.[1]

> No estado de eterização, o fluido cósmico não é uniforme; sem deixar de ser etéreo, sofre modificações tão variadas em gênero e mais numerosas talvez do que no estado de matéria tangível. Essas modificações constituem fluidos distintos que, embora procedentes do mesmo princípio, são dotados de propriedades especiais e dão lugar aos fenômenos peculiares ao mundo invisível.

> Dentro da relatividade de tudo, esses fluidos têm para os Espíritos, que também são fluídicos, uma aparência tão material, quanto a dos objetos tangíveis para os encarnados e são, para eles, o que são para nós as substâncias do mundo terrestre. Os Espíritos elaboram e combinam para produzirem determinados efeitos, como fazem os homens com os seus materiais, ainda que por processos diferentes.[2]

Assim, todos os corpos, substâncias e fluidos existentes na Natureza se originam dessa matéria primitiva. Os fluidos, objeto de estudo deste Roteiro, são variáveis ao infinito. Os mais puros se confundem com o fluido cósmico universal.

> [...] o ponto oposto é o em que ele se transforma em matéria tangível. Entre esses dois extremos, dão-se inúmeras transformações, mais ou menos aproximadas de um e de outro. Os fluidos mais próximos da materialidade, os menos puros, conseguintemente, compõem o que se pode chamar a atmosfera espiritual da Terra. É desse meio, onde igualmente vários são os graus de pureza, que os Espíritos encarnados e desencarnados, deste planeta, haurem os elementos necessários à economia de suas existências. Por muito sutis e impalpáveis que nos sejam esses fluidos, não deixam por isso de ser de natureza grosseira, em comparação com os fluidos etéreos das regiões superiores.[3]

Entretanto, não podemos esquecer que está

> [...] a *natureza inteira mergulhada no fluido divino. Ora, em virtude do princípio de que as partes de um todo são da mesma natureza e têm as mesmas propriedades que ele, cada átomo desse fluido, se assim nos podemos exprimir, possuindo o pensamento,* isto é, os atributos essenciais da Divindade e estando o mesmo fluido em toda parte, tudo está submetido à sua ação inteligente, à sua previdência, à sua solicitude. Nenhum ser haverá, por mais ínfimo que o suponhamos, que não esteja saturado dele. Achamo-nos então, constantemente,

em presença da Divindade; nenhuma das nossas ações lhe podemos subtrair ao olhar; o nosso pensamento está em contato ininterrupto com o seu pensamento, havendo, pois, razão para dizer-se que Deus vê os mais profundos refolhos do nosso coração. Estamos n'Ele, como Ele está em nós, segundo a palavra do Cristo.[4]

4.2 PROPRIEDADES DOS FLUIDOS

– Esclarecendo-nos sobre as propriedades dos fluidos – agentes e meios de ação do mundo invisível constituindo uma das forças e potências da Natureza – o Espiritismo nos dá a chave de inúmeros fatos e coisas inexplicados e inexplicáveis de outro modo, fatos e coisas que passaram por prodígios, em outras eras. Do mesmo modo que o magnetismo, ele nos revela uma lei, senão desconhecida, pelo menos incompreendida, ou então, para melhor dizer, efeitos de todos os tempos conhecidos, pois que de todos os tempos se produziram, mas cuja lei se ignorava e de cuja ignorância brotava a superstição. [...][5]

Citaremos, em seguida, algumas propriedades dos fluidos:

» São utilizados como "[...] veículo do pensamento [...]".[6]

» O corpo físico e o perispírito, como subprodutos do fluido cósmico universal, possuem fluidos específicos, sendo o fluido vital um dos mais importantes.[7, 8]

» *Os fluidos espirituais, que constituem um dos estados do fluido cósmico universal, são, a bem dizer, a atmosfera dos seres espirituais; o elemento donde eles tiram os materiais sobre que operam; o meio onde ocorrem os fenômenos especiais, perceptíveis à visão e à audição do Espírito, mas que escapam aos sentidos carnais, impressionáveis somente à matéria tangível; o meio onde se forma a luz peculiar ao Mundo Espiritual, diferente, pela causa e pelos efeitos da luz ordinária. [...].*[9]

» Da mesma forma, utilizamos os elementos fluídicos condensados para construir os materiais existentes no plano físico, uma vez que a matéria é, em todos os estados, "[...] o agente, o intermediário com o auxílio do qual e sobre o qual atua o Espírito [desencarnado ou não]".[10]

4.3 QUALIDADES DOS FLUIDOS

Fora impossível fazer-se uma enumeração ou classificação dos bons e dos maus fluidos, ou especificar-lhes as respectivas qualidades, por ser tão grande quanto a dos pensamentos a diversidade deles.

Os fluidos não possuem qualidades sui generis, mas as que adquirem no meio onde se elaboram; modificam-se pelos eflúvios desse meio, como o ar pelas exalações, a água pelos sais das camadas que atravessa. Conforme as circunstâncias, suas qualidades são, como as da água e do ar, temporárias ou permanentes, o que os torna muito especialmente apropriados à produção de tais ou tais efeitos.

Também carecem de denominações particulares. Como os odores, eles são designados pelas suas propriedades, seus efeitos e tipos originais. Sob o ponto de vista moral, trazem o cunho dos sentimentos de ódio, de inveja, de ciúme, de orgulho, de egoísmo, de violência, de hipocrisia, de bondade, de benevolência, de amor, de caridade, de doçura etc. Sob o aspecto físico, são excitantes, calmantes, penetrantes, adstringentes, irritantes, dulcificantes, soporíficos, narcóticos, tóxicos, reparadores, expulsivos; tornam-se força de transmissão, de propulsão etc. O quadro dos fluidos seria, pois, o de todas as paixões, das virtudes e dos vícios da Humanidade e das propriedades da matéria, correspondentes aos efeitos que eles produzem.[11]

Tem consequências de importância capital e direta para os encarnados a ação dos Espíritos sobre os fluidos espirituais. Sendo esses fluidos o veículo do pensamento e podendo este modificar-lhes as propriedades, é evidente que eles devem achar-se impregnados das qualidades boas ou más dos pensamentos que os fazem vibrar, modificando-se pela pureza ou impureza dos sentimentos. Os maus pensamentos corrompem os fluidos espirituais, como os miasmas deletérios corrompem o ar respirável. Os fluidos que envolvem os Espíritos maus, ou que estes projetam são, portanto, viciados, ao passo que os que recebem a influência dos bons Espíritos são tão puros quanto o comporta o grau da perfeição moral destes.[12]

Os Espíritos desencarnados imprimem aos fluidos do Plano Espiritual

[...] tal ou qual direção, os aglomeram, combinam ou dispersam, organizam com eles conjuntos que apresentam uma aparência, uma forma, uma coloração determinadas; mudam-lhes as propriedades, como um químico muda a dos gazes ou de outros corpos, combinando-os segundo certas leis. É a grande oficina ou laboratório da Vida Espiritual.

Algumas vezes, essas transformações resultam de uma intenção; doutras, são produto de um pensamento inconsciente. Basta que o Espírito pense uma coisa, para que esta se produza, como basta que modele uma ária, para que esta repercuta na atmosfera.[13]

Dir-se-á que se podem evitar os homens sabidamente mal-intencionados. É fora de dúvida; mas, como fugiremos à influência dos maus Espíritos que pululam em torno de nós e por toda parte se insinuam, sem serem vistos?

O meio é muito simples, porque depende da vontade do homem, que traz consigo o necessário preservativo. Os fluidos se combinam pela semelhança de suas naturezas; os dessemelhantes se repelem; há incompatibilidade entre os bons e os maus fluidos, como entre o óleo e a água.

Que se faz quando está viciado o ar? Procede-se ao seu saneamento, cuida-se de depurá-lo, destruindo o foco dos miasmas, expelindo os eflúvios malsãos, por meio de mais fortes correntes de ar salubre. A invasão, pois, dos maus fluidos, cumpre se oponham os fluidos bons e, como cada um tem no seu próprio perispírito uma fonte fluídica permanente, todos trazem consigo o remédio aplicável. Trata-se apenas de purificar essa fonte e de lhe dar qualidades tais, que se constitua para as más influências um repulsor, *em vez de ser uma força atrativa.* [...] *Ora, como as suas qualidades guardam relação com as da alma, importa se trabalhe por melhorá-la, pois que são as imperfeições da alma que atraem os Espíritos maus.*

[...] *Os maus Espíritos, igualmente, vão para onde o mal os atrai; eliminado o mal, eles se afastarão. Os Espíritos realmente bons, encarnados ou desencarnados, nada têm que temer da influência dos maus.*[14]

REFERÊNCIAS

[1] KARDEC, Allan. *A gênese.* Trad. Guillon Ribeiro. 53. ed. 9. imp. (Edição Histórica). Brasília, DF: FEB, 2020. cap. 14, it. 2.

[2] _____. _____. it. 3.

[3] _____. _____. it. 5.

[4] _____. _____. cap. 2, it. 24.

[5] _____. *O céu e o inferno* Trad. Manuel Justiniano Quintão. 61. ed. 5. imp. (Edição Histórica). Brasília, DF: FEB, 2018. 1ª pt., cap. 10, it. 10.

[6] _____. *A gênese.* Trad. Guillon Ribeiro. 53. ed. 9. imp. (Edição Histórica). Brasília, DF: FEB, 2020. cap. 14, it. 15.

[7] _____. _____. cap. 10, it. 16.

[8] _____. *O livro dos espíritos.* Trad. Guillon Ribeiro. 93. ed. 9. imp. (Edição Histórica). Brasília, DF: FEB, 2019. q. 427.

[9] _____. *A gênese.* Trad. Guillon Ribeiro. 53. ed. 9. imp. (Edição Histórica). Brasília, DF: FEB, 2020. cap. 14, it. 13.

[10] _____. *O livro dos espíritos.* Trad. Guillon Ribeiro. 93. ed. 9. imp. (Edição Histórica). Brasília, DF: FEB, 2019. Comentário de Kardec à q. 22-a.

[11] _____. *A gênese.* Trad. Guillon Ribeiro. 53. ed. 9. imp. (Edição Histórica). Brasília, DF: FEB, 2020. cap. 14, it. 17.

[12] _____. _____. it. 16.

[13] _____. *Revista Espírita*: jornal de estudos psicológicos. ano 11, n. 6, jun. 1868. Fotografia do pensamento. Trad. Evandro Noleto Bezerra. 3. ed. 1. imp. Brasília, DF: FEB, 2019.

[14] _____. *A gênese.* Trad. Guillon Ribeiro. 53. ed. 9. imp. (Edição Histórica). Brasília, DF: FEB, 2020. cap. 14, it. 21.

MENSAGEM

Agradeço, Senhor!

Agradeço, Senhor,
Quando me dizes "não"
Às súplicas indébitas que faço,
Através da oração.

Muitas daquelas dádivas que peço,
Estima, concessão, posse, prazer,
Em meu caso talvez fossem espinhos,
Na senda que me deste a percorrer.

De outras vezes, imploro-te favores,
Entre lamentação, choro, barulho,
Mero capricho, simples algazarra,
Que me escapam do orgulho...

Existem privilégios que desejo,
Reclamando-te o "sim",
Que, se me florescessem na existência,
Seriam desvantagens contra mim.

Em muitas circunstâncias rogo afeto,
Sem achar companhia em qualquer parte,
Quando me dás a solidão por guia
Que me inspire a buscar-te.

Ensina-me que estou no lugar certo,
Que a ninguém me ligaste de improviso,
E que desfruto agora a melhor tempo
De melhorar-me em tudo o que preciso.

Não me escutes as exigências loucas,

Faze-me perceber

Que alcançarei além do necessário,

Se cumprir meu dever.

Agradeço, meu Deus,

Quando me dizes "não" com teu amor,

E sempre que te rogue o que não deva,

Não me atendas, Senhor!...

FONTE: XAVIER, Francisco Cândido. *Antologia da espiritualidade*. Pelo Espírito Maria Dolores. 6. ed. 2. imp. Brasília, DF: FEB, 2014. cap. 7.

PERISPÍRITO: FORMAÇÃO, PROPRIEDADES E FUNÇÕES

1 OBJETIVOS ESPECÍFICOS

» Analisar o perispírito quanto à formação, propriedades e funções.

» Refletir sobre a relação entre perispírito e progresso espiritual.

2 CONTEÚDO BÁSICO

» *O perispírito, ou corpo fluídico dos Espíritos, é um dos mais importantes produtos do fluido cósmico [...]. Já vimos que também o corpo carnal tem seu princípio de origem nesse mesmo fluido condensado e transformado em matéria tangível. No perispírito, a transformação molecular se opera diferentemente, porquanto o fluido conserva a sua imponderabilidade e suas qualidades etéreas. O corpo perispirítico e o corpo carnal têm, pois, origem no mesmo elemento primitivo; ambos são matéria, ainda que em dois estados diferentes.* (Allan Kardec, *A gênese*, cap. 14, it. 7).

» *A natureza do envoltório fluídico está sempre em relação com o grau de adiantamento moral do Espírito. Os Espíritos inferiores não podem mudar de envoltório a seu bel-prazer, pelo que não podem passar, à vontade, de um mundo para outro. Alguns há, portanto, cujo envoltório fluídico, se bem que etéreo e imponderável com relação à matéria tangível, ainda é por demais pesado, se assim nos podemos exprimir, com relação ao Mundo Espiritual, para não permitir que eles saiam do meio que lhes é próprio. Nessa categoria se devem incluir aqueles cujo perispírito é tão grosseiro, que eles o confundem com o corpo carnal, razão por que continuam a crer-se vivos* [encarnados]. (Allan Kardec, *A gênese*, cap. 14, it. 9).

> O perispírito não se acha encerrado nos limites do corpo, como numa caixa. Pela sua natureza fluídica, ele é expansível, irradia para o exterior e forma, em torno do corpo, uma espécie de atmosfera que o pensamento e a força da vontade podem dilatar mais ou menos. [...] (Allan Kardec, *Obras póstumas*. 1ª pt., cap. *Manifestações dos Espíritos*, § I – O perispírito como princípio das manifestações, it. 11).

> O perispírito é o laço que à matéria do corpo prende o Espírito, que o tira do meio ambiente, do fluido universal. Participa ao mesmo tempo da eletricidade, do fluido magnético e, até certo ponto, da matéria inerte. Poder-se-ia dizer que é a quintessência da matéria. É o princípio da vida orgânica, porém não o da vida intelectual, que reside no Espírito. É, além disso, o agente das sensações exteriores. [...] (Allan Kardec, *O livro dos espíritos*, q. 257).

3 SUGESTÕES DIDÁTICAS

3.1 SUGESTÃO 1:

Introdução

Ao início do estudo apresentar aos participantes a seguinte questão:

O que é perispírito?

Em seguida, anotar em destaque as ideias emitidas.

Analisar, em conjunto, as ideias expressas, tendo como referência o comentário de Allan Kardec à questão 93 de *O livro dos espíritos*.

Desenvolvimento

Dividir os participantes em grupos com igual número de integrantes.

Distribuir os itens 4.1, 4.2 e 4.3 dos subsídios, de forma equitativa. Por exemplo: dois grupos com o item 4.1, dois com o item 4.2, e dois grupos com o item 4.3.

Em seguida, cada grupo deverá ler, analisar e discutir o tema.

Após esta etapa, deverão retirar do texto duas a três ideias principais, escrevendo-as em folha de cartolina ou de papel.

Solicitar ao representante de cada grupo que apresente, em plenária, os registros feitos pelos seus participantes, tecendo breve comentário.

Ouvir a leitura das ideias selecionadas anteriormente, prestando os esclarecimentos necessários.

Conclusão

Fazer uma apreciação geral sobre as conclusões dos grupos, e estabelecer uma relação com os objetivos deste roteiro.

Avaliação

O estudo será considerado satisfatório se os participantes retirarem do texto estudado duas a três ideias que retratem fielmente os conceitos ali expressos.

Técnica(s): explosão de ideias; trabalho em grupo; exposição.

Recurso(s): *O livro dos espíritos*; subsídios; folha de cartolina/papel pardo.

3.2 SUGESTÃO 2:

Introdução

Realizar breve comentário sobre o assunto, correlacionando-o com as ideias desenvolvidas no Roteiro 2 (Perispírito: conceito, natureza), Módulo IV do Programa Fundamental, Tomo I.

Observação: Pode ser trabalhado o seguinte vídeo de Haroldo Dutra Dias – Perispírito e fluido vital (5:10), disponível em:

https://www.youtube.com/watch?v=I3DzIHyl3Ak

Desenvolvimento

Em seguida, convidar os participantes para a leitura oral comentada dos itens 4.1 a 4.3 dos subsídios da apostila.

Nesse momento, o facilitador esclarece dúvidas e complementa informações de acordo com subsídios do Roteiro e itens 7 a 12, capítulo 14 – *Os fluidos*, de *A gênese*.

Propor um pequeno bate-papo:

Existe relação entre perispírito e progresso espiritual?

Ouvir os participantes, esclarecendo dúvidas e encaminhando o estudo para o encerramento.

Propor a seguinte reflexão individual (não há a necessidade de comentário):

O que posso fazer para manter a saúde de meu corpo espiritual (meu perispírito)?

Conclusão

Fazer o fechamento reforçando que:

> O perispírito é o laço que à matéria do corpo prende o Espírito, que o tira do meio ambiente, do fluido universal. Participa ao mesmo tempo da eletricidade, do fluido magnético e, até certo ponto, da matéria inerte. Poder-se-ia dizer que é a quintessência da matéria. É o princípio da vida orgânica, porém, não o da vida intelectual, que reside no Espírito. É, além disso, o agente das sensações exteriores. [...] (Allan Kardec, *O livro dos espíritos*, q. 257).

Avaliação

O estudo será considerado satisfatório se as ideias de os participantes refletirem entendimento do assunto.

Técnica(s): leitura oral comentada; discussão circular.

Recurso(s): subsídios do Roteiro, *A gênese*.

4 SUBSÍDIOS

4.1 NATUREZA DO PERISPÍRITO

A palavra perispírito, criada por Allan Kardec para designar a substância que serve de envoltório ao Espírito, é descrita pelos mentores da Codificação, como uma substância "[...] *ainda bastante grosseira para nós; assaz vaporosa, entretanto, para poder elevar-se na atmosfera e transportar-se aonde queira*".[1]

Kardec explica que no

> [...] *gérmen de um fruto, há o perisperma; do mesmo modo, uma substância que, por comparação, se pode chamar perispírito, serve de envoltório ao Espírito propriamente dito.*[2]

> *O perispírito é o laço que à matéria do corpo prende o Espírito, que o tira do meio ambiente, do fluido universal. Participa ao mesmo tempo da eletricidade, do fluido magnético e, até certo ponto, da matéria inerte. Poder-se-ia dizer que é a quintessência da matéria. É o princípio da vida orgânica, porém não o da vida intelectual, que reside no Espírito. É, além disso, o agente das sensações exteriores.* [...][3]

> *O perispírito, ou corpo fluídico dos Espíritos, é um dos mais importantes produtos do fluido cósmico; é uma condensação desse fluido em torno de um foco*

de inteligência ou alma. Já vimos que também o corpo carnal tem seu princípio de origem nesse mesmo fluido condensado e transformado em matéria tangível. No perispírito, a transformação molecular se opera diferentemente, porquanto o fluido conserva a sua imponderabilidade e suas qualidades etéreas. O corpo perispirítico e o corpo carnal têm, pois, origem no mesmo elemento primitivo; ambos são matéria, ainda que em dois estados diferentes.[4]

Do meio onde se encontra é que o Espírito extrai o seu perispírito, isto é, esse envoltório ele o forma dos fluidos ambientes. Resulta daí que os elementos constitutivos do perispírito naturalmente variam, conforme os mundos. Dando-se Júpiter como orbe muito adiantado em comparação com a Terra, como um orbe onde a vida corpórea não apresenta a materialidade da nossa, os envoltórios perispirituais hão de ser lá de natureza muito mais quintessenciada do que aqui. Ora, assim como não poderíamos existir naquele mundo com o nosso corpo carnal, também os nossos Espíritos não poderiam nele penetrar com o perispírito terrestre que os reveste. Emigrando da Terra, o Espírito deixa aí o seu invólucro fluídico e toma outro apropriado ao mundo onde vai habitar.[5]

A natureza do envoltório fluídico está sempre em relação com o grau de adiantamento moral do Espírito. Os Espíritos inferiores não podem mudar de envoltório a seu bel-prazer, pelo que não podem passar, à vontade, de um mundo para outro. Alguns há, portanto, cujo envoltório fluídico, se bem que etéreo e imponderável com relação à matéria tangível, ainda é por demais pesado, se assim nos podemos exprimir, com relação ao Mundo Espiritual, para não permitir que eles saiam do meio que lhes é próprio. Nessa categoria se devem incluir aqueles cujo perispírito é tão grosseiro, que eles o confundem com o corpo carnal, razão por que continuam a crer-se vivos. Esses Espíritos, cujo número é avultado, permanecem na superfície da Terra, como os encarnados, julgando-se entregues às suas ocupações terrenas. Outros um pouco mais desmaterializados não o são, contudo, suficientemente, para se elevarem acima das regiões terrestres.

Os Espíritos Superiores, ao contrário, podem vir aos mundos inferiores, e, até, encarnar neles. Tiram, dos elementos constitutivos do mundo onde entram, os materiais para a formação do envoltório fluídico ou carnal apropriado ao meio em que se encontrem. [...]

É assim que os Espíritos da categoria mais elevada podem manifestar-se aos habitantes da Terra ou encarnar em missão entre estes. [...][6]

4.2 PROPRIEDADES DO PERISPÍRITO

Os Espíritos, como já foi dito, têm um corpo fluídico, a que se dá o nome de perispírito. Sua substância é haurida do fluido universal ou cósmico, que o forma e alimenta, como o ar forma e alimenta o corpo material do homem. O perispírito é mais ou menos etéreo, conforme os mundos e o grau de depuração do Espírito. Nos mundos e nos Espíritos inferiores, ele é de natureza mais grosseira e se aproxima muito da matéria bruta.[7]

A camada de fluidos espirituais que cerca a Terra se pode comparar às camadas inferiores da atmosfera, mais pesadas, mais compactas, menos puras, do que as camadas superiores. Não são homogêneos esses fluidos; são uma mistura de moléculas de diversas qualidades, entre as quais necessariamente se encontram as moléculas elementares que lhes formam a base, porém mais ou menos alteradas. Os efeitos que esses fluidos produzem estarão na razão da soma das partes puras que eles encerram. [...]

Os Espíritos chamados a viver naquele meio tiram dele seus perispíritos; porém, conforme seja mais ou menos depurado o Espírito, seu perispírito se formará das partes mais puras ou das mais grosseiras do fluido peculiar ao mundo onde ele encarna. O Espírito produz aí, sempre por comparação e não por assimilação, o efeito de um reativo químico que atrai a si as moléculas que a sua natureza pode assimilar.

Resulta disso este fato capital: a constituição íntima do perispírito não é idêntica em todos os Espíritos encarnados ou desencarnados que povoam a Terra ou o espaço que a circunda. *O mesmo já não se dá com o corpo carnal, que, como foi demonstrado, se forma dos mesmos elementos, qualquer que seja a superioridade ou a inferioridade do Espírito. Por isso, em todos, são os mesmos os efeitos que o corpo produz, semelhantes as necessidades, ao passo que diferem em tudo o que respeita ao perispírito.*[8]

Em estudos sobre as qualidades inerentes ao perispírito, autores encarnados e desencarnados identificaram, entre outras, as seguintes propriedades: plasticidade, densidade, ponderabilidade, luminosidade, penetrabilidade, visibilidade, tangibilidade, sensibilidade, expansibilidade, unicidade, mutabilidade.

Plasticidade é a capacidade que o Espírito tem de produzir alterações morfológicas no seu perispírito. Emmanuel nos fala que esta é

> [...] *a razão de encontrarmos, em grande número, compactas falanges de entidades libertas dos laços fisiológicos, operando nos círculos da perturbação e da crueldade, com admiráveis recursos de modificação nos aspectos em que se exprimem.*[9]

Densidade é a propriedade que determina a constituição molecular do perispírito. Varia

> [...] *de acordo com o estado dos mundos. Parece que também varia, em um mesmo mundo, de indivíduo para indivíduo. Nos Espíritos moralmente adiantados, é mais sutil e se aproxima da dos Espíritos elevados; nos Espíritos inferiores, ao contrário, aproxima-se da matéria e é o que faz que os Espíritos de baixa condição conservem por muito tempo as ilusões da vida terrestre. Esses pensam e obram como se ainda fossem vivos* [...].[10]

Ponderabilidade é a propriedade relacionada ao peso específico do perispírito, que varia conforme a densidade. A nossa

> [...] *posição mental determina o peso específico do nosso envoltório espiritual e, consequentemente, o* habitat *que lhe compete. Mero problema de padrão vibratório.* [...].[11]

> Entende-se, então, como o Espírito desencarnado pode sentir-se chumbado aos pântanos de psiquismo degenerado, que marcam as dimensões trevosas, ou naturalmente atraído para níveis superiores, condizentes com sua condição mental, a dizer, moral.[12]

Luminosidade, ou brilho perispiritual, tem relação direta com a evolução moral do Espírito, que, por sua natureza, possui uma

> [...] *propriedade luminosa que se desenvolve sob o influxo da atividade e das qualidades da alma.* [...] *A intensidade da luz está na razão da pureza do Espírito; as menores imperfeições morais atenuam-na e enfraquecem-na. A luz irradiada por um Espírito será tanto mais viva, quanto maior o seu adiantamento. Assim, sendo o Espírito, de alguma sorte, o seu próprio farol, verá proporcionalmente à intensidade da luz que produz, do que resulta que os Espíritos que não a produzem acham-se na obscuridade.*[13]

Penetrabilidade é a propriedade que permite o Espírito atravessar barreiras vibracionais, físicas ou não.

> [...] *Matéria nenhuma lhe opõe obstáculo; ele as atravessa todas, como a luz atravessa os corpos transparentes. Daí vem que não há como impedir que os Espíritos entrem num recinto inteiramente fechado.* [...][14]

Visibilidade é a propriedade que o perispírito possui de se tornar visível. Usualmente, não percebemos o perispírito dos Espíritos, encarnados ou desencarnados. Os Espíritos

> [...] *menos adiantados percebem o corpo espiritual de seus pares, captando-lhe o aspecto geral. Já os Espíritos Superiores podem perscrutar a intimidade perispírítica de desencarnados de menor grau de elevação, bem como a dos encarnados, observando-lhes as desarmonias e as necessidades.* [...][15]

Tangibilidade é a possibilidade que tem o perispírito de "[...] *tornar-se materialmente tangível, no todo ou em parte*". [...][16]

> [...] *Sob a influência de certos médiuns, tem-se visto aparecerem mãos com todas as propriedades de mãos vivas, que, como estas, denotam calor, podem ser palpadas, oferecem a resistência de um corpo sólido, agarram os circunstantes e, de súbito, se dissipam, quais sombras.* [...] *A tangibilidade que revelam, a temperatura, a impressão, em suma, que causam aos sentidos, porquanto se há verificado que deixam marcas na pele, que dão pancadas dolorosas, que*

acariciam delicadamente, provam que são de uma matéria qualquer. Seus desaparecimentos repentinos provam, além disso, que essa matéria é eminentemente sutil e se comporta como certas substâncias que podem alternativamente passar do estado sólido ao estado fluídico e vice-versa.[17]

Sensibilidade é a propriedade que o perispírito tem de transmitir sensações, sentimentos e emoções do Espírito. As sensações não são percebidas por um órgão ou estrutura biológica, tal como acontece no corpo físico. Elas são gerais, percebidas em todo o perispírito. O Espírito,

> [...] Assim, vê, ouve, sente, enfim, com o corpo espiritual inteiro [...] uma vez que as sedes dos sentidos não encontram localização tão específica quando se observa no estado de encarnação [...].[18]

Expansibilidade é a característica que permite ao perispírito sua expansão e exteriorização nos fenômenos anímicos, nas doações fluídicas e nos processos mediúnicos.

> [...] Pela sua natureza fluídica, ele é expansível, irradia para o exterior e forma, em torno do corpo, uma espécie de atmosfera que o pensamento e a força da vontade podem dilatar mais ou menos. Daí se segue que pessoas há que, sem estarem em contato corporal, podem achar-se em contato pelos seus perispíritos e permutar a seu mau grado impressões e, algumas vezes, pensamentos, por meio da intuição.[19]

Unicidade tem na estrutura perispirítica um reflexo da alma, significa dizer que cada pessoa traz no próprio perispírito a soma das suas conquistas evolutivas. Não há, portanto, dois perispíritos iguais.

Mutabilidade deve ser entendida como a capacidade que permite ao perispírito, pela ação da plasticidade, mudar seu aspecto com relação à sua estrutura e forma, modificação esta sustentada pela mente em decorrência do processo evolutivo.

> Esse corpo fluídico [...] depura-se e enobrece-se com a alma; segue-a através das suas inumeráveis encarnações; com ela sobe os degraus da escada hierárquica, torna-se cada vez mais diáfano e brilhante para, em algum dia, resplandecer com essa luz radiante [...].[20]

4.3 FUNÇÕES DO PERISPÍRITO

> Durante a encarnação, o Espírito conserva o seu perispírito, sendo-lhe o corpo apenas um segundo envoltório mais grosseiro, mais resistente, apropriado aos fenômenos a que tem de prestar-se e do qual o Espírito se despoja por ocasião da morte.
>
> O perispírito serve de intermediário ao Espírito e ao corpo. É o órgão de transmissão de todas as sensações. Relativamente às que vêm do exterior, pode-se

dizer que o corpo recebe a impressão; o perispírito a transmite e o Espírito, que é o ser sensível e inteligente, a recebe. Quando o ato é de iniciativa do Espírito, pode dizer-se que o Espírito quer, o perispírito transmite e o corpo executa.[21]

Temos, desse modo, algumas funções básicas do perispírito, tais como:

Função Instrumental

Como se depreende de seu próprio conceito, a função primordial do perispírito é servir de instrumento à alma, em sua interação com os mundos espiritual e físico.

Projeção energética da alma, aglutina em si a energia cósmica matriz, consolidando, já, uma estrutura de natureza física, que, a refletir, sempre, a fonte, serve como seu elemento de ligação com o meio que o cerca, de modo que não só possa nele agir, influenciando, como também, dele receber influência, em regime de trocas e aproveitamentos, em sua gloriosa caminhada evolutiva.[22]

Função Individualizadora

O perispírito serve à

[...] sua individualização e identificação. A alma é única e diferenciada, e o perispírito, como seu envoltório perene, mostra-a, refletindo-a, assegurando-lhe a identidade exclusiva.

[...]

Essa identidade, que diz de suas qualidades positivas e negativas, transmite-se, quando em estado de encarnação, ao corpo físico, que, entretanto, nem sempre a reflete inteiramente.[23]

Função Organizadora

Esta função não se refere apenas à forma, aos aspectos anatômicos ou às peculiaridades "[...] *fisionômicas do ser em gestação, mas, principalmente, com os diversos sistemas de sustentação psicofisiológicas que regerão sua vida.* [...]".[24]

Ensina Emmanuel que,

Na câmara uterina, o reflexo dominante de nossa individualidade impressiona a chapa fetal ou o conjunto de princípios germinativos que nos forjam os alicerces do novo instrumento físico, selando-nos a destinação para as tarefas que somos chamados a executar no mundo, em certa quota de tempo.[25]

Função Sustentadora

Garante vitalidade ao corpo físico, sustentando-o desde a sua formação até o completo crescimento, durante todo o tempo programado para a sua encarnação. Essa ação, durante a programação de cada indivíduo, garante e conserva a integridade do corpo físico, como explica Léon Denis:

> *Insensível às causas de desagregação e destruição que afetam o corpo físico, o perispírito assegura a estabilidade da vida em meio da contínua renovação das células. [...]*[26]

Kardec nos elucida que,

> *Sendo um dos elementos constitutivos do homem, o perispírito desempenha importante papel em todos os fenômenos psicológicos e, até certo ponto, nos fenômenos fisiológicos e patológicos. Quando as ciências médicas tiverem na devida conta o elemento espiritual na economia do ser, terão dado grande passo e horizontes inteiramente novos se lhes patentearão. As causas de muitas moléstias serão a esse tempo descobertas e encontrados poderosos meios de combatê-las.*[27]

Concluímos, assim, com Léon Denis, que

> *O nosso estado psíquico é obra nossa. O grau de percepção, de compreensão, que possuímos, é fruto de nossos esforços prolongados. [...] O nosso invólucro fluídico, sutil ou grosseiro, radiante ou obscuro, representa o nosso valor exato e a soma de nossas aquisições [...]. Assim cria o homem para si mesmo o bem ou o mal, a alegria ou o sofrimento. [...] Em si mesmo está gravada sua obra, visível para todos no Além. É por esse admirável mecanismo das coisas, simples e grandioso ao mesmo tempo, que se executa, nos seres e no mundo, a lei de causalidade ou de consequência dos atos* [Lei de Causa e Efeito], *que outra não é senão o cumprimento da justiça.*[28]

REFERÊNCIAS

[1] KARDEC, Allan. *O livro dos espíritos*. Trad. Guillon Ribeiro. 93. ed. 9. imp. (Edição Histórica). Brasília, DF: FEB, 2019. q. 93.

[2] _____. _____. Comentário de Kardec à q. 93.

[3] _____. _____. q. 257.

[4] _____. *A gênese*. Trad. Guillon Ribeiro. 53. ed. 9. imp. (Edição Histórica). Brasília: DF: FEB, 2020. cap. 14, it. 7.

[5] _____. _____. it. 8.

[6] _____. _____. it. 9.

[7] _____. *Obras póstumas*. Trad. Guillon Ribeiro. 41. ed. 1. imp. (Edição Histórica). Brasília, DF: FEB, 2019. 1ª pt., cap. *Manifestações dos Espíritos*, § I – O perispírito como princípio das manifestações, it. 9.

[8] _____. *A gênese*. Trad. Guillon Ribeiro. 53. ed. 9. imp. (Edição Hitórica). Brasília: DF: FEB, 2020. cap.14, it. 10.

[9] XAVIER, Francisco Cândido. *Roteiro*. Pelo Espírito Emmanuel. 14. ed. 4. imp. Brasília, DF: FEB, 2016. cap. 6 – *O perispírito*.

[10] KARDEC, Allan. *O livro dos médiuns*. Trad. Guillon Ribeiro. 81. ed. 9. imp. (Edição Histórica). Brasília, DF: FEB, 2020. cap. 4, it. 74, comentátio de Kardec à perg. XII.

11 XAVIER, Francisco Cândido. *Entre a Terra e o céu*. Pelo Espírito André Luiz. 27. ed. 11. imp. Brasília, DF: FEB, 2020. cap. 20 – *Conflitos da alma*.

12 ZIMMERMANN, Zalmino. *Perispírito*. 1. ed. Campinas, SP: CEAK, 2000. cap. 2 – *Propriedades do perispírito*, it. Ponderabilidade, p. 39.

13 KARDEC, Allan. *O céu e o inferno*. Trad. Manuel Justiniano Quintão. 61. ed. 5. imp. (Edição Histórica). Brasília, DF: FEB, 2018. 2ª pt., cap. 4, it. Claire. [Veja explicação de São Luís: Estudo sobre as comunicações de Claire.]

14 _____. *Obras póstumas*. Trad. Guillon Ribeiro. 41. ed. 1. imp. (Edição Histórica). Brasília, DF: FEB, 2019. 1ª pt., cap. *Manifestações dos Espíritos*, § II – Manifestações visuais, it. 16.

15 ZIMMERMANN, Zalmino. *Perispírito*. 1. ed. Campinas, SP: CEAK, 2000. cap. 2 – *Propriedades do perispírito*, it. Visibilidade, p. 44.

16 _____. _____. it. Tangibilidade.

17 KARDEC, Allan. *O livro dos médiuns*. Trad. Guillon Ribeiro. 81. ed. 9. imp. (Edição Histórica). Brasília, DF: FEB, 2020. 2ª pt., cap. 1, it. 57.

18 ZIMMERMANN, Zalmino. *Perispírito*. 1. ed. Campinas, SP: CEAK, 2000. cap. 2 – *Propriedades do perispírito*, it. Sensibilidade, p. 46.

19 KARDEC, Allan. *Obras póstumas*. Trad. Guillon Ribeiro. 41. ed. 1. Imp. (Edição Histórica). Brasília, DF: FEB, 2019. 1ª pt., cap. *Manifestações dos Espíritos*, § I – O perispírito como princípio das manifestações, it. 11.

20 DENIS, Léon. *Depois da morte*. 28. ed. 4. imp. Brasília, DF: FEB, 2016. 3ª pt. O Mundo Invisível, cap. 21 – *O perispírito ou corpo espiritual*.

21 KARDEC, Allan. *Obras póstumas*. Trad. Guillon Ribeiro. 41. ed. 1. imp. (Edição Histórica). Brasília, DF: FEB, 2019. 1ª pt., cap. *Manifestações dos Espíritos*, § I – O perispírito como princípio das manifestações, it. 10.

22 ZIMMERMANN, Zalmino. *Perispírito*. 1. ed. Campinas, SP: CEAK, 2000. cap. 3 – *Funções do perispírito*, it. Instrumental, p. 59.

23 _____. _____. it. Individualizadora, p. 60.

24 _____. _____. it. Organizadora, p. 68.

25 XAVIER, Francisco Cândido. *Pensamento e vida*. Pelo Espírito Emmanuel. 19. ed. 4. imp. Brasília, DF: FEB, 2016. cap. 11 – *Berço*.

26 DENIS, Léon. *No invisível*. Trad. Leopoldo Cirne. 26. ed. 1. imp. Brasília, DF: FEB, 2014. 1ª pt. O Espiritismo Experimental: As Leis, cap. 3 – *O Espírito e a sua forma*.

27 KARDEC, Allan. *Obras póstumas*. Trad. Guillon Ribeiro. 41. ed. 1. imp. (Edição Histórica). Brasília, DF: FEB, 2019. 1ª pt., cap. *Manifestações dos Espíritos*, § I – O perispírito como princípio das manifestações, it.12.

28 DENIS, Léon. *No invisível*. Trad. Leopoldo Cirne. 26. ed. 1. imp. Brasília, DF: FEB, 2014. 1ª pt. O Espiritismo Experimental: As Leis, cap. 3 – *O Espírito e a sua forma*.

CRIAÇÕES FLUÍDICAS

1 OBJETIVOS ESPECÍFICOS

» Analisar as principais características das criações fluídicas.
» Refletir sobre a relação entre pensamento e criações fluídicas.

2 CONTEÚDO BÁSICO

» [...] *Pode-se, pois, dizer, com verdade, que há ondas nos fluidos e radiações de pensamento, que se cruzam sem se confundirem, como há, no ar, ondas e radiações sonoras.*

» *Ainda mais: criando imagens fluídicas, o pensamento se reflete no envoltório perispirítico como num espelho, ou, então, como essas imagens de objetos terrestres que se refletem nos vapores do ar tomando aí um corpo e, de certo modo, fotografando-se.* [...] (Allan Kardec, Obras póstumas, 1ª pt., cap. Fotografia e telegrafia do pensamento).

» *Desse modo é que os mais secretos movimentos da alma repercutem no envoltório fluídico; que uma alma pode ler noutra alma como num livro e ver o que não é perceptível aos olhos do corpo.* [...] (Allan Kardec, A gênese, cap. 14, it. 15).

» A força mental, responsável pelas criações fluídicas humanas, "[...] *não é patrimônio de privilegiados. É propriedade vulgar de todas as criaturas, mas entendem-na e utilizam-na somente aqueles que a exercitam por meio de acuradas meditações.* [...] *No fundo, é a energia plástica da mente que a acumula em si mesma, tomando-a ao fluido universal em que todas as correntes da vida se banham e se refazem, nos mais diversos reinos da natureza, dentro do universo. Cada ser vivo é um transformador dessa força, segundo o potencial receptivo e irradiante que lhe diz respeito.* [...] (André Luiz, Libertação, cap. 11 – Valiosa experiência).

3 SUGESTÕES DIDÁTICAS

3.1 SUGESTÃO 1:

Introdução

Fazer breve exposição do assunto, apresentando informações genéricas sobre as principais características das criações fluídicas.

Em seguida, pedir aos participantes que façam a leitura silenciosa dos subsídios deste Roteiro.

Afixar no mural da sala três cartazes numerados e, respectivamente, intitulados:

1. FRASES VERDADEIRAS

2. FRASES FALSAS

3. FRASES VERDADEIRAS OU FALSAS

Desenvolvimento

Dividir os participantes em dois grupos, depois de concluída a leitura. Entregar-lhes um conjunto de tiras de cartolina com frases retiradas dos subsídios, e um rolo de fita adesiva. Cada tira conterá uma frase verdadeira ou falsa. Deverá existir mais frases verdadeiras do que falsas.

Pedir-lhes, então, que leiam cada frase com atenção e, por consenso grupal, afixá-la em um dos três cartazes existentes no mural.

Após a colagem, verificar se as frases foram afixadas corretamente, caso contrário, mudá-las de posição, transferindo-as para um ou outro cartaz.

Solicitar aos participantes que releiam as possíveis frases existentes no terceiro cartaz (*Frases verdadeiras/falsas*), transportando-as para o primeiro ou para o segundo, de forma que, ao final do estudo, permaneçam apenas os dois primeiros cartazes no mural.

Conclusão

Terminar o estudo destacando o papel das criações fluídicas nos processos obsessivos (veja em subsídios o último parágrafo: Referência 18).

Avaliação

O estudo será considerado satisfatório se os participantes conseguirem identificar as frases falsas e as verdadeiras, relacionadas ao tema estudado.

Técnica(s): exposição; leitura; técnica do consenso (adaptada).

Recurso(s): subsídios deste Roteiro; cartazes; tiras de cartolina com frases; fita adesiva.

3.2 SUGESTÃO 2:

Introdução

Iniciar o estudo com a seguinte reflexão:

O pensamento gera a vida que procuramos.

Ouvir os comentários dos participantes encaminhando para a exposição dialogada a seguir.

Desenvolvimento

Realizar exposição dialogada sobre o texto 1: O pensamento e as criações fluídicas, item 4.1 dos subsídios deste Roteiro.

Propor a leitura silenciosa do texto 2: Características das criações fluídicas, item 4.2 dos subsídios deste Roteiro.

Convidar a turma para a discussão circular:

» *Que relação podemos estabelecer entre pensamento e criações fluídicas?*

» *O que entendermos por criações fluídicas?*

» *Como entender fotografia do pensamento?*

» *Que ensinamento a citação abaixo nos transmite?*

> É nessa projeção de forças, a determinarem o compulsório intercâmbio com todas as mentes encarnadas ou desencarnadas, que se nos movimenta o Espírito no mundo das formas-pensamento, construções substanciais na esfera da alma, que nos liberam o passo ou no-lo escravizam, na pauta do bem ou do mal de nossa escolha. [...] (André Luiz, *Mecanismos da mediunidade*, cap. 4 – *Matéria mental*, it. Formas-pensamento).

Nesse momento, o facilitador esclarece dúvidas e complementa informações de acordo com subsídios do Roteiro e sua Referência sugerida.

Propor a seguinte reflexão individual (não há a necessidade de comentário):

Como andam minhas criações fluídicas?

Conclusão

Fazer o fechamento reforçando que

> A força mental, responsável pelas criações fluídicas humanas, "[...] não é patrimônio de privilegiados. É propriedade vulgar de todas as criaturas, mas entendem-na e utilizam-na somente aqueles que a exercitam por meio de acuradas meditações. [...] No fundo, é a energia plástica da mente que a acumula em si mesma, tomando-a ao fluido universal em que todas as correntes da vida se banham e se refazem, nos mais diversos reinos da Natureza, dentro do Universo. Cada ser vivo é um transformador dessa força, segundo o potencial receptivo e irradiante que lhe diz respeito. [...]" (André Luiz, *Libertação*, cap. 11 – *Valiosa experiência*).

Avaliação

O estudo será considerado satisfatório se as ideias de os participantes refletirem entendimento do assunto.

Técnica(s): exposição dialogada; leitura silenciosa; discussão circular.

Recurso(s): subsídios do Roteiro, vídeos.

3.3 SUGESTÃO 3:

Podem ser trabalhados os seguintes vídeos, após o estudo do Roteiro:

O seu pensamento cria a sua realidade – o porquê das coisas (8:25), disponível em: https://www.youtube.com/watch?v=ABZ8rrDMc54

Haroldo Dutra Dias – Pensamento e vida para construção de Terra pacificada (1:11:46), disponível em: https://www.youtube.com/watch?v=VGK7ffYfC1Q

Relacionar o conhecimento da Ciência com o conteúdo espírita acerca do pensamento e sua ação.

Atividade extrarreunião para o próximo encontro de estudo (Roteiro 4 – Magnetismo: conceito e aplicação): Sugestão 2.

Esta atividade pode ser proposta a um grupo de participantes para apresentação aos participantes:

Fazer o estudo do item 4.1.1 – Magnetismo – dos subsídios do Roteiro 4 – Magnetismo: conceito e aplicação): Módulo II.

Preparar, com a supervisão do facilitador, a apresentação do tema. Planejar a apresentação para no máximo 20 minutos.

4 SUBSÍDIOS

4.1 O PENSAMENTO E AS CRIAÇÕES FLUÍDICAS

As criações fluídicas nascem do pensamento, entendido como

> [...] *força criadora de nossa própria alma e, por isso mesmo, é a continuação de nós mesmos. Por intermédio dele, atuamos no meio em que vivemos e agimos, estabelecendo o padrão de nossa influência, no bem ou no mal.*[1]

Significa também dizer "[...] *que as nossas ideias exteriorizadas criam imagens, tão vivas quanto desejamos* [...]".[2]

O pensamento é elaborado e produzido pela mente espiritual.

> *A mente o espelho da vida em toda parte.*
>
> [...]
>
> *Nos seres primitivos, aparece sob a ganga do instinto, nas almas humanas surge entre as ilusões que salteiam a inteligência, e revela-se nos Espíritos aperfeiçoados por brilhante precioso a retratar a Glória Divina.*
>
> *Estudando-a de nossa posição espiritual, confinados que nos achamos entre a animalidade e angelitude, somos impelidos a interpretá-la como sendo o campo de nossa consciência desperta, na faixa evolutiva em que o conhecimento adquirido nos permite operar.*
>
> *Definindo-a por espelho da vida, reconhecemos que o coração lhe é a face e que o cérebro é o centro de suas ondulações, gerando a força do pensamento que tudo move, criando e transformando, destruindo e refazendo para acrisolar e sublimar.*[3]

Mantemos, assim, permanente contato com outras mentes, influenciando e sendo influenciados, pois

> *Ninguém pode ultrapassar de improviso os recursos da própria mente, muito além do círculo de trabalho em que estagia; contudo, assinalamos, todos nós, os reflexos uns dos outros, dentro da nossa relativa capacidade de assimilação.*
>
> *Ninguém permanece fora do movimento de permuta incessante.*
>
> *Respiramos no mundo das imagens que projetamos e recebemos. Por elas, estacionamos sob a fascinação dos elementos que provisoriamente nos escravizam e, através delas, incorporamos o influxo renovador dos poderes que nos induzem à purificação e ao progresso.*[4]

O pensamento, ou fluxo energético mental, manifesta-se sob a forma de ondas

> [...] *desde os raios superultracurtos, em que se exprimem as legiões angélicas, por processos ainda inacessíveis à nossa observação, passando pelas oscilações*

curtas, médias e longas em que se exterioriza a mente humana, até às ondas fragmentárias dos animais, cuja vida psíquica, ainda em germe, somente arroja de si determinados pensamentos ou raios descontínuos.[5]

Como alicerce vivo de todas as realizações nos planos físico e extrafísico, encontramos o pensamento por agente essencial. Entretanto, ele ainda é matéria – a matéria mental, em que as leis de formação das cargas magnéticas ou dos sistemas atômicos prevalecem sob novo sentido, compondo o maravilhoso mar de energia sutil em que todos nos achamos submersos e no qual surpreendemos elementos que transcendem o sistema periódico dos elementos químicos conhecidos no mundo.[6] [Reveja informações sobre a Tabela periódica atual dos elementos químicos no Programa Fundamental do ESDE, Tomo I, Módulo VII – Pluralidade dos mundos habitados, no Anexo do Roteiro 2].

Importa considerar que, independentemente do plano de vida no qual nos situemos

[...] o nosso pensamento cria a vida que procuramos, através do reflexo de nós mesmos, até que nos identifiquemos, um dia, no curso dos milênios, com a Sabedoria Infinita e com o Infinito Amor, que constituem o Pensamento e a Vida de nosso Pai.[7]

[...] Um pensamento superior, fortemente pensado, permita-se-nos a expressão, pode, pois, conforme a sua força e a sua elevação, tocar de perto ou de longe homens que nenhuma ideia fazem da maneira por que ele lhes chega, do mesmo modo que muitas vezes aquele que o emite não faz ideia do efeito produzido pela sua emissão. É esse um jogo constante das inteligências humanas e da ação recíproca de umas sobre as outras. Juntai-lhe a das inteligências dos desencarnados e imaginai, se o conseguirdes, o poder incalculável dessa força composta de tantas forças reunidas.

Se se pudesse suspeitar do imenso mecanismo que o pensamento aciona e dos efeitos que ele produz de um indivíduo a outro, de um grupo de seres a outro grupo e, afinal, da ação universal dos pensamentos das criaturas umas sobre as outras, o homem ficaria assombrado! Sentir-se-ia aniquilado diante dessa infinidade de pormenores, diante dessas inúmeras redes ligadas entre si por uma potente vontade e atuando harmonicamente para alcançar um único objetivo: o progresso universal.[8]

4.2 CARACTERÍSTICAS DAS CRIAÇÕES FLUÍDICAS

[...] Ideias, elaboradas com atenção, geram formas, tocadas de movimento, som e cor, perfeitamente perceptíveis por todos aqueles que se encontrem sintonizados na onda em que se expressam. [...][9]

Ainda mais; criando imagens fluídicas, o pensamento se reflete no envoltório perispirítico como num espelho, ou, então, como essas imagens de objetos terrestres *que se refletem nos vapores do ar tomando aí um corpo e, de certo modo, fotografando-se. Se um homem, por exemplo, tiver a ideia de matar alguém, embora seu corpo material se conserve impassível, seu corpo fluídico é acionado por essa ideia e a reproduz com todos os matizes. Ele executa fluidicamente o gesto, o ato que o indivíduo premeditou. Seu pensamento cria a imagem da vítima e a cena inteira se desenha, como num quadro, tal qual lhe está na mente.*[10]

A força mental, responsável pelas criações fluídicas humanas,

> *[...] não é patrimônio de privilegiados. É propriedade vulgar de todas as criaturas, mas entendem-na e utilizam-na somente aqueles que a exercitam por meio de acuradas meditações. [...] No fundo, é a energia plástica da mente que a acumula em si mesma, tomando-a ao fluido universal em que todas as correntes da vida se banham e se refazem, nos mais diversos reinos da Natureza, dentro do Universo. Cada ser vivo é um transformador dessa força, segundo o potencial receptivo e irradiante que lhe diz respeito. [...]*[11]

> *É assim que os mais secretos movimentos da alma repercutem no invólucro fluídico. É assim que uma alma pode ler noutra alma como num livro e ver o que não é perceptível aos olhos corporais. Estes veem as impressões interiores que se refletem nos traços fisionômicos: a cólera, a alegria, a tristeza; a alma, porém, vê nos traços da alma os pensamentos que não se exteriorizam.*[12]

A teoria das criações fluídicas, ou da "fotografia do pensamento", está também relacionada às visões fantásticas, simbólicas que aparecem nos sonhos ou que são relatadas por certos videntes.[13]

Os Espíritos manipulam os fluidos por intermédio do pensamento e da vontade. Formam aglomerações, conjuntos e diferentes edificações nas localidades onde vivem.

> *[...] mudam-lhe as propriedades, como um químico muda a dos gases ou de outros corpos, combinando-os segundo certas leis. É a grande oficina ou laboratório da Vida Espiritual.*

> *Algumas vezes, essas transformações resultam de uma intenção; doutras, são produto de um pensamento inconsciente. [...]*

> *É assim, por exemplo, que um Espírito se faz visível a um encarnado que possua a vista psíquica, sob as aparências que tinha quando vivo na época em que o segundo o conheceu, embora haja ele tido, depois dessa época, muitas encarnações. Apresenta-se com o vestuário, os sinais exteriores – enfermidades, cicatrizes, membros amputados etc. – que tinha então. [...] Se, pois, de uma vez ele foi negro e branco de outra, apresentar-se-á como branco ou negro, conforme a encarnação a que se refira a sua evocação e à que se transporte o seu pensamento.*

> *Por análogo efeito, o pensamento do Espírito cria fluidicamente os objetos que ele esteja habituado a usar. Um avarento manuseará ouro, um militar trará suas*

armas e seu uniforme, um fumante o seu cachimbo, um lavrador a sua charrua e seus bois, uma mulher velha a sua roca [ou outro objeto]. *Para o Espírito, que é, também ele, fluídico, esses objetos fluídicos são tão reais, como o eram, no estado material, para o homem vivo* [encarnado]; *mas, pela razão de serem criações do pensamento, a existência deles é tão fugitiva quanto a deste.*[14, 15]

Dessa forma,

> *Emitindo uma ideia, passamos a refletir as que se lhe assemelham, ideia essa que para logo se corporifica, com intensidade correspondente à nossa insistência em sustentá-la, mantendo-nos, assim, espontaneamente em comunicação com todos os que nos esposem o modo de sentir.*
>
> *É nessa projeção de forças, a determinarem o compulsório intercâmbio com todas as mentes encarnadas ou desencarnadas, que se nos movimenta o Espírito no mundo das formas-pensamento, construções substanciais na esfera da alma, que nos liberam o passo ou no-lo escravizam, na pauta do bem ou do mal de nossa escolha.* [...][16]

As formas-pensamento são facilmente percebidas pelos desencarnados, mesmo em se tratando de Espírito moralmente inferior, que as utiliza nos processos obsessivos. As ações desses Espíritos nos atingem, visto que eles não têm qualquer dificuldade em reconhecer o teor dos nossos pensamentos:

> [...] *todos possuímos, além dos desejos imediatistas comuns, em qualquer fase da vida, um "desejo central" ou "tema básico" dos interesses mais íntimos. Por isso, além dos pensamentos vulgares que nos aprisionam à experiência rotineira, emitimos com mais frequência os pensamentos que nascem do "desejo-central" que nos caracteriza, pensamentos esses que passam a constituir o reflexo dominante de nossa personalidade. Desse modo, é fácil conhecer a natureza de qualquer pessoa, em qualquer plano, por meio das ocupações e posições em que prefira viver. Assim é que a crueldade é o reflexo do criminoso, a cobiça é o reflexo do usurário, a maledicência é o reflexo do caluniador, o escárnio é o reflexo do ironista e a irritação é o reflexo do desequilibrado, tanto quanto a elevação moral é o reflexo do santo...* [...].[17]

No caso das obsessões, afirma um terrível obsessor:

> [...] *Conhecido o reflexo da criatura que nos propomos retificar ou punir é, assim, muito fácil superalimentá-la com excitações constantes, robustecendo-lhe os impulsos e os quadros já existentes na imaginação e criando outros que se lhes superponham, nutrindo-lhe, dessa forma, a fixação mental.* [...] *Por semelhantes processos, criamos e mantemos facilmente o "delírio psíquico" ou a "obsessão", que não passa de um estado anormal da mente, subjugada pelo excesso de suas próprias criações a pressionarem o campo sensorial, infinitamente acrescidas de influência direta ou indireta de outras mentes desencarnadas ou não, atraídas por seu próprio reflexo.*[18]

REFERÊNCIAS

1. XAVIER, Francisco Cândido. *Libertação*. Pelo Espírito André Luiz. 33. ed. 8. imp. Brasília, DF: FEB, 2017. cap. 17 – *Assistência fraternal*.
2. _____. _____.
3. _____. *Pensamento e vida*. Pelo Espírito Emmanuel. 19. ed. 4. imp. Brasília, DF: FEB, 2016. cap. 1 – *O espelho da vida*.
4. _____. _____.
5. XAVIER, Francisco Cândido; VIEIRA, Waldo. *Mecanismos da mediunidade*. Pelo Espírito André Luiz. 28. ed. 4. imp. Brasília, DF: FEB, 2016. cap. 4 – *Matéria mental*, it. Pensamento das criaturas.
6. _____. _____. it. Corpúsculos mentais.
7. XAVIER, Francisco Cândido. *Pensamento e vida*. Pelo Espírito Emmanuel. 19. ed. 4. imp. Brasília, DF: FEB, 2016. *Pensamento e vida* [prefácio].
8. KARDEC, Allan. *Obras póstumas*. Trad. Guillon Ribeiro. 41. ed. 1. imp. (Edição Histórica). Brasília, DF: FEB, 2019. 1ª pt., cap. *Fotografia e telegrafia do pensamento*.
9. XAVIER, Francisco Cândido. *Nos domínios da mediunidade*. Pelo Espírito André Luiz. 36. ed. 4. imp. Brasília, DF: FEB, 2015. cap. 12 – *Clarividência e clariaudiência*.
10. KARDEC, Allan. *Obras póstumas*. Trad. Guillon Ribeiro. 41. ed. 1. imp. (Edição Histórica). Brasília, DF: FEB, 2019. 1ª pt., cap. *Fotografia e telegrafia do pensamento*.
11. XAVIER, Francisco Cândido. *Libertação*. Pelo Espírito André Luiz. 33. ed. 8. imp. Brasília, DF: FEB, 2017. cap. 11 – *Valiosa experiência*.
12. KARDEC, Allan. *Obras póstumas*. Trad. Guillon Ribeiro. 41. ed. 1. imp. (Edição Histórica). Brasília, DF: FEB, 2019. 1ª pt., cap. *Fotografia e telegrafia do pensamento*.
13. _____. _____.
14. _____. *A gênese*. Trad. Guillon Ribeiro. 53. ed. 9. imp. (Edição Histórica). Brasília, DF: FEB, 2020. cap. 14, it. 14.
15. _____. *Revista Espírita*: jornal de estudos psicológicos. ano 11, n. 6, jun. 1868. Fotografia do pensamento. Trad. Evandro Noleto Bezerra. 3. ed. 1. imp. Brasília, DF: FEB, 2019.
16. XAVIER, Francisco Cândido; VIEIRA, Waldo. *Mecanismos da mediunidade*. Pelo Espírito André Luiz. 28. ed. 4. imp. Brasília, DF: FEB, 2016. cap. 4 – *Matéria mental*, it. Formas-pensamento.
17. XAVIER, Francisco Cândido. *Ação e reação*. Pelo Espírito André Luiz. 30. ed. 13. imp. Brasília, DF: FEB, 2020. cap. 8 – *Preparativos para o retorno*.
18. _____. _____.

MENSAGEM

PRECE DO BENFEITOR DRUSO

Senhor Jesus! – clamou, humilde – neste instante em que te oferecemos o coração, deixa que nossa alma se incline, reverente, para agradecer-te as bênçãos de luz que a tua incomensurável bondade aqui nos concedeu em cinquenta anos de amor...

Tu, Mestre, que ergueste Lázaro do sepulcro, levantaste-me também das trevas para a alvorada remissora, lançando no inferno de minha culpa o orvalho de tua compaixão...

Estendeste os braços magnânimos ao meu Espírito mergulhado na lodosa corrente do crime.

Trouxeste-me do pelourinho do remorso para o serviço da esperança.

Reanimaste-me quando minhas forças desfaleciam...

Nos dias agoniados, foste o alimento de minhas ânsias; nas sendas mais escabrosas, eras, em tudo, o meu companheiro fiel.

Ensinaste-me, sem ruído, que somente pela recuperação do respeito a mim mesmo, no pagamento de meus débitos, é que poderei empreender a reconquista de minha paz...

FONTE: XAVIER, Francisco Cândido. *Ação e reação*. Pelo Espírito André Luiz. 30. ed. 13. imp. Brasília, DF: FEB, 2020. cap. 20 – *Comovente surpresa*. [Transcrição parcial.]

MAGNETISMO: CONCEITO E APLICAÇÃO

1   OBJETIVOS ESPECÍFICOS

» Analisar o conceito de magnetismo.

» Refletir sobre as formas de aplicação do magnetismo.

» A palavra *magnetismo* tem origem no nome Magnésia, antiga cidade da Ásia Menor (Turquia, atualmente), onde existia um minério capaz de atrair o ferro, chamado *magnetite pedra-ímã*, ou *pedra magnética*.

2   CONTEÚDO BÁSICO

» Fluido magnético é a mesma coisa que fluido vital. "[...] *Para uns o princípio vital é uma propriedade da matéria, um efeito que se produz achando-se a matéria em dadas circunstâncias. Segundo outros, e esta é a ideia mais comum, ele reside em um fluido especial, universalmente espalhado e do qual cada ser absorve e assimila uma parcela durante a vida, tal como os corpos inertes absorvem a luz. Esse seria então o fluido vital que, na opinião de alguns, em nada difere do fluido elétrico animalizado, ao qual também se dão os nomes de fluido magnético, fluido nervoso etc.*" (Allan Kardec, *O livro dos espíritos*, Introdução, it. II).

» Magnetizador é a pessoa que tem a capacidade de doar fluidos magnéticos a outrem. Médium curador é uma pessoa que pode "[...] *curar pelo simples toque, pelo olhar, mesmo por um gesto, sem o concurso de qualquer medicação.* [...] *Todos os magnetizadores são mais ou menos aptos a curar, desde que saibam conduzir-se convenientemente, ao passo que nos médiuns curadores a faculdade é espontânea e alguns até a possuem sem jamais terem ouvido falar de magnetismo. [...]"* (Allan Kardec, *O livro dos médiuns*, 2ª pt., cap. 14, it. 175).

3 SUGESTÕES DIDÁTICAS

3.1 SUGESTÃO 1:

Introdução

Fazer breve exposição sobre o magnetismo, com base no primeiro parágrafo dos subsídios.

Desenvolvimento

Após a exposição, dividir os participantes em grupos numerados de um a três. Indicar-lhes a leitura de um item dos subsídios, correspondente à divisão do grupo.

Terminada a leitura, orientá-los à troca de ideias sobre o assunto.

Em seguida, entregar-lhes um roteiro para a realização das seguintes atividades:

a) Elaboração de resumo escrito, contendo as principais ideias do assunto discutido.

b) Escolha de relator para apresentar o resumo em plenária, de acordo com os passos seguintes:

» Rodízio dos relatores, após o sinal dado pelo monitor, segundo esta ordenação: 1 – 2; 2 – 3; 3 – 1;

» O relator fala, rapidamente, aos novos colegas sobre o assunto estudado no grupo em que se encontrava anteriormente; apresenta o resumo que foi elaborado; colhe sugestões para incorporação no resumo apresentado, registrando-as objetivamente;

» Rodízio subsequente dos relatores e repetição do procedimento anterior, até que cada relator retorne ao seu grupo de origem;

» Apresentação, em plenária, do resumo original acrescido das ideias dos grupos.

Ouvir os relatos, fazendo possíveis ajustes nos resumos apresentados.

Conclusão

Comentar rapidamente as seguintes palavras de Allan Kardec:

> O magnetismo preparou o caminho do Espiritismo, e o rápido progresso desta última doutrina se deve, incontestavelmente, à vulgarização das ideias sobre a primeira. Dos fenômenos magnéticos, do sonambulismo e do êxtase às manifestações espíritas não há mais que um passo; tal é sua conexão que, por assim dizer, torna-se impossível falar de um sem falar de outro. [...] (*Revista Espírita*, mar. 1858, Magnetismo e Espiritismo. Trad. Evandro Noleto Bezerra. FEB Editora).

Avaliação

O estudo será considerado satisfatório se os participantes elaborarem adequadamente o resumo solicitado no trabalho em grupo.

Técnica(s): exposição; leitura; resumo.

Recurso(s): subsídios deste Roteiro; roteiro para o trabalho em grupo; papel/lápis.

3.2 SUGESTÃO 2:

Introdução

Iniciar o estudo com a apresentação do tema estudado e preparado pelo grupo.

Desenvolvimento

Terminada a apresentação do grupo, dirimir dúvidas e complementar informações sobre o assunto apresentado.

Em seguida, propor leitura oral compartilhada dos textos nos subitens 4.1.2 e 4.1.3 dos subsídios.

Convidar a turma para a discussão circular:

» *Qual o conceito de magnetismo, segundo os estudos realizados?*
» *Como pode ser aplicado o magnetismo e qual a sua eficácia?*
» *Como compreendermos o passe?* Etc.

Nesse momento, o facilitador esclarece dúvidas e complementa informações de acordo com subsídios do Roteiro e sua Referência sugerida.

Propor a seguinte reflexão individual (não há a necessidade de comentário):

Quando eu realmente preciso de passe?

Conclusão

Fazer o fechamento reforçando que:

> Fluido magnético é a mesma coisa que fluido vital. "[...] Para uns o princípio vital é uma propriedade da matéria, um efeito que se produz achando-se a matéria em dadas circunstâncias. Segundo outros, e esta é a ideia mais comum, ele reside em um fluido especial, universalmente espalhado e do qual cada ser absorve e assimila uma parcela durante a vida, tal como os corpos inertes absorvem a luz. Esse seria então o *fluido vital* que, na opinião de alguns, em nada difere do fluido elétrico animalizado, ao qual também se dão os nomes de *fluido magnético, fluido nervoso* etc." (Allan Kardec, *O livro dos espíritos*, Introdução, it. II).

Avaliação

O estudo será considerado satisfatório se as ideias de os participantes refletirem entendimento do assunto.

Técnica(s): apresentação de grupo; leitura oral comentada; discussão circular.

Recurso(s): subsídios do Roteiro, vídeo.

3.3 SUGESTÃO 3:

Pode ser trabalhado o seguinte vídeo, após o estudo do Roteiro:

Haroldo Dutra Dias – Milagres de Jesus – (1:03:46), disponível em:

https://www.youtube.com/watch?v=PDJZY5n46vU

Dúvidas, esclarecimentos, compartilhamentos e indicações de literatura a respeito.

Atividade de preparação para o próximo encontro de estudo (Roteiro 5 – Aplicações do magnetismo humano, Módulo II): Sugestão 2.

Esta atividade pode ser proposta aos participantes.

Dividir os participantes em grupos.

Grupo 1 – fazer o estudo dos itens 4.1 e 4.2 – dos subsídios do Roteiro 5, Módulo II.

Preparar a apresentação dos assuntos para a turma, sob a supervisão do facilitador. Apresentação de até 15 minutos.

Grupo 2 – fazer o estudo dos subitens 4.2.1, 4.2.2 e 4.2.3 – dos subsídios do Roteiro 5, Módulo II.

Preparar a apresentação dos assuntos para a turma, sob a supervisão do facilitador. Apresentação de até 15 minutos.

Grupo 3 – fazer o estudo dos itens 4.3 e 4.4 – dos subsídios do Roteiro 5, Módulo II.

Preparar a apresentação dos assuntos para a turma, sob a supervisão do facilitador. Apresentação de até 15 minutos.

4 SUBSÍDIOS

4.1 MAGNETISMO: CONCEITO E APLICAÇÃO

4.1.1 Magnetismo

Trata-se de uma propriedade da matéria, presente em algumas substâncias. O nome "magnetismo" vem de Magnésia, cidade da Ásia Menor (atual Turquia), onde existia um minério chamado *magnetite*, conhecido como pedra-ímã ou pedra magnética, e que possuía a propriedade de atrair objetos ferrosos. O magnetismo, conhecido pelos chineses desde a Antiguidade, era por eles aplicado nas bússolas que usavam em seus deslocamentos, já que as agulhas magnéticas sempre se orientam no sentido do eixo terrestre Norte-Sul-Magnético, que é próximo do eixo terrestre Norte-Sul-Geográfico.[1]

> *Possuímos, na Terra, as chamadas substâncias magnéticas naturais e ainda aquelas que podem adquirir semelhantes qualidades artificialmente, como sejam mais destacadamente o ferro, o aço, o cobalto, o níquel e as ligas que lhes dizem respeito, merecendo especial menção o ferro doce, que mantém a imanização apenas no curso de tempo em que se acha submetido à ação magnetizante, e o aço temperado, que se demora imanizado por mais tempo, depois de cessada a ação referida, em vista de reter a imanização remanente.*[2]

O Espiritismo nos esclarece que o magnetismo é um fluido, ou energia radiante, originário do fluido cósmico universal. Sob forma de princípio vital, o fluido magnético é também chamado de fluido elétrico, animalizado ou fluido nervoso.[3] Na verdade, o fluido vital, magnético ou animalizado, é um fluido intermediário existente entre o espírito, propriamente dito, e a matéria.[4]

Sobre o magnetismo, nos esclarece o Espírito Emmanuel:

> *– O magnetismo é um fenômeno da vida, por constituir manifestação natural em todos os seres.*
>
> *Se a ciência do mundo já atingiu o campo de equações notáveis nas experiências relativas ao assunto, provando a generalidade e a delicadeza dos fenômenos*

magnéticos, deveis compreender que as exteriorizações dessa natureza, nas relações entre os dois mundos, são sempre mais elevadas e sutis, em virtude de serem, aí, uma expressão de Vida Superior.[5]

O magnetismo se expressa de diferentes formas: há o fluido animal, o espiritual, o vegetal, o mineral etc. Sendo assim, nos diz Allan Kardec, o Codificador do Espiritismo:

> [...] *A vontade desenvolve o fluido, seja animal, seja espiritual, porque, como sabeis agora, há vários gêneros de magnetismo, em cujo número estão o magnetismo animal e o magnetismo espiritual que, conforme a ocorrência, pode pedir apoio ao primeiro. Outro gênero de magnetismo, muito mais poderoso ainda, é a prece que uma alma pura e desinteressada dirige a Deus.*[6]

4.1.2 Fluido magnético

O fluido magnético pode ser considerado sinônimo de fluido vital, ou, no mínimo, efeito deste.

> [...] *Para uns o princípio vital é uma propriedade da matéria, um efeito que se produz achando-se a matéria em dadas circunstâncias. Segundo outros, e esta é a ideia mais comum, ele reside em um fluido especial, universalmente espalhado e do qual cada ser absorve e assimila uma parcela durante a vida, tal como os corpos inertes absorvem a luz. Esse seria então o fluido vital que, na opinião de alguns, em nada difere do fluido elétrico animalizado, ao qual também se dão os nomes de fluido magnético, fluido nervoso etc.*[7]

O fluido magnético de uma pessoa pode envolver outra, influenciando-a. Atua também sobre as

> [...] entidades celulares do estado orgânico – *particularmente as sanguíneas e os histocitárias* [localizados nos tecidos] – *determinando-lhes o nível satisfatório, a migração ou a extrema mobilidade, a fabricação de anticorpos ou, ainda, a improvisação de outros recursos combativos e imunológicos, na defesa contra as invasões bacterianas e na redução ou extinção de processos patogênicos, por intermédio de ordens automáticas da consciência profunda* [Espírito].[8]

O fluido magnético "[...] *condensado no perispírito, pode fornecer princípios reparadores ao corpo; o Espírito, encarnado ou desencarnado, é o agente propulsor que infiltra num corpo deteriorado uma parte da substância do seu envoltório fluídico.* [...]".[9] Dessa forma, a energia magnética transmitida por alguém atua no perispírito do beneficiário e, daí, chega ao corpo físico. Os princípios reparadores penetram o perispírito e o corpo físico, passando por vias específicas que o Espírito André Luiz denomina "centros de força". O nosso perispírito possui sete centros de força principais, que se conjugam nas ramificações dos plexos do sistema nervoso: coronário, cerebral, laríngeo, cardíaco, esplênico, gástrico e genésico.

O fluido magnético

> [...] age de certo modo como agente químico, modificando o estado molecular dos corpos; nada há, pois, de admirável que possa modificar o estado de certos órgãos; mas igualmente se compreende que sua ação, mais ou menos salutar, deve depender de sua qualidade; daí as expressões "bom ou mau fluido; fluido agradável ou penoso". Na ação magnética propriamente dita, é o fluido pessoal do magnetizador que é transmitido, e esse fluido, que não é senão o perispírito, sabe-se que participa sempre, mais ou menos, das qualidades materiais do corpo, ao mesmo tempo que sofre influência moral do Espírito. É, pois, impossível que o fluido próprio do encarnado seja uma pureza absoluta, razão por que sua ação curativa é lenta, por vezes nula, por vezes nociva, porque pode transmitir ao doente princípios mórbidos. [...].[10]

4.1.3 Magnetizador e médium curador

Magnetizador é uma pessoa que, manipulando o fluido magnético, produz efeitos mais ou menos patentes. Em geral, o magnetizador, propriamente dito, é considerado sinônimo de médium curador, porque ambos são pessoas capazes de veicular fluidos vitais. Entretanto, há diferenças fundamentais, entre um e outro, segundo a concepção espírita.

> [...] Pelo fato de um fluido ser bastante abundante e enérgico para produzir efeitos instantâneos de sono, de catalepsia, de atração ou de repulsão, não se segue absolutamente que tenha as necessárias qualidades para curar; é a força que derruba, e não o bálsamo que suaviza e restaura; assim, há Espíritos desencarnados de ordem inferior, cujo fluido pode mesmo ser muito maléfico, o que os espíritas a todo instante têm ocasião de constatar. Só nos Espíritos Superiores o fluido perispiritual está despojado de todas as impurezas da matéria; está, de certo modo, quintessenciado; por conseguinte, sua ação deve ser mais salutar e mais imediata; é o fluido benfazejo por excelência. Visto que não pode ser encontrado entre os encarnados, nem entre os desencarnados vulgares, faz-se mister pedi-lo aos Espíritos elevados, como se vai procurar nas regiões distantes os remédios que não encontramos em nossa terra. O médium curador pouco emite de seu próprio fluido; sente a corrente do fluido estranho que o penetra e ao qual serve de conduto; é esse fluido que magnetiza, e aí caracteriza o magnetismo espiritual e o distingue do magnetismo animal: um vem do homem; o outro, dos Espíritos. [...].
>
> [...]
>
> Entre o magnetizador e o médium curador há, pois, esta diferença capital: o primeiro magnetiza com o seu próprio fluido, e o segundo com o fluido depurado dos Espíritos; donde se segue que estes últimos dão o seu concurso a

> quem querem e quando querem; que podem recusá-lo e, por conseguinte, tirar a faculdade daquele que dela abusasse ou a desviasse de seu fim humanitário e caritativo, para dela fazer comércio. Quando Jesus disse aos apóstolos: "Ide! expulsai os demônios, curai os enfermos", acrescentou: "Dai de graça o que de graça recebestes".[11]
>
> Existindo no homem em diferentes graus de desenvolvimento, em todas as épocas a vontade tem servido tanto para curar quanto para aliviar. É lamentável sermos obrigados a constatar que, também, foi fonte de muitos males, mas é uma das consequências do abuso que, muitas vezes, o ser faz do livre-arbítrio. [...][12]

Os médiuns curadores possuem um gênero de mediunidade que

> [...] consiste, principalmente, no dom que possuem certas pessoas de curar pelo simples toque, pelo olhar, mesmo por um gesto, sem o concurso de qualquer medicação. [...] Evidentemente, o fluido magnético desempenha aí importante papel; porém, quem examina cuidadosamente o fenômeno sem dificuldade reconhece que há mais alguma coisa. A magnetização ordinária é um verdadeiro tratamento seguido, regular e metódico; no caso que apreciamos, as coisas se passam de modo inteiramente diverso. Todos os magnetizadores são mais ou menos aptos a curar, desde que saibam conduzir-se convenientemente, ao passo que nos médiuns curadores a faculdade é espontânea e alguns até a possuem sem jamais terem ouvido falar de magnetismo. A intervenção de uma potência oculta, que é o que constitui a mediunidade, se faz manifesta, em certas circunstâncias, sobretudo se considerarmos que a maioria das pessoas que podem, com razão, ser qualificadas de médiuns curadores recorre à prece, que é uma verdadeira evocação.[13]

REFERÊNCIAS

[1] Disponível em: <http://geocities.yahoo.com.br/jcc5000/oqueemagnetismo.htm>.

[2] XAVIER, Francisco Cândido; VIEIRA, Waldo. *Mecanismos da mediunidade*. Pelo Espírito André Luiz. 28. ed. 4. imp. Brasília, DF: FEB, 2016. cap. 8 – *Mediunidade e eletromagnetismo*, it. Campo magnético essencial.

[3] KARDEC, Allan. *O livro dos espíritos*. Trad. Guillon Ribeiro. 93. ed. 9. imp. (Edição Histórica). Brasília, DF: FEB, 2019. *Introdução*, it. II.

[4] _____. _____. q. 65.

[5] XAVIER, Francisco Cândido. *O consolador*. Pelo Espírito Emmanuel. 29. ed. 11. imp. Brasília, DF: FEB, 2020. q. 26.

[6] KARDEC, Allan. *Revista Espírita*: jornal de estudos psicológicos. ano 7, n. 1, jan. 1864. Médiuns curadores. Trad. Evandro Noleto Bezerra. 4. ed. 1. imp. Brasília, DF: FEB, 2019.

7 _____. *O livro dos espíritos*. Trad. Guillon Ribeiro. 93. ed. 9. imp. (Edição Histórica). Brasília, DF: FEB, 2019. *Introdução*, it. II.

8 XAVIER, Francisco Cândido; VIEIRA, Waldo. *Evolução em dois mundos*. Pelo Espírito André Luiz. 27. ed. 13. imp. Brasília, DF: FEB, 2020. 2ª pt., cap. 15 – *Passe magnético*.

9 KARDEC, Allan. *A gênese*. Trad. Guillon Ribeiro. 53. ed. 9. imp. (Edição Histórica). Brasília, DF: FEB, 2020. cap. 14, it. 31.

10 _____. *Revista Espírita*: jornal de estudos psicológicos. ano 7, n. 1, jan. 1864. Médiuns curadores. Trad. Evandro Noleto Bezerra. 4. ed. 1. imp. Brasília, DF: FEB, 2019.

11 _____. _____.

12 _____. _____.

13 _____. *O livro dos médiuns*. Trad. Guillon Ribeiro. 81. ed. 9. imp. (Edição Histórica). Brasília, DF: FEB, 2020. 2ª pt., cap. 14, it.175.

MENSAGEM

PRECE DO BENFEITOR FÉLIX

Mestre, digna-te reconduzir ao caminho justo os homens e as mulheres, nossos irmãos, que, dominados pela obsessão ou traídos pela própria fraqueza, não conseguiram manter os compromissos de fidelidade ao tálamo doméstico; reequilibra os que fazem da noite pasto à demência; conforta os que exibem mutilações e moléstias resultantes dos excessos ou dos erros passionais que praticaram nesta ou em outras existências; reabilita a cabeça desvairada dos que exploram o filão de trevas do lenocínio; regenera o pensamento insensato dos que abusam da mocidade, propinando-lhe entorpecentes; e sustenta os que rogaram antes da reencarnação as lágrimas da solidão afetiva e as receberam na Terra, por medida expiatória aos desmandos sexuais, a que se afeiçoaram em outras vidas, e que, muitas vezes, sucumbem de inanição e desalento, em cativeiro familiar, sob o desprezo de parentes insensíveis, a cuja felicidade consagraram a juventude!...

FONTE: XAVIER, Francisco Cândido; VIEIRA, Waldo. *Sexo e destino*. Pelo Espírito André Luiz. 34. ed. 5. imp. Brasília, DF: 2017. cap. 7. [Transcrição parcial.]

APLICAÇÕES DO MAGNETISMO HUMANO

1 OBJETIVO ESPECÍFICO

» Analisar as principais formas de aplicação do magnetismo humano-espiritual na Casa Espírita.

2 CONTEÚDO BÁSICO

» *A ação magnética pode produzir-se de muitas maneiras:*

1º) pelo próprio fluido do magnetizador; é o magnetismo propriamente dito, ou magnetismo humano, *cuja ação se acha adstrita à força e, sobretudo, à qualidade do fluido;*

2º) pelo fluido dos Espíritos, atuando diretamente e sem intermediário sobre o encarnado [...]. É o magnetismo espiritual, *cuja qualidade está na razão direta das qualidades do Espírito;*

3º) pelos fluidos que os Espíritos derramam sobre o magnetizador [...]. É o magnetismo misto, semiespiritual, *ou, se o preferirem,* humano-espiritual. [...] (Allan Kardec, *A gênese*, cap. 14, it. 33).

» As principais formas de utilização do magnetismo humano, na Casa Espírita, são: o passe, a prece e a água fluidificada (ou magnetizada).

» No passe "[...] *cria-se a ligação sutil entre o necessitado e o socorrista e, por semelhante elo de forças, ainda imponderáveis no mundo, verte o auxílio da Esfera Superior, na medida dos créditos de um e outro.*" (André Luiz, *Mecanismos da mediunidade*, cap. 22 – Mediunidade curativa, it. Mecanismo do passe).

» As "[...] *mais insignificantes substâncias, como a água, por exemplo, podem adquirir qualidades poderosas e efetivas, sob a ação do*

> *fluido espiritual ou magnético, ao qual elas servem de veículo, ou, se quiserem, de reservatório".* (Allan Kardec, *A gênese*, cap. 15, it. 25).

» [...] *A prece não é movimento mecânico de lábios, nem disco de fácil repetição no aparelho da mente. É vibração, energia, poder.* [...] (André Luiz, *Missionários da luz*, cap. 6 – A oração).

3 SUGESTÕES DIDÁTICAS

3.1 SUGESTÃO 1:

Introdução

Explicar, em linhas gerais, como se produz a ação magnética, segundo o Espiritismo (veja o item 4.1 – Transmissão do magnetismo humano-espiritual dos subsídios deste Roteiro).

Desenvolvimento

Solicitar, em seguida, a formação de seis pequenos grupos (ou duplas), entregando a cada equipe tiras de cartolina e um pincel hidrográfico.

Esclarecer-lhes que o trabalho em grupo consistirá na leitura de um trecho dos subsídios – indicado em seguida –, e no registro, nas tiras de cartolina, de duas informações que efetivamente caracterizem a utilização do magnetismo humano na Casa Espírita.

Trechos dos subsídios para o trabalho em grupo:

Grupo 1 – item 4.2 Utilização do magnetismo humano-espiritual na Casa Espírita: o passe.

Grupo 2 – subitem 4.2.1 A ação do perispírito no passe.

Grupo 3 – subitem 4.2.2 Doação e recepção fluídica durante o passe.

Grupo 4 – subitem 4.2.3 O colaborador espírita do passe.

Grupo 5 – item 4.3 Utilização do magnetismo humano-espiritual na Casa Espírita: a água fluidificada.

Grupo 6 – item 4.4 Utilização do magnetismo humano-espiritual na Casa Espírita: a prece.

Concluída essa etapa, pedir aos grupos que indiquem um representante para afixar as tiras de cartolina no mural da sala, procedendo, em seguida, à apresentação dos trabalhos.

Ouvir os relatos, verificando se alguma informação importante deixou de ser registrada, fazendo as devidas correções.

Conclusão

Com base nos resultados do trabalho em grupo, justificar a importância da utilização do magnetismo humano-espiritual na Casa Espírita, e enfatizar a necessidade – para esse mister – de preparação cuidadosa dos seus trabalhadores.

Avaliação

O estudo será considerado satisfatório se os participantes identificarem, no texto lido, informações que efetivamente caracterizem a utilização do magnetismo humano-espiritual na Casa Espírita.

Técnica(s): exposição; leitura; trabalho em pequenos grupos.

Recurso(s): subsídios deste Roteiro; tiras de cartolinas com frases; pincel hidrográfico; mural da sala de aula.

3.2 SUGESTÃO 2:

Introdução

Iniciar o estudo com as apresentações preparadas pelos grupos.

Desenvolvimento

Terminada as apresentações dos grupos, abrir o momento para perguntas. Os grupos poderão responder.

Nesse momento, o facilitador acompanha, participa e complementa informações sobre o assunto apresentado de acordo com subsídios do Roteiro e Referência sugerida.

Propor a seguinte reflexão individual (não há a necessidade de comentário):

Compreendo a importância do passe?

Conclusão

Fazer o fechamento reforçando que

> A ação magnética pode produzir-se de muitas maneiras:
>
> 1º) pelo próprio fluido do magnetizador; é o magnetismo propriamente dito, ou *magnetismo humano,* cuja ação se acha adstrita à força e, sobretudo, à qualidade do fluido;

2º) pelo fluido dos Espíritos, atuando diretamente e *sem intermediário* sobre o encarnado [...]. É o *magnetismo espiritual*, cuja qualidade está na razão direta das qualidades do Espírito;

3º) pelos fluidos que os Espíritos derramam sobre o magnetizador [...]. É o *magnetismo misto, semiespiritual*, ou, se o preferirem, *humano-espiritual*. [...] (Allan Kardec, *A gênese*, cap. 14, it. 33).

As principais formas de utilização do magnetismo humano, na Casa Espírita, são: o passe, a prece e a água fluidificada (ou magnetizada).

Avaliação

O estudo será considerado satisfatório se as ideias de os participantes refletirem entendimento do assunto.

Técnica(s): apresentação dos grupos; discussão circular.

Recurso(s): subsídios do Roteiro, vídeo.

3.3 SUGESTÃO 3:

Pode ser trabalhado o seguinte vídeo Marlene Nobre – O passe como cura magnética (8:24), logo após as apresentações, ou no fechamento do estudo, disponível em:

https://www.youtube.com/watch?v=tvdkukU9DpA

4 SUBSÍDIOS

4.1 TRANSMISSÃO DO MAGNETISMO HUMANO-ESPIRITUAL

São extremamente variados os efeitos da ação fluídica sobre os doentes, de acordo com as circunstâncias. Algumas vezes é lenta e reclama tratamento prolongado, como no magnetismo ordinário; doutras vezes é rápida, como uma corrente elétrica. Há pessoas dotadas de tal poder, que operam curas instantâneas nalguns doentes, por meio apenas da imposição das mãos, ou, até, exclusivamente por ato da vontade. Entre os dois polos extremos dessa faculdade, há infinitos matizes. Todas as curas desse gênero são variedades do magnetismo e só diferem pela intensidade e pela rapidez da ação. O princípio é sempre o mesmo: o fluido, a desempenhar o papel de agente terapêutico e cujo efeito se acha subordinado à sua qualidade e a circunstâncias especiais.[1]

A ação magnética pode produzir-se de muitas maneiras:

1º) pelo próprio fluido do magnetizador; é o magnetismo propriamente dito, ou magnetismo humano, *cuja ação se acha adstrita à força e, sobretudo, à qualidade do fluido;*

2º) pelo fluido dos Espíritos, atuando diretamente e sem intermediário sobre um encarnado, seja para o curar ou acalmar um sofrimento, seja para provocar o sono sonambúlico espontâneo, seja para exercer sobre o indivíduo uma influência física ou moral qualquer. É o magnetismo espiritual, cuja qualidade está na razão direta das qualidades do Espírito;

3º) pelos fluidos que os Espíritos derramam sobre o magnetizador, que serve de veículo para esse derramamento. É o magnetismo misto, semiespiritual, ou, se o preferirem, humano-espiritual. Combinado com o fluido humano, o fluido espiritual lhe imprime qualidades de que ele carece. Em tais circunstâncias, o concurso dos Espíritos é amiúde espontâneo, porém, as mais das vezes, provocado por um apelo do magnetizador.[2]

4.2 UTILIZAÇÃO DO MAGNETISMO HUMANO-ESPIRITUAL NA CASA ESPÍRITA: O PASSE

O magnetismo misto é a forma usual de aplicação do passe na Casa Espírita. O passe é uma atividade espírita sistematicamente desenvolvida nas instituições espíritas por trabalhadores anônimos.

É muito comum a faculdade de curar pela influência fluídica e pode desenvolver-se por meio do exercício; mas, a de curar instantaneamente, pela imposição das mãos, essa é mais rara e o seu grau máximo se deve considerar excepcional. No entanto, em épocas diversas e no seio de quase todos os povos, surgiram indivíduos que a possuíam em grau eminente. Nestes últimos tempos, apareceram muitos exemplos notáveis, cuja autenticidade não sofre contestação. Uma vez que as curas desse gênero assentam num princípio natural e que o poder de operá-las não constitui privilégio, o que se segue é que elas não se operam fora da Natureza e que só são miraculosas na aparência.[3]

A transmissão do passe deve ser considerada como um simples instrumento de auxílio, jamais recurso substitutivo de orientações médicas e psicológicas, porque – como nos informa o Espiritismo – doença e cura se encontram no Espírito. A ação moral desequilibrada do indivíduo afeta o seu perispírito e, como o perispírito do encarnado está intimamente ligado ao seu corpo físico, o desajuste vibratório de um afeta o outro, produzindo, em consequência, as doenças.

[...] O corpo doente reflete o panorama interior do Espírito enfermo. A patogenia é um conjunto de inferioridades do aparelho psíquico.

E é ainda na alma que reside a fonte primária de todos os recursos medicamentosos definitivos. A assistência farmacêutica do mundo não pode remover as causas transcendentes do caráter mórbido dos indivíduos. O remédio eficaz está na ação do próprio Espírito enfermiço.[4]

Não ignoramos, porém, que muitas pessoas procuram o Centro Espírita apenas em busca da cura ou alívio de seus males físicos, psicológicos e distúrbios espirituais. É dever, pois, dos trabalhadores da Instituição, prestar os necessários esclarecimentos.

4.2.1 A ação do perispírito no passe

> Pela sua união íntima com o corpo, o perispírito desempenha preponderante papel no organismo. Pela sua expansão, põe o Espírito encarnado em relação mais direta com os Espíritos livres e também com os Espíritos encarnados.
>
> O pensamento do encarnado atua sobre os fluidos espirituais, como o dos desencarnados, e se transmite de Espírito a Espírito pelas mesmas vias e, conforme seja bom ou mau, saneia ou vicia os fluidos ambientes.
>
> Desde que estes se modificam pela projeção dos pensamentos do Espírito, seu invólucro perispirítico, que é parte constituinte do seu ser e que recebe de modo direto e permanente a impressão de seus pensamentos, há de, ainda mais, guardar a de suas qualidades boas ou más. Os fluidos viciados pelos eflúvios dos maus Espíritos podem depurar-se pelo afastamento destes, cujos perispíritos, porém, serão sempre os mesmos, enquanto o Espírito não se modificar por si próprio.
>
> Sendo o perispírito dos encarnados de natureza idêntica à dos fluidos espirituais, ele os assimila com facilidade, como uma esponja se embebe de um líquido. Esses fluidos exercem sobre o perispírito uma ação tanto mais direta, quanto, por sua expansão e sua irradiação, o perispírito com eles se confunde.
>
> Atuando esses fluidos sobre o perispírito, este, a seu turno, reage sobre o organismo material com que se acha em contato molecular. Se os eflúvios são de boa natureza, o corpo ressente uma impressão salutar; se são maus, a impressão é penosa. Se são permanentes e enérgicos, os eflúvios maus podem ocasionar desordens físicas; não é outra a causa de certas enfermidades.
>
> Os meios onde superabundam os maus Espíritos são, pois, impregnados de maus fluidos que o encarnado absorve pelos poros perispiríticos, como absorve pelos poros do corpo os miasmas pestilenciais [com que se acha em contato molecular].[5]

4.2.2 Doação e recepção fluídica durante o passe

No passe ou transmissão fluídica, não basta a existência de alguém com disposição para doar suas energias magnéticas. É necessário que ocorra uma interação entre o doador e o receptor.

> Estabelecido o clima de confiança, qual acontece entre o doente e o médico preferido, cria-se a ligação sutil entre o necessitado e o socorrista e, por semelhante elo de forças, ainda imponderáveis no mundo, verte o auxílio da Esfera Superior, na medida dos créditos de um e outro.

Ao toque da energia emanante do passe, com a supervisão dos benfeitores desencarnados, o próprio enfermo, na pauta da confiança e do merecimento de que dá testemunho, emite ondas mentais características, assimilando os recursos vitais que recebe, retendo-os na própria constituição fisiopsicossomática, por meio das várias funções do sangue.

O socorro, quase sempre hesitante a princípio, corporifica-se à medida que o doente lhe confere atenção, porque, centralizando as próprias radiações sobre as províncias celulares de que se serve, lhes regula os movimentos e lhes corrige a atividade, mantendo-lhes as manifestações dentro de normas desejáveis, e, estabelecida a recomposição, volve a harmonia orgânica possível, assegurando à mente o necessário governo do veículo em que se amolda.[6]

O processo de socorro pelo passe é tanto mais eficiente quanto mais intensa se faça a adesão daquele que lhe recolhe os benefícios, uma vez que a vontade do paciente, erguida ao limite máximo de aceitação, determina sobre si mesmo mais elevados potenciais de cura.

Nesse estado de ambientação, ao influxo dos passes recebidos, as oscilações mentais do enfermo se condensam, mecanicamente, na direção do trabalho restaurativo, passando a sugeri-lo às entidades celulares do veículo em que se expressam, e os milhões de corpúsculos do organismo fisiopsicossomático tendem a obedecer, instintivamente, às ordens recebidas, sintonizando-se com os propósitos do comando espiritual que os agrega.[7]

4.2.3 O colaborador espírita do passe

O trabalhador espírita que atua na transmissão do passe deve considerar a tarefa como uma oportunidade de servir ao próximo. Entende, primeiramente, que

> *[...] Toda competência e especialização no mundo, nos setores de serviço, constituem o desenvolvimento da boa vontade. Bastam o sincero propósito de cooperação e a noção de responsabilidade para que sejamos iniciados, com êxito, em qualquer trabalho novo.*[8]

Jamais esquecendo que "[...] *Deus opera maravilhas por intermédio do trabalho de boa vontade!* [...]".[9]

Em segundo lugar, é sempre oportuno recordar as orientações do benfeitor Alexandre, citadas no livro *Missionários da luz*, de autoria de André Luiz:

> *– Todos, com maior ou menor intensidade, poderão prestar concurso fraterno, nesse sentido* [...], *porquanto, revelada a disposição fiel de cooperar a serviço do próximo, por esse ou aquele trabalhador, as autoridades de nosso meio designam entidades sábias e benevolentes que orientam, indiretamente, o neófito, utilizando-lhe a boa vontade e enriquecendo-lhe o próprio valor. São muito raros, porém,*

> *os companheiros que demonstram a vocação de servir espontaneamente. Muitos, não obstante bondosos e sinceros nas suas convicções, aguardam a mediunidade curadora, como se ela fosse um acontecimento miraculoso em suas vidas e não um serviço do bem, que pede do candidato o esforço laborioso do começo. Claro que, referindo-nos aos irmãos encarnados, não podemos exigir a cooperação de ninguém [...]; entretanto, se algum deles vem ao nosso encontro, solicitando admissão às tarefas de auxílio, logicamente receberá nossa melhor orientação, no campo da Espiritualidade.*[10]

Dessa forma, o trabalhador do passe que se mantém constante na atividade e

> *[...] que o interesse dele nas aquisições sagradas do bem seja mantido acima de qualquer preocupação transitória, deve esperar incessante progresso das faculdades radiantes, não só pelo próprio esforço, senão também pelo concurso de Mais-Alto, de que se faz merecedor.*
>
> *[...]*
>
> *– Conseguida a qualidade básica, o candidato ao serviço precisa considerar a necessidade de sua elevação urgente, para que as suas obras se elevem no mesmo ritmo. [...] Antes de tudo, é necessário equilibrar o campo das emoções. Não é possível fornecer forças construtivas a alguém, ainda mesmo na condição de instrumento útil, se fazemos sistemático desperdício das irradiações vitais. Um sistema nervoso esgotado, oprimido, é um canal que não responde pelas interrupções havidas. A mágoa excessiva, a paixão desvairada, a inquietude obsidente, constituem barreiras que impedem a passagem das energias auxiliadoras. Por outro lado, é preciso examinar também as necessidades fisiológicas, a par dos requisitos de ordem psíquica. A fiscalização dos elementos destinados aos armazéns celulares é indispensável, por parte do próprio interessado em atender as tarefas do bem. O excesso de alimentação produz odores fétidos, pelos poros, bem como das saídas dos pulmões e do estômago, prejudicando as faculdades radiantes, porquanto provoca dejeções anormais e desarmonias de vulto no aparelho gastrintestinal, interessando a intimidade das células. O álcool e outras substâncias tóxicas operam distúrbios nos centros nervosos, modificando certas funções psíquicas e anulando os melhores esforços na transmissão de elementos regeneradores e salutares.*[11]

Recomendam, também, os instrutores espirituais que é importante que os colaboradores, ligados a esse tipo de atividade, adquiram maiores conhecimentos sobre a atividade.

> *Decerto, o estudo da constituição humana lhes é naturalmente aconselhável, tanto quanto ao aluno de enfermagem, embora não seja médico, se recomenda a aquisição de conhecimentos do corpo em si. E do mesmo modo que esse aprendiz de rudimentos da Medicina precisa atentar para a assepsia do seu quadro de trabalho, o médium passista necessitará vigilância no seu campo de ação,*

porquanto de sua higiene espiritual resultará o reflexo benfazejo naqueles que se proponha socorrer. Eis por que se lhe pede a sustentação de hábitos nobres e atividades limpas, com a simplicidade e a humildade por alicerces no serviço de socorro aos doentes [...].

O investimento cultural ampliar-lhe-á os recursos psicológicos, facilitando-lhe a recepção das ordens e avisos dos instrutores que lhe propiciem amparo, e o asseio mental lhe consolidará a influência, purificando-a, além de dotar-lhe a presença com a indispensável autoridade moral, capaz de induzir o enfermo ao despertamento das próprias forças de reação.[12]

4.3 UTILIZAÇÃO DO MAGNETISMO HUMANO-ESPIRITUAL NA CASA ESPÍRITA: A ÁGUA FLUIDIFICADA

A "[...] *água é veículo dos mais poderosos para os fluidos de qualquer natureza* [...]",[13] informa o Espírito André Luiz, citando o benfeitor espiritual Lísias. Informa, ainda, que na Colônia Nosso Lar a água é empregada, sobretudo, como alimento e remédio, e que ali existem serviços consagrados exclusivamente à manipulação da água pura, pela captação de elementos oriundos do Sol e do magnetismo espiritual.[14]

É comum, na Casa Espírita, a magnetização da água pelos benfeitores espirituais, que incorporam ao líquido simples recursos magnéticos de subido valor para o equilíbrio psicofísico do enfermo.[15] Aliás, inúmeras substâncias existentes na Natureza são passíveis de transformação; no entanto, a água é o veículo de escolha em razão da simplicidade da sua constituição molecular.

Este princípio explica o fenômeno conhecido de todos os magnetizadores e que consiste em dar-se, pela ação da vontade, a uma substância qualquer, à água, por exemplo, propriedades muito diversas: um gosto determinado e até as qualidades ativas de outras substâncias. Desde que não há mais de um elemento primitivo e que as propriedades dos diferentes corpos são apenas modificações desse elemento, o que se segue é que a mais inofensiva substância tem o mesmo princípio que a mais deletéria. Assim, a água, que se compõe de uma parte de oxigênio e de duas de hidrogênio, se torna corrosiva, duplicando-se a proporção do oxigênio [transforma-se em água oxigenada que, não diluída, é potente corrosivo]. Transformação análoga se pode produzir por meio da ação magnética dirigida pela vontade.[16]

[...] É assim que as mais insignificantes substâncias [...] podem adquirir qualidades poderosas e efetivas, sob a ação do fluido espiritual ou magnético, ao qual elas servem de veículo, ou, se quiserem, de reservatório.[17]

4.4 UTILIZAÇÃO DO MAGNETISMO HUMANO-ESPIRITUAL NA CASA ESPÍRITA: A PRECE

A prece caracteriza-se como uma importante prática espírita, recomendada pelos próprios Espíritos Orientadores da Codificação Espírita.

> – Sem dúvida [...] [a] oração é prodigioso banho de forças, tal a vigorosa corrente mental que atrai. [...]
>
> [...]
>
> [...] A oração, com o reconhecimento de nossa desvalia, coloca-nos na posição de simples elos de uma cadeia de socorro, cuja orientação reside no Alto. [...][18]
>
> Pela prece, obtém o homem o concurso dos bons Espíritos que acorrem a sustentá-lo em suas boas resoluções e a inspirar-lhe ideias sãs. Ele adquire, desse modo, a força moral necessária a vencer as dificuldades e a volver ao caminho reto, se deste se afastou. Por esse meio, pode também desviar de si os males que atrairia pelas suas próprias faltas. [...][19]

Neste sentido,

> [...] A prece não é movimento mecânico dos lábios, nem disco de fácil repetição no aparelho da mente. É vibração, energia, poder. A criatura que ora, mobilizando as próprias forças, realiza trabalhos de inexprimível significação. Semelhante estado psíquico descortina forças ignoradas, revela a nossa origem divina e coloca-nos em contato com as fontes superiores. [...].[20]
>
> Por exercer a prece uma como ação magnética, poder-se-ia supor que o seu efeito depende da força fluídica. Assim, entretanto, não o é. Exercendo sobre os homens essa ação, os Espíritos, sendo preciso, suprem a insuficiência daquele que ora, ou agindo diretamente em seu nome, ou dando-lhe momentaneamente uma força excepcional, quando o julgam digno dessa graça, ou que ela lhe pode ser proveitosa.
>
> O homem que não se considere suficientemente bom para exercer salutar influência não deve por isso abster-se de orar a bem de outrem, com a ideia de que não é digno de ser escutado. [...].[21]
>
> Está no pensamento o poder da prece, que por nada depende nem das palavras, nem do lugar, nem do momento em que seja feita. Pode-se, portanto, orar em toda parte e a qualquer hora, a sós ou em comum. A influência do lugar ou do tempo só se faz sentir nas circunstâncias que favoreçam o recolhimento. A prece em comum tem ação mais poderosa, quando todos os que oram se associam de coração a um mesmo pensamento e colimam o mesmo objetivo, *porquanto é como se muitos clamassem juntos e em uníssono. Mas que importa seja grande o número de pessoas reunidas para orar, se cada uma atua isoladamente e por conta própria?! Cem pessoas juntas podem orar como egoístas, enquanto duas ou três, ligadas por uma mesma aspiração, orarão

*quais verdadeiros irmãos em Deus, e mais força terá a prece que lhe dirijam do que a das cem outras.*²²

REFERÊNCIAS

1. KARDEC, Allan. *A gênese*. Trad. Guillon Ribeiro. 53. ed. 9. imp. (Edição Histórica). Brasília, DF: FEB, 2020. cap. 14, it. 32.
2. _____. _____. it. 33.
3. _____. _____. it. 34.
4. XAVIER, Francisco Cândido. *O consolador*. Pelo Espírito Emmanuel. 29. ed. 11. imp. Brasília, DF: FEB, 2020. q. 96.
5. KARDEC, Allan. *A gênese*. Trad. Guillon Ribeiro. 53. ed. 9. imp. (Edição Histórica). Brasília, DF: FEB, 2020. cap. 14, it. 18.
6. XAVIER, Francisco Cândido; VIEIRA, Waldo. *Mecanismos da mediunidade*. Pelo Espírito André Luiz. 28. ed. 4. imp. Brasília, DF: FEB, 2016. cap. 22 – *Mediunidade curativa*, it. Mecanismo do passe.
7. _____. _____. it. Vontade do paciente.
8. XAVIER, Francisco Cândido. *Os mensageiros*. Pelo Espírito André Luiz. 47. ed. 14. imp. Brasília, DF: FEB, 2020. cap. 44 – *Assistência*.
9. _____. _____.
10. _____. *Missionários da luz*. Pelo Espírito André Luiz. 45. ed. 13. imp. Brasília, DF: FEB, 2020. cap. 19 – *Passes*.
11. _____. _____.
12. XAVIER, Francisco Cândido; VIEIRA, Waldo. *Mecanismos da mediunidade*. Pelo Espírito André Luiz. 28. ed. 4. imp. Brasília, DF: FEB, 2016. cap. 22 – *Mediunidade curativa*, it. Médium passista.
13. XAVIER, Francisco Cândido. *Nosso lar*. Pelo Espírito André Luiz. 64. ed. 7. imp. Brasília, DF: FEB, 2016. cap. 10 – *No Bosque das Águas*.
14. _____. _____.
15. _____. *Nos domínios da mediunidade*. Pelo Espírito André Luiz. 36. ed. 4. imp. Brasília, DF: FEB, 2015. cap. 12 – *Clarividência e clariaudiência*.
16. KARDEC, Allan. *O livro dos espíritos*. Trad. Guillon Ribeiro. 93. ed. 9. imp. (Edição Histórica). Brasília, DF: FEB, 2019. q. 33, Nota de Allan Kardec de n. 6 [nota de rodapé].
17. _____. *A gênese*. Trad. Guillon Ribeiro. 53. ed. 9. imp. (Edição Histórica). Brasília, DF: FEB, 2020. cap. 15, it. 25.
18. XAVIER, Francisco Cândido. *Nos domínios da mediunidade*. Pelo Espírito André Luiz. 36. ed. 4. imp. Brasília, DF: FEB, 2015. cap. 17 – *Serviço de passes*.

19 KARDEC, Allan. *O evangelho segundo o espiritismo.* Trad. Guillon Ribeiro. 131. ed. 13. imp. (Edição Histórica). Brasília, DF: FEB, 2019. cap. 27, it. 11.
20 XAVIER, Francisco Cândido. *Missionários da luz.* Pelo Espírito André Luiz. 45. ed. 13. imp. Brasília, DF: FEB, 2020. cap. 6 – *A oração.*
21 KARDEC, Allan. *O evangelho segundo o espiritismo.* Trad. Guillon Ribeiro. 131. ed. 13. imp. (Edição Histórica). Brasília, DF: FEB, 2019. cap. 27, it. 14.
22 _____. _____. it. 15.

PROGRAMA COMPLEMENTAR

MÓDULO III
O fenômeno mediúnico

OBJETIVO GERAL

Propiciar condições de entendimento do fenômeno mediúnico sob a óptica espírita.

"Todos ficaram cheios do Espírito Santo, e começaram a falar em outras línguas, segundo o espírito lhes concedia declarar." (*Atos dos apóstolos*, 2:4.)

O FENÔMENO MEDIÚNICO ATRAVÉS DOS TEMPOS

1 **OBJETIVO ESPECÍFICO**

» Analisar as principais características da manifestação do fenômeno mediúnico, ao longo do tempo.

2 **CONTEÚDO BÁSICO**

» As características da manifestação do fenômeno mediúnico nem sempre foram as mesmas. De um modo geral, alteraram-se ao longo do tempo, acompanhando o progresso do Espírito encarnado. A respeito dos primórdios da prática mediúnica, esclarece o Espírito André Luiz que a "[...] *intuição foi* [...] *o sistema inicial de intercâmbio, facilitando a comunhão das criaturas, mesmo a distância, para transfundi-las no trabalho sutil da telementação, nesse ou naquele domínio do sentimento e da ideia, por intermédio de remoinhos mensuráveis de força mental* [...]". (André Luiz, *Evolução em dois mundos*, cap. 17 – Mediunidade e corpo espiritual, it. Mediunidade inicial).

» As primeiras manifestações mediúnicas apresentam-se sob a forma do animismo tribal, com a personalização das forças da Natureza. Mais tarde, fundem-se a experiência e a imaginação do ser humano, dando nascimento à mitologia popular. Em seguida, aparece a primeira expressão religiosa antropomórfica da Humanidade: "[...] *o culto dos ancestrais* [...]". (Herculano Pires, *O espírito e o tempo*. 1ª pt., cap. 2 – *Horizonte Agrícola: Animismo e Culto dos Ancestrais*, it. Racionalização anímica).

» Rompendo a fase do *mediunismo primitivo*, seguem-se os períodos do *mediunismo oracular* e do *mediunismo bíblico*. A culminância do fenômeno mediúnico, porém, só é atingida com a Doutrina Espírita. (Herculano Pires, *O espírito e o tempo*, 1ª pt., cap. 1 – *Horizonte Tribal e Mediunismo Primitivo*, it. *Mediunismo e Espiritismo*).

» *Os anais de todas as nações mostram que, desde épocas remotíssimas da História, a evocação dos Espíritos era praticada por certos homens que tinham feito disso uma especialidade.* (Gabriel Delanne, *O fenômeno espírita*, 1ª pt., cap. 1 – *A Antiguidade*).

» É visível a expansão do fenômeno mediúnico entre os principais povos em todas as épocas da Humanidade. Da antiga Índia aos tempos atuais, o fenômeno mediúnico intensifica-se e populariza-se, o que propiciou, no século XIX, o advento da Doutrina Espírita, codificada por Allan Kardec.

3 SUGESTÕES DIDÁTICAS

3.1 SUGESTÃO 1:

Introdução

Apresentar, no início da reunião, a frase: "Fenômeno mediúnico através do tempo.".

Fazer uma apresentação geral do tema, por meio da técnica expositiva, tendo como base o item 4.1 (Principais características da manifestação do fenômeno mediúnico ao longo do tempo) dos subsídios.

Desenvolvimento

Em seguida, pedir aos participantes que formem um grande círculo, preparando-se para a técnica de discussão circular, do item 4.2 (Visão histórica representativa da expansão do fenômeno mediúnico entre os principais povos) dos subsídios.

Orientar o grupo no sentido de que cada um deverá ler um parágrafo em voz alta, enquanto é acompanhado por todos.

Após a leitura, promover um debate, incentivando o relato dos pontos mais significativos.

Prosseguir com a técnica até o final do Roteiro.

Conclusão

Fazer o fechamento, destacando os principais pontos do assunto estudado, dirimindo possíveis dúvidas.

Avaliação

O estudo será considerado satisfatório se os participantes demonstrarem interesse e entendimento sobre o tema.

Técnica(s): exposição; discussão circular.

Recurso(s): cartaz ou transparências; subsídios deste Roteiro.

3.2 SUGESTÃO 2:

Introdução

Iniciar o estudo com a pergunta:

Fenômenos mediúnicos são obras do Espiritismo?

Desenvolvimento

Ouvir os comentários, iniciando exposição dialogada dos subsídios da apostila – item 4.1 – Principais características da manifestação do fenômeno mediúnico ao longo do tempo.

Em seguida, dividir os participantes em grupos para a leitura dos subsídios da apostila, item 4.2 – Visão histórica representativa da expansão do fenômeno mediúnico entre os principais povos.

Os grupos deverão fazer um resumo e, em uma linha do tempo, organizar alguns dos fenômenos mediúnicos que antecederam o Espiritismo (tempo aproximado de até 30 minutos).

Terminado o trabalho dos grupos, seguir com as apresentações das linhas do tempo.

Nesse momento, o facilitador acompanha, participa e complementa informações sobre o assunto apresentado de acordo com subsídios do Roteiro e Referência sugerida.

Propor a seguinte reflexão individual (não há a necessidade de comentário):

Qual a importância de saber da existência de fenômenos mediúnicos ao longo do tempo?

Conclusão

Fazer o fechamento reforçando que:

> As primeiras manifestações mediúnicas apresentam-se sob a forma do animismo tribal, com a personalização das forças da Natureza. Mais tarde, fundem-se a experiência e a imaginação do ser humano, dando nascimento à mitologia popular. Em seguida, aparece a primeira expressão religiosa antropomórfica da Humanidade: "[...] *o culto dos ancestrais* [...]". (Herculano Pires, *O espírito e o tempo*. 1ª pt., cap. 2 – *Horizonte Agrícola: Animismo e Culto dos Ancestrais*, it. Racionalização anímica).
>
> Rompendo a fase do *mediunismo primitivo*, seguem-se os períodos do *mediunismo oracular* e do *mediunismo bíblico*. A culminância do fenômeno mediúnico, porém, só é atingida com a Doutrina Espírita. (Herculano Pires, *O espírito e o tempo*, 1ª pt., cap. 1 – *Horizonte Tribal e Mediunismo Primitivo*, it. *Mediunismo e Espiritismo*).

Avaliação

O estudo será considerado satisfatório se as ideias de os participantes refletirem entendimento do assunto.

Técnica(s): explosão de ideias, exposição dialógica, estudo de grupos; discussão circular.

Recurso(s): subsídios do Roteiro.

Atividade de preparação para o próximo encontro de estudo: Sugestão 2.

Esta atividade pode ser proposta aos participantes.

Dividir os participantes em grupos.

Grupo 1– fazer o estudo do médium precursor Emanuel Swedenborg – dos subsídios do Roteiro 2, Módulo III.

Preparar a apresentação do assunto para a turma, sob a supervisão do facilitador. Apresentação de até 15 minutos.

Grupo 2 – fazer o estudo do médium precursor Edward Irving – dos subsídios do Roteiro 2, Módulo III.

Preparar a apresentação do assunto para a turma, sob a supervisão do facilitador. Apresentação de até 15 minutos.

Grupo 3 – fazer o estudo do médium precursor Andrew Jackson Davis – dos subsídios do Roteiro 2, Módulo III.

Preparar a apresentação do assunto para a turma, sob a supervisão do facilitador. Apresentação de até 15 minutos.

Grupo 4 – fazer o estudo do médium precursor Daniel Dunglas Home – dos subsídios do Roteiro 2, Módulo III.

Preparar a apresentação do assunto para a turma, sob a supervisão do facilitador. Apresentação de até 15 minutos.

4 SUBSÍDIOS

4.1 PRINCIPAIS CARACTERÍSTICAS DA MANIFESTAÇÃO DO FENÔMENO MEDIÚNICO AO LONGO DO TEMPO

Consoante os esclarecimentos do Espírito André Luiz, articulando,

> [...] ao redor de si mesma, as radiações das sinergias funcionais das agregações celulares do campo físico ou do psicossomático [perispirítico], a alma encarnada ou desencarnada está envolvida na própria aura ou túnica de forças eletromagnéticas, em cuja tessitura circulam as irradiações que lhe são peculiares.
>
> Evidenciam-se essas irradiações, de maneira condensada, até um ponto determinado de saturação, contendo as essências e imagens que lhe configuram os desejos no mundo íntimo, em processo espontâneo de autoexteriorização, ponto esse do qual a sua onda mental se alonga adiante, atuando sobre todos os que com ela se afinem e recolhendo naturalmente a atuação de todos os que se lhe revelem simpáticos.[1]

Desse modo, pode-se dizer que a *aura* é

> [...] a nossa plataforma onipresente em toda comunicação com as rotas alheias, antecâmara do Espírito, em todas as nossas atividades de intercâmbio com a vida que nos rodeia, por meio da qual somos vistos e examinados pelas Inteligências Superiores, sentidos e reconhecidos pelos nossos afins, e temidos e hostilizados ou amados e auxiliados pelos irmãos que caminham em posição inferior à nossa.
>
> Isso porque exteriorizamos, de maneira invariável, o reflexo de nós mesmos, nos contatos de pensamento a pensamento, sem necessidade das palavras para as simpatias ou repulsões fundamentais.
>
> É por essa couraça [...] espécie de carapaça fluídica, em que cada consciência constrói o seu ninho ideal, que começaram todos os serviços da mediunidade na Terra, considerando-se a mediunidade como atributo do homem encarnado para corresponder-se com os homens liberados do corpo físico.
>
> Essa obra de permuta, no entanto, foi iniciada no mundo sem qualquer direção consciente, porque, pela natural apresentação da própria aura, os homens

melhores atraíram para si os Espíritos humanos melhorados, cujo coração generoso se voltava, compadecido, para a esfera terrena, auxiliando os companheiros da retaguarda, e os homens rebeldes à Lei Divina aliciaram a companhia de entidades da mesma classe, transformando-se em pontos de contato entre o bem e o mal ou entre a luz e a sombra que se digladiam na própria Terra.

Pelas ondas de pensamento a se enovelarem umas sobre as outras, segundo a combinação de frequência e trajeto, natureza e objetivo, encontraram-se as mentes semelhantes entre si, formando núcleos de progresso em que homens nobres assimilaram as correntes mentais dos Espíritos Superiores, para gerar trabalho edificante e educativo, ou originando processos vários de simbiose em que almas estacionárias se enquistaram mutuamente, desafiando debalde os imperativos da evolução e estabelecendo obsessões lamentáveis, a se elastecerem sempre novas, nas teias do crime ou na etiologia complexa das enfermidades mentais.

A intuição foi, por esse motivo, o sistema inicial de intercâmbio, facilitando a comunhão das criaturas, mesmo a distância, para transfundi-las no trabalho sutil da telementação, nesse ou naquele domínio do sentimento e da ideia, por intermédio de remoinhos mensuráveis de força mental, assim como na atualidade o remoinho eletrônico infunde em aparelhos especiais a voz ou a figura de pessoas ausentes, em comunicação recíproca na radiotelefonia e na televisão.[2]

Essas considerações, em torno da *aura* e da *intuição*, trazem uma explicação científica para a revelação histórica de que as "[...] *crenças na imortalidade da alma e nas comunicações entre os vivos* [encarnados] *e os mortos* [desencarnados] *eram gerais entre os povos da Antiguidade*".[3] Tais crenças, portanto, tiveram origem no exercício natural e empírico da mediunidade (*mediunismo primitivo*)[4] – no qual a *intuição*, como foi visto, constituiu o *sistema inicial de intercâmbio*.

As primeiras manifestações mediúnicas apresentam-se sob a forma do animismo tribal, com a personalização das forças da Natureza. É o que se denomina *fetichismo*. Os fetiches básicos do homem primitivo eram a *Terra-Mãe* e o *Céu-Pai*.[5] O fenômeno mediúnico é, desse modo, conhecido "[...] *desde as primeiras idades do mundo* [...]". Desse fato originou-se a crença na pluralidade dos deuses, uma vez que "[...] *chamando deus a tudo o que era sobre-humano, os homens tinham por deuses os Espíritos* [...]".[6]

Com o desenvolvimento mental do ser humano, fundem-se a experiência e a imaginação, dando nascimento à mitologia popular, com as suas divindades repletas de magia (os deuses do Olimpo grego, por exemplo). Em seguida, e ainda nessa fase primitiva das manifestações mediúnicas, aparece a primeira expressão religiosa antropomórfica da Humanidade: *o culto dos ancestrais* (manes, deuses-lares, deuses locais).[7]

Na verdade, os povos antigos transformaram os Espíritos em

> [...] *divindades especiais. As musas* [deusas mitológicas] *não eram senão a personificação alegórica dos Espíritos protetores das ciências e das artes, como os deuses Lares e Penates simbolizavam os Espíritos protetores da família.* [...].[8]

Rompendo a fase do *mediunismo primitivo*, seguem-se os períodos do *mediunismo oracular* e do *mediunismo bíblico*.[9] Os oráculos predominam no início do processo civilizatório. Deles partem orientações diversas que abrangem as relações sociais, políticas e religiosas dos grandes povos da Antiguidade.[10] No *mediunismo bíblico*, entretanto, o fenômeno mediúnico adquire nova dimensão, afastando-se do politeísmo até então reinante, para representar a manifestação do Deus Universal e Supremo.[11]

O fenômeno mediúnico continua a sua trajetória evolutiva e só atinge a culminância com a Doutrina Espírita, que define a mediunidade como condição natural do ser humano e a enfoca sob os aspectos racional e científico.[12]

4.2 VISÃO HISTÓRICA REPRESENTATIVA DA EXPANSÃO DO FENÔMENO MEDIÚNICO ENTRE OS PRINCIPAIS POVOS

> *Os anais de todas as nações mostram que, desde épocas remotíssimas da História, a evocação dos Espíritos era praticada por certos homens que tinham feito disso uma especialidade.*
>
> *O mais antigo código religioso que se conhece, os Vedas, aparecido* [na Índia] *milhares de anos antes de Jesus Cristo, afirma a existência dos Espíritos. Eis como o grande legislador Manu se exprime a respeito:* "*Os Espíritos dos antepassados, no estado invisível, acompanham certos brâmanes* [sacerdotes que oficiavam o sacrifício do Veda] *convidados para as cerimônias em comemoração dos mortos, sob uma forma aérea; seguem-nos e tomam lugar ao seu lado quando eles seassentam*".[13]

Assim é que

> *Desde tempos imemoriais, os padres iniciados nos mistérios* [doutrina secreta] *preparam indivíduos chamados faquires para a evocação dos Espíritos e para a obtenção dos mais notáveis fenômenos do magnetismo.* [...].[14]

Também desde a mais remota Antiguidade

> [...] *o povo da China entrega-se à evocação dos Espíritos dos avoengos. O missionário Huc refere grande número de experiências, cujo fim era a comunicação*

dos vivos com os mortos [...]. Com o tempo e em consequência das guerras que forçaram parte da população hindu a emigrar, o segredo das evocações espalhou-se em toda a Ásia, encontrando-se ainda entre os egípcios e entre os hebreus a tradição que veio da Índia.[15]

Com efeito,

Todos os historiadores estão de acordo em atribuir aos padres do antigo Egito poderes que pareciam sobrenaturais e misteriosos. Os magos dos faraós realizavam estes prodígios que são referidos na Bíblia; *mas, deixando de parte o que pode haver de legendário nessas narrações, é bem certo que eles evocavam os mortos, pois Moisés, seu discípulo, proibiu formalmente que os hebreus se entregassem a essas práticas:* "Que entre nós ninguém use de sortilégio e de encantamentos, nem interrogue os mortos para saber a verdade."

A despeito dessa proibição, vemos Saul ir consultar a pitonisa de Endor e, por seu intermédio, comunicar-se com a sombra de Samuel. [...]

Apesar da proibição de Moisés, houve sempre investigadores que foram tentados por essas evocações misteriosas; instituíam uma doutrina secreta a que chamavam Cabala, mas cercando-se de precauções e fazendo o adepto jurar inviolável segredo para o vulgo. "Qualquer pessoa que – diz o *Talmud* [livro que contém a doutrina da lei moisaica] –, sendo instruída nesse segredo (a evocação dos mortos), o guarda com vigilância em um coração puro pode contar com o Amor de Deus e o favor dos homens; seu nome inspira respeito, sua ciência não teme o olvido, e torna-se ele herdeiro de dois mundos: aquele em que vivemos agora e o mundo futuro."[16]

Ainda com respeito ao povo hebreu, deve-se ressaltar que

O profetismo em Israel, durante vinte consecutivos séculos, é um dos fenômenos transcendentais mais notáveis da História. [...] A verdade é que os profetas israelitas são médiuns inspirados [...].

A origem do profetismo em Israel é assinalada por imponente manifestação. Um dia, Moisés escolhe 70 anciães e os coloca ao redor do tabernáculo. Jeová revela sua presença em uma nuvem, imediatamente as poderosas faculdades de Moisés se transmitem aos outros e "eles profetizaram". *[...]*[17]

Na Grécia, a crença nas evocações era geral. Todos os templos possuíam mulheres chamadas pitonisas, encarregadas de proferir oráculos, evocando os deuses [Espíritos]; *mas, às vezes, o consultante queria, ele próprio, ver e falar à sombra desejada, e, como na Judeia, conseguia-se pô-lo em comunicação com o ser ao qual desejava interrogar.*[18]

Por outro lado, discípulos "[...] *de Sócrates referem-se, com admiração e respeito, ao amigo invisível que o acompanhava constantemente*".[19]

Na Itália sucede o mesmo que na Índia, no Egito e entre os hebreus. O privilégio de evocar os Espíritos, primitivamente reservado aos membros da classe sacerdotal, espalhou-se pouco a pouco entre o povo e, se crermos em Tertuliano, o Espiritismo era exercido entre os antigos pelos mesmos meios que, hoje, entre nós.[20]

Aliás, "[...] Tertuliano trata, em termos explícitos, das mesas girantes e falantes".[21]

"Se é dado – *diz ele* – aos magos fazer aparecer fantasmas, evocar as almas dos mortos, poder forçar a boca das crianças a proferir oráculos; se eles realizam grande número de milagres, se explicam sonhos, se têm às suas ordens Espíritos mensageiros e demônios, em virtude dos quais as mesas que profetizam são um fato vulgar, com que redobrado zelo esses Espíritos poderosos não se esforçarão por fazer em próprio proveito o que eles fazem em serviço de outrem?"

Em apoio das afirmações de Tertuliano, pode-se citar uma passagem de Amiano Marcelino sobre Patrício e Hilário, levados perante o tribunal romano por crime de magia, acusação esta de que eles se defenderam referindo "que tinham fabricado, com pedaços de loureiro, uma mesinha (mensulam) sobre a qual colocaram uma bacia circular feita de vários metais, tendo um alfabeto gravado nas bordas. Em seguida, um homem vestido de linho, depois de ter recitado uma fórmula e feito uma evocação ao deus da profecia, tinha suspendido por cima da bacia um anel preso a um fio de linho muito fino e consagrado por meios misteriosos. O anel, saltando sucessivamente, mas sem confusão, sobre várias letras gravadas, e parando sobre cada uma, formava versos perfeitamente regulares, em resposta às questões propostas."[22]

Em Roma, no templo de Minerva, Pausânias, ali condenado a morrer de fome, passou a viver, em Espírito, monoideizado na revolta em que se alucinava, aparecendo e desaparecendo aos olhos de circunstantes assombrados, durante largo tempo.

Sabe-se que Nero, nos últimos dias de seu reinado, viu-se fora do corpo carnal, junto de Agripina e de Otávia, sua genitora e sua esposa, ambas assassinadas por sua ordem, a lhe pressagiarem a queda no abismo.

Os Espíritos vingativos em torno de Calígula eram tantos que, depois de lhe enterrarem os restos nos jardins de Lâmia, eram ali vistos, frequentemente, até que se lhe exumaram os despojos para a incineração.[23]

Na Gália, o processo de intercâmbio com o Plano Espiritual era intenso.

A comemoração dos mortos é de iniciativa gaulesa. No dia 1º de novembro celebrava-se a festa dos Espíritos, não nos cemitérios – os gauleses não honravam os cadáveres –, mas sim em cada habitação, onde os bardos [poetas] e os videntes evocavam as almas dos defuntos. No entender deles, os bosques e as charnecas eram povoados por Espíritos errantes. Os Duz e os Korrigans eram almas em procura de novas encarnações.[24]

Todavia, onde a mediunidade atinge culminâncias é justamente no Cristianismo nascituro.

Toda a passagem do Mestre inesquecível, entre os homens é um cântico de luz e amor, externando-lhe a condição de Medianeiro da Sabedoria Divina.

E, continuando-lhe o ministério, os apóstolos que se lhe mantiveram leais converteram-se em médiuns notáveis, no dia de Pentecostes, quando, associadas as suas forças, por se acharem "todos reunidos", os emissários espirituais do Senhor, por meio deles, produziram fenômenos físicos em grande cópia, como sinais luminosos e vozes diretas, inclusive fatos de psicofonia e xenoglossia, em que os ensinamentos do Evangelho foram ditados em várias línguas, simultaneamente, para os israelitas de procedências diversas.

Desde então, os eventos mediúnicos para eles se tornaram habituais.

Espíritos materializados libertavam-nos da prisão injusta.

O magnetismo curativo era vastamente praticado pelo olhar e pela imposição das mãos.

Espíritos sofredores eram retirados de pobres obsessos, aos quais vampirizavam.

Um homem objetivo e teimoso, quanto Saulo de Tarso, desenvolve a clarividência, de um momento para outro, vê o próprio Cristo, às portas de Damasco, e lhe recolhe as instruções. E porque Saulo, embora corajoso, experimente enorme abalo moral, Jesus, condoído, procura Ananias, médium clarividente na aludida cidade, e pede-lhe socorro para o companheiro que encetava a tarefa.

Não somente na casa dos apóstolos em Jerusalém mensageiros espirituais prestam contínua assistência aos semeadores do Evangelho; igualmente no lar dos cristãos, em Antioquia, a mediunidade opera serviços valiosos e incessantes. Dentre os médiuns aí reunidos, um deles, de nome Ágabo, incorpora um Espírito benfeitor que realiza importante premonição. E nessa mesma igreja, vários instrumentos medianímicos aglutinados favorecem a produção da voz direta, consignando expressiva incumbência a Paulo e Barnabé.[25]

Os fatos mediúnicos continuam a produzir-se no decorrer dos tempos.

A Igreja Católica, mais do que qualquer outra, tinha necessidade de combater essas práticas, para si detestáveis, e, portanto, durante a Idade Média, milhares de vítimas foram queimadas sem piedade, sob o nome de feiticeiros e mágicos, por terem evocados os Espíritos. [...][26]

Nada obstante, nessa mesma época, destacam-se

[...] duas grandes figuras históricas: Cristóvão Colombo, o descobridor de um novo mundo [...], e Joana d´Arc, que obedece às suas vozes.

Em sua aventurosa missão, Colombo era guiado por um gênio invisível. Tratavam-no de um visionário. Nas horas das maiores dificuldades, ele escutava uma voz desconhecida murmurar-lhe ao ouvido: "Deus quer que teu nome ressoe gloriosamente através do mundo; ser-te-ão dadas as chaves de todos esses

> portos desconhecidos do oceano que se conservam atualmente fechados por formidáveis cadeias".
>
> *A vida de Joana d'Arc está na memória de todos. Sabe-se que, em todos os lugares, seres invisíveis inspiravam e dirigiam a heroica virgem de Domrémy. Todos os êxitos de sua gloriosa epopeia são previamente anunciados. Surgem aparições diante dela; vozes celestes ciciam-lhe ao ouvido. Nela, a inspiração flui como o borbotar de uma torrente impetuosa. Em meio dos combates, nos conselhos, como diante de seus juízes, por toda parte, essa criança de 18 anos comanda ou responde com segurança, consciente do sublime papel que desempenha, jamais variando na fé nem nas palavras, inquebrantável mesmo diante das súplicas, mesmo em face da morte [...].*[27]

Além desses dois exemplos, resplandece a figura de Francisco de Assis, exalçando a mediunidade "[...] *em luminosos acontecimentos* [...]".[28]

> *A esses nomes gloriosos temos o direito de acrescentar os dos grandes poetas. Depois da música é a poesia um dos focos mais puros da inspiração; provoca o êxtase intelectual, que permite entrar em comunicação com as esferas superiores.* [...]
>
> *Todos os grandes poetas heroicos principiam seus cantos por uma invocação aos deuses ou à musa; e os Espíritos inspiradores atendem à deprecação. Murmuram ao ouvido do poeta mil coisas sublimes, mil coisas que só ele entende, entre os filhos dos homens.*[29]

Aliás, pode-se dizer que

> *Os homens de gênio, de todas as espécies, artistas, sábios, literatos, são sem dúvida Espíritos adiantados, capazes de compreender por si mesmos e de conceber grandes coisas. Ora, precisamente porque os julgam capazes é que os Espíritos, quando querem executar certos trabalhos, lhe sugerem as ideias necessárias, e assim é que eles, as mais das vezes, são médiuns sem o saberem. Têm, no entanto, vaga intuição de uma assistência estranha, visto que todo aquele que apela para a inspiração, mais não faz do que uma evocação. Se não esperasse ser atendido, por que exclamaria, tão frequentemente: meu bom gênio, vem em meu auxílio?*[30]

Assim é que, por exemplo, Dante Alighieri

> [...] *é um médium incomparável. Sua A divina comédia é uma peregrinação através dos mundos invisíveis.* [...]
>
> *É pelos olhos da sua Beatriz, morta, que Alighieri vê "o esplendor da viva luz eterna", que iluminou toda a sua vida. Em meio daquela sombria Idade Média, sua vida e sua obra resplandecem como os cimos alpestres quando se coloram dos últimos clarões do dia e já o resto da Terra está mergulhada na sombra.*[31]

Desse modo, a mediunidade, que refulgia entre os primeiros cristãos, não se oculta; ao contrário, continua a produzir fenômenos grandiosos. Citaremos, mais adiante, outros exemplos não só de poetas-médiuns como também de músicos inspirados.

Prossegue a expansão do fenômeno mediúnico quando vemos, já na Idade Moderna, "[...] *Lutero transitando entre visões; Teresa d'Ávila em admiráveis desdobramentos; José de Copertino levitando ante a espantada observação do papa Urbano VIII* [...]".[32]

> *Tasso compõe aos 18 anos seu poema cavalheiresco "Renaud", sob a inspiração de Ariosto, e mais tarde, em 1575, sua obra capital,* a Jerusalém libertada, *vasta epopeia, que afirma haver-lhe sido igualmente inspirada.*
>
> *Shakespeare, Milton [...] foram também inspirados.*[33]

As obras principais de Shakespeare, dentre as quais *Hamlet* e *Macbeth*,

> [...] *contêm cenas célebres em que se movem aparições. Os espectros do pai de Hamlet e de Banquo, presos ao mundo material pelo jugo do passado, se tornam visíveis e impelem os vivos ao crime.*
>
> *Milton fazia suas filhas tocarem harpa antes de compor seus cantos do* Paraíso perdido, *porque, dizia ele, a harmonia atrai os gênios inspiradores.*
>
> [...]
>
> *Goethe se abeberou amplamente nas fontes do invisível. [...] O* Fausto *é uma obra mediúnica e simbólica de primeira ordem.* [...].[34]

O famoso músico Mozart é também um grande médium inspirado.

> [...] *numa de suas cartas a um amigo íntimo, nos inicia nos mistérios da inspiração musical:*
>
> "Dizes que desejarias saber qual o meu modo de compor e que método sigo. [...] Não te posso verdadeiramente dizer a esse respeito senão o que se segue, porque eu mesmo nada sei e não mo posso explicar.
>
> Quando estou em boas disposições e inteiramente só, durante o meu passeio, os pensamentos musicais me vêm com abundância. Ignoro donde procedem esses pensamentos e como me chegam; nisso não tem a minha vontade a menor intervenção."
>
> *No declínio de sua vida, quando já sobre ele se estendia a sombra da morte, em um momento de calma, de perfeita serenidade, ele chamou um de seus amigos que se achavam no quarto: "Escuta – disse ele – estou ouvindo música". O amigo lhe respondeu: "Não ouço nada". Mozart, porém, tomado de arroubo, continua a perceber as harmonias celestes. E seu pálido semblante se ilumina.* [...].[35]

Finalmente, dentre os grandes médiuns dessa época, destaca-se a significativa presença do sueco Emanuel Swedenborg, um dos mais importantes precursores do Espiritismo.

No período que abrange o fim da Idade Moderna e início da Idade Contemporânea, emerge, com todo o vigor, a figura inolvidável de Beethoven. Este músico famoso,

> [...] referindo-se à fonte de que lhe provinha a concepção de suas obras-primas, dizia [...]: "Sinto-me obrigado a deixar transbordar de todos os lados as ondas de harmonia provenientes do foco da inspiração. Procuro acompanhá-las e delas me apodero apaixonadamente; de novo me escapam e desaparecem entre a multidão de distrações que me cercam. Daí a pouco, torno a apreender com ardor a inspiração; arrebatado, vou multiplicando todas as modulações, e venho por fim a me apropriar do primeiro pensamento musical. [...]".[36]

Ainda na fase inicial da Idade Contemporânea, pode-se citar Honoré de Balzac. Este grande escritor francês, em várias de suas obras,

> [...] tocou em todos os problemas da vida invisível, do ocultismo e do magnetismo. Todas essas questões lhe eram familiares. Tratava-se com a competência do verdadeiro mestre, numa época em que ainda eram pouquíssimos conhecidas. Era não somente um profundo observador, mas também um vidente na mais elevada acepção do termo.[37]

O célebre músico Chopin, por sua vez, "[...] *tinha visões que, às vezes, o aterravam. Suas mais belas composições – sua "Marcha Fúnebre", seus "Noturnos" – foram escritos em completa obscuridade.* [...]".[38]

Em meados do século XIX – em plena Idade Contemporânea – acontece uma popularização inesperada dos fenômenos mediúnicos, os quais se expandem rapidamente por todo o mundo. Essa expansão é tão marcante que levou o famoso escritor inglês Arthur Conan Doyle a afirmar que os fenômenos em questão possuíam todas as características de uma "[...] *invasão organizada* [...]".[39] Essa fase de popularização do fenômeno mediúnico propiciou o advento da Doutrina Espírita, codificada por Allan Kardec. Dentre os fatos que antecederam imediatamente a Codificação, os mais significativos foram, sem dúvida, os ocorridos em Hydesville, nos Estados Unidos, e os fatos denominados *mesas girantes*,[40] que se propagaram especialmente pela Europa. (Veja o Roteiro 1 – O contexto histórico do século XIX na Europa, Módulo II – A Codificação Espírita, do Programa Fundamental, Tomo I.)

Finalmente, pode-se dizer que, após o advento da Doutrina Espírita, o fenômeno mediúnico continua a expandir-se. Médiuns notáveis têm possibilitado o intercâmbio entre os dois planos da vida. Apenas a título exemplificativo citaremos: Eusapia Palladino, na Itália; Florence Cook e Sra. d'Espérance, na Inglaterra; Sra. Piper, nos Estados Unidos; Amalia Domingo y Soler, na Espanha, e os excelentes médiuns brasileiros Ana Prado, Zilda Gama, Yvonne Pereira e, especialmente, Francisco Cândido Xavier.

RFFERÊNCIAS

1. XAVIER, Francisco Cândido; VIEIRA, Waldo. *Mecanismos da mediunidade*. Pelo André Luiz. 28. ed. 4. imp. Brasília, DF: FEB, 2016. cap. 10 – *Fluxo mental*, it. Campo da aura.
2. _____. *Evolução em dois mundos*. Pelo Espírito André Luiz. 27. ed. 13. imp. Brasília, DF: FEB, 2020. 1ª pt., cap. 17 – *Mediunidade e corpo espiritual*, it. Mediunidade inicial.
3. DELANNE, Gabriel. *O fenômeno espírita*. Trad. Francisco Raymundo Ewerton Quadros. 9. ed. 3. reimp. Brasília, DF: FEB, 2010. 1ª pt. Histórico, cap.1 – *A Antiguidade*.
4. PIRES, J. Herculano. *O espírito e o tempo*. 7. ed. Sobradinho, DF: EDICEL, 1995. 1ª pt. Fase Pré-histórica, cap. 1 – *Horizonte Tribal e Mediunismo Primitivo*, it. Mediunismo e Espiritismo, –p. 16 e 17.
5. _____. _____. cap. 2 – *Horizonte Agrícola: animismo e culto dos ancestrais*, it. Racionalização anímica, p. 29.
6. KARDEC, Allan. *O livro dos espíritos*. Trad. Guillon Ribeiro. 93. ed. 9. imp. (Edição Histórica). Brasília, DF: FEB, 2019. q. 668.
7. PIRES, J. Herculano. *O espírito e o tempo*. 7. ed. Sobradinho, DF: EDICEL, 1995. 1ª pt. Fase Pré-histórica, cap. 2 – *Horizonte Agrícola: animismo e culto dos ancestrais*, it. Racionalização anímica, p. 30 e 31.
8. KARDEC, Allan. *O livro dos espíritos*. Trad. Guillon Ribeiro. 93. ed. 9. imp. (Edição Histórica). Brasília, DF: FEB, 2019. Comentário de Kardec à q. 521.
9. PIRES, J. Herculano. *O espírito e o tempo*. 7. ed. Sobradinho, DF: EDICEL, 1995. 1ª pt. Fase Pré-histórica, cap. 1 – *Horizonte Tribal e Mediunismo Primitivo*, it. Mediunismo e Espiritismo, p. 16 e 17.
10. _____. _____. p. 20 e 21.
11. _____. _____. cap. 4 – *Horizonte Profético: mediunismo bíblico*, it. 2 As dimensões do profeta.
12. _____. _____. cap. 1 – *Horizonte Tribal e Mediunismo Primitivo*, it. Mediunismo e Espiritismo.
13. DELANNE, Gabriel. *O fenômeno espírita*. Trad. Francisco Raymundo Ewerton Quadros. 9. ed. 3. reimp. Brasília, DF: FEB, 2010. 1ª pt. Histórico, cap.1 – *A Antiguidade*.
14. _____. _____.
15. _____. _____.

16 _____. _____.

17 DENIS, Léon. *No invisível*. Trad. Leopoldo Cirne. 26. ed. 1. imp. Brasília, DF: FEB, 2014. 3ª pt. Grandezas e misérias da mediunidade, cap. 26 – *A mediunidade gloriosa*.

18 DELANNE, Gabriel. *O fenômeno espírita*. Trad. Francisco Raymundo Ewerton Quadros. 9. ed. 3. reimp. Brasília, DF: FEB, 2010. 1ª pt. Histórico, cap.1 – *A Antiguidade*.

19 XAVIER, Francisco Cândido; VIEIRA, Waldo. *Mecanismos da mediunidade*. Pelo Espírito André Luiz. 28. ed. 4. imp. Brasília, DF: FEB, 2016. *Mediunidade* [Emmanuel].

20 DELANNE, Gabriel. *O fenômeno espírita*. Trad. Francisco Raymundo Ewerton Quadros. 9. ed. 3. reimp. Brasília, DF: FEB, 2010. 1ª pt. Histórico, cap. 1 – *A Antiguidade*.

21 KARDEC, Allan. *O livro dos médiuns*. Trad. Guillon Ribeiro. 81. ed. 9. imp. (Edição Histórica). Brasília, DF: FEB, 2020. 2ª pt., cap. 2, it. 60.

22 DELANNE, Gabriel. *O fenômeno espírita*. Trad. Francisco Raymundo Ewerton Quadros. 9. ed. 3. reimp. Brasília, DF: FEB, 2010. 1ª pt. Histórico, cap. 1 – *A Antiguidade*.

23 XAVIER, Francisco Cândido; VIEIRA, Waldo. *Mecanismos da mediunidade*. Pelo Espírito André Luiz. 28. ed. 4. imp. Brasília, DF: FEB, 2016. *Mediunidade* [Emmanuel].

24 DENIS, Leon. *Depois da morte*. 28. ed. 4. imp. Brasília, DF: FEB, 2016. 1ª pt. Crenças e negações, cap. 5 – *A Gália*.

25 XAVIER, Francisco Cândido; VIEIRA, Waldo. *Mecanismos da mediunidade*. Pelo Espírito André Luiz. 28. ed. 4. imp. Brasília, DF: FEB, 2016. *Mediunidade* [Emmanuel].

26 DELANNE, Gabriel. *O fenômeno espírita*. Trad. Francisco Raymundo Ewerton Quadros. 9. ed. 3. reimp. Brasília, DF: FEB, 2010. 1ª pt. Histórico, cap. 1 – *A Antiguidade*.

27 DENIS, Léon. *No invisível*. Trad. Leopoldo Cirne. 26. ed. 1. imp. Brasília, DF: FEB, 2014. 3ª pt. Grandezas e misérias da mediunidade, cap. 26 – *A mediunidade gloriosa*.

28 XAVIER, Francisco Cândido; VIEIRA, Waldo. *Mecanismos da mediunidade*. Pelo Espírito André Luiz. 28. ed. 4. imp. Brasília, DF: FEB, 2016. *Mediunidade* [Emmanuel].

29 DENIS, Léon. *No invisível*. Trad. Leopoldo Cirne. 26. ed. 1. imp. Brasília, DF: FEB, 2014. 3ª pt. Grandezas e misérias da mediunidade, cap. 26 – *A mediunidade gloriosa*.

30 KARDEC, Allan. *O livro dos médiuns*. Trad. Guillon Ribeiro. 81. ed. 9. imp. (Edição Histórica). Brasília, DF: FEB, 2020. 2ª pt., cap. 15, it. 183.

31 DENIS, Léon. *No invisível*. Trad. Leopoldo Cirne. 26. ed. 1. imp. Brasília, DF: FEB, 2014. 3ª pt. Grandezas e misérias da mediunidade, cap. 26 – *A mediunidade gloriosa*.

32 XAVIER, Francisco Cândido; VIEIRA, Waldo. *Mecanismos da mediunidade*. Pelo Espírito André Luiz. 28. ed. 4. imp. Brasília, DF: FEB, 2016. *Mediunidade* [Emmanuel].

33 DENIS, Léon. *No invisível*. Trad. Leopoldo Cirne. 26. ed. 1. imp. Brasília, DF: FEB, 2014. 3ª pt. Grandezas e misérias da mediunidade, cap. 26 – *A mediunidade gloriosa*.

34 _____. _____.

35 _____. _____. 2ª pt. O Espiritismo Experimental: os fatos, cap. 14 – *Visão e audição psíquicas no estado de vigília*.

36 _____. _____.

37 _____. _____. 3ª pt. Grandezas e misérias da mediunidade, cap. 26 – *A mediunidade gloriosa*.

38 _____. _____.

39 DOYLE, Arthur Conan. *A história do espiritualismo*: de Swenderborg ao início do século XX. Trad. José Carlos da Silva Silveira 1. ed. 1. imp. Brasília, DF: FEB, 2013. cap. 1 – *A história de Swedenborg*.

40 KARDEC, Allan. *O livro dos médiuns*. Trad. Guillon Ribeiro. 81. ed. 9. imp. (Edição Histórica). Brasília, DF: FEB, 2020. 2ª pt., cap. 2, it. 60.

MENSAGEM

Súplica de filho

Não me procures, mãe, sob o jazigo
Que recobres de joias e açucenas!...
Fita o campo das lágrimas terrenas,
Levanta-te da lousa e vem comigo.

Aqui, chora a viuvez amargas penas,
Ali, geme a orfandade ao desabrigo,
Ergamos para a dor um pouso amigo
E as nossas dores ficarão pequenas!...

Transformemos o luxo, mãe querida,
Em consolo, agasalho, pão e vida,
Na inspiração do bem que nos governa!...

E seguiremos juntos, dia a dia,
Convertendo a saudade escura e fria
Em bendito calor de luz eterna.

Luís Roberto

FONTE: XAVIER, Francisco Cândido. *Poetas redivivos*. Espíritos diversos. 4. ed. 26. imp. Brasília, DF: FEB, 2007. cap. 82.

OS MÉDIUNS PRECURSORES

1 OBJETIVO ESPECÍFICO

» Analisar as características da contribuição dos médiuns precursores para o Espiritismo nascente.

2 CONTEÚDO BÁSICO

» Segundo informações de Arthur Conan Doyle, existentes em seu livro *A história do espiritualismo*: de Swedenborg ao início do século XX [Trad. José Carlos da Silva Silveira. FEB Editora], os principais médiuns precursores do Espiritismo (antes da publicação de *O livro dos espíritos*) foram: Emanuel Swedenborg, Edward Irving, Andrew Jackson Davis, as irmãs Fox (veja o Programa Fundamental, Tomo I, Módulo II, Roteiro 2 – Fenômenos mediúnicos que antecederam a Codificação: Hydesville e mesas girantes) e Daniel Dunglas Home.

» Emanuel Swedenborg foi engenheiro sueco e viveu no século XVIII. Possuía notável clarividência. Publicou alguns livros sobre a vida no Mundo Espiritual, afirmando, em um deles, que esse mundo consiste em várias esferas representando diversos graus de felicidade e luminosidade e que, após a morte, iremos para aquela à qual se adapte a nossa condição espiritual. É considerado o grande anunciador do influxo espírita dos últimos tempos, quando o fenômeno mediúnico deixa de ter caráter episódico, para transformar-se numa invasão organizada pelos Espíritos. (Arthur Conan Doyle, *A história do espiritualismo*: de Swedenborg ao início do século XX, cap. 1 – A história de Swedenborg).

» Edward Irving foi pastor protestante escocês, nascido em 1792, cuja mediunidade de inspiração atraía multidões para ouvir suas luminosas e eloquentes pregações evangélicas. Na igreja que dirigia, ocorreram notáveis fenômenos de psicofonia e voz direta. Pode-se dizer que as experiências mediúnicas de Irving constituíram-se, por sua singularidade, em um traço de união entre Swedenborg e um outro eminente precursor da Doutrina Espírita – Andrew Jackson Davis. (Arthur Conan Doyle, *A história do espiritualismo*: de Swedenborg ao início do século XX, cap. 2 – *Edward Irving: os shakers*).

» Andrew Jackson Davis, cognominado "o profeta da Nova Revelação", por ter previsto o advento do Espiritismo, nasceu em 1826, na cidade de Nova Iorque, nos Estados Unidos. A despeito da debilidade física que manifestava e do baixo nível de escolaridade, foi excelente médium clarividente, clariaudiente e de cura. Possuía, ainda, a natural capacidade de ver o futuro, de fazer diagnósticos e prognósticos médicos, e de exprimir-se em línguas desconhecidas, quando saía do corpo físico. (Arthur Conan Doyle, *A história do espiritualismo*: de Swedenborg ao início do século XX, cap. 3 – *O profeta da Nova Revelação*).

» Daniel Dunglas Home, que possuía uma excepcional mediunidade de levitação, nasceu na Escócia, em 1833. A seu respeito assim foi dito: "[...] Quando o Sr. Home passa, espalha, em seu derredor, a maior de todas as bênçãos: a certeza da vida futura". (Arthur Conan Doyle, *A história do espiritualismo*: de Swedenborg ao início do século XX, cap. 9 – *A carreira de Daniel Dunglas Home*).

3 SUGESTÕES DIDÁTICAS

3.1 SUGESTÃO 1:

Introdução

Citar os objetivos do Roteiro, justificando a importância de se realizar um estudo biográfico, ainda que resumido, dos médiuns precursores do Espiritismo.

Desenvolvimento

Formar quatro grupos, para a realização das seguintes tarefas, com base nos subsídios do Roteiro:

Grupo 1 – leitura dos dados biográficos de Emanuel Swedenborg.

Grupo 2 – leitura dos dados biográficos de Edward Irving.

Grupo 3 – leitura dos dados biográficos de Andrew Jackson Davis.

Grupo 4 – leitura dos dados biográficos Daniel Dunglas Home.

Todos os grupos: troca de ideias, após a leitura; realização do exercício contido na *Ficha de estudo* (ver Anexo); preparação de cartaz contendo os resultados das tarefas realizadas pelo grupo, que pode ser apresentado em forma de esquema; escolha de um participante para apresentar, em plenária, esses resultados.

Observar a apresentação dos grupos, inserindo em bloco de anotações os pontos que reclamarem esclarecimentos.

Prestar os esclarecimentos necessários, reforçando a contribuição dos médiuns precursores biografados para o Espiritismo nascente, uma vez que apresentaram marcos bem definidos da presença do Plano Espiritual, antes e durante a denominada *invasão organizada* pelo Plano Espiritual Superior.

Conclusão

Concluir o estudo apresentando, em transparência ou *datashow* a nota de Davis, datada de 31 de março de 1848, em que ele percebe mediunicamente o início do trabalho da Revelação Espírita com os acontecimentos de Hydesville, nessa mesma data:

> "Esta madrugada um sopro fresco passou pelo meu rosto, e ouvi uma voz, suave e firme, dizer-me: 'Irmão, foi dado início a um bom trabalho; contempla a demonstração viva que surge'. [...]". [*Allan Kardec, o educador e codificador*, 2ª pt., cap. 1 – *A fagulha da renovação*, it. 8 Andrew Jackson Davis. Org. Zêus Wantuil. FEB Editora. Nova edição de 2019].

Avaliação

O estudo será considerado satisfatório, se os participantes realizarem corretamente o trabalho proposto.

Técnica(s): estudo em pequenos grupos; estudo em ficha.

Recurso(s): subsídios do Roteiro; ficha de estudo; bloco de anotações; transparência; retroprojetor; cartolina/papel pardo; caneta hidrográfica.

3.2 SUGESTÃO 2:

Introdução

Iniciar o estudo com as apresentações preparadas pelos grupos.

Desenvolvimento

Terminada as apresentações dos grupos, abrir o momento para perguntas. Os grupos poderão responder.

Nesse momento, o facilitador acompanha, participa e complementa informações sobre o assunto apresentado de acordo com subsídios do Roteiro e Referência sugerida.

Em seguida, propor uma discussão circular:

» *Qual a importância das contribuições dos médiuns precursores para o Espiritismo?*

Nesse momento, o facilitador esclarece as dúvidas e complementa informações sobre o assunto de acordo com subsídios do Roteiro e Referência sugerida.

Propor a seguinte reflexão individual (não há a necessidade de comentário):

O estudo dos fenômenos mediúnicos foi importante para o surgimento do Espiritismo. Ainda preciso ver fenômenos para acreditar na existência da vida espiritual?

Conclusão

Fazer o fechamento reforçando que:

É inegável a contribuição desses médiuns para o Espiritismo nascente, uma vez que representaram marcos bem definidos da presença do Plano Espiritual antes e durante a época da denominada *invasão organizada* pelos Espíritos Superiores, a qual compreende, notadamente, o período que se inicia com os fenômenos de Hydesville indo até à publicação de *O livro dos espíritos*. Foram anunciadores de uma nova era, pioneiros que tiveram a incumbência de preparar a Humanidade para a recepção dos ensinamentos da Doutrina Espírita.

Avaliação

O estudo será considerado satisfatório se as ideias de os participantes refletirem entendimento do assunto.

Técnica(s): apresentação de grupos; discussão circular.

Recurso(s): subsídios do Roteiro.

4   SUBSÍDIOS

Segundo informações colhidas na obra *A história do espiritualismo: de Swedenborg ao início do século XX*, de Arthur Conan Doyle, os principais médiuns precursores do Espiritismo foram: Emanuel Swedenborg, Edward Irving, Andrew Jackson Davis, as irmãs Fox e Daniel Dunglas Home, cujos resumos biográficos veremos a seguir, excluindo-se o das irmãs Fox, já apresentado no Tomo I, Módulo II, Roteiro 2 – Fenômenos mediúnicos que antecederam a Codificação: Hydesville e mesas girantes do Programa Fundamental.

4.1 EMANUEL SWEDENBORG

De acordo com o autor supracitado, seria impossível estabelecer-se uma data que marcasse o início da manifestação de uma força inteligente exterior ao homem, uma vez que esse fato existiu, embora de forma esporádica, em todas as épocas. Considera ele, entretanto, que Emanuel Swedenborg – o grande vidente sueco do século XVIII – foi o grande anunciador do influxo espírita dos últimos tempos, quando o fenômeno mediúnico deixa de ter caráter episódico, para transformar-se numa *invasão organizada* pelo Mundo Espiritual.[1] Swedenborg era engenheiro de minas e uma autoridade em metalurgia, física e astronomia.[2] Desde criança foi médium clarividente: emancipado do corpo, conseguia ver o que se passava em outros lugares sem, aparentemente, sair do seu estado normal de consciência. Assim é que viu e descreveu, com perfeita exatidão, um incêndio que acontecia em Estocolmo, estando, ele, a 300 milhas de distância, num jantar com 16 convidados. No entanto, a vidência propriamente dita, isto é, a possibilidade de ver os Espíritos, eclodiu subitamente em uma noite de abril de 1744, na cidade de Londres, Inglaterra, e o acompanhou durante toda a sua existência.

> *Na mesma noite, abriram-se nitidamente para mimo mundo dos Espíritos, o inferno e o céu. Aí encontrei muitas pessoas de meu conhecimento e de todas as condições. Depois disso, o Senhor diariamente abria-me os olhos do espírito para que visse, em plena vigília, os acontecimentos do Outro Mundo e pudesse conversar com anjos e Espíritos.*[3]

Eis alguns ensinos transmitidos por Swedenborg: 1. O Mundo Espiritual consiste de várias esferas, representando diversos graus de felicidade e luminosidade. Após a morte iremos para aquela à qual se adapte a nossa condição espiritual. 2. O cenário, as condições e a estrutura do Mundo Espiritual assemelham-se aos da sociedade terrena. Há residências para as famílias, templos religiosos, auditórios e palácios. 3. A morte é suave, uma vez que os seres celestiais ajudam os recém-chegados ao Mundo Espiritual, que passam, em seguida, por um período de absoluto repouso, reconquistando a consciência em pouco tempo. 4. Existem anjos e demônios, mas que não são de ordem diferente da nossa: são apenas almas humanas altamente evoluídas, ou, então, retardatárias. 5. O homem não muda com a morte. Leva consigo os seus hábitos mentais adquiridos, os seus preconceitos, as suas preocupações. É julgado por uma lei espiritual que leva em consideração os resultados globais da sua vida. 6. As crianças são recebidas no Mundo Espiritual sem nenhum tipo de discriminação pelo fato de serem ou não batizadas. Crescem no outro mundo sob a orientação de jovens que lhes servem de mães até a chegada das mães verdadeiras. 7. Não há penas eternas. Os que estão no Inferno podem trabalhar para saírem de lá, desde que tenham vontade de fazê-lo. Os que estão no Céu também podem alcançar posições mais elevadas. Há casamento sob a forma de união espiritual, em que um homem e uma mulher formam uma unidade completa. Em sua descrição do Mundo Espiritual, Swedenborg descia aos mínimos detalhes. Assim é que falava, por exemplo, da sua arquitetura, da música, da literatura e da ciência ali cultivadas, das suas flores, escolas, bibliotecas, dos seus museus, dos esportes ali praticados.[4] Escreveu as seguintes obras: *Céu e inferno*, *A nova Jerusalém* e *Arcana coelestia*.[5]

4.2 EDWARD IRVING

Nasceu em 1792. Era de origem humilde, pertencendo à classe dos trabalhadores braçais escoceses. Tornou-se pastor protestante, com uma mediunidade de inspiração que atraía multidões para ouvir suas luminosas e eloquentes pregações evangélicas. Na igreja que dirigia, ocorreram, em 1831, notáveis fenômenos de psicofonia e voz direta, trazendo ensinos que contrariavam a ortodoxia e, por isso mesmo, foram considerados obra do "diabo". Esses ensinos eram apresentados de forma dogmática, por meio de intermináveis arengas entremeadas de censuras, que se convertiam em carapuças para muitos que participavam dos fenômenos. Os sensitivos condenavam-se uns aos outros como heréticos. Tais manifestações evidenciavam a existência de uma verdadeira força psíquica, revelando de igual modo uma lei espiritual – mais tarde explicada pelos Espíritos Superiores –, segundo a qual os Espíritos são atraídos pela nossa maneira de ser. Se somos ainda presunçosos e orgulhosos, atraímos Espíritos malévolos, sendo deles joguetes. Essa a razão pela qual podemos explicar a forma contundente e mesmo descaridosa das citadas manifestações. Pode dizer-se que as experiências de Edward Irving com as manifestações espíritas, num período que vai de 1830 a 1833, constituíram-se, pela sua singularidade, em um traço de união entre Swedenborg e um outro eminente precursor da Doutrina Espírita – Andrew Jackson Davis.[6]

4.3 ANDREW JACKSON DAVIS

[...] *cognominado o "Pai do Espiritualismo Moderno", o "Allan Kardec americano".*

Filho de pais humildes e incultos, nasceu, em 1826, num distrito rural do Estado de Nova Iorque (EUA), às margens do rio Hudson, entre gente simples e ignorante. Era um menino pouco atilado, falto de atividade intelectual, corpo mirrado, sem nenhum traço que denunciasse a sua excepcional mediunidade futura.

[...] Jackson Davis começou a ouvir, nos derradeiros anos de sua infância, vozes agradáveis e gentis, seguidas de belas clarividências, nele se desenvolvendo ao mesmo tempo os dons mediúnicos com aplicação em diagnósticos médicos.

Em 6 de março de 1844 [...], foi transportado da pequena localidade de Poughkeepsie, onde morava, às montanhas de Catskill, 40 milhas distantes. Nestas montanhas encontrou dois anciães, que lhe revelaram ser seus mentores, posteriormente identificados como os Espíritos Galeno e Swedenborg. Foi este o primeiro contato que o rapazinho teve com os chamados mortos.

Com o tempo, sua mediunidade ganhou novos rumos. Quando em transe, falava várias línguas, inclusive o hebraico, todas dele desconhecidas, expondo admiráveis conhecimentos de Geologia e discutindo, com rara habilidade, intrincadas questões de Arqueologia histórica e bíblica, de Mitologia, bem como temas linguísticos e sociais – apesar de nada conhecer de gramática [...] e sem quaisquer estudos literários ou científicos. [...]

[...]

Durante dois anos Davis ditou, em transe inconsciente, um livro sobre os segredos da Natureza, dado a público, em 1847, sob o título Os princípios da natureza. *A ele Conan Doyle se referiu, dizendo ser "um dos livros mais profundos e originais de Filosofia"* [...]

[...]

[...] recebeu muitos outros livros, cerca de trinta, em parte editados com o título geral de Filosofia harmônica, *a ele transmitidos pela entidade espiritual Swedenborg.* [...]

Davis não era místico nem um religioso no sentido vulgar, e nem aceitava a revelação bíblica na sua interpretação literal. Era honrado, sério, incorruptível, amante da Verdade e sinceramente compenetrado de sua responsabilidade naqueles acontecimentos renovadores. Na sua pobreza material, jamais esqueceu a justiça e a caridade para com todos. Suas faculdades medianímicas chegaram a maior desenvolvimento depois dos 21 anos, e ele pôde então observar mais claramente o processo desencarnatório de várias pessoas, narrando-o em todas as minúcias. [...]

Antes de 1856, Jackson Davis profetizou o aparecimento dos automóveis e dos veículos aéreos movidos por uma força motriz de natureza explosiva, como também as máquinas de escrever e, ao que tudo indica, as locomotivas com motores de combustão interna. É extraordinária, pasmosa mesmo, a riqueza de detalhes que acerca desses inventos futuros Davis deixou estampados em sua obra Penetralia [...].

Afora isso, ele também predisse, em 1847, a manifestação ostensiva dos Espíritos com as criaturas humanas, frisando que não levaria muito tempo para que essa verdade se revelasse numa exuberante demonstração.

Sua obra inicial, de grande luminosidade, foi uma preparação para o aparecimento do Espiritismo, e numa de suas notas, datada de 31 de março de 1848, lê-se este significativo trecho:

"Esta madrugada um sopro fresco passou pelo meu rosto, e ouvi uma voz, suave e firme, dizer-me: 'Irmão, foi dado início a um bom trabalho; contempla a demonstração viva que surge'. Pus-me a cismar no significado de tal mensagem."

Muito longe estava ele de supor que, justamente na noite do citado dia, as irmãs Fox, em Hydesville, conversariam, por meio de batidas, com o Espírito de um morto, inaugurando o grandioso movimento espiritista mundial.

Por causa desse fato, Jackson Davis passou a ser citado por alguns escritores espíritas como "o profeta da Nova Revelação", como fez Conan Doyle.

[...]

Mediante suas visões espirituais do Além, deste apresentou descrição bem aproximada da que os Espíritos forneceriam em diversos países, inclusive no Brasil, aqui pela mediunidade de Francisco Cândido Xavier, nos livros do Espírito André Luiz.

Davis viu por lá uma vida semelhante à da Terra, vida a que se poderia chamar semimaterial, com gostos e objetivos adaptados às nossas naturezas, que a morte não modifica. Viu que, nesse vasto Além, o trabalho científico, o artístico, o literário e o humanitário não cessam. Viu as várias fases e graus do progresso espiritual, referindo-se às causas que retardam a evolução humana.

[...]

Jackson Davis avançou mais do que Swedenborg no levantamento dos véus que encobrem os mistérios da Vida, mas o emérito pedagogo Allan Kardec, missionário posterior, complementou-lhe e ampliou-lhe a obra, baseado nas comunicações de muitos Espíritos Superiores, sob a égide do Espírito da Verdade.[7]

4.4 DANIEL DUNGLAS HOME

Nasceu em 1833, na aldeia de Currie, próxima a Edimburgo, na Escócia. Era portador de mediunidade de efeitos físicos favorável à levitação e materialização de Espíritos. É considerado um missionário dos tempos modernos. A seu respeito foi dito: "[...] *Quando o Sr. Home passa, espalha, em seu derredor, a maior de todas as bênçãos: a certeza da vida futura*".[8]

> *O Codificador considera que a presença de Daniel Dunglas Home em Paris, em outubro de 1855, foi de certa forma providencial, constituindo-se em poderoso auxiliar na propagação das ideias espíritas. Abalou Home, por suas notáveis faculdades mediúnicas, as convicções de muita gente, mesmo entre as pessoas que não puderam ser testemunhas oculares.*
>
> *Kardec elogia o caráter de Home, a sua modéstia, seus sentimentos nobres e elevação de alma, e passa a relatar os fatos por ele próprio (Kardec) constatados ou pelas testemunhas oculares mais dignas de fé.*
>
> *Home, médium sob cuja influência se produziam principalmente fenômenos físicos, sem excluir, por isso, as manifestações inteligentes, foi defendido por Allan Kardec contra os detratores e maledicentes. O mestre declara que alguns fenômenos foram observados, na França, por testemunhas sérias, muito esclarecidas e altamente colocadas. Entre esses fenômenos, relata a suspensão de Home no ar, fato comprovado não só em Paris e Florença, como, principalmente, em Bordeaux. Não apenas ele (Home), mas também a mesa se elevava no espaço sem nenhum contato. Esse fenômeno não se produzia por ato da vontade do médium. Kardec escreve que o próprio Home lhe disse não se aperceber do que se passava, julgando estar sempre no chão, salvo quando olhava para baixo.*
>
> *Allan Kardec considerava a produção de aparições a manifestação mais extraordinária devida a Home, e relata vários casos de formação de mãos fluídicas, em tudo semelhantes a mãos vivas, sólidas e resistentes, que apareciam e repentinamente se evaporavam ao tentarem agarrá-las. A seguir, fala de pianos e harmônicas que tocavam sozinhos, com o auxílio de mãos ora visíveis, ora invisíveis.*[9]

Kardec, em várias ocasiões, defendeu Home de calúnias sobre ele levantadas por adversários das ideias espíritas. A certa altura, afirma, na *Revista Espírita* de março de 1863:

> [...] *Por certo, se alguém fosse capaz de vencer a incredulidade por efeitos materiais, este seria o Sr. Home. Nenhum médium produziu um conjunto de fenômenos mais surpreendentes, nem em condições mais honestas, e, contudo, hoje, bom número dos que o viram ainda o tratam como hábil prestidigitador. Para muitos ele faz coisas bem curiosas, mais curiosas que Robert Houdin* [famoso prestidigitador da época], *e eis tudo* [...].
>
> *Para Allan Kardec, o médium Home está acima de qualquer suspeita de charlatanismo: o que faltou aos que viram e não se convenceram foi a chave que lhes*

permitisse compreender as manifestações produzidas pelo médium. Ainda para ele, a vinda de Home à França contribuiu para ali acelerar o desenvolvimento do Espiritismo, quer pelo maravilhoso dos fenômenos, quer pela repercussão destes no mundo social que frequentou.[10]

Em suma, como se pôde ver aqui e, em relação às irmãs Fox, no Roteiro respectivo anteriormente citado, é inegável a contribuição desses médiuns para o Espiritismo nascente, uma vez que representaram marcos bem definidos da presença do Plano Espiritual antes e durante a época da denominada *invasão organizada* pelos Espíritos Superiores, a qual compreende, notadamente, o período que se inicia com os fenômenos de Hydesville indo até à publicação de *O livro dos espíritos*. Foram anunciadores de uma nova era, pioneiros que tiveram a incumbência de preparar a Humanidade para a recepção dos ensinamentos da Doutrina Espírita.

REFERÊNCIAS

1. DOYLE, Arthur Conan. *A história do espiritualismo*: de Swedenborg ao início do século XX. Trad. José Carlos da Silva Silveira. 1. ed. 1. imp. Brasília, DF: FEB, 2013. cap. 1 – *A história de Swedenborg*.
2. _____. _____.
3. _____. _____.
4. _____. _____.
5. _____. _____.
6. _____. _____. cap. 2 – *Edward Irving*: os *shakers*.
7. WANTUIL, Zêus; THIESEN, Francisco. *Allan Kardec*: o educador e o codificador. Org. Zêus Wantuil. 4. ed. 1. imp. Brasília, DF: FEB, 2019. 2ª pt., cap. 1 – *A fagulha da renovação*, it. 8 Andrew Jackson Davis.
8. DOYLE, Arthur Conan. *A história do espiritualismo*: de Swedenborg ao início do século XX. Trad. José Carlos da Silva Silveira. 1. ed. 1. imp. Brasília, DF: FEB, 2013. cap. 9 – *A carreira de Daniel Dunglas Home*.
9. WANTUIL, Zêus; THIESEN, Francisco. *Allan Kardec*: o educador e o codificador. Org. Zêus Wantuil. 4. ed. 1. imp. Brasília, DF: FEB, 2019. cap. 2 – *Limiar do mundo invisível*, it. 10 Análise crítica das faculdades e do comportamento de vários médiuns diante da respectiva fenomenologia... [Daniel D. Dome, o médium].
10. _____. _____.

ANEXO

Ficha de estudo

1. Escrever os principais dados biográficos do médium precursor estudado pelo grupo.

2. Esclarecer por que este médium é denominado precursor do Espiritismo.

MENSAGEM

Mas rogo-te, Senhor
Senhor, eu te agradeço
Não somente
As horas boas da felicidade,
Em que o meu coração tranquilo e crente
Dá-se ao louvor que te bendiz...
Agradeço igualmente os dias longos,
Em que varo o caminho, a pedra e vento,
Nos quais me ensinas sem barulho,
Através das lições do sofrimento,
Como ser mais feliz.

Agradeço a alegria
Que me dispensas pelas afeições,
A bênção de ternura,
Em cuja luz balsâmica me pões
Sob chuvas de flor;
E agradeço a amargura
Que a incompreensão me traga,
O estilete da crítica ferina,
Que tanta vez me oprime o peito em chaga
Para que eu saiba amar sem reclamar amor.

Agradeço o sorriso da esperança
Com que me fazes crer na verdade do sonho,
A segura certeza com que aguardo
O futuro risonho
Pela fé natural;
E agradeço-te a lágrima dorida,
Com que me alimpas a visão,

A fim de que eu prossiga, trilha afora,

Sem caminhar, em vão,

Sob a névoa do mal.

Agradeço por tudo o que me deste,

A ventura, a afeição, a dor, a prova,

O dom de discernir e o dom de compreender,

O fel da humilhação que me renova

Para que eu permaneça em ti no meu próprio dever...

Mas rogo-te, Senhor,

Quando me veja

Sob a perseguição e o sarcasmo das trevas,

No exercício do bem,

Não me deixes perder a paz a que me elevas,

Nem me deixes ferir ou condenar ninguém.

FONTE: XAVIER, Francisco Cândido. *Antologia da espiritualidade*. Pelo Espírito Maria Dolores. 6. ed. 2. imp. Brasília, DF: FEB, 2014. cap. 17.

FINALIDADES E MECANISMOS DAS COMUNICAÇÕES MEDIÚNICAS

1. **OBJETIVOS ESPECÍFICOS**

   » Refletir sobre as finalidades das comunicações mediúnicas, assinaladas por Allan Kardec.

   » Analisar as características de seus mecanismos.

2. **CONTEÚDO BÁSICO**

   » *O fim providencial das manifestações é convencer os incrédulos de que tudo para o homem não se acaba com a vida terrestre* [plano físico], *e dar aos crentes ideias mais justas sobre o futuro.* (Allan Kardec, *O que é o espiritismo,* cap. 2, it. 50).

   » Na compreensão dos mecanismos do intercâmbio mediúnico devemos destacar o papel do perispírito e o da mente, e a questão da sintonia e a influência moral do médium.

   » *Por meio do perispírito é que os Espíritos atuam sobre a matéria inerte e produzem os diversos fenômenos mediúnicos.* [...] (Allan Kardec, *Obras póstumas,* 1ª pt., cap. *Manifestações dos Espíritos,* § I – O perispírito como princípio das manifestações, it. 13).

   » A "[...] *mente permanece na base de todos os fenômenos mediúnicos.*

   [...]

   Em mediunidade [...] *não podemos olvidar o problema da sintonia.*

   Atraímos os Espíritos que se afinam conosco, tanto quanto somos por eles atraídos [...]". (André Luiz, *Nos domínios da mediunidade,* cap. 1 – Estudando a mediunidade).

» A faculdade mediúnica independe da moral. "[...] *O mesmo, porém, não se dá com o seu uso, que pode ser bom ou mau, conforme as qualidades do médium*". (Allan Kardec, *O livro dos médiuns*, 2ª pt., cap. 22, it. 226, 1ª questão).

3 SUGESTÕES DIDÁTICAS

3.1 SUGESTÃO 1:

Introdução

Dar a conhecer o assunto e os objetivos do Roteiro.

A seguir, informar aos participantes como é realizada a prática mediúnica por pessoas que desconhecem o Espiritismo, ou o conhecem superficialmente. Pessoas que, em geral procuram médiuns – espíritas ou não – na busca de soluções para os seus problemas, por divertimento ou simples curiosidade.

Propor-lhes, então, a seguinte pergunta:

Como explicar esta prática, tendo em conta as palavras de Kardec: "*As manifestações não são* [...] *destinadas a servir aos interesses materiais; sua utilidade está nas consequências morais que delas dimanam* [...]"? [*O que é o espiritismo*, cap. 2, it. 53].

Para essa atividade, utilizar a técnica do cochicho e o recurso do quadro/ transparência.

Ouvir as respostas, tecendo breves comentários, fazendo observações relevantes.

Desenvolvimento

Comentar brevemente o assunto do item 4.1 dos subsídios – Finalidades das comunicações mediúnicas – envolvendo os alunos, tanto quanto possível.

Solicitar aos participantes que leiam, silenciosamente, o item 4.2 dos subsídios – Mecanismos das comunicações mediúnicas.

Após a leitura, dividi-los em três grupos e solicitar-lhes que expliquem, por escrito:

Grupo 1 – o papel do perispírito nas comunicações mediúnicas;

Grupo 2 – o papel da mente nas comunicações mediúnicas;

Grupo 3 – sintonia mediúnica.

Proceder à apresentação dos trabalhos de tal forma que, após cada exposição, os dois outros grupos tenham oportunidade de contribuir com sugestões, observações e comentários pertinentes. Cabe ao facilitador fazer os ajustes necessários.

Conclusão

Apresentar as principais ideias estudadas, retiradas dos itens 4.1 e 4.2 dos subsídios.

Avaliação

O estudo será considerado satisfatório se os participantes responderem corretamente à pergunta proposta no início do estudo, e explicarem, de modo satisfatório, os mecanismos das comunicações mediúnicas, constantes dos subsídios.

Técnica(s): exposição; leitura; cochicho; trabalho em grupo.

Recurso(s): subsídios deste Roteiro; quadro/transparência; papel e lápis.

3.2 SUGESTÃO 2:

Introdução

Iniciar o estudo com a afirmativa de Kardec, acerca das manifestações mediúnicas:

> As manifestações não são [...] destinadas a servir aos interesses materiais; sua utilidade está nas consequências morais que delas dimanam [...]. [*O que é o espiritismo*, cap. 2, it. 53].

Pedir para que conversem sobre ela em duplas (em até 3 minutos).

Desenvolvimento

Ouvir alguns comentários iniciando exposição dialogada dos subsídios da apostila: item 4.1 – Finalidades das comunicações mediúnicas.

Em seguida, dividir os participantes em grupos para a leitura dos subsídios da apostila: item 4.2 – Mecanismos das comunicações mediúnicas.

Os grupos deverão comentar as ideias principais sobre:

a) O papel exercido pelo perispírito;

b) O papel exercido pela mente;

c) Sintonia mediúnica;

d) Influência moral do médium.

(Tempo aproximado de até 25 minutos).

Terminados os comentários nos grupos, seguir com uma discussão circular (como todos os grupos leram todo o conteúdo, a discussão pode dar-se pela participação de todos em qualquer momento, pois não se trata de apresentação de grupo):

» *Qual o papel exercido pelo perispírito?*

Depois dos comentários acerca deste assunto, passa-se para o próximo, na medida do possível, fazendo a ligação com o assunto comentado anteriormente. Dar sequência até que todos os assuntos tenham sido discutidos.

Durante as discussões dos assuntos, o facilitador acompanha, participa e complementa informações sobre o assunto apresentado de acordo com subsídios do Roteiro e Referência sugerida.

Propor a seguinte reflexão individual (não há a necessidade de comentário):

Como eu posso avaliar práticas mediúnicas?

Conclusão

Fazer o fechamento reforçando que:

As primeiras manifestações mediúnicas apresentam-se sob a forma do animismo tribal, com a personalização das forças da Natureza, denominado fetichismo.

> O fim providencial das manifestações é convencer os incrédulos de que tudo para o homem não se acaba com a vida terrestre [plano físico], e dar aos crentes ideias mais justas sobre o futuro.
>
> Os bons Espíritos nos vêm instruir para nosso melhoramento e avanço, e não para revelar-nos o que não devemos saber ainda, ou o que só deve ser conseguido pelo nosso trabalho.
>
> [...]
>
> As manifestações não são, pois, destinadas a servir aos interesses materiais; sua utilidade está nas consequências morais que delas dimanam; não tivessem elas, porém, como resultado senão fazer conhecer uma nova Lei da Natureza,

demonstrar materialmente a existência da alma e sua imortalidade, e já isso seria muito [...]. [Allan Kardec, *O que é o espiritismo*, cap. 2, its. 50 e 53].

Avaliação

O estudo será considerado satisfatório se as ideias de os participantes refletirem entendimento do assunto.

Técnica(s): explosão de ideias, cochicho, exposição dialógica, estudo de grupos; discussão circular.

Recurso(s): subsídios do Roteiro.

4 SUBSÍDIOS

4.1 FINALIDADES DAS COMUNICAÇÕES MEDIÚNICAS

O fim providencial das manifestações é convencer os incrédulos de que tudo para o homem não se acaba com a vida terrestre [plano físico], e dar aos crentes ideias mais justas sobre o futuro.

Os bons Espíritos nos vêm instruir para nosso melhoramento e avanço e não para revelar-nos o que não devemos saber ainda, ou o que só deve ser conseguido pelo nosso trabalho.

[...]

As manifestações não são, pois, destinadas a servir aos interesses materiais; sua utilidade está nas consequências morais que delas dimanam; não tivessem elas, porém, como resultado senão fazer conhecer uma nova Lei da Natureza, demonstrar materialmente a existência da alma e sua imortalidade, e já isso seria muito [...].[1]

A possibilidade de nos pormos em comunicação com os Espíritos é uma dulcíssima consolação, pois que nos proporciona meio de conversarmos com os nossos parentes e amigos, que deixaram antes de nós a Terra. Pela evocação, aproximamo-los de nós, eles vêm colocar-se ao nosso lado, nos ouvem e respondem. Cessa assim, por bem dizer, toda separação entre eles e nós. Auxiliam-nos com seus conselhos, testemunham-nos o afeto que nos guardam e a alegria que experimentam por nos lembrarmos deles. Para nós, grande satisfação é sabê-los ditosos, informar-nos, por seu intermédio, dos pormenores da nova existência a que passaram e adquirir a certeza de que um dia nos iremos a eles juntar.[2]

As comunicações mediúnicas têm outra finalidade:

[...] mostrar o estado futuro da alma, não mais em teoria, porém na realidade. Põem-nos diante dos olhos todas as peripécias da vida de Além-Túmulo. Ao mesmo tempo, entretanto, no-las mostram como consequências perfeitamente

lógicas da vida terrestre e, embora despojadas do aparato fantástico que a imaginação do homem criou, não são menos pessoais para os que fizeram mau uso de suas faculdades. [...][3]

Na verdade,

O que faz nascer na mente de muitas pessoas a dúvida sobre a possibilidade das comunicações de Além-Túmulo, é a ideia falsa que fazem do estado da alma depois da morte. Figuram ser ela um sopro, uma fumaça, uma coisa vaga, apenas apreensível ao pensamento, que se evapora e vai não se sabe para onde, mas para lugar tão distante que se custa compreender que ela possa tornar à Terra. Se, ao contrário, a considerarmos ainda unida a um corpo fluídico, semimaterial, formando com ele um ser concreto e individual, as suas relações com os viventes [encarnados] *nada têm de incompatível com a razão.*[4]

4.2 MECANISMOS DAS COMUNICAÇÕES MEDIÚNICAS

4.2.1 O papel exercido pelo perispírito

Sabemos que os Espíritos encarnados e desencarnados

[...] *têm um corpo fluídico, a que se dá o nome de perispírito. Sua substância é haurida do fluido universal ou cósmico, que o forma e alimenta* [...]. *O perispírito é mais ou menos etéreo, conforme os mundos e o grau de depuração do Espírito.* [...].[5]

Nas comunicações mediúnicas desempenha papel fundamental por ser o

[...] *órgão de transmissão de todas as sensações. Relativamente às que vêm do exterior, pode-se dizer que o corpo recebe a impressão; o perispírito a transmite e o Espírito, que é o ser sensível e inteligente, a recebe. Quando o ato é de iniciativa do Espírito, pode dizer-se que o Espírito quer, o perispírito transmite e o corpo executa.*[6]

Durante a comunicação mediúnica o perispírito do médium capta os fluidos do Espírito comunicante que pode lhe provocar sensações, boas ou más, conforme o grau evolutivo do Espírito. Estas sensações e percepções variam, em tipos e graus, porque

[...] *depende da organização* [perispiritual] *e da maior ou menor facilidade com que se pode operar a combinação dos fluidos. Influi também a maior ou menor simpatia do médium para com os Espíritos que encontram nele a força fluídica necessária.* [...][7]

Atuando esses fluidos sobre o perispírito, este, a seu turno, reage sobre o organismo material com que se acha em contato molecular. Se os eflúvios são de boa natureza, o corpo ressente uma impressão salutar; se são maus, a impressão é penosa. [...].[8]

4.2.2 O papel exercido pela mente

O médium é um intérprete do pensamento e da vontade dos Espíritos que se comunicam por seu intermédio, assim "[...] *como é preciso um fio elétrico para comunicar à grande distância uma notícia e, na extremidade do fio, uma pessoa inteligente, que a receba e transmita*".[9]

Usa, portanto a mente, para conhecer as intenções e as ideias do Espírito comunicante.

> *Examinando, pois, os valores anímicos como faculdades de comunicação entre os Espíritos, qualquer que seja o plano em que se encontrem, não podemos perder de vista o mundo mental do agente e do recipiente, porquanto, em qualquer posição mediúnica, a inteligência receptiva está sujeita às possibilidades e à coloração dos pensamentos em que vive, e a inteligência emissora jaz submetida aos limites e às interpretações dos pensamentos que é capaz de produzir.*[10]

Está, pois, a mente

> [...] *na base de todas as manifestações mediúnicas, quaisquer que sejam os característicos em que se expressem.* [...]
>
> *Procederam acertadamente aqueles que compararam nosso mundo mental a um espelho.*
>
> *Refletimos as imagens que nos cercam e arremessamos na direção dos outros as imagens que criamos.*
>
> *E, como não podemos fugir ao imperativo da atração, somente retrataremos a claridade e a beleza, se instalarmos a beleza e a claridade no espelho de nossa vida íntima.*[11]

Conjugando a ação do perispírito e a da mente podemos, então, perceber os fluidos ambientais, e os dos Espíritos que nos cercam, e entrar em sintonia com eles, captando-lhes as intenções, sentimentos, vontade e ideias. Este é o mecanismo básico das comunicações mediúnicas.

4.2.3 Sintonia mediúnica

A sintonia mediúnica se faz por meio da ligação da mente do Espírito comunicante à mente do médium. O Espírito André Luiz esclarece que durante a comunicação mediúnica forma-se um circuito mental que

> [...] *dessa maneira, expressa uma* "vontade-apelo" *e uma* "vontade-resposta", *no trajeto de ida e volta, definindo o comando da entidade comunicante e a concordância do médium, fenômeno esse exatamente aplicável tanto à esfera dos Espíritos desencarnados quanto à dos Espíritos encarnados, porquanto exprime conjugação natural ou provocada nos domínios da inteligência, totalizando os serviços de associação, assimilação, transformação e transmissão da energia mental.*

> *Para a realização dessas atividades, o emissor e receptor guardam consigo possibilidades particulares nos recursos do cérebro, em cuja intimidade se processam circuitos elementares do campo nervoso, atendendo a trabalhos espontâneos do Espírito, como sejam, ideação, seleção, autocrítica e expressão.*[12]

Importa considerar que durante o intercâmbio mediúnico, o médium "*Está, às vezes, num estado, mais ou menos acentuado, de crise* [transe]. [...]".[13] Dessa forma, a sintonia mediúnica é apenas uma das etapas do transe, obtida por meio da concentração e utilizando duas importantes ferramentas: o pensamento e a vontade.

4.2.4 Influência moral do médium

A influência moral do médium nas manifestações dos Espíritos – que será estudada com mais detalhes em outro momento –, é uma séria dificuldade encontrada na prática mediúnica. Os médiuns viciosos, que não se esforçam para combater as imperfeições, sobretudo o orgulho e a vaidade, são alvo do ataque de Espíritos imperfeitos, muito inescrupulosos, capazes de apropriar-se do nome de entidades veneráveis.[14]

> *Todas as imperfeições morais são outras tantas portas abertas ao acesso dos maus Espíritos. A que, porém, eles exploram com mais habilidade, é o orgulho [...].*[15]

REFERÊNCIAS

[1] KARDEC, Allan. *O que é o espiritismo*. Trad. Redação de *Reformador* em 1884. 56. ed. 1. imp. (Edição Histórica). Brasília, DF: FEB, 2013. cap. 2, its. 50 e 53.

[2] _____. *O livro dos espíritos*. Trad. Guillon Ribeiro. 93. ed. 9. imp. (Edição Histórica). Brasília, DF: FEB, 2019. Comentário de Kardec á q. 935.

[3] _____. _____. Comentário de Kardec à q. 973.

[4] _____. *O que é o espiritismo*. Trad. Redação de *Reformador* em 1884. 56. ed. 1. imp. (Edição Histórica). Brasília, DF: FEB, 2013. cap. 2, it. 23.

[5] _____. *Obras póstumas*. Trad. Guillon Ribeiro. 41. ed. 1. imp. (Edição Histórica): FEB, 2019. 1ª pt., cap. *Manifestações dos Espíritos*, § I – O perispírito como princípio das manifestações, it. 9.

[6] _____. _____. it. 10.

[7] _____. *O livro dos médiuns*. Trad. Guillon Ribeiro. 81. ed. 9. imp. (Edição Histórica). Brasília, DF: FEB, 2020. 2ª pt., cap. 4, it. 74, perg. XIX.

[8] _____. *A gênese*. Trad. Guillon Ribeiro. 53. ed. 9. imp. (Edição Histórica). Brasília, DF: FEB, 2020. cap. 14, it. 18.

[9] _____. *O livro dos médiuns*. Trad. Guillon Ribeiro. Trad. Guillon Ribeiro. 81. ed. 9. imp. (Edição Histórica). Brasília, DF: FEB, 2020. 2ª pt., cap. 19, it. 223, 6ª questão.

10 XAVIER, Francisco Cândido. *Nos domínios da mediunidade*. Pelo Espírito André Luiz. 36. ed. 4. imp. Brasília, DF: FEB, 2015. cap. 1 – *Estudando a mediunidade*.

11 _____. _____.

12 XAVIER, Francisco Cândido; VIEIRA, Waldo. *Mecanismos da mediunidade*. Pelo Espírito André Luiz. 28. ed. 4. imp. Brasília, DF: FEB, 2016. cap. 6 – *Circuito elétrico e circuito mediúnico*, it. Conceito de circuito mediúnico.

13 KARDEC, Allan. *O livro dos médiuns*. Trad. Guillon Ribeiro. 81. ed. 9. imp. (Edição Histórica). Brasília, DF: FEB, 2020. 2ª pt., cap. 19, it. 223, 1ª questão.

14 _____. _____. cap. 20, it. 227.

15 _____. _____. it. 228.

NATUREZA DAS COMUNICAÇÕES MEDIÚNICAS

1 **OBJETIVO ESPECÍFICO**

» Refletir sobre a natureza das comunicações mediúnicas.

2 **CONTEÚDO BÁSICO**

» As comunicações mediúnicas podem ser agrupadas, segundo a sua natureza, em grosseiras, frívolas, sérias e instrutivas. (Allan Kardec, *O livro dos médiuns*, 2ª pt., cap. 10, its. 133 a 137).

» Comunicações grosseiras *são as concebidas em termos que chocam o decoro* [...] (Allan Kardec, *O livro dos médiuns*, 2ª pt., cap. 10, it. 134).

» As comunicações frívolas *emanam de Espíritos levianos, zombeteiros, ou brincalhões, antes maliciosos do que maus, e que nenhuma importância ligam ao que dizem.* [...] (Allan Kardec, *O livro dos médiuns*, 2ª pt., cap. 10, it. 135).

» As comunicações sérias *são ponderosas quanto ao assunto e elevadas quanto à forma. Toda comunicação que, isenta de frivolidade e de grosseria, objetiva um fim útil, ainda que de caráter particular, é, por esse simples fato, uma comunicação séria.* [...] (Allan Kardec, *O livro dos médiuns*, 2ª pt., cap. 10, it. 136).

» Instrutivas *são as comunicações sérias cujo principal objeto consiste num ensinamento qualquer, dado pelos Espíritos, sobre as ciências, a moral, a filosofia etc. São mais ou menos profundas, conforme o grau de elevação e de desmaterialização do Espírito.* [...] (Allan Kardec, *O livro dos médiuns*, 2ª pt., cap. 10, it. 137).

3 SUGESTÕES DIDÁTICAS

3.1 SUGESTÃO 1:

Introdução

Realizar breve exposição sobre a natureza das comunicações mediúnicas, tendo como base o item 4.1 – Natureza das comunicações mediúnicas dos subsídios.

Desenvolvimento

Em seguida, solicitar aos participantes que se organizem em quatro grupos e, respectivamente, façam leitura e resumo escrito dos itens 4.2 a 4.5 dos subsídios.

Observação: Colocar à disposição dos grupos lápis/caneta e papel.

Pedir-lhes que indiquem, então, um colega para relatar, em plenária, o resumo elaborado pelo grupo.

Ouvir os relatos, esclarecendo possíveis dúvidas.

Conclusão

Destacar, ao término da reunião, pontos significativos relacionados à natureza dos diferentes tipos de comunicação mediúnica estudados, enfatizando a diferença entre mensagem mediúnica séria e mensagem mediúnica instrutiva.

Avaliação

O estudo será considerado satisfatório se os participantes apresentarem, no resumo, o significado de comunicação mediúnica grosseira, frívola, séria e instrutiva.

Técnica(s): exposição; trabalho em grupo.

Recurso(s): subsídios deste Roteiro, lápis e papel.

3.2 SUGESTÃO 2:

Introdução

Iniciar o estudo com a pergunta:

Como analisar as mensagens mediúnicas que circulam?

Desenvolvimento

Ouvir os comentários iniciando exposição dialogada dos subsídios da apostila – item 4.1 – Natureza das comunicações mediúnicas.

Em seguida, dividir os participantes em grupos para a leitura do capítulo 10 – *Da natureza das comunicações* de *O livro dos médiuns*, Allan Kardec.

Grupos 1 e 2 – leitura, breve comentário e resumo dos itens 133 a 135 do capítulo 10 de *O livro dos médiuns*;

Grupos 3 e 4 – leitura, breve comentário e resumo dos itens 136 a 138 do capítulo 10 de *O livro dos médiuns*.

(Tempo aproximado de até 20 minutos.)

Terminado esse tempo, propor aos Grupos 1 e 2 que se juntem e finalizem um único resumo a ser apresentado aos demais grupos; o mesmo trabalho a ser realizado pelos Grupos 3 e 4.

(Tempo aproximado de até 10 minutos.)

Terminado o trabalho dos grupos, seguir com as apresentações iniciando pelos Grupos 1 e 2.

Os grupos poderão fazer perguntas uns aos outros.

Nesse momento, o facilitador acompanha, esclarece dúvidas e complementa informações sobre o assunto apresentado de acordo com subsídios do Roteiro e Referência sugerida.

Propor a seguinte reflexão individual (não há a necessidade de comentário):

Que cuidados devo ter para analisar as mensagens que recebo?

Conclusão

Fazer o fechamento, lendo o texto de Emmanuel, do livro *Caminho, verdade e vida*, capítulo 120 – *Zelo próprio*, psicografia de Francisco Cândico Xavier, FEB Editora, destacando a seriedade da mensagem:

> Zelo próprio
>
> "Olhai por vós mesmos, para que não percais o vosso trabalho, mas antes recebais o inteiro galardão." (II *João*, 1:8.)
>
> A natureza física, não obstante a deficiência de suas expressões em face da grandeza espiritual da vida, fornece vasto repositório de lições, alusivas ao zelo próprio.

A fim de que o Espírito receba o sagrado ensejo de aprender na Terra, receberá um corpo equivalente a verdadeiro santuário. Os órgãos e os sentidos são as suas potências; mas semelhante tabernáculo não se ergueria sem as dedicações maternas e, quando a criatura toma conta de si, gastará grande percentagem de tempo na limpeza, conservação e defesa do templo de carne em que se manifesta. Precisará cuidar da epiderme, da boca, dos olhos, das mãos, dos ouvidos.

Que acontecerá se algum departamento do corpo for esquecido? Excrescências e sujidades trarão veneno à vida.

Se o quadro fisiológico, passageiro e mortal, exige tudo isso, que não requer de nossa dedicação o Espírito com os seus valores eternos?

Se já recebeste alguma luz, desvela-te em não perdê-la.

Intensifica-a em ti.

Lava os teus pensamentos em esforço diário, nas fontes do Cristo; corrige os teus sentimentos, renova as aspirações colocando-as na direção de Mais-Alto.

Não te cristalizes.

Movimenta-te no trabalho do zelo próprio, pois há "micróbios intangíveis" que podem atacar a alma e paralisá-la durante séculos.

Avaliação

O estudo será considerado satisfatório se as ideias de os participantes refletirem entendimento do assunto.

Técnica(s): explosão de ideias, exposição dialógica, estudo de grupos; discussão circular.

Recurso(s): subsídios do Roteiro, *O livro dos médiuns*.

4 SUBSÍDIOS

4.1 NATUREZA DAS COMUNICAÇÕES MEDIÚNICAS

> As comunicações que recebemos dos Espíritos podem ser boas ou más, justas ou falsas, profundas ou frívolas, consoante a natureza dos que se manifestam. Os que dão provas de sabedoria e erudição são Espíritos adiantados no caminho do progresso; os que se mostram ignorantes e maus, são os ainda atrasados, mas que com o tempo hão de progredir.
>
> Os Espíritos só podem responder sobre aquilo que sabem, segundo o seu estado de adiantamento, e ainda dentro dos limites do que lhes é permitido dizer-nos, porque há coisas que eles não devem revelar, por não ser ainda dado ao homem tudo conhecer.[1]

Dessa forma, as manifestações mediúnicas dos desencarnados "[...] *hão de refletir a elevação, ou a baixeza de suas ideias, o saber e a ignorância deles, seus vícios e suas virtudes [...]"*.²

> *Da diversidade de qualidades e aptidões dos Espíritos, resulta que não basta dirigirmo-nos a um Espírito qualquer para obtermos uma reposta segura a qualquer questão; porque, acerca de muitas coisas, ele não nos pode dar mais que sua opinião pessoal, a qual pode ser justa ou errônea. Se ele é prudente, não deixará de confessar a sua ignorância sobre o que não conhece; se é frívolo ou mentiroso, responderá de qualquer forma, sem se importar com a verdade; se é orgulhoso, apresentará suas ideias como verdades absolutas.*³

Sendo assim, é sempre oportuno lembrar o conselho do Apóstolo João: "Não creiais em todos os Espíritos, mas examinai se eles são de Deus [...]." (I *João*, 4:1).

> *A experiência demonstra a sabedoria desse conselho. Há imprudência e leviandade em aceitar sem exame tudo o que vem dos Espíritos. É de necessidade que bem conheçamos o caráter daqueles que estão em relação conosco.*⁴

> *Reconhece-se a qualidade dos Espíritos por sua linguagem; a dos Espíritos verdadeiramente bons e superiores é sempre digna, nobre, lógica e isenta de contradições; nela se respira a sabedoria, a benevolência, a modéstia e a mais pura moral; ela é concisa e despida de redundâncias. Na dos Espíritos inferiores, ignorantes ou orgulhosos, o vácuo das ideias é quase sempre preenchido pela abundância de palavras.*

> *Todo pensamento evidentemente falso, toda a máxima contrária à sã moral, todo conselho ridículo, toda expressão grosseira, trivial ou simplesmente frívola, enfim, toda manifestação de malevolência, de presunção ou arrogância, são sinais incontestáveis da inferioridade dos Espíritos.*⁵

> *[...] Em quatro categorias principais se podem grupar os matizes que* [as comunicações dos Espíritos] *apresentam. Segundo seus caracteres mais acentuados, elas se dividem em: grosseiras, frívolas, sérias e instrutivas.*⁶

4.2 COMUNICAÇÕES MEDIÚNICAS GROSSEIRAS

> *[...] são as concebidas em termos que chocam o decoro. Só podem provir de Espíritos de baixa estofa, ainda cobertos de todas as impurezas da matéria, e em nada diferem das que provenham de homens viciosos e grosseiros. Repugnam a quem quer que não seja inteiramente baldo de toda a delicadeza de sentimentos, pela razão de que, acordemente com o caráter dos Espíritos, elas serão triviais, ignóbeis, obscenas, insolentes, arrogantes, malévolas e mesmo ímpias.*⁷

> *Os Espíritos inferiores são, mais ou menos, ignorantes; seu horizonte moral é limitado, perspicácia restrita; eles não têm das coisas senão uma ideia muitas*

vezes falsa e incompleta, e, além disso, conservam-se ainda sob o império dos prejuízos terrestres, que eles tomam, às vezes, por verdades; por isso, são incapazes de resolver certas questões. E podem induzir-nos em erro, voluntária ou involuntariamente, sobre aquilo que nem eles mesmos compreendem.[8]

[...] Pode estabelecer-se como regra invariável e sem exceção que [...] a linguagem dos Espíritos está sempre em relação com o grau de elevação a que já tenham chegado. [...][9]

Assim, a linguagem

[...] dos Espíritos inferiores ou vulgares sempre algo refletem das paixões humanas. Toda expressão que denote baixeza, pretensão, arrogância, fanfarronice, acrimônia, é indício característico de inferioridade e de embuste, se o Espírito se apresenta com um nome respeitável e venerado.[10]

4.3 COMUNICAÇÕES MEDIÚNICAS FRÍVOLAS

As comunicações frívolas emanam de Espíritos levianos, zombeteiros, ou brincalhões, antes maliciosos do que maus, e que nenhuma importância ligam ao que dizem. Como nada de indecoroso encerram, essas comunicações agradam a certas pessoas, que com elas se divertem, porque encontram prazer nas confabulações fúteis, em que muito se fala para nada dizer. Tais Espíritos saem-se às vezes com tiradas espirituosas e mordazes e, por entre facécias vulgares, dizem não raro duras verdades, que quase sempre ferem com justeza. Em torno de nós pululam os Espíritos levianos, que de todas as ocasiões aproveitam para se intrometerem nas comunicações. A verdade é o que menos os preocupa; daí o maligno encanto que acham em mistificar os que têm a fraqueza e mesmo a presunção de neles crer sob palavra. As pessoas que se comprazem nesse gênero de comunicações naturalmente dão acesso aos Espíritos levianos e falaciosos. Delas se afastam os Espíritos sérios, do mesmo modo que na sociedade humana os homens sérios evitam a companhia dos doidivanas.[11]

A frivolidade das reuniões [mediúnicas] dá como resultado atrair os Espíritos levianos que só procuram ocasião de enganar e mistificar.[12]

Em vão se alega a utilidade de certas experiências curiosas, frívolas e divertidas, para convencer os incrédulos; é a um resultado contrário que se chega. O incrédulo, já propenso a escarnecer das mais sagradas crenças, não pode ver uma coisa séria naquilo de que se zomba, nem pode respeitar o que não lhe é apresentado de modo respeitável; por isso, retira-se sempre com má impressão das reuniões fúteis e levianas, onde não encontra ordem, gravidade e recolhimento. O que, sobretudo, pode convencê-lo, é a prova da presença de seres cuja memória lhe é cara [...].

Mas pelo fato mesmo de ele ter respeito, veneração e amor à pessoa cuja alma se lhe apresenta, fica chocado e escandalizado ao vê-la mostrar-se em uma assembleia irreverente [...].

As reuniões dessa natureza fazem sempre mais mal que bem, porque afasta da Doutrina maior número de pessoas do que atraem; além de que, prestam-se à crítica dos detratores, que assim acham fundados motivos para zombarias.[13]

4.4 COMUNICAÇÕES MEDIÚNICAS SÉRIAS

As comunicações sérias *são ponderosas quanto ao assunto e elevadas quanto à forma. Toda comunicação que, isenta de frivolidade e de grosseria, objetiva um fim útil, ainda que de caráter particular, é, por esse simples fato, uma comunicação séria. Nem todos os Espíritos sérios são igualmente esclarecidos; há muita coisa que eles ignoram e sobre que podem enganar-se de boa-fé. Por isso é que os Espíritos verdadeiramente superiores nos recomendam de contínuo que submetamos todas as comunicações ao crivo da razão e da mais rigorosa lógica.*

No tocante a comunicações sérias, cumpre se distingam as verdadeiras das falsas, o que nem sempre é fácil, porquanto, exatamente à sombra da elevação da linguagem, é que certos Espíritos presunçosos, ou pseudossábios, procuram conseguir a prevalência das mais falsas ideias e dos mais absurdos sistemas. E, para melhor acreditados se fazerem e maior importância ostentarem, não escrupulizam de se adornarem com os mais respeitáveis nomes e até com os mais venerados. Esse um dos maiores escolhos da ciência [espírita] prática [...].[14]

Os Espíritos Superiores não vão às reuniões fúteis, como um sábio da Terra não vai a uma assembleia de rapazes levianos. O simples bom senso nos diz que isso não pode ser de outro modo; se acaso, porém, eles aí se mostram algumas vezes, é somente com o fim de dar um conselho salutar, combater vícios, reconduzir ao bom caminho os que dele se iam afastando; então, se não forem atendidos, retiram-se.

Forma juízo completamente errôneo aquele que crê que Espíritos sérios se prestem a responder a futilidades, a questões ociosas em que se lhes manifestem pouca afeição, falta de respeito e nenhum desejo de se instruir; e ainda menos que eles venham dar-se em espetáculo para desfastio dos curiosos. Vivos [encarnados], eles não o fariam; mortos [desencarnados], também o não fazem.[15]

4.5 COMUNICAÇÕES MEDIÚNICAS INSTRUTIVAS

Instrutivas *são as comunicações sérias cujo principal objeto consiste num ensinamento qualquer, dado pelos Espíritos, sobre as ciências, a moral, a filosofia etc. São mais ou menos profundas, conforme o grau de elevação e de desmaterialização do Espírito. Para se retirarem frutos reais dessas comunicações, preciso é que elas sejam regulares e continuadas com perseverança. Os Espíritos sérios se ligam aos que desejam instruir-se e lhes secundam os esforços, deixando aos Espíritos levianos a tarefa de divertirem os que em tais manifestações só veem passageira distração. Unicamente pela regularidade e frequência daquelas comunicações se pode apreciar o valor moral e intelectual dos Espíritos que as dão e a confiança que eles merecem. Se, para julgar os homens, se necessita de experiência, muito mais ainda é esta necessária, para se julgarem os Espíritos.*[16]

O conceito espírita de reunião mediúnica está, necessariamente, associado ao de reunião instrutiva, conforme os seguintes esclarecimentos de Allan Kardec:

> *A primeira de todas é que sejam sérias, na integral acepção da palavra. Importa se persuadam todos que os Espíritos cujas manifestações se desejam são de natureza especialíssima; que, não podendo o sublime aliar-se ao trivial, nem o bem ao mal, quem quiser obter boas coisas precisa dirigir-se a bons Espíritos. Não basta, porém, que se evoquem bons Espíritos; é preciso, como condição expressa, que os assistentes estejam em condições propícias, para que eles assintam em vir. Ora, a assembleias de homens levianos e superficiais, Espíritos Superiores não virão, como não viriam quando vivos* [encarnados].
>
> *Uma reunião só é verdadeiramente séria, quando cogita de coisas úteis, com exclusão de todas as demais.* [...][17]
>
> *Qualificando de* instrutivas *as comunicações, supomo-las* verdadeiras, *pois o que não for* verdadeiro *não pode ser* instrutivo, *ainda que dito na mais imponente linguagem. Nessa categoria, não podemos, conseguintemente, incluir certos ensinos que de sério apenas têm a forma, muitas vezes empolada e enfática, com que os Espíritos que os ditam, mais presunçosos do que instruídos, contam iludir os que os recebem. Mas, não podendo suprir a substância que lhes falta, são incapazes de sustentar por muito tempo o papel que procuram desempenhar. A breve trecho, traem-se, pondo a nu a sua fraqueza, desde que alguma sequência tenham os seus ditados, ou que eles sejam levados aos seus últimos redutos.*[18]

REFERÊNCIAS

1. KARDEC, Allan. *O que é o espiritismo.* Trad. da Redação de *Reformador* em 1884. 56. ed. 1. imp. (Edição Histórica). Brasília, DF: FEB, 2013. cap. 2, it. 35.
2. _____. *O livro dos médiuns.* Trad. Guillon Ribeiro. 81. ed. 9. imp. (Edição Histórica). Brasília, DF: FEB, 2020. 2ª pt., cap. 10, it. 133.
3. _____. *O que é o espiritismo.* Trad. da Redação de *Reformador* em 1884. 56. ed. 1. imp. (Edição Histórica). Brasília, DF: FEB, 2013. cap. 2, it. 36.
4. _____. _____. it. 36.
5. _____. _____. it. 37.
6. _____. *O livro dos médiuns.* Trad. Guillon Ribeiro. 81. ed. 9. imp. (Edição Histórica). Brasília, DF: FEB, 2020. 2ª pt., cap. 10, it. 133.
7. _____. _____. it. 134.
8. _____. *O que é o espiritismo.* Trad. da Redação de *Reformador* em 1884. 56. ed. 1. imp. (Edição Histórica). Brasília, DF: FEB, 2013. cap. 2, it. 38.

9 _____. *O livro dos médiuns*. Trad. Guillon Ribeiro. 81. ed. 9. imp. (Edição Histórica). Brasília, DF: FEB, 2020. 2ª pt., cap. 24, it. 263.

10 _____. _____. it. 267, 4º princípio.

11 _____. _____. cap. 10, it. 135.

12 _____. *O que é o espiritismo*. Trad. da Redação de *Reformador* em 1884. 56. ed. 1. imp. (Edição Histórica). Brasília, DF: FEB, 2013. cap. 2, it. 44.

13 _____. _____. it. 46.

14 _____. *O livro dos médiuns*. Trad. Guillon Ribeiro. 81. ed. 9. imp. (Edição Histórica). Brasília, DF: FEB, 2020. 2ª pt., cap. 10, it. 136.

15 _____. *O que é o espiritismo*. Trad. da Redação de *Reformador* em 1884. 56. ed. 1. imp. (Edição Histórica). Brasília, DF: FEB, 2013. cap. 2, it. 43.

16 _____. *O livro dos médiuns*. Trad. Guillon Ribeiro. 81. ed. 9. imp. (Edição Histórica). Brasília, DF: FEB, 2020. 2ª pt., cap. 10, it. 137.

17 _____. _____. cap. 29, it. 327.

18 _____. _____. cap. 10, it. 137.

MENSAGEM

Súplica de Natal

Senhor, tu que deixaste a rutilante esfera
Em que reina a beleza e em que fulgura a glória,
Acolhendo-te, humilde, à palha merencória
Do mundo estranho e hostil em que a sombra ainda impera!

Tu que por santo amor deixaste a primavera
Da luz que te consagra o poder e a vitória,
Enlaçando na Terra o inverno, a lama e a escória
Dos que gemem na dor implacável e austera...

Sustenta-me na volta à escura estrebaria
Da carne que me espera em noite rude e fria,
Para ensinar-me agora a senda do amor puro!...

E que eu possa em teu nome abraçar, renovada,
A redentora cruz de minha nova estrada,
Alcançando contigo a ascensão do futuro.

Cármen Cinira

FONTE: XAVIER, Francisco Cândido. *Antologia mediúnica do natal*. Espíritos diversos. 7. ed. 1. imp. Brasília, DF: FEB, 2017. cap. 10.

AS EVOCAÇÕES E AS COMUNICAÇÕES ESPONTÂNEAS DOS ESPÍRITOS

1   OBJETIVOS ESPECÍFICOS

» Analisar as vantagens e as desvantagens das evocações e das comunicações espontâneas.

» Refletir sobre como se dão atualmente as comunicações dos Espíritos nos grupos mediúnicos.

2   CONTEÚDO BÁSICO

» *Os Espíritos podem comunicar-se espontaneamente, ou acudir ao nosso chamado, isto é, vir por evocação.* [...]

Cada uma destas duas maneiras de operar tem suas vantagens, e nenhuma desvantagem haveria, senão na exclusão absoluta de uma delas. As comunicações espontâneas inconveniente nenhum apresentam, quando se está senhor dos Espíritos e certo de não deixar que os maus tomem a dianteira. Então, é quase sempre bom aguardar a boa vontade dos que se disponham a comunicar-se, porque nenhum constrangimento sofre o pensamento deles e dessa maneira se podem obter coisas admiráveis; entretanto, pode suceder que o Espírito por quem se chama não esteja disposto a falar, ou não seja capaz de fazê-lo no sentido desejado. [...] (Allan Kardec, O livro dos médiuns, 2ª pt., cap. 25, it. 269).

» *O desejo natural de todo aspirante a médium é o de poder confabular com os Espíritos das pessoas que lhe são caras; deve, porém, moderar a sua impaciência, porquanto a comunicação com determinado*

Espírito apresenta muitas vezes dificuldades materiais que a tornam impossível ao principiante. Para que um Espírito possa comunicar-se, preciso é que haja entre ele e o médium relações fluídicas, que nem sempre se estabelecem instantaneamente. Só à medida que a faculdade se desenvolve, é que o médium adquire pouco a pouco a aptidão necessária para pôr-se em comunicação com o Espírito que se apresente. Pode dar-se, pois, que aquele com quem o médium deseje comunicar-se, não esteja em condições propícias a fazê-lo, embora se ache presente, como também pode acontecer que não tenha possibilidade, nem permissão para acudir ao chamado que lhe é dirigido. [...] (Allan Kardec, *O livro dos médiuns*, 2ª pt., cap. 27, it. 203).

3 SUGESTÕES DIDÁTICAS

3.1 SUGESTÃO 1:

Introdução

Apresentar, no início da reunião, os objetivos do Roteiro, realizando breves comentários a respeito.

Pedir aos participantes que, individual e silenciosamente, leiam os subsídios deste Roteiro, destacando os pontos que considerem especificamente relacionados aos objetivos citados.

Desenvolvimento

Concluída a leitura, solicitar a formação de dois grupos, entregando-lhes um envelope contendo um dos itens dos subsídios, dividido em partes, previamente misturadas. Esclarecer-lhes que o trabalho em grupo deve ser realizado assim:

a) os participantes de cada grupo devem montar numa cartolina, de forma lógica e sequencial, o texto recebido;

b) indicar um relator para apresentar a montagem do texto, em plenária;

c) apresentar as conclusões do trabalho em grupo.

Conclusão

Promover, em conjunto com os participantes, um amplo debate sobre as vantagens e as desvantagens das evocações dos Espíritos, realizadas à época de Kardec.

Interpretar o esclarecimento que Emmanuel dá sobre a importância das manifestações mediúnicas espontâneas nos nossos grupos mediúnicos (veja Referência 5 – *O consolador*, q. 369).

Avaliação

O estudo será considerado satisfatório se os participantes realizarem corretamente o trabalho proposto e, por consenso, entenderem que é melhor a manifestação espontânea dos Espíritos nas reuniões mediúnicas atuais.

Técnica(s): leitura individual; trabalho em grupo; minidebate.

Recurso(s): subsídios, envelope com textos divididos em partes, cartolina e cola.

3.2 SUGESTÃO 2:

Introdução

Iniciar o estudo com a pergunta:

Você considera que seja sempre possível a comunicação com Espíritos? Justifique.

Desenvolvimento

Em seguida, dividir os participantes em grupos para a leitura dos subsídios da apostila.

Os grupos deverão responder:

» *Que conclusão podemos chegar acerca das Evocações e comunicações espontâneas dos Espíritos?*

» *Como são as manifestações dos Espíritos nos grupos mediúnicos atualmente?*

(Tempo aproximado de até 20 minutos.)

Terminado o trabalho dos grupos, seguir com as apresentações das respostas (como todos os grupos leram todo o conteúdo, a discussão pode dar-se pela participação de todos em qualquer momento, pois não se trata de apresentação de grupo).

Nesse momento, o facilitador acompanha, participa e complementa informações sobre o assunto apresentado de acordo com subsídios do Roteiro e Referência sugerida.

Propor a seguinte reflexão individual (não há a necessidade de comentário):

Consigo estabelecer relações fluídicas (mente e coração) *com os meus protetores?*

Conclusão

Fazer o fechamento reforçando que:

> Os Espíritos podem comunicar-se espontaneamente, ou acudir ao nosso chamado, isto é, vir por evocação.
>
> [...] Cada uma destas duas maneiras de operar tem suas vantagens e nenhuma desvantagem haveria, senão na exclusão absoluta de uma delas. As comunicações espontâneas inconveniente nenhum apresentam, quando se está senhor dos Espíritos e certo de não deixar que os maus tomem a dianteira. Então, é quase sempre bom aguardar a boa vontade dos que se disponham a comunicar-se, porque nenhum constrangimento sofre o pensamento deles e dessa maneira se podem obter coisas admiráveis; entretanto, pode suceder que o Espírito por quem se chama não esteja disposto a falar, ou não seja capaz de fazê-lo no sentido desejado. (Allan Kardec, *O livro dos médiuns*, 2ª pt., cap. 25, it. 269).

Avaliação

O estudo será considerado satisfatório se as ideias de os participantes refletirem entendimento do assunto.

Técnica(s): explosão de ideias, estudo de grupos; discussão circular.

Recurso(s): subsídios do Roteiro.

Atividade de preparação para o próximo encontro de estudo (Roteiro 1 – Classificação e características dos mediuns): Sugestão 2.

Esta atividade pode ser proposta aos participantes.

Dividir os participantes em grupos.

Grupo 1 – fazer o estudo dos subsídios do Roteiro 1, Módulo IV.

Preparar a apresentação do assunto sob a supervisão do facilitador: Médiuns de efeitos físicos – item 4.1 do subsídio. Apresentação de até 15 minutos.

Grupo 2 – fazer o estudo dos subsídios do Roteiro 1, Módulo IV.

Preparar a apresentação do assunto sob a supervisão do facilitador: Médiuns de efeitos intelectuais – item 4.2 do subsídio. Apresentação de até 15 minutos.

Grupo 3 – fazer o estudo dos subsídios do Roteiro 1, Módulo IV.

Preparar a apresentação do assunto sob a supervisão do facilitador: Bons médiuns – cap. 16 – *Dos médiuns especiais* de *O livro dos médiuns*, it. 197.

Observação: Os grupos poderão consultar as Referências sugeridas na apostila.

4 SUBSÍDIOS

4.1 EVOCAÇÕES E COMUNICAÇÕES ESPONTÂNEAS DOS ESPÍRITOS

> Os Espíritos podem comunicar-se espontaneamente, ou acudir ao nosso chamado, isto é, vir por evocação. Pensam algumas pessoas que todos devem abster-se de evocar tal ou tal Espírito e ser preferível que se espere aquele que queira comunicar-se. Fundam-se em que, chamando determinado Espírito, não podemos ter a certeza de ser ele quem se apresente, ao passo que aquele que vem espontaneamente, de seu moto próprio, melhor prova a sua identidade, pois que manifesta assim o desejo que tem de se entreter conosco. Em nossa opinião, isso é um erro: primeiramente, porque há sempre em torno de nós Espíritos, as mais das vezes de condição inferior, que outra coisa não querem senão comunicar-se; em segundo lugar e mesmo por esta última razão, não chamar a nenhum em particular é abrir a porta a todos os que queiram entrar. Numa assembleia, não dar a palavra a ninguém é deixá-la livre a toda gente e sabe-se o que daí resulta. A chamada direta de determinado Espírito constitui um laço entre ele e nós; chamamo-lo pelo nosso desejo e opomos assim uma espécie de barreira aos intrusos. Sem uma chamada direta, um Espírito nenhum motivo terá muitas vezes para vir confabular conosco, a menos que seja o nosso Espírito familiar.
>
> Cada uma destas duas maneiras de operar tem suas vantagens e nenhuma desvantagem haveria, senão na exclusão absoluta de uma delas. As comunicações espontâneas inconveniente nenhum apresentam, quando se está senhor dos Espíritos e certo de não deixar que os maus tomem a dianteira. Então, é quase sempre bom aguardar a boa vontade dos que se disponham a comunicar-se, porque nenhum constrangimento sofre o pensamento deles e dessa maneira se podem obter coisas admiráveis; entretanto, pode suceder que o Espírito por quem se chama não esteja disposto a falar, ou não seja capaz de fazê-lo no sentido desejado. [...][1]

Sabemos que

> O desejo natural de todo aspirante a médium é o de poder confabular com os Espíritos das pessoas que lhe são caras; deve, porém, moderar a sua impaciência, porquanto a comunicação com determinado Espírito apresenta muitas vezes dificuldades materiais que a tornam impossível ao principiante. Para que um

Espírito possa comunicar-se, preciso é que haja entre ele e o médium relações fluídicas, que nem sempre se estabelecem instantaneamente. Só à medida que a faculdade se desenvolve, é que o médium adquire pouco a pouco a aptidão necessária para pôr-se em comunicação com o Espírito que se apresente. Pode dar-se, pois, que aquele com quem o médium deseje comunicar-se, não esteja em condições propícias a fazê-lo, embora se ache presente, como também pode acontecer que não tenha possibilidade, nem permissão para acudir ao chamado que lhe é dirigido. Convém, por isso, que no começo ninguém se obstine em chamar determinado Espírito, com exclusão de qualquer outro, pois amiúde sucede não ser com esse que as relações fluídicas se estabelecem mais facilmente, por maior que seja a simpatia que lhe vote o encarnado. Antes, pois, de pensar em obter comunicações de tal ou tal Espírito, importa que o aspirante leve a efeito o desenvolvimento da sua faculdade, para o que deve fazer um apelo geral e dirigir-se principalmente ao seu anjo guardião.[2]

4.2 MANIFESTAÇÕES DOS ESPÍRITOS NOS GRUPOS MEDIÚNICOS

Nas reuniões mediúnicas, usuais nas casas espíritas, os Espíritos se manifestam de forma espontânea, segundo planejamento estipulado pela direção espiritual do grupo mediúnico. No entanto, é comum evocar a assistência dos benfeitores espirituais, os quais revelam a sua presença por meio de mensagens consoladoras e esclarecedoras. Deixar a manifestação dos Espíritos comunicantes a critério da direção espiritual indica comportamento prudente, evitando a ocorrência de alguns inconvenientes, tais como: o Espírito não pode ou não deve se manifestar; estimular, direta ou indiretamente, a provocação de fenômeno mediúnico, sem maior finalidade.

Emmanuel nos esclarece, a propósito, que

> – *Nas reuniões doutrinárias [mediúnicas], acima de todas as expressões fenomênicas, devem prevalecer a sinceridade e a aplicação individuais, no estudo das Leis Morais que regem o intercâmbio entre o planeta e as esferas do invisível.*
>
> *De modo algum se deverá provocar as manifestações mediúnicas, cuja legitimidade reside nas suas características de espontaneidade, mesmo porque o programa espiritual das sessões está com os mentores que as orientam do Plano Invisível, exigindo-se de cada estudioso a mais elevada porcentagem de esforço próprio na aquisição de conhecimento, porquanto o Plano Espiritual distribuirá sempre, de acordo com as necessidades e os méritos de cada um. Forçar o fenômeno mediúnico é tisnar uma fonte de água pura com a vasa das paixões egoísticas da Terra, ou com as suas injustificáveis inquietações.*[3]

Este benfeitor não aconselha a evocação direta e pessoal de Espíritos nas reuniões mediúnicas, em caso algum.[4] Justifica esta assertiva, explicando assim:

ROTEIRO 5 – As evocações e as comunicações espontâneas dos Espíritos

Se essa evocação é passível de êxito, sua exequibilidade somente pode ser examinada no Plano Espiritual. Daí a necessidade de sermos espontâneos, porquanto, no complexo dos fenômenos espíritas, a solução de muitas incógnitas espera o avanço moral dos aprendizes sinceros da Doutrina. O estudioso bem-intencionado, portanto, deve pedir sem exigir, orar sem reclamar, observar sem pressa, considerando que a esfera espiritual lhe conhece os méritos e retribuirá os seus esforços de acordo com a necessidade de sua posição evolutiva e segundo o merecimento do seu coração.

Podereis objetar que Allan Kardec se interessou pela evocação direta, procedendo a realizações dessa natureza, mas precisamos ponderar, no seu esforço, a tarefa excepcional do Codificador, aliada a necessidades e méritos ainda distantes da esfera de atividade dos aprendizes comuns.[5]

REFERÊNCIAS

[1] KARDEC, Allan. *O livro dos médiuns*. Trad. Guillon Ribeiro. 81. ed. 9. imp. (Edição Histórica). Brasília, DF: FEB, 2020. 2ª pt., cap. 25, it. 269.

[2] _____. _____. cap. 17, it. 203.

[3] XAVIER, Francisco Cândido. *O consolador*. Pelo Espírito Emmanuel. 29. ed. 11. imp. Brasília, DF: FEB, 2020. q. 368.

[4] _____. _____. q. 369.

[5] _____. _____.

MENSAGEM

ORAÇÃO DIANTE DA INJÚRIA

Foste, ó Cristo, no mundo, o Servidor Sublime,

Perdão e caridade, ungindo a Natureza,

Fizeste da bondade a eterna luz acesa,

Qual estrela em que o Céu se condensa e se exprime;

Ao teu halo de amor, a Terra se redime,

E, entendimento alçado à Divina Grandeza,

Recuperas o fraco, extinguindo a fraqueza,

Salvas o criminoso e consomes o crime!...

Ante as farpas do mal, dá-nos paz e brandura,

Liberta-nos do ódio a alma pobre e insegura,

Rompe-nos os grilhões das heranças medievais...

E faze-nos sentir ao peito humilde e pasmo

Que mais vale gemer sob a cruz do sarcasmo

Que vencer e sorrir sob o aplauso das trevas!...

LOBO DA COSTA

FONTE: XAVIER, Francisco Cândido. *Poetas redivivos*. Espíritos diversos. 4. ed. Brasília, DF: FEB, 2007. cap. 38.

PROGRAMA COMPLEMENTAR

MÓDULO IV
Dos médiuns

OBJETIVO GERAL

Favorecer o conhecimento das características do médium e da sua influência nas comunicações espíritas.

"Todos ficaram cheios do Espírito Santo, e começaram a falar em outras línguas, segundo o Espírito lhes concedia declarar." (*Atos dos apóstolos*, 2:4.)

CLASSIFICAÇÃO E CARACTERÍSTICAS DOS MÉDIUNS

1. **OBJETIVO ESPECÍFICO**

   » Analisar as características das principais faculdades mediúnicas.

2. **CONTEÚDO BÁSICO**

   » *Podem dividir-se os médiuns em duas grandes categorias:*

   Médiuns de efeitos físicos, *os que têm o poder de provocar efeitos materiais, ou manifestações ostensivas.*

   Médiuns de efeitos intelectuais, *os que são mais aptos a receber e a transmitir comunicações inteligentes.* (Allan Kardec, O livro dos médiuns, 2ª pt., cap. 16, it. 187).

   » As principais variedades de médiuns para os efeitos físicos são: *médiuns tiptólogos* – produzem ruídos e pancadas; *médiuns motores* – produzem movimentos de corpos inertes; *médiuns de translações e de suspensões* – provocam a translação e a suspensão de corpos no espaço, sem ponto de apoio; *médiuns de efeitos musicais* – provocam execução de composições em instrumentos musicais, sem contato com estes; *médiuns de aparições* – os que podem provocar aparições tangíveis de Espíritos, visíveis aos circunstantes; *médiuns de transporte* – auxiliam os Espíritos no transporte de objetos; *médiuns curadores* – são os que têm o poder de curar ou aliviar doenças físicas. (Allan Kardec, O livro dos médiuns, 2ª pt., cap. 16, it. 189).

   » As principais variedades de médiuns para os efeitos intelectuais são: *médiuns audientes* – os que ouvem o que os Espíritos falam; *médiuns falantes* (ou psicofônicos) – transmitem mensagens dos Espíritos pela voz; *médiuns videntes* – os que, em estado de vigília, veem os Espíritos; *médiuns inspirados* – recebem ideias ou sugestões relacionadas às ações da vida cotidiana ou aos grandes trabalhos da inteligência; *médiuns de pressentimentos* – os que têm intuição de acontecimentos futuros; *médiuns sonâmbulos* – os que, em estado de sonambulismo, são assistidos por Espíritos; *médiuns pintores ou desenhistas* – os que pintam ou desenham por influência dos Espíritos; *médiuns músicos* – os que compõem músicas ou executam instrumentos musicais sob ação dos Espíritos. (Allan Kardec, *O livro dos médiuns*, 2ª pt., cap. 16, it. 190).

» Dentre os médiuns de efeitos intelectuais Kardec destaca, pela sua importância à época da elaboração da Codificação Espírita, os *escreventes ou psicógrafos*, classificando-os, entre outras variedades, em *médiuns mecânicos, semimecânicos e intuitivos*. (Allan Kardec, *O livro dos médiuns*, 2ª pt., cap. 16, it. 191).

3 SUGESTÕES DIDÁTICAS

3.1 SUGESTÃO 1:

Introdução

Fazer breve exposição sobre a classificação dos médiuns – segundo o conteúdo de *O livro dos médiuns* – e as principais características dos diferentes tipos, examinados por Kardec.

Desenvolvimento

Pedir aos participantes, em seguida, que leiam os subsídios deste Roteiro, destacando os pontos considerados relevantes.

Enquanto os participantes realizam a leitura recomendada, afixar no mural da sala dois cartazes intitulados, respectivamente:

a) *Médiuns de efeitos físicos*;

b) *Médiuns de efeitos intelectuais*.

Concluídas a afixação dos cartazes e a leitura, entregar, aleatoriamente, a cada participante, uma tira de cartolina contendo as características dos diferentes tipos de médiuns.

Pedir aos participantes que colem a tira de cartolina recebida em um dos cartazes afixados no mural.

Após verificar se a montagem do mural está correta, solicitar a cada participante que faça breves comentários a respeito do tipo de médium que lhe coube examinar.

Conclusão

Após os comentários, fazer considerações sobre o trabalho realizado, destacando os pontos relevantes.

Avaliação

O estudo será considerado satisfatório, se os participantes fizerem a montagem do mural de forma correta, e tecerem comentários pertinentes sobre os tipos de médiuns e suas características.

Técnica(s): exposição; leitura; montagem de mural.

Recurso(s): subsídios deste Roteiro; tiras de cartolina com frases sobre as características dos diferentes tipos de médiuns.

3.2 SUGESTÃO 2:

Introdução

Iniciar o estudo com as apresentações preparadas pelos grupos, em atividade extra, indicada no Roteiro anterior.

Desenvolvimento

Terminada as apresentações dos grupos, abrir o momento para perguntas. Os grupos poderão responder.

Nesse momento, o facilitador acompanha, participa e complementa informações sobre o assunto apresentado de acordo com subsídios do Roteiro e Referência sugerida.

Em seguida, propor uma discussão circular:

» *Que conclusão chegamos sobre as características gerais dos médiuns?* (Pode ser construída um esquema.)

» *É possível um médium ter todas as características?*

» *Quais são as características mais importantes no desempenho da tarefa mediúnica?* Etc.

Nesse momento, o facilitador acompanha, esclarece dúvidas e complementa informações sobre o assunto apresentado de acordo com subsídios do Roteiro e Referência sugerida.

Propor a seguinte reflexão individual (não há a necessidade de comentário):

Qual a característica medianímica que mais admiro?

Conclusão

Fazer o fechamento reforçando:

Podem dividir-se os médiuns em duas grandes categorias:

Médiuns de efeitos físicos, os que têm o poder de provocar efeitos materiais, ou manifestações ostensivas.

Médiuns de efeitos intelectuais, os que são mais aptos a receber e a transmitir comunicações inteligentes. (Allan Kardec, *O livro dos médiuns*, 2ª pt., cap. 16, it. 187).

Avaliação

O estudo será considerado satisfatório se as ideias de os participantes refletirem entendimento do assunto.

Técnica(s): explosão de ideias, apresentação de grupos; discussão circular.

Recurso(s): subsídios do Roteiro; *O livro dos médiuns*.

4 SUBSÍDIOS

Consoante o ensino de Allan Kardec,

> *Os médiuns apresentam numerosíssimas variedades nas suas aptidões, o que os torna mais ou menos próprios para obtenção de tal ou tal fenômeno, de tal ou tal gênero de comunicação.*[1]
>
> *Podem dividir-se os médiuns em duas grandes categorias:*
>
> Médiuns de efeitos físicos, *os que têm o poder de provocar efeitos materiais, ou manifestações ostensivas.*
>
> Médiuns de efeitos intelectuais, *os que são mais aptos a receber e a transmitir comunicações inteligentes.*
>
> *[...] Se analisarmos os diferentes fenômenos produzidos sob a influência mediúnica, veremos que, em todos, há um efeito físico e que aos efeitos físicos se alia quase sempre um efeito inteligente. Difícil é muitas vezes determinar o limite entre os dois, mas isso nenhuma consequência apresenta. Sob a denominação de médiuns de efeitos intelectuais abrangemos os que podem, mais particularmente, servir de intermediários para as comunicações regulares e fluentes.*[2]

4.1 MÉDIUNS DE EFEITOS FÍSICOS

São os seguintes os principais *médiuns de efeitos físicos*, de acordo com a classificação adotada por Kardec.

Médiuns tiptólogos: aqueles pela influência dos quais se produzem os ruídos, as pancadas. Variedade muito comum, com ou sem intervenção da vontade.

Médiuns motores: os que produzem o movimento dos corpos inertes. [...]

Médiuns de translações e de suspensões: os que produzem a translação aérea e a suspensão dos corpos inertes no espaço, sem ponto de apoio. Entre eles há os que podem elevar-se a si mesmos. [...]

Médiuns de efeitos musicais: provocam a execução de composições, em certos instrumentos de música, sem contato com estes. [...]

Médiuns de aparições [o mesmo que médiuns de materializações]: *os que podem provocar aparições fluídicas ou tangíveis, visíveis para os assistentes. [...]*

Médiuns de transporte: os que podem servir de auxiliares aos Espíritos para o transporte de objetos materiais. Variedade dos médiuns motores e de translações. [...]

Médiuns pneumatógrafos: os que obtêm a escrita direta. [...][3]

[...] Conforme seja maior ou menor o poder do médium, obtém-se simples traços, sinais, letras, palavras, frases e mesmo páginas inteiras. Basta de ordinário colocar uma folha de papel dobrada num lugar qualquer, ou indicado pelos Espíritos, durante dez minutos, ou um quarto de hora, às vezes mais. [...][4]

Médiuns curadores: Consiste a mediunidade desta espécie na faculdade que certas pessoas possuem de curar pelo simples contato, pela imposição das mãos, pelo olhar, por um gesto, mesmo sem o concurso de qualquer medicamento. Semelhante faculdade incontestavelmente tem o seu princípio na força magnética; difere desta, entretanto, pela energia e instantaneidade da ação, ao passo que as curas magnéticas exigem um tratamento metódico, mais ou menos longo. Todos os magnetizadores são mais ou menos aptos a curar, se sabem proceder convenientemente; dispõem da ciência que adquiriram. Nos médiuns curadores, a faculdade é espontânea e alguns a possuem sem nunca ter ouvido falar em magnetismo.[5]

4.2 MÉDIUNS DE EFEITOS INTELECTUAIS

A classificação adotada por Kardec para os médiuns de efeitos intelectuais é a seguinte:

Médiuns audientes: Esses ouvem os Espíritos; é, algumas vezes, como se escutassem uma voz interna que lhes ressoasse no foro íntimo; doutras vezes é uma voz exterior, clara e distinta, qual a de uma pessoa viva [encarnada]. *Os médiuns audientes também podem conversar com os Espíritos. Quando se habituam a comunicar-se com certos Espíritos, eles os reconhecem imediatamente pelo som da voz.* [...]

Médiuns falantes [o mesmo que psicofônicos]: *Os médiuns audientes, que nada mais fazem do que transmitir o que ouvem, não são propriamente médiuns falantes, os quais, as mais das vezes, nada ouvem. Com eles, o Espírito atua sobre os órgãos da palavra, como atua sobre a mão dos médiuns escreventes.* [...] *Em geral, o médium falante se exprime sem ter consciência do que diz e diz amiúde coisas inteiramente fora do âmbito de suas ideias habituais, de seus conhecimentos e, até, fora do alcance da sua inteligência. Não é raro verem-se pessoas iletradas e de inteligência vulgar expressar-se, em tais momentos, com verdadeira eloquência e tratar, com incontestável superioridade, de questões sobre as quais seriam incapazes de emitir, no estado ordinário, uma opinião.*

Se bem esteja perfeitamente acordado quando exerce a sua faculdade, raro é que o médium falante guarde lembrança do que disse. Nem sempre, porém, é integral a sua passividade. Alguns há que têm intuição do que dizem, no próprio instante em que proferem as palavras.

Médiuns videntes: *Dá-se esta qualificação às pessoas que, em estado normal e perfeitamente despertas, gozam da faculdade de ver os Espíritos. A possibilidade de vê-los em sonho resulta, sem contestação, de uma espécie de mediunidade, mas não são médiuns videntes, propriamente ditos.* [...]

Médiuns sonambúlicos: *Pode-se considerar o sonambulismo como uma variedade da faculdade mediúnica, ou, antes, são duas ordens de fenômenos que frequentemente se encontram ligados. O sonâmbulo age sob a influência do seu próprio Espírito; sua própria alma é que, em momentos de emancipação, vê, ouve e percebe além dos limites dos sentidos. O que ele exprime haure-o de si mesmo; suas ideias são, em geral, mais justas do que no seu estado normal, mais extensos os seus conhecimentos, porque livre se lhe acha a alma. Em suma, ele vive antecipadamente a vida dos Espíritos. O médium, ao contrário, é instrumento de uma inteligência estranha; é passivo e o que diz não vem do seu próprio eu.*

Em resumo: o sonâmbulo externa seus próprios pensamentos e o médium exprime os de outrem. [...]

Médiuns inspirados: *Nestes médiuns, muito menos aparentes são do que nos outros os sinais exteriores da mediunidade; é toda intelectual e moral a ação que os Espíritos exercem sobre eles e se revela nas menores circunstâncias da vida, como nas maiores concepções. Sobretudo debaixo desse aspecto é que se pode dizer que todos são médiuns, porquanto ninguém há que não tenha Espíritos protetores e familiares a empregar todos os esforços por lhe sugerir salutares ideias. No inspirado, difícil muitas vezes se torna distinguir as ideias que lhe são próprias do que lhe é sugerido. A espontaneidade é principalmente o que caracteriza esta última.*

Nos grandes trabalhos da inteligência é onde mais se evidencia a inspiração. Os homens de gênio, de todas as categorias, artistas, sábios, literatos, oradores, são sem dúvida Espíritos adiantados, capazes, por si mesmos, de compreender e conhecer grandes coisas; ora, precisamente porque são considerados capazes, é que os Espíritos que visam à execução de certos trabalhos lhes sugerem as ideias necessárias, de sorte que na maioria dos casos eles são médiuns sem o saberem. Têm, contudo, vaga intuição de uma assistência estranha, porquanto aquele que apela para a inspiração nada mais faz do que uma evocação. [...]

Médiuns de pressentimentos: *Pessoas há que, em dadas circunstâncias, têm uma imprecisa intuição das coisas futuras. Essa intuição pode provir de uma espécie de dupla vista, que faculta se entrevejam as consequências das coisas presentes; mas, doutras vezes, resulta de comunicações ocultas, que fazem de tais pessoas uma variedade dos médiuns inspirados.*

Médiuns proféticos: *É igualmente uma variedade dos médiuns inspirados. Recebem, com a permissão de Deus e com mais precisão do que os médiuns de pressentimentos, a revelação das coisas futuras, de interesse geral, que eles recebem o encargo de tornar conhecidas aos homens, para lhes servir de ensinamento.*

De certo modo, o pressentimento é dado à maioria dos homens, para uso pessoal deles; o dom da profecia, ao contrário, é excepcional e implica a ideia de uma missão na Terra.[6]

Médiuns extáticos: *os que, em estado de êxtase, recebem revelações da parte dos Espíritos.*

[...]

Médiuns pintores [o mesmo que pictógrafos] ou desenhistas: *os que pintam ou desenham sob a influência dos Espíritos. Falamos dos que obtêm trabalhos sérios, visto não se poder dar esse nome a certos médiuns que Espíritos zombeteiros levam a fazer coisas grotescas, que desabonariam o mais atrasado estudante.*

[...]

Médiuns músicos: *os que executam, compõem, ou escrevem músicas, sob a influência dos Espíritos. Há médiuns músicos, mecânicos, semimecânicos, intuitivos e inspirados, como os há para as comunicações literárias.*[7]

Dentre os médiuns de efeitos intelectuais, Kardec destaca, pela sua importância à época da elaboração da Codificação Espírita, os *escreventes* ou *psicógrafos*, classificando-os: Segundo o modo de execução; Segundo o desenvolvimento da faculdade; Segundo o gênero e a particularidade das comunicações; Segundo as qualidades físicas do médium; e Segundo as qualidades morais do médium, conforme se encontra nos itens 191 a 195 do capítulo 16 – *Dos médiuns especiais* da Segunda parte de *O livro dos médiuns*. Veremos aqui as principais características dos médiuns psicógrafos, considerando-se tão somente o modo de execução da sua faculdade, por apresentarem essas características os traços mais relevantes para a sua identificação.

A denominação de *médium psicógrafo*

> [...] *é dada a pessoas que escrevem sob a influência dos Espíritos. Assim como um Espírito pode atuar sobre os órgãos vocais de um médium falante e fazê-lo pronunciar palavras, também pode servir-se da sua mão para fazê-lo escrever. A mediunidade psicográfica apresenta três variedades bem distintas: os médiuns mecânicos, os* intuitivos *e os* semimecânicos.
>
> *Com o* médium mecânico, *o Espírito lhe atua diretamente sobre a mão, impulsionando-a. O que caracteriza este gênero de mediunidade é a inconsciência absoluta, por parte do médium, do que sua mão escreve. O movimento desta independe da vontade do escrevente; movimenta-se sem interrupção, a despeito do médium, enquanto o Espírito tem alguma coisa a dizer, e para desde que este último haja concluído.*
>
> *Com o* médium intuitivo, *à transmissão do pensamento serve de intermediário o Espírito do médium. O outro Espírito, nesse caso, não atua sobre a mão para movê-la, atua sobre a alma, identificando-se com ela e imprimindo-lhe sua vontade e suas ideias. A alma recebe o pensamento do Espírito comunicante e o transcreve. Nesta situação, o médium escreve voluntariamente e tem consciência do que escreve, embora não grafe seus próprios pensamentos.*
>
> *Torna-se frequentemente difícil distinguir o pensamento do médium do que lhe é sugerido, o que leva muitos médiuns deste gênero a duvidar da sua faculdade. Podem reconhecer-se os pensamentos sugeridos pelo fato de não serem nunca preconcebidos; eles surgem à proporção que o médium vai escrevendo e não raro são opostos à ideia que este previamente concebera. Podem mesmo estar fora dos conhecimentos e da capacidade do médium.*
>
> *Há grande analogia entre a mediunidade intuitiva e a inspiração; a diferença consiste em que a primeira se restringe quase sempre a questões de atualidade e pode aplicar-se ao que esteja fora das capacidades intelectuais do médium; por intuição pode este último tratar de um assunto que lhe seja completamente estranho. A inspiração se estende por um campo mais vasto e geralmente vem em auxílio das capacidades e preocupações do Espírito encarnado. Os traços da mediunidade são, de regra, menos evidentes.*
>
> *O médium* semimecânico, *ou* semi-intuitivo *participa dos outros dois gêneros. No médium puramente mecânico, o movimento da mão independe da sua vontade; no médium intuitivo, o movimento é voluntário e facultativo. O médium semimecânico sente na mão uma impulsão dada mau grado seu, mas ao mesmo tempo tem consciência do que escreve, à medida que as palavras se formam. Com o primeiro, o pensamento vem depois do ato de escrever; com o segundo, precede-o; com o terceiro, acompanha-o.*[8]

Finalmente, Kardec inclui, ainda, entre *médiuns psicógrafos*, os seguintes:

> Médiuns polígrafos: *aqueles cuja escrita muda com o Espírito que se comunica, ou aptos a reproduzir a escrita que o Espírito tinha em vida.* [...]
>
> Médiuns poliglotas [o mesmo que médiuns de xenoglossia]: *os que têm a faculdade de* [...] *escrever* [podem tais médiuns também falar], *em línguas que lhes são desconhecidas.* [...]
>
> Médiuns iletrados: *os que escrevem, como médiuns, sem saberem ler, nem escrever, no estado ordinário.*[9]

REFERÊNCIAS

[1] KARDEC, Allan. *O que é o espiritismo*. Trad. Redação de *Reformador* em 1884. 56. ed. 1. imp. (Edição Histórica). Brasília, DF: FEB, 2013. cap. 2, it. 54.

[2] _____. *O livro dos médiuns*. Trad. Guillon Ribeiro. 81. ed. 9. imp. (Edição Histórica). Brasília, DF: FEB, 2020. 2ª pt., cap. 16, it. 187.

[3] _____. _____. it. 189.

[4] _____. _____. cap. 14, it. 177.

[5] _____. *Obras póstumas*. Trad. Guillon Ribeiro. 41. ed. 1. imp. (Edição Histórica). Brasília, DF: FEB, 2019. 1ª pt., cap. *Manifestações dos Espíritos*, § VI – Dos médiuns, it. 52.

[6] _____. _____. its. 43 a 49.

[7] _____. *O livro dos médiuns*. Trad. Guillon Ribeiro. 81. ed. 9. imp. (Edição Histórica). Brasília, DF: FEB, 2020. 2ª pt., cap. 16, it. 190.

[8] _____. *Obras póstumas*. Trad. Guillon Ribeiro. 41. ed. 1. imp. (Edição Histórica). Brasília, DF: FEB, 2019. 1ª pt., cap. *Manifestações dos Espíritos*, § VI – Dos médiuns, it. 50.

[9] _____. *O livro dos médiuns*. Trad. Guillon Ribeiro. 81. ed. 9. imp. (Edição Histórica). Brasília, DF: FEB, 2020. 2ª pt., cap. 16, it. 191.

MEDIUNIDADE NAS CRIANÇAS

1 **OBJETIVOS ESPECÍFICOS**

» Refletir sobre a inconveniência de se estimular o exercício da mediunidade nas crianças.

» Analisar os procedimentos a serem adotados no atendimento das crianças portadoras de mediunidade.

2 **CONTEÚDO BÁSICO**

» Haverá inconveniente em desenvolver-se a mediunidade nas crianças?

Certamente e sustento mesmo que é perigoso, pois esses organismo débeis e delicados sofreriam por essa forma grandes abalos, e as respectivas imaginações excessiva sobre-excitação. Assim, os pais prudentes devem afastá-las dessas ideias, ou, quando nada, não lhes falar do assunto, se não do ponto de vista das consequências morais. (Allan Kardec, O livro dos médiuns, 2ª pt., cap. 18, it. 221, 6ª perg.).

» *[...] quando uma criança a faculdade se mostra espontânea, é que está na sua natureza e que a sua constituição se presta a isso. O mesmo não acontece, quando é provocada e sobre-excitada. [...]* (Allan Kardec, O livro dos médiuns, , 2ª pt., cap. 18, it. 221, 7ª perg.).

» Em que idade se pode ocupar, sem inconvenientes, de mediunidade?

Não há idade precisa, tudo dependendo inteiramente do desenvolvimento físico e, ainda mais, do desenvolvimento moral. [...] (Allan Kardec, O livro dos médiuns, 2ª pt., cap. 18, it. 221, 8ª perg.).

» *A prática do Espiritismo [...] demanda muito tato, para a inutilização das tramas dos Espíritos enganadores. Se estes iludem a homens feitos, claro é que a infância e a juventude mais expostas se acham a ser vítimas deles. Sabe-se, além disso, que o recolhimento é uma condição sem a qual não se pode lidar com Espíritos sérios. As evocações feitas estouvadamente e por gracejo constituem verdadeira profanação, que facilita o acesso aos Espíritos zombeteiros, ou malfazejos. Ora, não se podendo esperar de uma criança a gravidade necessária a semelhante ato, muito de temer é que ela faça disso um brinquedo, se ficar entregue a si mesma. [...]* (Allan Kardec, *O livro dos médiuns*, 2ª pt., cap. 18, it. 222).

» São inúmeros os recursos de amparo às crianças portadoras de mediunidade: preces em favor dos Espíritos que delas tentam acercar-se; passes; frequência às aulas de evangelização; a oração, em conjunto, no lar, acompanhada de estudo do Evangelho.

3 SUGESTÕES DIDÁTICAS

3.1 SUGESTÃO 1:

Introdução

Comunicar aos participantes o tema e os objetivos do Roteiro, chamando-lhes a atenção para a seriedade do assunto, já que aborda dois aspectos de capital importância para a família, casas espíritas e sociedade em geral: mediunidade na infância.

Por meio da técnica *tempestade cerebral*, fazer a seguinte pergunta, escrevendo-a no quadro, ou apresentando-a em cartaz:

Por que se pode dizer que é sério o assunto que envolve criança e mediunidade?

Ouvir as respostas, registrando-as, de preferência, no quadro.

Destacar, com a participação de todos, as respostas mais significativas, fazendo breves comentários.

Desenvolvimento

Solicitar aos alunos que leiam silenciosamente os subsídios deste Roteiro.

Terminada a leitura, dividir a turma em cinco grupos, pedindo-lhes que escolham um coordenador e um relator.

A seguir, propor às equipes a realização das seguintes atividades, tendo em vista os conteúdos de estudo, abaixo indicados para cada grupo.

Destacar e comentar os aspectos mais significativos do conteúdo de estudo que coube ao grupo.

Selecionar de dois a três desses aspectos e registrá-los em folha de cartolina/papel pardo, para posterior apresentação em plenária.

Colocar, no alto da folha, o título do item (ou subitem) estudado pelo grupo.

Grupo 1 – parágrafos introdutórios dos subsídios e item 4.1 Inconveniência e perigo no estímulo ao exercício da mediunidade nas crianças).

Grupo 2 – item 4.2 Mediunidade espontânea nas crianças;

Grupo 3 – subitem 4.2.1 A criança e os Espíritos protetores;

Grupo 4 – subitem 4.2.2 A criança e os problemas mediúnicos;

Grupo 5 – subitem 4.2.3 Recursos de amparo às crianças portadoras de mediunidade.

Pedir aos coordenadores que afixem na parede os resultados dos trabalhos, dispondo-os em ordem, formando um mural.

Proceder à apresentação dos grupos, fazendo observações e comentários esclarecedores.

Conclusão

Fazer a integração do assunto, acompanhando, sequencialmente, todos os passos mostrados no mural, estabelecendo relação com os objetivos da aula.

Avaliação

O estudo será considerado satisfatório se os participantes destacarem, comentarem e selecionarem os aspectos mais significativos do conteúdo examinado.

Técnica(s): tempestade cerebral; trabalho em pequenos grupos; mural sequenciado.

Recurso(s): subsídios deste Roteiro; quadro/cartaz; folhas de cartolina/papel pardo; canetas hidrográficas.

3.2 SUGESTÃO 2:

Introdução

Iniciar o estudo com a pergunta:

Haverá inconveniente em desenvolver-se a mediunidade nas crianças?

Desenvolvimento

Ouvir os comentários e fazer a leitura da resposta: capítulo 18 – *Dos inconvenientes e perigos da mediunidade*, item 221, 6ª pergunta, seguidas das perguntas 7ª e 8ª de *O livro dos médiuns*.

Em seguida, propor a leitura oral dialogada dos subsídios da apostila.

Em seguida, propor uma discussão circular:

Haverá inconveniente em desenvolver-se a mediunidade nas crianças?

Nesse momento, o facilitador esclarece dúvidas e complementa informações sobre o assunto apresentado de acordo com subsídios do Roteiro e Referência sugerida.

Propor a seguinte reflexão individual (não há a necessidade de comentário):

A infância é um período em que a criança ainda mantém ligação forte com a pátria espiritual.

Conclusão

Fazer o fechamento reforçando que:

Haverá inconveniente em desenvolver-se a mediunidade nas crianças?

"Certamente e sustento mesmo que é perigoso, pois esses organismos débeis e delicados sofreriam por essa forma grandes abalos, e as respectivas imaginações excessiva sobre-excitação. Assim, os pais prudentes devem afastá-las dessas ideias, ou, quando nada, não lhes falar do assunto, se não do ponto de vista das consequências morais." (Allan Kardec, *O livro dos médiuns*, 2ª pt., cap. 18, it. 221, 6ª perg.).

Avaliação

O estudo será considerado satisfatório se as ideias de os participantes refletirem entendimento do assunto.

Técnica(s): explosão de ideias, leitura oral comentada; discussão circular.

Recurso(s): subsídios do Roteiro; *O livro dos médiuns*.

4 SUBSÍDIOS

Ao tratar, em *O livro dos médiuns*, dos "inconvenientes e perigos da mediunidade", Kardec indaga ao Espírito que o assistia naquela ocasião: *Haverá inconveniente em desenvolver-se a mediunidade nas crianças?*[1]

Em resposta, o Espírito diz, de modo incisivo:

> Certamente e sustento mesmo que é muito perigoso, pois que esses organismos débeis e delicados sofreriam por essa forma grandes abalos, e as respectivas imaginações, excessiva sobre-excitação. Assim, os pais prudentes devem afastá-las dessas ideias, ou, quando nada, não lhes falar do assunto, senão do ponto de vista das consequências morais.[2]

Mais adiante o Codificador insiste:

> Há, no entanto, crianças que são médiuns naturalmente, quer de efeitos físicos, quer de escrita e de visões. Apresenta isto o mesmo inconveniente?
>
> Não; [responde o Espírito], quando numa criança a faculdade se mostra espontânea, é que está na sua natureza e que a sua constituição se presta a isso. O mesmo não acontece, quando é provocada e sobre-excitada. [...][3]

Posto isso, dois aspectos ficam evidentes, no que diz respeito à mediunidade nas crianças, vista sob a óptica da Doutrina Espírita: a inconveniência de se estimular o exercício da mediunidade na fase infantil e a manifestação espontânea dessa faculdade nos pequeninos.

4.1 INCONVENIÊNCIA E PERIGO NO ESTÍMULO AO EXERCÍCIO DA MEDIUNIDADE NAS CRIANÇAS

Com efeito, se o exercício da mediunidade requer do próprio adulto disciplina, sintonia com os Espíritos Superiores, meditação constante, estudo sério e continuado, como exigir que a criança – incapaz ainda de tantos rigores – a exercite de modo adequado? Educar a mediunidade tem o sentido de colocar-se na dependência magnética, mental e moral de Espíritos dos mais variados níveis evolutivos. Desse modo, sendo a criança inexperiente e possuindo um organismo frágil, fica necessariamente exposta aos efeitos de uma "[...] *aproximação obsidiante*".[4]

Em relação a este assunto, Kardec diz o seguinte:

> A prática do Espiritismo [...] demanda muito tato para a inutilização das tramas dos Espíritos enganadores. Se estes iludem a homens feitos, claro é que a infância e a juventude mais expostas se acham a ser vítimas deles. Sabe-se, além disso, que o recolhimento é uma condição sem a qual não se pode lidar

> com Espíritos sérios. As evocações feitas estouvadamente e por gracejo constituem verdadeira profanação, que facilita o acesso aos Espíritos zombeteiros, ou malfazejos. Ora, não se podendo esperar de uma criança a gravidade necessária a semelhante ato, muito de temer é que ela faça disso um brinquedo, se ficar entregue a si mesma. [...][5]

4.2 MEDIUNIDADE ESPONTÂNEA NAS CRIANÇAS

Se, em contrapartida, a mediunidade é espontânea na criança, fica claro – conforme já foi dito anteriormente – "[...] *que está na sua natureza e que a sua constituição se presta a isso* [...]".[6] Sendo assim, o que é natural tem um motivo a mais para ser tratado com naturalidade, segundo deduzimos das seguintes palavras do Espírito Superior, dirigidas a Kardec:

> [...] Nota que a criança que tem visões geralmente não se impressiona com estas, que lhe parecem coisa naturalíssima, a que dá muito pouca atenção e quase sempre esquece. Mais tarde, o fato lhe volta à memória e ela o explica facilmente, se conhece o Espiritismo.[7]

É certo que, com o crescimento, a criança vai-se desligando pouco a pouco das injunções do Mundo Espiritual, passando a envolver-se mais efetivamente com as ocorrências do plano físico e, como consequência, as manifestações mediúnicas podem escassear,[8] ressurgindo, principalmente, na adolescência, se ela tem um compromisso maior com a mediunidade.

Como exemplo de espontaneidade mediúnica nas crianças, vejamos o que se passou com o médium Francisco Cândido Xavier – segundo Ramiro Gama –, quando contava apenas 7 anos:

> Entregue pelo pai aos cuidados da madrinha – após a desencarnação da genitora –, o menino Chico padecia muito com os maus-tratos que daquela recebia. O que o consolava eram os momentos que passava junto a Maria João de Deus, sua mãe desencarnada, abrigado à sombra das bananeiras, no fundo do quintal. Numa dessas preciosas oportunidades, o menino, muito aflito, pediu ao bondoso Espírito que o retirasse da casa da madrinha. A mãe, em vista disso, receitou-lhe paciência e, confortando o filho, deu-lhe notícias do pedido que já havia feito a Jesus, no sentido de enviar um "anjo bom", que tomasse conta dele e dos outros irmãos. Assim, cheio de esperanças, sempre que tinha oportunidade de estar com a mãe, Chico lhe perguntava sobre a chegada do "anjo", ao que o Espírito serenamente respondia: *Espere, meu filho!*
>
> Após algum tempo de viuvez, o senhor João Cândido Xavier, pai de Chico, resolveu casar-se em segundas núpcias com Cidália Batista, que logo reclamou os filhos de Maria João de Deus – inclusive o Chico –, que se encontravam espalhados por diversas casas. Ao ver a criança, Cidália não pôde esconder

a amarga surpresa diante das inúmeras marcas estampadas em seu ventre, resultado das torturas causadas pela penetração de pontas de garfo. Assim, sob o impacto da emoção, beijou e abraçou o pequeno, que correspondeu totalmente aos gestos de carinho da bondosa senhora. Após esses instantes distinguidos pela ternura, a madrasta perguntou-lhe:

– Você sabe quem sou, meu filho?

O menino, prontamente, respondeu:

– Sei sim. A senhora é o anjo bom de que minha mãe já falou...[9]

4.2.1 As crianças e os Espíritos Protetores

No prefácio da prece: Aos anjos guardiães e aos Espíritos Protetores, capítulo 28 – *Preces espíritas* – de *O evangelho segundo o espiritismo*, Kardec diz o seguinte:

> Todos temos, ligados a nós, desde o nosso nascimento, um Espírito bom, que nos tomou sob sua proteção. Desempenha, junto de nós, a missão de um pai para com seu filho: a de nos conduzir pelo caminho do bem e do progresso, através das provações da vida [...].[10]

A criança é, desse modo, "[...] *resguardada pela influência benéfica e controladora dos espíritos protetores* [...]"[11] (o caso do médium Francisco Cândido Xavier, supracitado, também é um exemplo do que estamos dizendo), deles recebendo intuições orientadoras e, não raro, avisos e recados aos familiares, a ela transmitidos por meio da vidência, da intuição ou de outras faculdades.[12]

É o que também podemos observar no seguinte relato da médium Yvonne A. Pereira:

> Aos 4 anos já eu me comunicava com Espíritos desencarnados, pela visão e pela audição: via-os e falava com eles. Eu os supunha seres humanos, uma vez que os percebia com essa aparência e me pareciam todos muito concretos, trajados como quaisquer homens e mulheres. Ao meu entender de então, eram pessoas da família, e por isso, talvez, jamais me surpreendi com a presença deles. Uma dessas personagens era-me particularmente afeiçoada: eu a reconhecia como pai e a proclamava como tal a todos os de casa, com naturalidade, julgando-a realmente meu pai e amando-a profundamente. Mais tarde, esse Espírito tornou-se meu assistente ostensivo, auxiliando-me poderosamente a vitória nas provações e tornando-se orientador dos trabalhos por mim realizados como espírita e médium. [...][13]

Nessas circunstâncias – estando a criança resguardada, controlada por seu Espírito Protetor, ou anjo da guarda, segundo a compreensão da maioria das pessoas, e auxiliada por outros amigos espirituais que a amam –, não há o que temer, cabendo à família, em primeiro lugar, demonstrar tranquilidade, confiança nos desígnios superiores, facilitando, assim, a intervenção benéfica dessas entidades.

4.2.2 As crianças e os problemas mediúnicos

É oportuno considerar, no entanto, que, mesmo espontânea, nem por isso a faculdade mediúnica nas crianças deixa de ser, em muitos casos, dolorosa e preocupante. Em várias épocas da Humanidade e nos quatro cantos do mundo, há notícias de famílias atormentadas pela presença de Espíritos, que se manifestam aos pequenos nas mais variadas formas, pelos diversos tipos de mediunidade, com os mais diferentes objetivos e intenções. O assunto é extremamente delicado, se considerarmos a dificuldade em se atinar com o que está ocorrendo com a criança, o que causa embaraço na busca de uma feliz solução para o caso, sobretudo se a família não tem conhecimento da Doutrina Espírita. É ainda Yvonne A. Pereira que, ao narrar suas próprias experiências com o fenômeno de desdobramento perispiritual, oferece um bom exemplo do assunto. São suas palavras:

> [...] *Em verdade, já por essa época* [a do fenômeno de desdobramento em corpo "astral"] *eu não passava de uma criança infeliz, pois* [...] *o sofrimento me acompanhava desde o nascimento, e eu sofria não só a saudade da minha existência anterior, da qual lembrava, como ainda a insatisfação no ambiente familiar, que eu estranhava singularmente* [...]. *Dentre as muitas angústias que então me afligiam, destacava-se o temor que eu experimentava por um dos meus irmãos, o qual, como sói acontecer entre proles numerosas, me surrava frequentemente por qualquer contrariedade durante nossas peraltices, fato que me pungia e aterrorizava muito, e que a minha talvez excessiva sensibilidade exagerava como se se tratasse de um martirológio por mim sofrido, tornando-me então complexada no próprio lar paterno.*
>
> *Certa noite, inesperadamente, verificou-se o fenômeno de transporte em corpo astral* [fenômeno de desdobramento perispiritual] *com a característica de morte aparente* [...].
>
> [...] *sob a ação do fenômeno, vi-me no interior da igreja que eu amava, diante da imagem do "Senhor dos Passos", como frequentemente acontecia* [...] *O familiar acima citado torturava-me então com os habituais maus-tratos, espancando-me furiosamente, despedaçando-me as roupas e puxando-me os cabelos. Sentindo-me aterrorizada, como sempre, em dado momento apelei para o socorro do Senhor. Então, como que vi a imagem desprender-se do andor, com a cruz nas costas, descer os degraus, estender as mãos livres para mim e dizer bondosamente:*
>
> *– Vem comigo, minha filha... Será o único recurso que terás para suportar os sofrimentos que te esperam...*

Aceitei a mão que se estendia, apoiei-me nela, subi os degrauzinhos da capela--mor... e de nada mais me apercebi, enquanto a visão não foi jamais esquecida, constituindo antes grande refrigério para o meu coração, até hoje, sua lembrança.

Efetivamente, grandes provações e testemunhos, lágrimas ininterruptas, sem me permitirem um único dia de alegria neste mundo, se sobrepuseram no decurso da minha presente existência. Mas bem cedo, porém, eu me fortalecera para os embates, pois, naquela mesma idade, 8 anos, li o primeiro livro espírita, uma vez que já lia correntemente, pela citada época.[14]

4.2.3 Recursos de amparo às crianças portadoras de mediunidade

Ainda com respeito à fala do Espírito Superior sobre a questão do estímulo ao exercício da mediunidade nas crianças, colocada ao início dos subsídios, queremos enfatizar o apelo feito à prudência dos pais, no sentido de afastar os filhos dessas ideias, de não lhes falar sobre o assunto, a não ser *do ponto de vista das consequências morais*. A esse sábio conselho, que encerra excelente recurso de amparo à criança – apresente ou não indícios de mediunidade –, podemos aditar outros, igualmente valiosos, dos quais a família não pode prescindir:

Prece em seu favor e dos Espíritos que delas tentam acercar-se.

Passes ministrados por companheiros responsáveis.

Frequência às aulas espíritas de Evangelho [Evangelização Espírita da infância], *a fim de que possam, a pouco e pouco, ir assimilando noções doutrinárias compatibilizadas com sua idade.*[15]

É igualmente importante, para o equilíbrio dos familiares e da própria criança, a oração em conjunto no lar, "[...] *com o objetivo de reunir a família em torno dos ensinamentos evangélicos, à luz do Espiritismo, e sob a assistência dos benfeitores espirituais.*" (Folheto *Evangelho no Lar*, FEB)[16]

Se, repetindo o *Eclesiastes*, "*tudo tem o seu tempo determinado, e há tempo para todo propósito debaixo do céu*";[17] se os frutos precisam estar sazonados e maduros para serem colhidos e saboreados, assim também os pais da Terra, seguindo os ditames da própria Natureza, devem esperar a época oportuna para que os filhos exercitem a mediunidade, no cumprimento de deveres sagrados assumidos no Mundo Espiritual, antes de reencarnarem.

REFERÊNCIAS

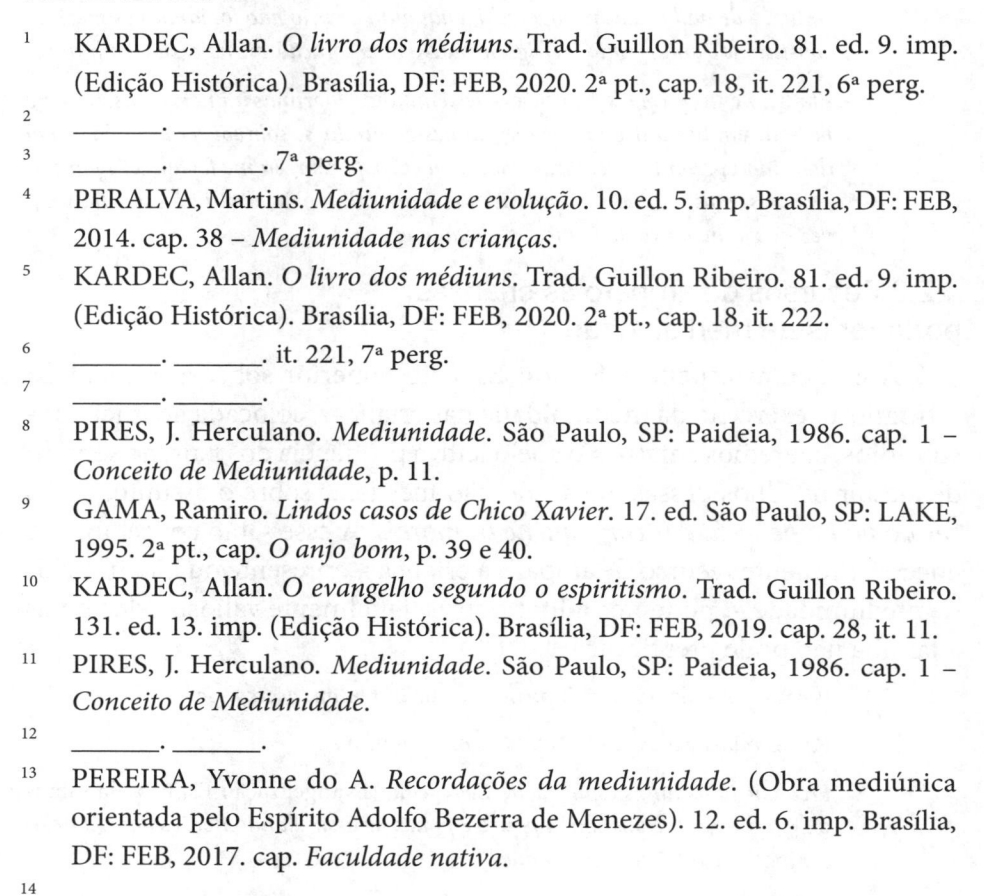

1. KARDEC, Allan. *O livro dos médiuns*. Trad. Guillon Ribeiro. 81. ed. 9. imp. (Edição Histórica). Brasília, DF: FEB, 2020. 2ª pt., cap. 18, it. 221, 6ª perg.
2. _____. _____.
3. _____. _____. 7ª perg.
4. PERALVA, Martins. *Mediunidade e evolução*. 10. ed. 5. imp. Brasília, DF: FEB, 2014. cap. 38 – *Mediunidade nas crianças*.
5. KARDEC, Allan. *O livro dos médiuns*. Trad. Guillon Ribeiro. 81. ed. 9. imp. (Edição Histórica). Brasília, DF: FEB, 2020. 2ª pt., cap. 18, it. 222.
6. _____. _____. it. 221, 7ª perg.
7. _____. _____.
8. PIRES, J. Herculano. *Mediunidade*. São Paulo, SP: Paideia, 1986. cap. 1 – *Conceito de Mediunidade*, p. 11.
9. GAMA, Ramiro. *Lindos casos de Chico Xavier*. 17. ed. São Paulo, SP: LAKE, 1995. 2ª pt., cap. *O anjo bom*, p. 39 e 40.
10. KARDEC, Allan. *O evangelho segundo o espiritismo*. Trad. Guillon Ribeiro. 131. ed. 13. imp. (Edição Histórica). Brasília, DF: FEB, 2019. cap. 28, it. 11.
11. PIRES, J. Herculano. *Mediunidade*. São Paulo, SP: Paideia, 1986. cap. 1 – *Conceito de Mediunidade*.
12. _____. _____.
13. PEREIRA, Yvonne do A. *Recordações da mediunidade*. (Obra mediúnica orientada pelo Espírito Adolfo Bezerra de Menezes). 12. ed. 6. imp. Brasília, DF: FEB, 2017. cap. *Faculdade nativa*.
14. _____. _____.
15. PERALVA, Martins. *Mediunidade e evolução*. 10. ed. 5. imp. Brasília, DF: FEB, 2014. cap. 38 – *Mediunidade nas crianças*.
16. FEDERAÇÃO ESPÍRITA BRASILEIRA. *Folheto Evangelho no Lar*.
17. BÍBLIA DE JERUSALÉM. Trad. Samuel Martins Barbosa; et al. São Paulo, SP: Edições Paulinas, 1981. *Eclesiastes*, 3:1.

A INFLUÊNCIA MORAL DO MÉDIUM E DO MEIO NAS COMUNICAÇÕES MEDIÚNICAS

1 OBJETIVO ESPECÍFICO

» Refletir sobre a influência moral do médium e do meio no processo de comunicação mediúnica.

2 CONTEÚDO BÁSICO

» O Espírito encarnado no médium exerce alguma influência sobre as comunicações que deva transmitir, provindas de outros Espíritos?

Exerce, porquanto, se estes não lhe são simpáticos, pode ele alterar-lhes as respostas e assimilá-las às suas próprias ideias e a seus pendores; não influencia, porém, os próprios Espíritos, autores das respostas; constitui-se apenas em mau intérprete. (Allan Kardec, *O livro dos médiuns*, 2ª pt., cap. 19, it. 223, 7ª perg.)

» Será essa a causa da preferência dos Espíritos por certos médiuns?

Não há outra. Os Espíritos procuram o intérprete que mais simpatize com eles e que lhes exprima com mais exatidão os pensamentos. [...] (Allan Kardec, *O livro dos médiuns*, 2ª pt., cap. 19, it. 223, 8ª perg.)

» O desenvolvimento da mediunidade guarda relação com o desenvolvimento moral dos médiuns?

Não; a faculdade propriamente dita se radica no organismo; independe do moral. O mesmo, porém, não se dá com o seu uso, que pode ser bom, ou mau, conforme as qualidades do médium. (Allan Kardec, *O livro dos médiuns*, 2ª pt., cap. 20, it. 226, 1ª perg.).

> *Se o médium, do ponto de vista da execução, não passa de um instrumento, exerce, todavia, influência muito grande sob o aspecto moral. Pois que, para se comunicar, o Espírito desencarnado se identifica com o Espírito do médium, esta identificação não se pode verificar senão havendo, entre um e outro, simpatia e, se assim é lícito dizer-se, afinidade. A alma exerce sobre o Espírito livre uma espécie de atração, ou de repulsão, conforme o grau da semelhança existente entre eles. Ora, os bons têm afinidade com os bons e os maus com os maus, donde se segue que as qualidades morais do médium exercem influência capital sobre a natureza dos Espíritos que por ele se comunicam. Se o médium é vicioso, em torno dele se vêm grupar os Espíritos inferiores, sempre prontos a tomar o lugar aos bons Espíritos evocados. [...]* (Allan Kardec, *O livro dos médiuns*, 2ª pt., cap. 20, it. 227).

> Os Espíritos Superiores procuram encaminhar para uma corrente de ideias sérias as reuniões fúteis?

> *Os Espíritos superiores não vão às reuniões onde sabem que a presença deles é inútil.* (Allan Kardec, *O livro dos médiuns*, 2ª pt., cap. 21, it. 231, 3ª perg.).

> Entretanto, os Espíritos Superiores vão de boamente às reuniões pouco instruídas, mas onde há sinceridade de propósitos, ainda que os médiuns não ofereçam maiores recursos mediúnicos. Afastam-se, porém, dos grupos instruídos em que predominam a ironia, a vaidade e o orgulho. (Allan Kardec, *O livro dos médiuns*, 2ª pt., cap. 21, it. 231, 3ª perg.).

3 SUGESTÕES DIDÁTICAS

3.1 SUGESTÃO 1:

Introdução

Introduzir o assunto referindo-se à responsabilidade de todos aqueles que realizam trabalhos mediúnicos, quer sejam os médiuns propriamente ditos, quer sejam os demais participantes desses trabalhos. Ressaltar que, embora a faculdade mediúnica se radique no organismo e independa do moral, o mesmo não se dá com os resultados do seu exercício. Esses serão bons ou maus, de acordo com as qualidades morais de todos os integrantes do grupo mediúnico.

Desenvolvimento

Em seguida, solicitar aos participantes que se dividam em cinco grupos, para a realização das seguintes tarefas:

Grupo 1: leitura individual dos dois primeiros parágrafos do item 4.1 dos subsídios, anotando-se os pontos significativos.

Grupo 2: leitura individual da instrução do Espírito Erasto (item 4.1 dos subsídios, 4ºparágrafo), anotando-se os pontos significativos.

Grupo 3: leitura individual do relato do Espírito André Luiz (item 4.1 dos subsídios, 5º e 6º parágrafos), anotando-se os pontos significativos.

Grupo 4: leitura individual dos dois primeiros parágrafos do item 4.2 dos subsídios, anotando-se os pontos significativos.

Grupo 5: leitura individual dos relatos do Espírito André Luiz e da médium Elisabeth d'Espérance (item 4.2 dos subsídios, 6º e 9º parágrafos), anotando-se os pontos significativos.

Todos os grupos: troca de ideias a respeito dos pontos assinalados; preparo de miniexposição sobre o assunto estudado; escolha do integrante do grupo que fará a exposição; apresentação do trabalho realizado pelo grupo.

Observação: Serão colocados à disposição dos grupos recursos para o preparo da miniexposição, tais como: papel pardo ou cartolina; canetas hidrográficas de várias cores; papel; lápis/caneta; fita adesiva.

Ouvir a apresentação dos grupos, anotando, no quadro de giz ou cartaz, alguns destaques, para posterior comentários.

Fazer a integração do assunto com base nos pontos destacados, esclarecendo eventuais dúvidas.

Conclusão

Usar, para concluir o estudo, a *Prece de Aniceto* constante no Anexo no final deste Roteiro. Pedir a um dos participantes que a leia pausadamente, a fim de proporcionar a todos ensejo de reflexão sobre as ideias ali contidas.

Avaliação

O estudo será considerado satisfatório se os participantes realizarem corretamente as tarefas propostas para os grupos; ouvirem com atenção as exposições feitas e a leitura da *Prece de Aniceto*.

Técnica(s): exposição; trabalho em pequenos grupos; leitura.

Recurso(s): subsídios do Roteiro; quadro de giz/cartaz; papel pardo/cartolina; canetas hidrográficas de várias cores; papel; lápis/caneta; fita adesiva.

3.2 SUGESTÃO 2:

Introdução

Iniciar o estudo com a pergunta:

A moral do médium interfere nas comunicações mediúnicas?

Desenvolvimento

Ouvir os comentários e iniciar breve exposição dialogada introduzindo o assunto.

Em seguida, dividir os participantes em grupos para a leitura dos subsídios da apostila.

Grupos 1 e 2 – leitura, breve comentário e resumo do item 4.1 Influência moral do médium nas comunicações mediúnicas;

Grupos 3 e 4 – leitura, breve comentário e resumo do item 4.2 Influência do meio nas comunicações mediúnicas.

(Tempo aproximado de até 20 minutos.)

Terminado esse tempo, propor aos Grupos 1 e 2 que se juntem e finalizem um único resumo a ser apresentado aos demais grupos; o mesmo trabalho a ser realizado pelos Grupos 3 e 4.

(Tempo aproximado de até 10 minutos.)

Terminado o trabalho dos grupos, seguir com as apresentações iniciando pelos Grupos 1 e 2.

Os grupos poderão fazer perguntas uns aos outros.

Nesse momento, o facilitador acompanha, esclarece dúvidas e complementa informações sobre o assunto apresentado de acordo com subsídios do Roteiro e Referência sugerida.

Propor a seguinte reflexão individual (não há a necessidade de comentário):

Os Espíritos Superiores não vão às reuniões onde sabem que a presença deles é inútil. (Allan Kardec, *O livro dos médiuns*, 2ª pt., cap. 21, it. 231, 3ª perg.).

Conclusão

Fazer o fechamento concluindo que:

> O Espírito encarnado no médium exerce alguma influência sobre as comunicações que deva transmitir, provindas de outros Espíritos?
>
> "Exerce, porquanto, se estes não lhe são simpáticos, pode ele alterar-lhes as respostas e assimilá-las às suas próprias ideias e a seus pendores; não influencia, porém, os próprios Espíritos, autores das respostas; constitui-se apenas em mau intérprete." (Allan Kardec, *O livro dos médiuns*, 2ª pt., cap. 19, it. 223, 7ª perg.)

Avaliação

O estudo será considerado satisfatório se as ideias dos participantes refletirem entendimento do assunto.

Técnica(s): explosão de ideias, apresentação de grupos; discussão circular.

Recurso(s): subsídios do Roteiro; *O livro dos médiuns*.

4 SUBSÍDIOS

4.1 INFLUÊNCIA MORAL DO MÉDIUM NAS COMUNICAÇÕES MEDIÚNICAS

A influência moral do médium nas comunicações mediúnicas baseia-se, de um modo geral, na simpatia que ele sente pelos Espíritos comunicantes

> [...] *porquanto, se estes não lhe são simpáticos, pode ele alterar-lhes as respostas e assimilá-las às suas próprias ideias e a seus pendores; não influencia, porém, os próprios Espíritos, autores das respostas; constitui-se apenas em mau intérprete.*[1]

Sendo assim, os Espíritos naturalmente

> [...] *procuram o intérprete que mais simpatize com eles e que lhes exprima com mais exatidão os pensamentos. Não havendo entre eles simpatia, o Espírito do médium é um antagonista que oferece certa resistência e se torna um intérprete de má qualidade e muitas vezes infiel.* [...][2]

Portanto, embora a faculdade mediúnica se radique no organismo e independa do moral, o mesmo "[...] *não se dá com o seu uso, que pode ser bom, ou mau, conforme as qualidades do médium*".[3]

De fato,

> *Se o médium, do ponto de vista da execução, não passa de um instrumento, exerce, todavia, influência muito grande sob o aspecto moral. Pois que, para se*

comunicar, o Espírito desencarnado se identifica com o Espírito do médium, esta identificação não se pode verificar senão havendo, entre um e outro, simpatia e, se assim é lícito dizer-se, afinidade. A alma exerce sobre o Espírito livre uma espécie de atração, ou de repulsão, conforme o grau da semelhança existente entre eles. Ora, os bons têm afinidade com os bons e os maus com os maus, donde se segue que as qualidades morais do médium exercem influência capital sobre a natureza dos Espíritos que por ele se comunicam. Se o médium é vicioso, em torno dele se vêm grupar os Espíritos inferiores, sempre prontos a tomar o lugar aos bons Espíritos evocados. As qualidades que, de preferência, atraem os bons Espíritos são: a bondade, a benevolência, a simplicidade do coração, o amor do próximo, o desprendimento das coisas materiais. Os defeitos que os afastam são: o orgulho, o egoísmo, a inveja, o ciúme, o ódio, a cupidez, a sensualidade e todas as paixões que escravizam o homem à matéria.[4]

De todos esses defeitos, o que os Espíritos inferiores

[...] exploram com mais habilidade é o orgulho, porque é a que a criatura menos confessa a si mesma. O orgulho tem perdido muitos médiuns dotados das mais belas faculdades e que, se não fora essa imperfeição, teriam podido tornar-se instrumentos notáveis e muito úteis, ao passo que, presas de Espíritos mentirosos, suas faculdades, depois de se haverem pervertido, aniquilaram-se e mais de um se viu humilhado por amaríssimas decepções.[5]

Entretanto,

O médium que compreende o seu dever, longe de se orgulhar de uma faculdade que não lhe pertence, visto que lhe pode ser retirada, atribui a Deus as boas coisas que obtém. Se as suas comunicações receberem elogios, não se envaidecerá com isso, porque as sabe independentes do seu mérito pessoal; agradece a Deus o haver consentido que por seu intermédio bons Espíritos se manifestassem. Se dão lugar à crítica, não se ofende, porque não são obra do seu próprio Espírito. Ao contrário, reconhece no seu íntimo que não foi um instrumento bom e que não dispõe de todas as qualidades necessárias a obstar a imiscuição dos Espíritos maus. Cuida, então, de adquirir essas qualidades e suplica, por meio da prece, as forças que lhe faltam.[6]

Sobre o assunto, o Espírito Erasto dá-nos a seguinte instrução:

Em tese geral, pode afirmar-se que os Espíritos atraem Espíritos que lhes são similares e que raramente os Espíritos das plêiades elevadas se comunicam por aparelhos maus condutores, quando têm à mão bons aparelhos mediúnicos, bons médiuns, numa palavra.

Os médiuns levianos e pouco sérios atraem, pois, Espíritos da mesma natureza; por isso é que suas comunicações se mostram cheias de banalidades, frivolidades, ideias truncadas e, não raro, muito heterodoxas espiritualmente falando. Certamente, podem eles dizer, e às vezes dizem, coisas aproveitáveis; mas, nesse caso, principalmente, é que um exame severo e escrupuloso se faz necessário, porquanto, de envolta com essas coisas aproveitáveis, Espíritos hipócritas insinuam, com habilidade e preconcebida perfídia, fatos de pura invencionice, asserções mentirosas, a fim de iludir a boa-fé dos que lhes dispensam atenção. [...]

[...] Onde, porém, a influência moral do médium se faz realmente sentir é quando ele substitui, pelas que lhe são pessoais, as ideias que os Espíritos se esforçam por lhe sugerir e também quando tira da sua imaginação teorias fantásticas que, de boa-fé, julga resultarem de uma comunicação intuitiva. É de apostar-se então mil contra um que isso não passa de reflexo do próprio Espírito do médium. Dá-se mesmo o fato curioso de mover-se a mão do médium, quase mecanicamente às vezes, impelida por um Espírito secundário e zombeteiro. É essa a pedra de toque contra a qual vêm quebrar-se as imaginações ardentes, por isso que, arrebatados pelo ímpeto de suas próprias ideias, pelas lentejoulas de seus conhecimentos literários, os médiuns desconhecem o ditado modesto de um Espírito criterioso e, abandonando a presa pela sombra, o substituem por uma paráfrase empolada. Contra este escolho terrível vêm igualmente chocar-se as personalidades ambiciosas que, em falta das comunicações que os bons Espíritos lhes recusam, apresentam suas próprias obras como se fossem desses Espíritos. [...]

Na dúvida, abstém-te, diz um dos vossos velhos provérbios. Não admitais, portanto, senão o que seja, aos vossos olhos, de manifesta evidência. Desde que uma opinião nova venha a ser expendida, por pouco que vos pareça duvidosa, fazei-a passar pelo crisol da razão e da lógica e rejeitai desassombradamente o que a razão e o bom senso reprovarem. Melhor é repelir dez verdades do que admitir uma única falsidade, uma só teoria errônea. Efetivamente, sobre essa teoria poderíeis edificar um sistema completo, que desmoronaria ao primeiro sopro da verdade, como um monumento edificado sobre areia movediça, ao passo que, se rejeitardes hoje algumas verdades, porque não vos são demonstradas clara e logicamente, mais tarde um fato brutal, ou uma demonstração irrefutável virá afirmar-vos a sua autenticidade.[7]

A par do ensino geral sobre este assunto, é importante ressaltar o trabalho específico de socorro aos Espíritos sofredores, no exercício do qual médiuns prestimosos doam os seus recursos mediúnicos em auxílio de Espíritos no padrão evolutivo inferior ao seu. Não se trata aí do intercâmbio com Espíritos simpáticos ao médium, mas de tarefa de sacrifício por amor, supervisionada pelos orientadores espirituais.

O Espírito André Luiz fornece muitos exemplos sobre a influência moral dos médiuns no exercício da mediunidade. Podem-se, no entanto, destacar os casos das médiuns Eugênia e Celina, narrados no livro *Nos domínios da mediunidade*. Diz-nos o mencionado autor espiritual, reproduzindo palavras do mentor Aulus, acerca de determinada tarefa de Eugênia:

– É o fenômeno da psicofonia consciente ou trabalho dos médiuns falantes. Embora senhoreando as forças de Eugênia, o hóspede enfermo do nosso plano permanece controlado por ela, a quem se imana pela corrente nervosa, por meio

da qual estará nossa irmã informada de todas as palavras que ele mentalize e pretenda dizer. Efetivamente apossa-se ele temporariamente do órgão vocal de nossa amiga, apropriando-se de seu mundo sensório, conseguindo enxergar, ouvir e raciocinar com algum equilíbrio, por intermédio das energias dela, mas Eugênia comanda, firme, as rédeas da própria vontade, agindo qual se fosse enfermeira concordando com os caprichos de um doente, no objetivo de auxiliá-lo. Esse capricho, porém, deve ser limitado, porque, consciente de todas as intenções do companheiro infortunado a quem empresta o seu carro físico, nossa amiga reserva-se o direito de corrigi-lo em qualquer inconveniência. Pela corrente nervosa, conhecer-lhe-á as palavras na formação, apreciando-as previamente, uma vez que os impulsos mentais dele lhe percutem sobre o pensamento como verdadeiras marteladas. Pode, assim, frustrar-lhe qualquer abuso, fiscalizando-lhe os propósitos e expressões, porque se trata de uma entidade que lhe é inferior, pela perturbação e pelo sofrimento em que se encontra, e a cujo nível não deve arremessar-se, se quiser ser-lhe útil. O Espírito em turvação é um alienado mental, requisitando auxílio. Nas sessões de caridade qual a que presenciamos, o primeiro socorrista é o médium que o recebe, mas, se o socorrista cai no padrão vibratório do necessitado que lhe roga serviço, há pouca esperança no amparo eficiente. O médium, pois, quando integrado nas responsabilidades que esposa, tem o dever de colaborar na preservação da ordem e da respeitabilidade na obra de assistência aos desencarnados, permitindo-lhes a livre manifestação apenas até o ponto em que essa manifestação não colida com a harmonia necessária ao conjunto e com a dignidade imprescindível ao recinto.[8]

A assistência mediúnica prestada por Celina, pelo fenômeno da psicofonia sonambúlica, é assim relatado por André Luíz:

A nobre senhora fitou o desesperado visitante [Espírito desencarnado] com manifesta simpatia e abriu-lhe os braços, auxiliando-o a senhorear o veículo físico [...].

Qual se fora atraído por vigoroso ímã, o sofredor arrojou-se sobre a organização física da médium, colando-se a ela, instintivamente.

Auxiliado pelo guardião que o trazia, sentou-se com dificuldade, afigurando-se-me intensivamente ligado ao cérebro mediúnico.

Se Eugênia revelava-se benemérita enfermeira, dona Celina surgia aos nossos olhos por abnegada mãezinha, tal a devoção afetiva para com o hóspede infortunado.

Dela partiam fios brilhantes a envolvê-lo inteiramente e o recém-chegado, em vista disso, não obstante senhor de si, demonstrava-se criteriosamente controlado.

Assemelhava-se a um peixe em furiosa reação, entre os estreitos limites de um recipiente que, em vão, procurava dilacerar.

Projetava de si estiletes de treva, que se fundiam na luz com que Celina-alma o rodeava, dedicada.

Tentava gritar impropérios, mas debalde.

A médium era um instrumento passivo no exterior, entretanto, nas profundezas do ser, mostrava as qualidades morais positivas que lhe eram conquista inalienável, impedindo aquele irmão de qualquer manifestação menos digna.[9]

4.2 INFLUÊNCIA DO MEIO NAS COMUNICAÇÕES MEDIÚNICAS

O meio em que se encontra o médium também exerce influência nas manifestações mediúnicas, uma vez que todos "[...] *os Espíritos que cercam o médium o auxiliam, para o bem ou para o mal*".[10] Podem, no entanto, os Espíritos Superiores, quando julgam necessário, vencer a influência negativa do meio.[11] Não comparecem, todavia, às reuniões nas quais sabem, de antemão, que a sua presença será inútil. Junto a pessoas pouco instruídas, mas sinceras, eles, de boamente, se apresentam, ainda mesmo quando ali não encontram bons instrumentos mediúnicos. Não vão, porém, aos ambientes instruídos onde predomina a ironia.[12]

> [...] *Em tais meios, é necessário se fale aos ouvidos e aos olhos: esse o papel dos Espíritos batedores e zombeteiros. Convém que aqueles que se orgulham da sua ciência sejam humilhados pelos Espíritos menos instruídos e menos adiantados.*[13]

Com efeito, fora

> [...] *erro acreditar alguém que precisa ser médium, para atrair a si os seres do mundo invisível. Eles povoam o espaço; temo-los incessantemente em torno de nós,* [ao nosso lado, vendo-nos, observando-nos], *intervindo em nossas reuniões, seguindo-nos, ou evitando-nos, conforme os atraímos ou repelimos. A faculdade mediúnica em nada influi para isto: ela mais não é do que um meio de comunicação.*[14]

De acordo com o que já foi dito a respeito das causas de simpatia e antipatia entre os Espíritos (Roteiros 7 e 8 do Módulo I),

> [...] *facilmente se compreenderá que devemos estar cercados daqueles que têm afinidade com o nosso próprio Espírito, conforme é este graduado, ou degradado.* [...]
>
> *Partindo deste princípio, suponhamos uma reunião de homens levianos, inconsequentes, ocupados com seus prazeres; quais serão os Espíritos que preferentemente os cercarão? Não serão de certo Espíritos Superiores, do mesmo modo que não seriam os nossos sábios e filósofos os que iriam passar o seu tempo em semelhante lugar. Assim, onde quer que haja uma reunião de homens, há igualmente em torno deles uma assembleia oculta, que simpatiza com suas qualidades ou com seus defeitos, feita abstração completa de toda ideia de evocação. Admitamos agora que tais homens tenham a possibilidade de se comunicar com os seres do Mundo Invisível, por meio de um intérprete, isto é, por*

um médium; quais serão os que lhes responderão ao chamado? Evidentemente, os que os estão rodeando de muito perto, à espreita de uma ocasião para se comunicarem. Se, numa assembleia fútil, chamarem um Espírito Superior, este poderá vir e até proferir algumas palavras ponderosas, como um bom pastor que acode ao chamamento de suas ovelhas desgarradas, porém, desde que não se veja compreendido, nem ouvido, retira-se, como em seu lugar o faria qualquer de nós, ficando os outros com o campo livre.[15]

No entanto,

Nem sempre basta que uma assembleia seja séria, para receber comunicações de ordem elevada. Há pessoas que nunca riem e cujo coração, nem por isso, é puro. Ora, o coração, sobretudo, é que atrai os bons Espíritos. Nenhuma condição moral exclui as comunicações espíritas; os que, porém, estão em más condições, esses se comunicam com os que lhes são semelhantes, os quais não deixam de enganar e de lisonjear os preconceitos.

Por aí se vê a influência enorme que o meio exerce sobre a natureza das manifestações inteligentes. [...][16]

O Espírito André Luiz, na obra *Nos domínios da mediunidade*, ao tratar de uma reunião de efeitos físicos para socorro a enfermos no plano físico, refere-se ao comportamento negativo de alguns irmãos encarnados, desatentos aos altos objetivos da referida sessão:

Alguns encarnados, como habitualmente acontece, não tomavam a sério as responsabilidades do assunto e traziam consigo emanações tóxicas, oriundas do abuso de nicotina, carne e aperitivos, além das formas-pensamentos menos adequadas à tarefa que o grupo devia realizar.[17]

Prosseguindo, reproduz comentário do assistente Aulus:

– A posição neuropsíquica dos companheiros encarnados que nos compartilham a tarefa, no momento, não ajuda. Absorvem-nos os recursos, sem retribuição que nos indenize, de alguma sorte, a despesa de fluidos laboriosamente trabalhados.[18]

Em seguida, acrescenta o mencionado autor:

Efetivamente, escuras emissões mentais esguichavam contínuas, entrechocando-se de maneira lastimável.

Os amigos, ainda na carne, mais se nos figuravam crianças inconscientes.

Pensavam em termos indesejáveis, expressando petições absurdas, no aparente silêncio a que se acomodavam, irrequietos.

Exigiam a presença de afeições desencarnadas, sem cogitarem da oportunidade e do merecimento imprescindíveis, criticavam essa ou aquela particularidade do fenômeno ou prendiam a imaginação a problemas aviltantes da experiência vulgar.[19]

Em o livro *No país das sombras*, a famosa médium de materializações Elisabeth d'Espérance refere-se a um fato ocorrido em uma de suas sessões mediúnicas, causado por um dos participantes da reunião, fato esse que lhe acarretou séria enfermidade física. São suas palavras:

> *O triunfo que tinha coroado as nossas experiências havia-me, em grande parte, cegado acerca das condições exigidas para a produção das manifestações espíritas. Talvez que o mesmo se tivesse dado com os meus amigos. Inconscientemente ou, talvez, por intuição, havíamos adotado muitos dos meios necessários para sermos bem-sucedidos, e o resultado parecia justificar a ideia que bastaria reunirmos toda a energia para obtermos o que desejávamos a respeito dos fenômenos.*
>
> *Como os fatos se produziam é o que não podíamos compreender. Sabíamos que a presença de certas pessoas os favorecia, ao passo que a de outras os contrariava [...].*
>
> *O nosso constante êxito foi para nós uma fonte de perigos. [...]*[21]

Continua adiante:

> *Não sei como a sessão principiou; tinha visto Iolanda [Espírito materializado] colocar seu jarro no ombro e sair do gabinete. Mais tarde, entretanto, soube o que se passou.*
>
> *O que experimentei foi uma sensação angustiosa e horrível, como se me quisessem sufocar ou esmagar, como se eu fosse uma boneca de borracha violentamente apertada nos braços de uma pessoa. Depois, senti-me invadida pelo terror, constrangida pela agonia da dor; julguei que ia perder a razão e precipitar-me num abismo medonho, onde nada via, nada ouvia, nada compreendia, a não ser o eco de um grito penetrante que parecia vir de longe.*
>
> *Sentia-me cair, mas não sabia em que lugar. Tentava segurar-me, prender-me a alguma coisa, mas o apoio faltava-me; desmaiei e só tornei a mim para estremecer de horror, com a ideia de haver recebido um golpe mortal.*
>
> *Os meus sentidos pareciam dispersos, e não foi senão aos poucos que pude concentrá-los suficientemente para compreender o que sucedera. Iolanda tinha sido agarrada por alguém, que a tomou por mim própria.*
>
> *Foi o que me contaram. Esse fato era tão extraordinário que, se me não achasse em tão penoso estado de prostração, eu teria rido, porém não pude pensar nem mover-me. Sentia que pouca vida restava em mim e esse sopro de vida era para mim um tormento. A hemorragia pulmonar, que durante a minha estada no Sul fora aparentemente curada, reapareceu, e uma onda de sangue quase me sufocou. Dessa sessão resultou para mim uma longa e grave enfermidade, que fez demorar por muitas semanas a nossa partida da Inglaterra, pois que eu não podia ser transportada.*[22]

Sendo assim, por tudo que foi exposto, evidencia-se, para todos aqueles que se dedicam ao trato da mediunidade, a necessidade de empreenderem os melhores esforços para a própria renovação moral, buscando, dia a dia, transformar as antigas imperfeições em valores positivos da alma, uma vez que, só desse modo, encontrarão a paz da consciência pela certeza do dever cumprido.

REFERÊNCIAS

[1] KARDEC, Allan. *O livro dos médiuns*. Trad. Guillon Ribeiro. 81. ed. 9. imp. (Edição Histórica). Brasília, DF: FEB, 2020. 2ª pt., cap. 19, it. 223, 7ª perg.

[2] _____. _____. it. 223, 8ª perg.

[3] _____. _____. cap. 20, it. 226, 1ª perg.

[4] _____. _____. it. 227.

[5] _____. _____. it. 228.

[6] _____. *O evangelho segundo o espiritismo*. Trad. Guillon Ribeiro. 131. ed. 13. imp. (Edição Histórica). Brasília, DF: FEB, 2019. cap. 28, it. 9.

[7] _____. _____. it. 230.

[8] XAVIER, Francisco Cândido. *Nos domínios da mediunidade*. Pelo Espírito André Luiz. 36. ed. 4. imp. Brasília, DF: FEB, 2015. cap. 6 – *Psifoconia consciente*.

[9] _____. _____. cap. 8 – *Psicofonia sonambúlica*.

[10] KARDEC, Allan. *O livro dos médiuns*. Trad. Guillon Ribeiro. 81. ed. 9. imp. (Edição Histórica). Brasília, DF: FEB, 2020. 2ª pt., cap. 21, it. 231, 1ª perg.

[11] _____. _____. 2ª perg.

[12] _____. _____. 3ª perg.

[13] _____. _____.

[14] _____. _____. it. 232.

[15] _____. _____.

[16] _____. _____. it. 233.

[17] XAVIER, Francisco Cândido. *Nos domínios da mediunidade*. Pelo Espírito André Luiz. 36. ed. 4. imp. Brasília, DF: FEB, 2015. cap. 28 – *Efeitos físicos*.

[18] _____. _____.

[19] _____. _____.

[20] D'ESPÉRANCE, Elisabeth. *No país das sombras*. 7. ed. 1. reimp. Brasília, DF: FEB, 2011. cap. 21 – *Uma experiência amarga*.

[21] _____. _____.

ANEXO

PRECE DE ANICETO

Senhor, ensina-nos a receber as bênçãos do serviço! Ainda não sabemos, Amado Jesus, compreender a extensão do trabalho que nos confiaste! Permite, Senhor, possamos formar em nossa alma a convicção de que a Obra do Mundo te pertence, a fim de que a vaidade não se insinue em nossos corações com as aparências do bem!

Dá-nos, Mestre, o espírito de consagração aos nossos deveres e desapego aos resultados que pertencem ao teu Amor!

Ensina-nos a agir sem as algemas das paixões, para que reconheçamos os teus santos objetivos!

Senhor Amorável, ajuda-nos a ser teus leais servidores,

Mestre Amoroso, concede-nos, ainda, as tuas lições,

Juiz reto, conduze-nos aos caminhos direitos,

Médico Sublime, restaura-nos a saúde,

Pastor Compassivo, guia-nos à frente das águas vivas,

Engenheiro Sábio, dá-nos o teu roteiro,

Administrador Generoso, inspira-nos a tarefa,

Semeador do Bem, ensina-nos a cultivar o campo de nossas almas,

Carpinteiro Divino, auxilia-nos a construir nossa casa eterna,

Oleiro Cuidadoso, corrige-nos o vaso do coração,

Amigo Desvelado, sê indulgente, ainda, para com as nossas fraquezas, Príncipe da Paz, compadece-te de nosso espírito frágil, abre nossos olhos e mostra-nos a estrada de teu Reino!

FONTE: XAVIER, Francisco Cândido. *Os mensageiros*. Pelo Espírito André Luiz. 47. ed. 14. imp. Brasília, DF: FEB, 2020. cap. 51 – *Nas despedidas*.

Prece dos médiuns

Deus onipotente, permite que os bons Espíritos me assistam na comunicação que solicito. Preserva-me da presunção de me julgar resguardado dos Espíritos maus; do orgulho que me induza em erro sobre o valor do que obtenha; de todo sentimento oposto à caridade para com outros médiuns. Se cair em erro, inspira a alguém a ideia de me advertir disso e a mim a humildade que me faça aceitar reconhecido a crítica e tomar como endereçados a mim mesmo, e não aos outros, os conselhos que os bons Espíritos me queiram ditar.

Se for tentado a cometer abuso, no que quer que seja, ou a me envaidecer da faculdade que te aprouve conceder-me, peço que ma retires, de preferência a consentires seja ela desviada do seu objetivo providencial, que é o bem de todos e o meu próprio avanço moral.

FONTE: KARDEC, Allan. *O evangelho segundo o espiritismo*. Trad. Guillon Ribeiro. 131. ed. 13. imp. (Edição Histórica). Brasília, DF: FEB, 2019. cap. 28, it. 10.

■ PROGRAMA COMPLEMENTAR

MÓDULO V
Da prática mediúnica

OBJETIVO GERAL

Favorecer o entendimento da prática mediúnica.

"Todos ficaram cheios do Espírito Santo, e começaram a falar em outras línguas, segundo o Espírito lhes concedia declarar." (*Atos dos apóstolos*, 2:4.)

QUALIDADES ESSENCIAIS AO MÉDIUM

1   OBJETIVOS ESPECÍFIICOS

» Analisar as qualidades essenciais ao médium e identificar as imperfeições que os afastam dos bons Espíritos.

» Refletir sobre as qualidades que o médium espírita deve desenvolver para merecer a assistência dos benfeitores espirituais.

2   CONTEÚDO BÁSICO

» [...] *A mediunidade séria não pode ser e não o será nunca uma profissão* [...]. (Allan Kardec, O evangelho segundo o espiritismo, cap. 26, it. 9).

» O médium espírita deve:

Esquivar-se à suposição de que detém responsabilidades ou missões de avultada transcendência [...].

[...]

Silenciar qualquer prurido de evidência pessoal na produção desse ou daquele fenômeno.

[...]

Ainda quando provenha de círculos bem-intencionados, recusar o tóxico da lisonja.

[...]

Fugir aos perigos que ameaçam a mediunidade, como sejam a ambição, a ausência de autocrítica, a falta de perseverança no bem e a vaidade com que se julga invulnerável. (André Luiz, Conduta espírita, cap. 4 – Do médium).

> [...] *Ora, a primeira condição para se granjear a benevolência dos bons Espíritos é a humildade, o devotamento, a abnegação, o mais absoluto desinteresse moral e material.* (Allan Kardec, *O evangelho segundo o espiritismo*, cap. 26, it. 8).

> [...] *As qualidades que, de preferência, atraem os bons Espíritos são: a bondade, a benevolência, a simplicidade do coração, o amor do próximo, o desprendimento das coisas materiais.* [...] (Allan Kardec, *O livro dos médiuns*, 2ª pt., cap. 20, it. 227).

3   SUGESTÕES DIDÁTICAS

3.1   SUGESTÃO 1:

Introdução

Apresentar, no início da reunião, o assunto do Roteiro e seus objetivos, realizando breves comentários a respeito.

Explicar que o tema será apresentado por meio de uma exposição, ao final da qual os participantes terão oportunidade de fazer perguntas.

Desenvolvimento

Fazer uma exposição detalhada do conteúdo do Roteiro, usando os recursos disponíveis: cartazes/transparências/multimídia.

Em seguida, abrir espaço para que sejam feitas perguntas, previamente elaboradas durante a explanação do assunto.

Esclarecer outras questões, por ventura colocadas pelos participantes, até que o assunto esteja bem compreendido.

Conclusão

Encerrar o estudo, enfatizando as qualidades que o médium espírita deve desenvolver para merecer a assistência dos benfeitores espirituais.

Avaliação

O estudo será considerado satisfatório se a turma participar da exposição de forma efetiva na elaboração das perguntas, e demonstrar interesse e compreensão do assunto.

Técnica(s): exposição.

Recurso(s): cartazes/transparências/multimídia e perguntas.

3.2 SUGESTÃO 2:

Introdução

Iniciar o estudo com a pergunta (*O livro dos médiuns*, cap. 20, it. 226, 1ª perg.) a ser comentada em duplas:

O desenvolvimento da mediunidade guarda relação com o desenvolvimento moral dos médiuns? (5 minutos).

Em seguida, fazer a leitura da resposta, comentando-a brevemente.

Introduzir o tema com uma pequena exposição dialógica usando os subsídios da apostila, item 4.1.

Desenvolvimento

Dividir os participantes em grupos:

Grupo 1 – leitura, discussão e resumo do capítulo 20, item 226 de *O livro dos médiuns*;

Grupo 2 – leitura, discussão e resumo do capítulo 20, item 227 e 228 de *O livro dos médiuns*;

Grupo 3 – leitura, discussão e resumo dos subsídios da apostila, item 4.2;

Grupo 4 – leitura, discussão e resumo dos subsídios da apostila, item 4.3.

(Tempo aproximado de até 20 minutos.)

Cada grupo terá até 5 minutos para apresentar seu resumo.

Terminadas as apresentações dos grupos, propor uma discussão circular:

Que conclusão chegamos:

» *Quais as qualidades essenciais ao médium?*

» *Quais as imperfeições que os afastam dos bons Espíritos?*

» *Quais as qualidades que o médium espírita deve desenvolver para merecer a assistência dos benfeitores espirituais?*

Nesse momento, o facilitador acompanha, participa e complementa informações sobre o assunto de acordo com os subsídios do Roteiro e a Referência sugerida.

Propor a seguinte reflexão individual (não há a necessidade de comentário):

É difícil a tarefa mediúnica porque a boa prática está relacionada com a moral do médium.

Conclusão

Fazer o fechamento reforçando:

> [...] a mediunidade, na essência, quanto a energia elétrica em si mesma, nada tem a ver com os princípios morais que regem os problemas do destino e do ser.
>
> Dela podem dispor, pela espontaneidade com que se evidencia, sábios e ignorantes, justos e injustos, expressando-se-lhe, desse modo, a necessidade de condução reta, quanto a força elétrica exige disciplina a fim de auxiliar. (André Luiz, *Evolução em dois mundos*, 1ª pt., cap. 17 – *Mediunidade e corpo espiritual*, it. Função da Doutrina Espírita).

Sendo assim,

> Se o médium, do ponto de vista da execução, não passa de um instrumento, exerce, todavia, influência muito grande sob o aspecto moral. Pois que, para se comunicar, o Espírito desencarnado se identifica com o Espírito do médium, esta identificação não se pode verificar senão havendo, entre um e outro, simpatia e, se assim é lícito dizer-se, afinidade. A alma exerce sobre o Espírito livre uma espécie de atração, ou de repulsão, conforme o grau da semelhança existente entre eles. Ora, os bons têm afinidade com os bons e os maus com os maus, donde se segue que as qualidades morais do médium exercem influência capital sobre a natureza dos Espíritos que por ele se comunicam. Se o médium é vicioso, em torno dele se vêm grupar os Espíritos inferiores, sempre prontos a tomar o lugar aos bons Espíritos evocados. As qualidades que, de preferência, atraem os bons Espíritos são: a bondade, a benevolência, a simplicidade do coração, o amor do próximo, o desprendimento das coisas materiais. [...] (Allan Kardec, *O livro dos médiuns*, 2ª pt., cap. 20, it. 227).

Avaliação

O estudo será considerado satisfatório se as ideias de os participantes refletirem entendimento do assunto.

Técnica(s): explosão de ideias, estudo de grupos; discussão circular.

Recurso(s): subsídios do Roteiro; *O livro dos médiuns*.

Atividade de preparação para o próximo encontro de estudo (Roteiro 2 – Identificação das fontes de comunicação mediúnica): Sugestão 2.

Esta atividade pode ser proposta aos participantes.

Dividir os participantes em grupos.

Grupo 1 – fazer o estudo dos subsídios do Roteiro 2, Módulo V.

Preparar a apresentação do assunto sob a supervisão do facilitador: Distinção entre fenômeno mediúnico e fenômeno anímico – item 4.1 do subsídio. Apresentação de até 10 minutos.

Grupo 2 – fazer o estudo dos subsídios do Roteiro 2, Módulo V.

Preparar a apresentação do assunto sob a supervisão do facilitador: Linguagem utilizada nas comunicações – item 4.2 do subsídio. Apresentação de até 10 minutos.

Grupo 3 – fazer o estudo dos subsídios do Roteiro 2, Módulo V.

Preparar a apresentação do assunto sob a supervisão do facilitador: Identificação do Espírito comunicante – item 4.3 do subsídio. Apresentação de até 10 minutos.

Observação: Os grupos poderão consultar as Referências sugeridas na apostila.

4 SUBSÍDIOS

> *Indiscutivelmente a mediunidade, no aspecto em que a conhecemos na Terra, é a resultante de extrema sensibilidade magnética, embora, no fundo, estejamos informados de que os dons mediúnicos, em graus diversos, são recursos inerentes a todos.*
>
> *Cada ser é portador de certas atividades e, por isso mesmo, é instrumento da vida.*
>
> *[...]*
>
> *Importa reconhecer, porém, que existem mentes reencarnadas, em condições especialíssimas, que oferecem qualidades excepcionais para os serviços de intercâmbio entre os vivos da carne e os vivos do Além. Nessas circunstâncias, identificamos os medianeiros adequados aos fenômenos de manifestação do Espírito liberto, nos círculos de matéria mais densa.*
>
> *Contudo, nem sempre os donos dessas energias são mensageiros da sublimação interior.*
>
> *[...]*
>
> *Mais de 2/3 dos médiuns do mundo jazem, ainda, nas zonas de desequilíbrio espiritual, sintonizados com as inteligências invisíveis que lhes são afins. Reclamam, em razão disso, estudo e boa-vontade no serviço do bem, a fim de retomarem a subida harmônica aos cimos da luz [...].*
>
> *[...]*

Os médiuns, em qualquer região da vida, filtros que são de rogativas e respostas, precisam, pois, acordar para a realidade de que viveremos sempre em companhia daqueles que buscamos, uma vez que, por toda parte, respiramos ajustados ao nosso campo de atração.[1]

4.1 QUALIDADES ESSENCIAIS AO MÉDIUM

O exercício da faculdade mediúnica não guarda relação com o desenvolvimento moral dos médiuns.

> [...] a faculdade propriamente dita se radica no organismo; independe do moral. O mesmo, porém, não se dá com o seu uso, que pode ser bom, ou mau, conforme as qualidades do médium.[2]

> Forçoso reconhecer, todavia, que a mediunidade, na essência, quanto a energia elétrica em si mesma, nada tem a ver com os princípios morais que regem os problemas do destino e do ser.

> Dela podem dispor, pela espontaneidade com que se evidencia, sábios e ignorantes, justos e injustos, expressando-se-lhe, desse modo, a necessidade de condução reta, quanto a força elétrica exige disciplina a fim de auxiliar.[3]

Sendo assim,

> Se o médium, do ponto de vista da execução, não passa de um instrumento, exerce, todavia, influência muito grande sob o aspecto moral. Pois que, para se comunicar, o Espírito desencarnado se identifica com o Espírito do médium, esta identificação não se pode verificar senão havendo, entre um e outro, simpatia e, se assim é lícito dizer-se, afinidade. A alma exerce sobre o Espírito livre uma espécie de atração, ou de repulsão, conforme o grau da semelhança existente entre eles. Ora, os bons têm afinidade com os bons e os maus com os maus, donde se segue que as qualidades morais do médium exercem influência capital sobre a natureza dos Espíritos que por ele se comunicam. Se o médium é vicioso, em torno dele se vêm grupar os Espíritos inferiores, sempre prontos a tomar o lugar aos bons Espíritos evocados. As qualidades que, de preferência, atraem os bons Espíritos são: a bondade, a benevolência, a simplicidade do coração, o amor do próximo, o desprendimento das coisas materiais. [...][4]

> A par da questão moral, apresenta-se uma consideração efetiva não menos importante, que entende com a natureza mesma da faculdade. A mediunidade séria não pode ser e não o será nunca uma profissão, não só porque se desacreditaria moralmente, identificada para logo com a dos ledores da boa sorte, como também porque um obstáculo a isso se opõe. É que se trata de uma faculdade essencialmente móvel, fugidia e mutável, com cuja perenidade, pois, ninguém pode contar. [...] A mediunidade [...] não é uma arte, nem um talento, pelo que não pode tornar-se uma profissão. Ela não existe sem o concurso dos Espíritos; faltando estes, já não há mediunidade. Pode subsistir a aptidão, mas o seu exercício se anula. Daí

vem não haver no mundo um único médium capaz de garantir a obtenção de qualquer fenômeno espírita em dado instante. Explorar alguém a mediunidade é, conseguintemente, dispor de uma coisa da qual não é realmente dono. [...][5]

A mediunidade é coisa santa, que deve ser praticada santamente, religiosamente.[6]

4.2 IMPERFEIÇÕES QUE AFASTAM OS BONS ESPÍRITOS

Na extensa comunidade de almas da Terra avultam, em maioria, as consciências ainda enfermiças, por moralmente endividadas com a Lei Divina; consequentemente, a maior parte das organizações medianímicas, no planeta, não podem escapar a essa regra.

Mais de 2/3 dos médiuns do mundo jazem, ainda, nas zonas de desequilíbrio espiritual, sintonizados com as inteligências invisíveis que lhes são afins. [...][7]

Sendo assim, não se pode esquecer que

[...] a mediunidade é uma energia peculiar a todos, em maior ou menor grau de exteriorização, energia essa que se encontra subordinada aos princípios de direção e à lei do uso, tanto quanto a enxada que pode ser mobilizada para servir ou ferir, conforme o impulso que a orienta, melhorando sempre, quando em serviço metódico, ou revestindo-se de ferrugem asfixiante e destrutiva, quando em constante repouso. [...][8]

As imperfeições morais são, assim, as portas que permitem o acesso aos maus Espíritos. As que mais se evidenciam são: "*[...] o orgulho, o egoísmo, a inveja, o ciúme, o ódio, a cupidez, a sensualidade e todas as paixões que escravizam o homem à matéria*".[9]

[...] A que, porém, eles exploram com mais habilidade é o orgulho, porque é a que a criatura menos confessa a si mesma. O orgulho tem perdido muitos médiuns dotados das mais belas faculdades e que, se não fora essa imperfeição, teriam podido tornar-se instrumentos notáveis e muito úteis, ao passo que, presas de Espíritos mentirosos, suas faculdades, depois de se haverem pervertido, aniquilaram-se e mais de um se viu humilhado por amaríssimas decepções.

O orgulho, nos médiuns, traduz-se por sinais inequívocos, a cujo respeito tanto mais necessário é se insista, quanto constitui uma das causas mais fortes de suspeição, no tocante à veracidade de suas comunicações. Começa por uma confiança cega nessas mesmas comunicações e na infalibilidade do Espírito que lhas dá. Daí um certo desdém por tudo o que não venha deles: é que julgam ter o privilégio da verdade. O prestígio dos grandes nomes, com que se adornam os Espíritos tidos por seus protetores, os deslumbra e, como neles o amor-próprio sofreria, se houvessem de confessar que são ludibriados, repelem todo e qualquer conselho; evitam-nos mesmo, afastando-se de seus amigos e de quem quer que lhes possa abrir os olhos. Se condescendem em escutá-los, nenhum apreço lhes dão às opiniões, porquanto duvidar do Espírito que os assiste fora quase uma profanação. Aborrecem-se com a menor contradita, com uma simples observação crítica e vão às vezes ao ponto de tomar ódio às próprias pessoas que lhes têm prestado serviço. Por favorecerem a esse insulamento a que os arrastam os Espíritos que não querem contraditores, esses mesmos Espíritos se comprazem em lhes conservar as ilusões, para o que os fazem considerar coisas sublimes as mais polpudas absurdidades. Assim, confiança absoluta na superioridade do que obtém, desprezo pelo que deles não venha, irrefletida importância dada aos grandes nomes, recusa de todo conselho, suspeição sobre qualquer crítica, afastamento dos que podem emitir opiniões desinteressadas, crédito em suas aptidões, apesar de inexperientes: tais as características dos médiuns orgulhosos.

Devemos também convir em que, muitas vezes, o orgulho é despertado no médium pelos que o cercam. Se ele tem faculdades um pouco transcendentes, é procurado e gabado e entra a julgar-se indispensável. Logo toma ares de importância e desdém, quando presta a alguém o seu concurso. [...][10]

É necessário, portanto,

Fugir aos perigos que ameaçam a mediunidade, como sejam a ambição, a ausência de autocrítica, a falta de perseverança no bem e a vaidade com que se julga invulnerável.

O medianeiro carrega consigo os maiores inimigos de si próprio.[11]

4.3 QUALIDADES QUE O MÉDIUM ESPÍRITA DEVE DESENVOLVER PARA OBTER ASSISTÊNCIA DOS BONS ESPÍRITOS

[...] Faz-se mister que todos os Espíritos, vindos ao planeta com a incumbência de operar nos labores mediúnicos, compreendam a extensão dos seus sagrados deveres para a obtenção do êxito no seu elevado e nobilitante trabalho.[12]

Todos os médiuns, para realizarem dignamente a tarefa a que foram chamados a desempenhar no planeta, necessitam identificar-se com o ideal de Jesus, buscando para alicerce de suas vidas o ensinamento evangélico, em sua divina pureza; a eficácia de sua ação depende do seu desprendimento e da sua caridade, necessitando compreender, em toda a amplitude, a verdade contida na afirmação do Mestre: "Dai de graça o que de graça receberdes."[13]

Quem conhece as condições em que os bons Espíritos se comunicam, a repulsão que sentem por tudo o que é de interesse egoístico, e sabe quão pouca coisa se faz mister para que eles se afastem, jamais poderá admitir que os Espíritos Superiores estejam à disposição do primeiro que apareça [...]. O simples bom senso repele semelhante ideia. [...] Quem, pois, deseje comunicações sérias deve, antes de tudo, pedi-las seriamente e, em seguida, inteirar-se da natureza das simpatias do médium com os seres do Mundo Espiritual. Ora, a primeira condição para se granjear a benevolência dos bons Espíritos é a humildade, o devotamento, a abnegação, o mais absoluto desinteresse moral e material.[14]

O médium espírita, em especial, deve: "*Esquivar-se à suposição de que detém responsabilidades ou missões de avultada transcendência [...]*".[15] Como também deve buscar silenciar "[...] *qualquer prurido de evidência pessoal na produção desse ou daquele fenômeno*". Estar atento para não se envaidecer ainda "[...] *quando provenha de círculos bem-intencionados, recusar o tóxico da lisonja*".[16]

> *A primeira necessidade do médium é evangelizar-se a si mesmo antes de se entregar às grandes tarefas doutrinárias [...].*[17]
>
> *O médium tem obrigação de estudar muito, observar intensamente e trabalhar em todos os instantes pela sua própria iluminação. [...]*[18]
>
> *Para que ocorra uma educação desejável, é necessário o estudo da própria faculdade, assim como da Doutrina Espírita, a fim de identificar-se o mecanismo das forças de que se dispõe, bem como dos valores éticos e instrutivos do Espiritismo, que devem ser incorporados ao dia a dia, gerando conquistas morais que libertam o médium das paixões inferiores e atraem os Seres Espirituais interessados no progresso da Humanidade.*
>
> *Adicione-se a disciplina como fator relevante, graças ao contributo da qual se fixam os hábitos salutares no exercício da faculdade, para que se colimem os fins específicos dessa função a que denominam de natureza extrassensorial.*
>
> *[...]*
>
> *Certamente, esta não é uma tarefa para ser realizada de um golpe, em momento de empatia ou de entusiasmo, antes decorre de um processo de autocontrole de largo curso, que se logra mediante exercício constante, gerador do clima emocional harmonioso que favorece o silêncio mental indispensável.*
>
> *Ninguém estabelece que o médium deva ser um Espírito perfeito para atingir esse estado; no entanto, é desejável que ele se esforce por melhorar-se sempre, galgando mais altos degraus da evolução, aspirando por mais significativas conquistas morais.*[19]
>
> *[...] Por isso é que não basta a mediunidade para a concretização dos serviços que nos competem. Precisamos da Doutrina do Espiritismo, do Cristianismo Puro, a fim de controlar a energia medianímica, de maneira a mobilizá-la em favor da sublimação espiritual na fé religiosa [...].*[20]
>
> *O Espiritismo, simbolicamente, é Jesus que retorna ao mundo, convidando--nos ao aperfeiçoamento individual, por intermédio do trabalho construtivo e incessante.*[21]

REFERÊNCIAS

[1] XAVIER, Francisco Cândido. *Roteiro*. Pelo Espírito Emmanuel. 14. ed. 4. imp. Brasília, DF: FEB, 2016. cap. 35 – *Entre as forças comuns*.

² KARDEC, Allan. *O livro dos médiuns*. Trad. Guillon Ribeiro. 81. ed. 9. imp. (Edição Histórica). Brasília, DF: FEB, 2020. 2ª pt., cap. 20, it. 226, 1ª perg.

³ XAVIER, Francisco Cândido; VIEIRA, Waldo. *Evolução em dois mundos*. Pelo Espírito André Luiz. 27. ed. 13. imp. Brasília, DF: FEB, 2020. cap. 17 – *Mediunidade e o corpo espiritual*, it. Função da Doutrina Espírita.

⁴ KARDEC, Allan. *O livro dos médiuns*. Trad. Guillon Ribeiro. 81. ed. 9. imp. (Edição Histórica). Brasília, DF: FEB, 2020. 2ª pt., cap. 20, it. 227.

⁵ _____. *O evangelho segundo o espiritismo*. Trad. Guillon Ribeiro. 131. ed. 13. imp. (Edição Histórica). Brasília, DF: FEB, 2019. cap. 26, it. 9.

⁶ _____. _____. it. 10.

⁷ XAVIER, Francisco Cândido. *Roteiro*. Pelo Espírito Emmanuel. 14. ed. 4. imp. Brasília, DF: FEB, 2016. cap. 35 – *Entre as forças comuns*.

⁸ _____. *Libertação*. Pelo Espírito André Luiz. 33. ed. 8. imp. Brasília, DF: FEB, 2017. cap. 15 – *Finalmente, o socorro*.

⁹ KARDEC, Allan. *O livro dos médiuns*. Trad. Guillon Ribeiro. 81. ed. 9. imp. (Edição Histórica). Brasília, DF: FEB, 2020. 2ª pt., cap. 20, it. 227.

¹⁰ _____. _____. it. 228.

¹¹ VIEIRA, Waldo. *Conduta espírita*. Pelo Espírito André Luiz. 1. ed. 3. imp. Brasília, DF: FEB, 2020. cap. 4 – *Do médium*.

¹² XAVIER, Francisco Cândido. *Emmanuel*. Pelo Espírito Emmanuel. 28. ed. 9. imp. Brasília, DF: FEB, 2020. cap. 11 – *Mensagem aos médiuns*.

¹³ _____. _____. it. 11.4 Necessidade da exemplificação.

¹⁴ KARDEC, Allan. *O evangelho segundo o espiritismo*. Trad. Guillon Ribeiro. 131. ed. 13. imp. (Edição Histórica). Brasília, DF: FEB, 2019. cap. 26, it. 8.

¹⁵ VIEIRA, Waldo. *Conduta espírita*. Pelo Espírito André Luiz. 1. ed. 3. imp. Brasília, DF: FEB, 2020. cap. 4 – *Do médium*.

¹⁶ _____. _____.

¹⁷ XAVIER, Francisco Cândido. *O consolador*. Pelo Espírito Emmanuel. 29. ed. 11. imp. Brasília, DF: FEB, 2020. q. 387.

¹⁸ _____. _____. q. 392.

¹⁹ FRANCO. Divaldo P. *Temas da vida e da morte*. Pelo Espírito Manoel Philomeno de Miranda. 7. ed. 3. imp. Brasília, DF: FEB, 2018. cap. *Educação íntima*.

²⁰ XAVIER, Francisco Cândido. *Nos domínios da mediunidade*. Pelo Espírito André Luiz. 36. ed. 4. imp. Brasília, DF: FEB, 2015. cap. 15 – *Forças viciadas*.

²¹ _____. _____. cap. 18 – *Apontamentos à margem*.

MENSAGEM

Súplica de Natal

Senhor, Tu que deixaste a rutilante esfera
Em que reina a beleza e em que fulgura a glória,
Acolhendo-te, humilde, a palha merencória
Do mundo estranho e hostil em que a sombra ainda impera!

Tu que por santo amor deixaste a primavera
Da luz que te consagra o poder e a vitória,
Enlaçando na Terra o inverno, a lama e a escória
Dos que gemem na dor implacável e austera...

Sustenta-me na volta a escura estrebaria
Da carne que me espera em noite rude e fria,
Para ensinar-me agora a senda do amor puro!...

E que eu possa em teu nome abraçar, renovada,
A redentora cruz de minha nova estrada,
Alcançando contigo a ascensao do futuro.

Cármen Cinira

FONTE: XAVIER, Francisco Cândido. *Antologia mediúnica do natal*. Espíritos diversos. 7. ed. 1. imp. Brasília, DF: FEB, 2017. cap. 10.

IDENTIFICAÇÃO DAS FONTES DE COMUNICAÇÃO MEDIÚNICA

1 OBJETIVO ESPECÍFICO

» Analisar as principais dificuldades na identificação das fontes de comunicação mediúnica.

2 CONTEÚDO BÁSICO

» *É por vezes muito difícil distinguir, num dado efeito, o que provém diretamente da alma do médium do que promana de uma causa estranha [Espírito desencarnado], porque com frequência as duas ações se confundem e convalidam. [...] Mas, do fato de ser difícil fazer-se uma distinção como essa não se segue seja ela impossível. [...]* (Allan Kardec, *Obras póstumas*, 1ª pt., cap. *Controvérsias sobre a ideia da existência de seres intermediários entre o homem e Deus*, Nota [de Kardec]).

» *A questão da identidade dos Espíritos é uma das mais controvertidas, mesmo entre os adeptos do Espiritismo. É que, com efeito, os Espíritos não nos trazem um ato de notoriedade e sabe-se com que facilidade alguns dentre eles tomam nomes que nunca lhes pertenceram. Esta, por isso mesmo, é, depois da obsessão, uma das maiores dificuldades do Espiritismo prático. [...]* (Allan Kardec, *O livro dos médiuns*, 2ª pt., cap. 24, it. 255).

» *[...] os Espíritos devem ser julgados, como homens, pela linguagem de que usam. [...]* (Allan Kardec, *O livro dos médiuns*, 2ª pt., cap. 24, it. 263).

3 SUGESTÕES DIDÁTICAS

3.1 SUGESTÃO 1:

Introdução

Solicitar a um dos participantes que – após dividir o quadro de giz, ou branco, em duas colunas – escrever, na primeira: FENÔMENO MEDIÚNICO e, na segunda: FENÔMENO ANÍMICO.

Em seguida, pedir aos participantes que preencham as duas colunas com palavras-chave, isto é, palavras cujo significado explica, identifica o contexto.

Realizar breve comentário sobre o exercício realizado, correlacionando-o aos objetivos do Roteiro.

Desenvolvimento

Dividir os participantes em três grupos, orientando-os na realização das tarefas que se seguem:

1) Leitura dos três itens dos subsídios, assim especificados:

Grupo 1 – 4.1 Distinção entre fenômeno mediúnico e fenômeno anímico.

Grupo 2 – 4.2 Linguagem utilizada nas comunicações.

Grupo 3 – 4.3 Identificação do Espírito comunicante.

2) Troca de ideias sobre o assunto lido.

3) Elaboração de uma síntese sobre o assunto, para ser apresentada, em plenária, por um dos colegas indicado pelo grupo.

Ouvir os relatos, promovendo um debate sobre as ideias apresentadas na síntese.

Conclusão

Apresentar um roteiro que caracterize a prática mediúnica segura, tendo como base os capítulos 4 (*Do médium*) e 27 (*Perante a mediunidade*) do livro *Conduta espírita*, do Espírito André Luiz, FEB Editora (veja o Anexo).

Avaliação

O estudo será considerado satisfatório se os participantes analisarem, no trabalho em grupo, as principais dificuldades na identificação das fontes de comunicação mediúnica.

Técnica(s): explosão de ideias; leitura; trabalho em grupo.

Recurso(s): quadro de giz ou branco; subsídios deste Roteiro; capítulos do livro *Conduta espírita*.

3.2 SUGESTÃO 2:

Introdução

Iniciar o estudo com a leitura dos textos:

> É por vezes muito difícil distinguir, num dado efeito, o que provém diretamente da alma do médium do que promana de uma causa estranha [Espírito desencarnado], porque com frequência as duas ações se confundem e convalidam. [...] Mas, do fato de ser difícil fazer-se uma distinção como essa não se segue seja ela impossível. [...] (Allan Kardec, *Obras póstumas,* 1ª pt., cap. *Controvérsias sobre a ideia da existência de seres intermediários entre o homem e Deus*, Nota [de Kardec]).

> A questão da identidade dos Espíritos é uma das mais controvertidas, mesmo entre os adeptos do Espiritismo. É que, com efeito, os Espíritos não nos trazem um ato de notoriedade e sabe-se com que facilidade alguns dentre eles tomam nomes que nunca lhes pertenceram. Esta, por isso mesmo, é, depois da obsessão, uma das maiores dificuldades do Espiritismo prático. [...] (Allan Kardec, *O livro dos médiuns*, 2ª pt., cap. 24, it. 255).

> [...] os Espíritos devem ser julgados, como homens, pela linguagem de que usam. [...] (Allan Kardec, *O livro dos médiuns*, 2ª pt., cap. 24, it. 263).

Desenvolvimento

Em seguida, iniciar as apresentações das atividades extra-encontro de estudo realizadas pelos grupos.

Terminada as apresentações dos grupos, abrir o momento para perguntas. Os grupos poderão responder.

Nesse momento, o facilitador acompanha, participa e complementa informações sobre o assunto de acordo com subsídios do Roteiro e Referência sugerida.

Propor a leitura oral comentada dos textos do livro *Conduta espírita* (ver Anexo).

Nesse momento, o facilitador esclarece dúvidas e complementa informações sobre o assunto de acordo com subsídios do Roteiro e Referência sugerida.

Propor a seguinte reflexão individual (não há a necessidade de comentário):

Estou atento(a) à linguagem e ao conteúdo utilizados nas mensagens que recebo?

Conclusão

Fazer o fechamento reforçando:

> [...] os Espíritos devem ser julgados, como homens, pela linguagem de que usam. [...] (Allan Kardec, *O livro dos médiuns*, 2ª pt., cap. 24, it. 263).

Avaliação

O estudo será considerado satisfatório se as ideias de os participantes refletirem entendimento do assunto.

Técnica(s): explosão de ideias, apresentação de grupos; leitura oral comentada, discussão circular.

Recurso(s): subsídios e anexo do Roteiro; *O livro dos médiuns*.

4 SUBSÍDIOS

Uma das maiores dificuldades que o médium encontra para a realização da sua tarefa – sobretudo se ele é iniciante – diz respeito à procedência das comunicações que transmite, ainda que tenha conhecimentos sobre os fenômenos anímicos e os mediúnicos. O assunto desperta, naturalmente, algumas indagações: É possível saber com segurança se a comunicação é mediúnica, propriamente dita, ou é anímica? Será que sob "[...] *a evocação de certas imagens, o pensamento do médium não se tornaria sujeito a determinadas associações, interferindo automaticamente no intercâmbio entre os homens da Terra e os habitantes do Além? [...]*".[1] Poderíamos definir "[...] *o limite onde cessa a ação própria da alma e começa a dos Espíritos? [...]*".[2]

Saber distinguir se a comunicação é do próprio médium ou de um Espírito demanda tempo e aprendizado. Faz-se necessário observar com atenção a natureza das comunicações (veja Módulo III, Roteiro 4), a linguagem e a identidade dos Espíritos comunicantes. Não se trata, porém, de tarefa de fácil execução. Entretanto, é possível analisar as principais dificuldades para identificar as fontes de comunicação mediúnica.

4.1 DISTINÇÃO ENTRE FENÔMENO MEDIÚNICO E FENÔMENO ANÍMICO

> *É por vezes muito difícil distinguir, num dado efeito, o que provém diretamente da alma do médium do que promana de uma causa estranha, porque com frequência as duas ações se confundem e convalidam. É assim que nas curas por imposição das mãos, o Espírito do médium pode atuar por si só, ou com a assistência de outro Espírito; que a inspiração poética ou artística pode ter dupla origem. Mas, do fato de ser difícil fazer-se uma distinção como essa não se segue seja impossível. Não raro, a dualidade é evidente e, em todos os casos, quase sempre ressalta de atenta observação.*[3]

Outro ponto que deve ser levado em conta, na distinção de um e do outro fenômeno, além da observação assinalada por Kardec, é o conhecimento sobre mediunidade: seus mecanismos, as influências a que o médium está sujeito etc.

> *Buscando símbolo mais singelo, figuremos o médium como uma ponte a ligar duas esferas, entre as quais se estabeleceu aparente solução de continuidade, em virtude da diferenciação da matéria do campo vibratório. Para ser instrumento relativamente exato, é-lhe imprescindível haver aprendido a ceder, e nem todos os artífices da oficina mediúnica realizam, a breve trecho, tal aquisição, que reclama devoção à felicidade do próximo, elevada compreensão do bem coletivo, avançado Espírito de concurso fraterno e de serena superioridade nos atritos com a opinião alheia. [...] No mediunismo comum, portanto, o colaborador servirá com a matéria mental que lhe é própria, sofrendo-lhe as imprecisões naturais diante da investigação terrestre; e, após adaptar-se aos imperativos mais nobres da renúncia pessoal, edificará, não de improviso, mas à custa de trabalho incessante, o templo interior de serviço, no qual reconhecerá a superioridade do programa divino acima dos caprichos humanos. Atingida essa realização, estará preparado para sintonizar-se com o maior número de desencarnados e encarnados, oferecendo-lhes, como a ponte benfeitora, oportunidade de se encontrarem uns com os outros, na posição evolutiva em que permaneçam, por meio de entendimentos construtivos. [...]*[4]

Sendo assim, as influências anímicas diminuirão com o passar do tempo – sem jamais cessar de todo –, à medida que o médium adquirir mais conhecimento e mais experiência, porque a mediunidade, como tudo na vida, tem

> *[...] sua evolução, seu campo, sua rota. Não é possível laurear o estudante no curso superior sem que ele tenha tido suficiente aplicação nos cursos preparatórios, através de alguns anos de luta, de esforço, de disciplina. [...]*[5]

4.2 LINGUAGEM UTILIZADA NAS COMUNICAÇÕES

> *[...] os Espíritos devem ser julgados, como os homens, pela linguagem de que usam. Suponhamos que um homem receba vinte cartas de pessoas que lhe são*

desconhecidas; pelo estilo, pelas ideias, por uma imensidade de indícios, enfim, verificará se aquelas pessoas são instruídas ou ignorantes, polidas ou mal-educadas, superficiais, profundas, frívolas, orgulhosas, sérias, levianas, sentimentais etc. Assim, também, com os Espíritos. Devemos considerá-los correspondentes que nunca vimos e procurar conhecer o que pensaríamos do saber e do caráter de um homem que dissesse ou escrevesse tais coisas. Pode estabelecer-se como regra invariável e sem exceção que – a linguagem dos Espíritos está sempre em relação com o grau de elevação a que já tenham chegado. Os Espíritos realmente superiores não só dizem unicamente coisas boas, como também as dizem em termos isentos, de modo absoluto, de toda trivialidade. Por melhores que sejam essas coisas, se uma única expressão denotando baixeza as macula, isto constitui um sinal indubitável de inferioridade; com mais forte razão, se o conjunto do ditado fere as conveniências pela sua grosseria. A linguagem revela sempre a sua procedência, quer pelos pensamentos que exprime, quer pela forma, e, ainda mesmo que algum Espírito queira iludir-nos sobre a sua pretensa superioridade, bastará conversemos algum tempo com ele para a apreciarmos.[6]

A bondade e a afabilidade são atributos essenciais dos Espíritos depurados. Não têm ódio, nem aos homens, nem aos outros Espíritos. Lamentam as fraquezas, criticam os erros, mas sempre com moderação, sem fel e sem animosidade. Admita-se que os Espíritos verdadeiramente bons não podem querer senão o bem e dizer senão coisas boas e se concluirá que tudo o que denote, na linguagem dos Espíritos, falta de bondade e de benignidade não pode provir de um bom Espírito.[7]

Submetendo-se todas as comunicações a um exame escrupuloso, perscrutando-se-lhes e analisando o pensamento e as expressões, como é de uso fazer-se quando se trata de julgar uma obra literária, rejeitando-se, sem hesitação, tudo o que peque contra a lógica e o bom senso, tudo o que desminta o caráter do Espírito que se supõe ser o que se está manifestando, leva-se o desânimo aos Espíritos mentirosos, que acabam por se retirar, uma vez fiquem bem convencidos de que não lograrão iludir. Repetimos: este meio é único, mas é infalível, porque não há comunicação má que resista a uma crítica rigorosa. Os bons Espíritos nunca se ofendem com esta, pois que eles próprios a aconselham e porque nada têm que temer do exame. [...][8]

4.3 IDENTIFICAÇÃO DO ESPÍRITO COMUNICANTE

A questão da identidade dos Espíritos é uma das mais controvertidas, mesmo entre os adeptos do Espiritismo. É que, com efeito, os Espíritos não nos trazem um ato de notoriedade e sabe-se com que facilidade alguns dentre eles tomam nomes que nunca lhes pertenceram. Esta, por isso mesmo, é, depois da obsessão, uma das maiores dificuldades do Espiritismo prático. Todavia, em muitos casos, a identidade absoluta não passa de questão secundária e sem importância real.

A identidade dos Espíritos das personagens antigas é a mais difícil de se conseguir, tornando-se muitas vezes impossível, pelo que ficamos adstritos a uma apreciação puramente moral. [...] Se um Espírito se apresenta com o nome de Fénelon, por exemplo, e diz trivialidades e puerilidades, está claro que não pode ser ele. Porém, se somente diz coisas dignas do caráter de Fénelon e que este não se furtaria a subscrever, há, senão prova material, pelo menos toda probabilidade moral de que seja de fato ele. Nesse caso, sobretudo, é que a identidade real se torna uma questão acessória. Desde que o Espírito só diz coisas aproveitáveis, pouco importa o nome sob o qual as diga.[9]

À medida que os Espíritos se purificam e elevam na hierarquia, os caracteres distintivos de suas personalidades se apagam, de certo modo, na uniformidade da perfeição; nem por isso, entretanto, conservam eles menos suas individualidades. É o que se dá com os Espíritos Superiores e os Espíritos Puros. Nessa culminância, o nome que tiveram na Terra, em uma das mil existências corporais efêmeras por que passaram, é coisa absolutamente insignificante. [...] De outro lado, se considerarmos o número imenso de Espíritos que, desde a origem dos tempos, devem ter galgado as fileiras mais altas e se o compararmos ao número tão restrito dos homens que hão deixado um grande nome na Terra, compreenderemos que, entre os Espíritos Superiores que podem comunicar-se, a maioria deve carecer de nomes para nós. [...][10]

Portanto, se numa reunião mediúnica um Espírito Superior se comunica sob o nome de uma personagem conhecida,

[...] Nada prova que seja exatamente o Espírito dessa personagem; porém, se ele nada diz que desminta o caráter desta última, há presunção de ser o próprio e, em todos os casos, se pode dizer que, se não é ele, é um Espírito do mesmo grau de elevação, ou talvez até um enviado seu. Em resumo, a questão de nome é secundária, podendo-se considerar o nome como simples indício da categoria que ocupa o Espírito na escala espírita.[11]

Muito mais fácil de se comprovar é a identidade, quando se trata de Espíritos contemporâneos, cujos caracteres e hábitos se conhecem, porque, precisamente, esses hábitos, de que eles ainda não tiveram tempo de despojar-se, são que os fazem reconhecíveis e desde logo dizemos que isso constitui um dos sinais mais seguros de identidade. Pode, sem dúvida, o Espírito dar provas desta, atendendo ao pedido que se lhe faça; mas, assim só procede quando lhe convenha. [...][12]

REFERÊNCIAS

1. XAVIER, Francisco Cândido. *No mundo maior.* Pelo Espírito André Luiz. 28. ed. 5. imp. Brasília, DF: FEB, 2016. cap. 9 – *Mediunidade*.
2. KARDEC, Allan. *Obras póstumas.* Trad. Guillon Ribeiro. 41. ed. 1. imp. (Edição Histórica). Brasília, DF: FEB, 2019. 1ª pt., cap. *Controvérsias sobre a ideia da existência de seres intermediários entre o homem e Deus.* Nota [de Kardec].
3. _____. _____.
4. XAVIER, Francisco Cândido. *No mundo maior.* Pelo Espírito André Luiz. 28. ed. 5. imp. Brasília, DF: FEB, 2016. cap. 9 – *Mediunidade*.
5. _____. _____.
6. KARDEC, Allan. *O livro dos médiuns.* Trad. Guillon Ribeiro. 81 ed. 9. imp. (Edição Histórica). Brasília, DF: FEB, 2020. 2ª pt., cap. 24, it. 263.
7. _____. _____. it. 264.
8. _____. _____. it. 266.
9. _____. _____. it. 255.
10. _____. _____. it. 256.
11. _____. _____.
12. _____. _____. it.257.

ANEXO

Textos do livro *Conduta espírita*

Do médium

Esquivar-se à suposição de que detém responsabilidades ou missões de avultada transcendência, reconhecendo-se humilde portador de tarefas comuns, conquanto graves e importantes como as de qualquer outra pessoa.

O seareiro do Cristo é sempre servo, e servo do amor.

*

No horário disponível entre as obrigações familiares e o trabalho que lhe garante a subsistência, vencer os imprevistos que lhe possam impedir o comparecimento às sessões, tais como visitas inesperadas, fenômenos climatéricos e outros motivos, sustentando lealdade ao próprio dever.

Sem euforia íntima não há exercício mediúnico produtivo.

*

Preparar a própria alma em prece e meditação, antes da atividade mediúnica, evitando, porém, concentrar-se mentalmente para semelhante mister durante as explanações doutrinárias, salvo quando lhe caibam tarefas especiais concomitantes, a fim de que não se prive do ensinamento.

A oração é luz na alma refletindo a Luz Divina.

*

Controlar as manifestações mediúnicas que veicula, reprimindo, quanto possível, respiração ofegante, gemidos, gritos e contorções, batimentos de mãos e pés ou quaisquer gestos violentos.

O medianeiro será sempre o responsável direto pela mensagem de que se faz portador.

*

Silenciar qualquer prurido de evidência pessoal na produção desse ou daquele fenômeno.

A espontaneidade é o selo de crédito em nossas comunicações com o reino do Espírito.

Mesmo indiretamente, não retirar proveito material das produções que obtenha.

Não há serviço santificante na mediunidade vinculada a interesses inferiores.

*

Extinguir obstáculos, preocupações e impressões negativas que se relacionem com o intercâmbio mediúnico, quais sejam, a questão da consciência vigilante ou da inconsciência sonambúlica durante o transe, os temores inúteis e as suscetibilidades doentias, guiando-se pela fé raciocinada e pelo devotamento aos semelhantes.

Quem se propõe avançar no bem, deve olvidar toda causa de perturbação.

*

Ainda quando provenha de círculos bem-intencionados, recusar o tóxico da lisonja.

No rastro do orgulho, segue a ruína.

*

Fugir aos perigos que ameaçam a mediunidade, como sejam a ambição, a ausência de autocrítica, a falta de perseverança no bem e a vaidade com que se julga invulnerável.

O medianeiro carrega consigo os maiores inimigos de si próprio.

"Mas a manifestação do Espírito é dada a cada um, para o que for útil." – Paulo (I *Coríntios*, 12:7.)

PERANTE A MEDIUNIDADE

Reprimir qualquer iniciativa tendente a assinalar a mediunidade, o médium ou os fatos mediúnicos como extraordinários ou místicos.

O intercâmbio mediúnico é acontecimento natural, e o médium é um ser humano como qualquer outro.

*

Certificar-se de que o exercício natural da mediunidade não exime o médium da obrigação de viver profissão honesta na sociedade a que pertence.

Não pode haver assistência digna onde não há dever dignamente cumprido.

*

Precaver-se contra as petições inadequadas junto à mediunidade.

Os médiuns são companheiros comuns que devem viver normalmente as experiências e as provas que lhes cabem.

*

Por nenhuma razão elogiar o medianeiro pelos resultados obtidos por meio dele, lembrando-se que é sempre possível agradecer sem lisonjear.

Para nós, todo o bem puro e nobre procede de Jesus Cristo, nosso Mestre e Senhor.

*

Ainda mesmo premido por extensas dificuldades, colocar o exercício da mediunidade acima dos eventos efêmeros e limitados que varrem constantemente os panoramas sociais e religiosos da Terra.

A mediunidade nunca será talento para ser enterrado no solo do comodismo.

*

Conversar sobre fenômenos mediúnicos e princípios espíritas apenas em ambientes receptivos.

Há terrenos que ainda não estão amanhados para a semeadura.

*

Prosseguir sem vacilações no consolo e no esclarecimento das almas, esquecendo espinheiros e pedras do vale humano, para conquistar a luz da imortalidade que fulgura nos cimos da vida.

Desenvolver-se alguém mediunicamente, a bem do próximo, é ascender em espiritualidade.

"E nos últimos dias acontecerá, diz o Senhor, que
do meu Espírito derramarei sobre toda carne." (*Atos*, 2:17.)

FONTE: VIEIRA, Waldo. *Conduta espírita*. Pelo Espírito André Luiz. 1. ed. 3. imp. Brasília, DF: FEB, 2020. caps. 4 e 27, respectivamente.

CONTRADIÇÕES E MISTIFICAÇÕES

1 **OBJETIVO ESPECÍFICO**

» Refletir sobre as causas das contradições e mistificações na prática mediúnica.

2 **CONTEÚDO BÁSICO**

» *Quando começaram a produzir-se os estranhos fenômenos do Espiritismo, ou, melhor dizendo, quando esses fenômenos se renovaram nestes últimos tempos, o primeiro sentimento que despertaram foi o da dúvida, sobre a realidade deles e, mais ainda, sobre a causa que lhes dava origem. Uma vez certificados, por testemunhos irrecusáveis e pelas experiências que todos hão podido fazer, sucedeu que cada um os interpretou a seu modo, de acordo com suas ideias pessoais, suas crenças, ou suas prevenções. [...]* (Allan Kardec, *O livro dos médiuns*, 2ª pt., cap. 4, it. 36).

» *Para se compreenderem a causa e o valor das contradições de origem espírita, é preciso estar-se identificado com a natureza do mundo invisível e tê-lo estudado por todas as suas faces. À primeira vista, parecerá talvez estranho que os Espíritos não pensem todos da mesma maneira [...]. Podendo manifestar-se Espíritos de todas as categorias, resulta que suas comunicações trazem o cunho da ignorância ou do saber que lhes seja peculiar no momento, o da inferioridade, ou da superioridade moral que alcançaram. [...]* (Allan Kardec, *O livro dos médiuns*, 1ª pt., cap. 27, it. 299).

» *As mistificações constituem um dos escolhos mais desagradáveis do Espiritismo prático. Haverá meios de nos preservarmos dele?*

"[...] Certamente que há para isso um meio simples: o de não pedirdes ao Espiritismo senão o que ele vos possa dar. Seu fim é o melhoramento moral da Humanidade; se não vos afastardes desse objetivo, jamais sereis enganados [...]."

[...]

"[...] Se acolhessem com reserva e desconfiança tudo o que se afasta do objetivo essencial do Espiritismo, os Espíritos levianos não as tomariam tão facilmente para joguete." (Allan Kardec, *O livro dos médiuns*, 2ª pt., cap. 27, it. 303, 1ª perg. e subperg. a, respectivamente).

» *A astúcia dos Espíritos mistificadores ultrapassa às vezes tudo o que se possa imaginar. A arte, com que dispõem as suas baterias e combinam os meios de persuadir, seria uma coisa curiosa, se eles nunca passassem dos simples gracejos; porém, as mistificações podem ter consequências desagradáveis para os que não se achem em guarda [...].* (Allan Kardec, *O livro dos médiuns*, 2ª pt., cap. 27, it. 303 – Nota [de Kardec]).

» *A mistificação experimentada por um médium traz, sempre, uma finalidade útil, que é a de afastá-lo do amor-próprio, da preguiça no estudo de suas necessidades próprias, da vaidade pessoal ou dos excessos de confiança em si mesmo.* (Emmanuel. *O consolador*, q. 401).

3 SUGESTÕES DIDÁTICAS

3.1 SUGESTÃO 1:

Introdução

Iniciar a reunião, destacando o objetivo do Roteiro.

Apresentar, em recurso visual, as palavras: *mistificação e charlatanismo*.

Solicitar aos participantes que falem, resumidamente, segundo os seus próprios conhecimentos, o significado de cada uma destas palavras.

Ouvir as respostas fazendo breves comentários.

Desenvolvimento

Dividir os participantes em dois grupos, solicitando-lhes a realização das seguintes tarefas:

Grupo 1:

a) ler os subsídios, item 4.1 Contradições e mistificações;

b) trocar opiniões a respeito do assunto;

c) registrar num cartaz as ideias principais do texto;

d) apresentar as conclusões do trabalho em grupo, em plenária, por um relator previamente indicado pelos participantes.

Grupo 2:

a) ler os subsídios, item 4.2 Atitude dos espíritas diante das mistificações;

b) trocar opiniões a respeito do assunto;

c) registrar num cartaz as ideias principais do texto;

d) apresentar as conclusões do trabalho em grupo, em plenária, por um relator previamente indicado pelos participantes.

Ouvir os relatos, realizando correções, se necessário.

Conclusão

Encerrar o estudo, apresentando a página *Discernimento*, de Emmanuel, que consta do livro *Seara dos médiuns*, capítulo 62, psicografia de Francisco Cândido Xavier (veja no Anexo).

Destacar a necessidade do conhecimento espírita como forma de preservar-se das mistificações.

Avaliação

O estudo será considerado satisfatório se os participantes demonstrarem entendimento do assunto estudado.

Técnica(s): explosão de ideias; trabalho em grupo; exposição.

Recurso(s): subsídios deste Roteiro; cartolina/papel pardo para os cartazes; pincéis de cores diferentes; mensagem psicográfica.

3.2 SUGESTÃO 2:

Introdução

Solicitar aos participantes que falem, resumidamente, segundo os seus próprios conhecimentos, o significado de cada uma destas palavras: *mistificação e charlatanismo*.

Ouvir as respostas sem comentários.

Desenvolvimento

Em seguida, propor leitura oral comentada dos subsídios da apostila.

Encaminhar para o fechamento com a questão, em discussão circular:

» *No que consiste as causas das contradições e mistificações na prática mediúnica?*

Nesse momento, o facilitador esclarece dúvidas e complementa informações sobre o assunto de acordo com subsídios do Roteiro e Referência sugerida.

Propor a seguinte reflexão individual (não há a necessidade de comentário):

Para me preservar das mistificações, orienta Allan Kardec: Não pedir ao Espiritismo senão o que ele me possa dar.

Conclusão

Fazer o fechamento reforçando que:

> As mistificações constituem um dos escolhos mais desagradáveis do Espiritismo prático. Haverá meios de nos preservarmos dele?
>
> "[...]Certamente que há para isso um meio simples: o de não pedirdes ao Espiritismo senão o que ele vos possa dar. Seu fim é o melhoramento moral da Humanidade; se não vos afastardes desse objetivo, jamais sereis enganados [...]."
>
> [...]
>
> "[...] Se acolhessem com reserva e desconfiança tudo o que se afasta do objetivo essencial do Espiritismo, os Espíritos leviaños não as tomariam tão facilmente para joguete." (Allan Kardec, O livro dos médiuns, 2ª pt., cap. 27, it. 303, 1ª perg. e subperg. a, respectivamente).

Avaliação

O estudo será considerado satisfatório se as ideias de os participantes refletirem entendimento do assunto.

Técnica(s): cochicho, leitura oral comentada, discussão circular.

Recurso(s): subsídios do Roteiro.

4 SUBSÍDIOS

Quando começaram a produzir-se os estranhos fenômenos do Espiritismo, ou, melhor dizendo, quando esses fenômenos se renovaram nestes últimos tempos, o primeiro sentimento que despertaram foi o da dúvida, sobre a realidade deles e, mais ainda, sobre a causa que lhes dava origem. Uma vez certificados, por testemunhos irrecusáveis e pelas experiências que todos hão podido fazer, sucedeu que cada um os interpretou a seu modo, de acordo com suas ideias pessoais, suas crenças, ou suas prevenções. [...][1]

4.1 CONTRADIÇÕES E MISTIFICAÇÕES

Os adversários do Espiritismo não deixam de objetar que seus adeptos não se acham entre si de acordo; que nem todos partilham das mesmas crenças; numa palavra: que se contradizem. Ponderam eles: se o ensino vos é dado pelos Espíritos, como não se apresenta idêntico? Só um estudo sério e aprofundado da ciência pode reduzir estes argumentos ao seu justo valor.

Apressemo-nos em dizer desde logo que essas contradições, de que algumas pessoas fazem grande cabedal, são, em regra, mais aparentes que reais; que elas quase sempre existem mais na superfície do que no fundo mesmo das coisas e que, por consequência, carecem de importância. De duas fontes provêm: dos homens e dos Espíritos.[2]

Para se compreenderem a causa e o valor das contradições de origem espírita, é preciso estar-se identificado com a natureza do mundo invisível e tê-lo estudado por todas as suas faces. À primeira vista, parecerá talvez estranho que os Espíritos não pensem todos da mesma maneira, mas isso não pode surpreender a quem quer que se haja compenetrado de que infinitos são os degraus que eles têm de percorrer antes de chegarem ao alto da escada. [...] Podendo manifestar-se Espíritos de todas as categorias, resulta que suas comunicações trazem o cunho da ignorância ou do saber que lhes seja peculiar no momento, o da inferioridade, ou da superioridade moral que alcançaram. A distinguir o verdadeiro do falso, o bom do mau, é a que devem conduzir as instruções que temos dado.

Cumpre não esqueçamos que, entre os Espíritos, há, como entre os homens, falsos sábios e semissábios, orgulhosos, presunçosos e sistemáticos. Como só aos Espíritos perfeitos é dado conhecerem tudo, para os outros há, do mesmo modo que para nós, mistérios que eles explicam à sua maneira, segundo suas ideias, e a cujo respeito podem formar opiniões mais ou menos exatas, que se empenham, levados pelo amor-próprio, por que prevaleçam e que gostam de reproduzir em suas comunicações. [...][3]

Diferindo estes [os Espíritos] muito uns dos outros, do ponto de vista dos conhecimentos e da moralidade, é evidente que uma questão pode ser por eles resolvida em sentidos opostos, conforme a categoria que ocupam [...].

[...] *Este é um ponto capital, cuja explicação alcançaremos pelo estudo. Por isso é que dizemos que estes estudos requerem atenção demorada, observação profunda e, sobretudo, como aliás o exigem todas as ciências humanas, continuidade e perseverança.* [...]

A contradição, demais, nem sempre é tão real quanto possa parecer. Não vemos todos os dias homens que professam a mesma ciência divergirem na definição que dão de uma coisa, quer empreguem termos diferentes, quer a encarem de pontos de vista diversos, embora seja sempre a mesma a ideia fundamental? Conte quem puder as definições que se têm dado de gramática! Acrescentaremos que a forma da resposta depende muitas vezes da forma da questão. Pueril, portanto, seria apontar contradição onde frequentemente só há diferença de palavras. Os Espíritos Superiores não se preocupam absolutamente com a forma. Para eles, o fundo do pensamento é tudo.[4]

Se ser enganado é desagradável, ainda mais desagradável é ser mistificado. Esse, aliás, um dos inconvenientes de que mais facilmente nos podemos preservar. De todas as instruções precedentes ressaltam os meios de se frustrarem as tramas dos Espíritos enganadores. [...] *Sobre o assunto, foram estas as respostas que nos deram os Espíritos:*

As mistificações constituem um dos escolhos mais desagradáveis do Espiritismo prático. Haverá meio de nos preservarmos deles?

Parece-me que podeis achar a resposta em tudo quanto vos tem sido ensinado. Certamente que há para isso um meio simples: o de não pedirdes ao Espiritismo senão o que ele vos possa dar. Seu fim é o melhoramento moral da Humanidade; se não vos afastardes desse objetivo, jamais sereis enganados, porquanto não há duas maneiras de se compreender a verdadeira moral, a que todo homem de bom senso pode admitir.

Os Espíritos vos vêm instruir e guiar no caminho do bem, e não no das honras e das riquezas, nem vêm para atender às vossas paixões mesquinhas. Se nunca lhes pedissem nada de fútil, ou que esteja fora de suas atribuições, nenhum ascendente encontrariam jamais os enganadores; donde deveis concluir que aquele que é mistificado só o é porque o merece.

O papel dos Espíritos não consiste em vos informar sobre as coisas desse mundo, mas em vos guiar com segurança no que vos possa ser útil para o outro mundo. Quando vos falam do que a esse concerne, é que o julgam necessário, porém, não porque o peçais. Se vedes nos Espíritos os substitutos dos adivinhos e dos feiticeiros, então é certo que sereis enganados.[5]

Porém, há pessoas que nada perguntam e que são indignamente enganadas por Espíritos que vêm espontaneamente, sem serem chamados.

Elas nada perguntam, mas se comprazem em ouvir, o que dá no mesmo. Se acolhessem com reserva e desconfiança tudo o que se afasta do objetivo essencial do Espiritismo, os Espíritos levianos não as tomariam tão facilmente para joguete.[6]

A astúcia dos Espíritos mistificadores ultrapassa às vezes tudo o que se possa imaginar. A arte, com que dispõem as suas baterias e combinam os meios de persuadir, seria uma coisa curiosa, se eles nunca passassem dos simples gracejos; porém, as mistificações podem ter consequências desagradáveis para os que não se achem em guarda. [...] Entre os meios que esses Espíritos empregam, devem colocar-se na primeira linha, como os mais frequentes, os que têm por fim tentar a cobiça, como a revelação de pretendidos tesouros ocultos, o anúncio de heranças, ou outras fontes de riquezas. Devem, além disso, considerar-se suspeitas, logo à primeira vista, as predições com época determinada, assim como todas as indicações precisas, relativas a interesses materiais. Cumpre não se deem os passos prescritos ou aconselhados pelos Espíritos, quando o fim não seja eminentemente racional; que ninguém nunca se deixe deslumbrar pelos nomes que os Espíritos tomam para dar aparência de veracidade às suas palavras; desconfiar das teorias e sistemas científicos ousados; enfim, de tudo o que se afaste do objetivo moral das manifestações. Encheríamos um volume dos mais curiosos, se houvéramos de referir todas as mistificações de que temos tido conhecimento.[7]

4.2 ATITUDE DOS ESPÍRITAS DIANTE DAS MISTIFICAÇÕES

Pergunta-se também: como se pode distinguir, na vasta massa das comunicações, cujos autores são invisíveis, o que provém das entidades superiores e deve ser conservado? Para essa pergunta há uma só resposta. Como distinguimos nós os bons e maus livros dos autores falecidos há muito tempo? Como distinguir uma linguagem nobre e elevada de uma linguagem banal e vulgar? Não temos nós um estalão [padrão], uma regra para aquilatar os pensamentos, provenham eles do nosso mundo ou do outro? Podemos julgar as mensagens medianímicas principalmente pelos seus efeitos moralizadores, que inúmeras vezes têm melhorado muitos caracteres e purificado muitas consciências. É esse o critério mais seguro de todo o ensino filosófico.

Em nossas relações com os invisíveis há também meios de reconhecimento para distinguir os bons Espíritos das almas atrasadas. Os sensitivos reconhecem facilmente a natureza dos fluidos, que, nos Espíritos bons, são sutis, agradáveis, e, nos maus, são violentos, glaciais, custosos de suportar. [...]

[...] Avalia-se a elevação de um Espírito pela pureza dos seus fluidos, pela beleza da sua forma e da sua linguagem.[8]

A mistificação experimentada por um médium traz, sempre, uma finalidade útil, que é a de afastá-lo do amor-próprio, da preguiça no estudo de suas necessidades próprias, da vaidade pessoal ou dos excessos de confiança em si mesmo.

Os fatos de mistificação não ocorrem à revelia dos seus mentores mais elevados, que, somente assim, o conduzem à vigilância precisa e às realizações da humildade e da prudência no seu mundo subjetivo.[9]

A simples razão nos diz que os Espíritos bons não podem fazer senão o bem, pois, do contrário, não seriam bons, e que o mal só pode vir dos Espíritos imperfeitos. Portanto, as mistificações só podem provir de Espíritos levianos ou mentirosos, que abusam da credulidade e, muitas vezes, exploram o orgulho, a vaidade ou outras paixões. Tais mistificações têm o objetivo de pôr à prova a perseverança, a firmeza na fé e exercitar o julgamento. Se os Espíritos bons as permitem em certas ocasiões, não é por impotência de sua parte, mas para nos deixar o mérito da luta. [...] Os Espíritos bons velam por nós, assistem-nos e nos ajudam, mas sob a condição de nos ajudarmos a nós mesmos. [...] [10]

É importante ressaltar que os médiuns

[...] de mais mérito não estão ao abrigo das mistificações dos Espíritos embusteiros; primeiro, porque não há ainda, entre nós, pessoa assaz perfeita, para não ter algum lado fraco, pelo qual dê acesso aos maus Espíritos; segundo, porque os bons Espíritos permitem mesmo, às vezes, que os maus venham, a fim de exercitarmos a nossa razão, aprendermos a distinguir a verdade do erro e ficarmos de prevenção, não aceitando cegamente e sem exame tudo quanto nos venha dos Espíritos; nunca, porém, um Espírito bom nos virá enganar; o erro, qualquer que seja o nome que o apadrinhe, vem de uma fonte má.

Essas mistificações ainda podem ser uma prova para a paciência e perseverança do espírita, médium ou não; e aqueles que desanimam, com algumas decepções, dão prova aos bons Espíritos de que não são instrumentos com que eles possam contar.[11]

Sabe-se que os Espíritos, em consequência da diferença entre as suas capacidades, acham-se longe de possuir individualmente toda a verdade; que não é dado a todos penetrar certos mistérios; que o saber de cada um deles é proporcional à sua depuração; que os Espíritos vulgares não sabem mais que os homens, e até menos que certos homens; que há entre eles, como entre os homens, presunçosos e pseudossábios, que julgam saber o que ignoram; cultores de sistemas, que tomam por verdades as suas ideias; enfim, que só os Espíritos da categoria mais elevada, os que já estão completamente desmaterializados, se encontram libertos das ideias e preconceitos terrenos. Mas também é sabido que os Espíritos enganadores não têm escrúpulo em tomar nomes que não lhes pertencem, a fim de tornarem aceitas suas utopias. Daí resulta que, com relação a tudo o que seja fora do âmbito do ensino exclusivamente moral, as revelações que cada um possa receber terão caráter individual, sem cunho de autenticidade; que devem ser consideradas como opiniões pessoais de tal ou qual Espírito e que imprudente fora aceitá-las e propagá-las levianamente como verdades absolutas.

O primeiro controle é, incontestavelmente, o da razão, ao qual é preciso submeter, sem exceção, tudo o que venha dos Espíritos. Toda teoria em notória contradição com o bom senso, com uma lógica rigorosa e com os dados positivos que se possui, deve ser rejeitada, por mais respeitável que seja o nome que traga como assinatura. Esse controle, porém, em muitos casos ficará incompleto, em razão da insuficiência de conhecimentos de certas pessoas e da tendência de muitos a tomar a própria opinião como juízes únicos da verdade. Em semelhante caso, o que fazem os homens que não depositam absoluta confiança em si mesmos? Vão buscar o parecer da maioria e tomar por guia a opinião desta. Assim se deve proceder com relação ao ensino dos Espíritos, que nos fornecem, eles mesmos, os meios de consegui-lo.

A concordância no que ensinam os Espíritos é, pois, a melhor controle [...].[12]

É por isso que no domínio arriscado, e tantas vezes obscuro, da experimentação, cumpre examinar, analisar as coisas com sereno critério e extrema circunspecção, e só admitir o que se apresenta com um caráter de autenticidade perfeitamente definido. O nosso conhecimento das condições da vida futura, como o próprio Espiritismo, assenta sobre os fenômenos mediúnicos. Convém estudar seriamente estes e eliminar inflexivelmente tudo o que não traga o cunho de origem extra-humana. É preciso não substituir, a pretexto de progresso, a incredulidade sistemática por uma cega confiança, por uma credulidade ridícula, mas separar com cuidado o real do fictício. Disso está dependendo o futuro do Espiritismo.[13]

REFERÊNCIAS

1. KARDEC, Allan. *O livro dos médiuns*. Trad. Guillon Ribeiro. 81. ed. 9. imp. (Edição Histórica). Brasília, DF: FEB, 2020. 1ª pt., cap. 4, it. 36.
2. _____. _____. 2ª pt., cap. 27, it. 297.
3. _____. _____. it. 299.
4. _____. *O livro dos espíritos*. Trad. Guillon Ribeiro. 93. ed. 9. imp. (Edição Histórica). Brasília, DF: FEB, 2019. *Introdução*, it. XIII.
5. _____. *O livro dos médiuns*. Trad. Guillon Ribeiro. 81. ed. 9. imp. (Edição Histórica). Brasília, DF: FEB, 2020. 2ª pt., cap. 27, it. 303, 1ª perg.
6. _____. _____. subperg. a.
7. _____. _____. Nota.
8. DENIS, Léon. *O problema do ser do destino e da dor*. 32. ed. 13. imp. Brasília, DF: FEB, 2020. 1ª pt., cap. 2 – *O critério da doutrina dos Espíritos*.
9. XAVIER, Francisco Cândido. *O consolador*. Pelo Espírito Emmanuel. 29. ed. 11. imp. Brasília, DF: FEB, 2020. q. 401.
10. KARDEC, Allan. *Revista Espírita*: jornal de estudos psicológicos. ano 6, n. 8, ago. 1863. Questões e problemas, it. Mistificações. Trad. Evandro Noleto Bezerra. 4. ed. 1. imp. Brasília, DF: FEB, 2019.
11. _____. *O que é o espiritismo*. Trad. Redação de *Reformador* em 1884. 56. ed. 1. imp. (Edição Histórica). Brasília, DF: FEB, 2013. cap. 2, it. 82.

[12] _____. *Revista Espírita*: jornal de estudos psicológicos. ano 7, n. 4, abr. 1864. Autoridade da Doutrina Espírita, it. Controle universal do ensino dos Espíritos. Trad. Evandro Noleto Bezerra. 4. ed. 1. imp. Brasília, DF: FEB, 2019.

[13] DENIS, Léon. *No invisível*. Trad. Leopoldo Cirne. 26. ed. 1. imp. Brasília, DF: FEB, 2014. 3ª pt., cap. 24 – *Abusos da mediunidade*.

ANEXO

Discernimento

Encarecendo a prática do bem por base da cooperação com os instrutores desencarnados, no campo mediúnico, não será lícito esquecer o imperativo da educação.

Não somente ajudar, mas também discernir.

Não apenas derramar sentimentos como quem faz do peito cofre aberto, atirando preciosidades a esmo, mas articular raciocínios, aprendendo que a cabeça não é simples ornamento do corpo.

Coração e cérebro sintonizados na criatura assemelham-se de algum modo ao pêndulo e ao mostrador no relógio. O coração, à maneira do pêndulo, marca as pulsações da vida; entretanto, o cérebro, simbolizando o mostrador, estabelece as indicações. No trabalho em que se conjugam, um não vai sem o outro.

*

Tornemos ao domínio da imagem, para clareza do assunto.

Operário relapso não encontra chefe nobre.

Escrevente inculto não se laureia em provas de competência.

Enfermeiro bisonho complica a assistência médica.

Aluno vadio é problema para o professor.

Na mediunidade, tanto quanto em qualquer outro gênero de serviço, é indispensável que o colaborador se interesse pela melhoria dos próprios conhecimentos, a fim de valorizar o amparo que o valoriza.

*

Tarefa mediúnica sustentada através do tempo não brota da personalidade. Exige burilamento, disciplina, renunciação e suor.

A educação confere discernimento. E o discernimento é a luz que nos ensina a fazer bem todo o bem que precisamos fazer.

É por isso que Jesus avisou no Evangelho: "Brilhe a vossa luz diante dos homens para que os homens vejam as vossas boas obras." É ainda pela mesma razão que o Espírito da Verdade recomendou a Allan Kardec gravasse na Codificação do Espiritismo a inolvidável advertência: "Espíritas, amai-vos! – eis o primeiro ensino. Instruí-vos! – eis o segundo."

FONTE: XAVIER, Francisco Cândido. *Seara dos médiuns*. Pelo Espírito Emmanuel. 20. ed. 7. imp. Brasília, DF: FEB, 2016. cap. 62.

PRECE DOS CRISTÃOS SACRIFICADOS NO CIRCO ROMANO

Cordeiro Santo de Deus,
Senhor de toda a Verdade,
Salvador da Humanidade,
Sagrado Verbo de Luz!...
Pastor da paz, da esperança,
De tua mansão divina,
Senhor Jesus, ilumina
As dores de nossa cruz!...

Também tiveste o Calvário
De dor, de angústia, de apodo,
Ofertando ao mundo todo
As luzes da redenção;
Tiveste a sede, o tormento,
Mas, sob o fel, sob as dores,
Redimiste os pecadores
Da mais triste escravidão!

Se também sorveste o cálix
De amargor e de ironia,
Nós queremos a alegria
De padecer e chorar...
Pois, ovelhas tresmalhadas,
Nós somos filhos do erro,
Que no mundo do desterro
Vivemos a te esperar

Dá, Senhor, que nós possamos
Viver a felicidade
Nas bênçãos da Eternidade
Que não se encontram aqui;
O júbilo de reencontrar-te
Nos últimos padeceres,
Acende em nós os prazeres
De bem morrermos por ti!...

Senhor, perdoa os verdugos
De tua doutrina santa!
Protege, ampara, levanta
Quem no mal vive a morrer...
A caminho do teu Reino,
Toda a dor se transfigura,
Toda a lágrima é ventura,
O bem consiste em sofrer!...

Consola, Jesus amado,
Aqueles que nós queremos,
Que ficarão nos extremos
Da saudade e do amargor;
Dá-lhes a fé que transforma
Os sofrimentos e os prantos
Nos tesouros sacrossantos
Da vida de teu amor!...

FONTE: XAVIER, Francisco Cândido. *Cinquenta anos depois*. Pelo Espírito Emmanuel. 34. ed. 5. imp. Brasília, DF: FEB, 2017. 1ª pt., cap. 7 – *Nas festas de Adriano*.

ANIMISMO

1 OBJETIVOS ESPECÍFICOS

» Analisar a diferença entre o animismo e mistificação dentro do contexto espírita.

» Refletir sobre o conceito e o mecanismo básico de animismo.

2 CONTEÚDO BÁSICO

» *As comunicações escritas ou verbais também podem emanar do próprio Espírito encarnado no médium?*

"A alma do médium pode comunicar-se, como a de qualquer outro. Se goza de certo grau de liberdade, recobra suas qualidades de Espírito. [...]" (Allan Kardec, *O livro dos médiuns*, 2ª pt., cap. 19, it. 223, 2ª perg.).

» *Não parece que esta explicação confirma a opinião dos que entendem que todas as comunicações provêm do Espírito do médium e não de Espírito estranho?*

"Os que assim pensam só erram em darem caráter absoluto à opinião que sustentam [...]. Isso, porém, não é razão para que outros não atuem igualmente, por seu intermédio." (Allan Kardec, *O livro dos médiuns*, 2ª pt., cap. 19, it. 223, 2ª perg., letra a).

» *Como distinguir se o Espírito que responde é o do médium ou outro?*

"Pela natureza das comunicações [...]. No estado de sonambulismo, ou de êxtase, é que, principalmente, o Espírito do médium se manifesta, porque então se encontra mais livre. No estado [de transe] normal é mais difícil. [...]" (Allan Kardec, *O livro dos médiuns*, 2ª pt., cap. 19, it. 223, 3ª perg.).

> Muitos companheiros matriculados no serviço de implantação da Nova Era, sob a égide do Espiritismo, vêm convertendo a teoria animista num travão injustificável a lhes congelarem preciosas oportunidades de realização do bem; portanto, não nos cabe adotar como justas as palavras "mistificação inconsciente ou subconsciente" para batizar o fenômeno. [...] (André Luiz, Nos domínios da mediunidade, cap. 22 – Emersão do passado).

3 SUGESTÕES DIDÁTICAS

3.1 SUGESTÃO 1:

Introdução

Apresentar o tema e os objetivos do Roteiro.

A seguir, escrever no alto do quadro – uma ao lado da outra – as palavras ANIMISMO E MISTIFICAÇÃO.

Pedir, então, aos participantes que externem o que sabem, ou o que já ouviram falar a respeito de *animismo* e de *mistificação* dentro do contexto espírita.

Registrar no quadro as respostas, à medida que forem sendo emitidas.

Tecer comentários breves sobre o assunto, tendo como ponto de partida as mais importantes ideias registradas.

Desenvolvimento

Pedir aos participantes que, individual e silenciosamente, leiam os subsídios, destacando os pontos considerados relevantes.

Dividir os participantes em três grupos orientando-os na realização das seguintes tarefas:

Grupo 1 – leitura, troca de ideias e resumo do item 4.1 dos subsídios: Conceito de animismo;

Grupo 2 – leitura, troca de ideias e resumo do item 4.22 dos subsídios: Mecanismo básico do animismo;

Grupo 3 – leitura, troca de ideias e resumo do item 4.3 dos subsídios: Animismo e mistificação.

Concluídas as tarefas, solicitar aos grupos que indiquem um relator para apresentar, em plenária, as conclusões do trabalho.

Ouvir os relatos, realizando comentários pertinentes.

Conclusão

Destacar os pontos mais significativos apresentados pelos relatores, completando o estudo com uma breve exposição sobre *animismo* e *perturbação espiritual* (item 4.4 dos subsídios).

Avaliação

O estudo será considerado satisfatório se os participantes elaborarem corretamente os resumos solicitados no trabalho em grupo.

Técnica(s): explosão de ideias; leitura; trabalho em grupo; exposição.

Recurso(s): subsídios deste Roteiro; quadro de giz/branco.

3.2 SUGESTÃO 2:

Introdução

Iniciar o estudo apresentando e comentando o significado do termo "anímico" (*Minidicionário Houaiss da língua portuguesa*. Instituto Antônio Houaiss. Ed. Moderna Ltda. 2010):

Anímico: relativo a ou próprio da alma.

Relacioná-lo ao assunto espírita que será estudado.

Desenvolvimento

Apresentar o vídeo Animismo e mistificação: é coisa do Espírito ou do médium? – Raul Teixeira, 13:56, disponível em: https://www.youtube.com/watch?v=cEcwPeaNaTE

Comentá-lo, brevemente.

Convidar os participantes para a leitura oral comentada dos subsídios da apostila.

Nesse momento, o facilitador esclarece dúvidas e complementa informações sobre o assunto de acordo com subsídios do Roteiro e Referência sugerida.

Propor a seguinte reflexão individual (não há a necessidade de comentário):

O médium pode comunicar-se [...] se goza de certo grau de liberdade, recobra suas qualidades de Espírito.

Conclusão

Fazer o fechamento reforçando:

> Pela natureza das comunicações [...]. No estado de sonambulismo, ou de êxtase, é que, principalmente, o Espírito do médium se manifesta, porque então se encontra mais livre. No estado [de transe] normal é mais difícil. [...] (Allan Kardec, *O livro dos médiuns*, 2ª pt., cap. 19, it. 223, 3ª perg.).

> Muitos companheiros matriculados no serviço de implantação da Nova Era, sob a égide do Espiritismo, vêm convertendo a teoria animista num travão injustificável a lhes congelarem preciosas oportunidades de realização do bem; portanto, não nos cabe adotar como justas as palavras "mistificação inconsciente ou subconsciente" para batizar o fenômeno. [...] (André Luiz, *Nos domínios da mediunidade*, cap. 22 – *Emersão no passado*).

Avaliação

O estudo será considerado satisfatório se as ideias de os participantes refletirem entendimento do assunto.

Técnica(s): exposição dialógica, leitura oral comentada.

Recurso(s): subsídios do Roteiro; vídeo.

4 SUBSÍDIOS

4.1 CONCEITO DE ANIMISMO

Animismo é o "[...] *conjunto dos fenômenos psíquicos produzidos com a cooperação consciente ou inconsciente dos médiuns em ação*".[1]

Allan Kardec observa que há comunicações escritas ou verbais que podem emanar do próprio Espírito encarnado, uma vez que a "[...] *alma do médium pode comunicar-se, como a de qualquer outro. Se goza de certo grau de liberdade, recobra suas qualidades de Espírito* [...]".[2] Neste aspecto, se o médium traz consigo uma bagagem de conhecimentos, adquirida em existências pretéritas, poderá retirar das profundezas da sua memória integral ideias que estão fora do alcance da sua atual instrução.

> *Isso acontece* [pondera um Espírito Superior a Kardec], *frequentemente, no estado de crise sonambúlica ou extática, porém, ainda uma vez repito, há circunstâncias que não permitem dúvida. Estuda longamente e medita.*[3]

É importante considerar que toda comunicação mediúnica tem o seu componente anímico, uma vez que o médium age, necessariamente, como um intérprete das mensagens dos Espíritos, ainda que não se dê conta desse fato.[4] A influência dos médiuns nas comunicações é observada, sobretudo, quando transmitem ideias de Espíritos com os quais não guardam afinidade (fluídica, moral, intelectual), podendo

> [...] alterar-lhes as respostas e assimilá-las às suas próprias ideias e a seus pendores; não influencia, porém, os próprios Espíritos, autores das respostas; constitui-se apenas em mau intérprete.[5]

Essa é a causa da preferência dos Espíritos por certos médiuns:

> [...] Os Espíritos procuram o intérprete que mais simpatize com eles e que lhes exprima com mais exatidão os pensamentos. Não havendo entre eles simpatia, o Espírito do médium é um antagonista que oferece certa resistência e se torna um intérprete de má qualidade e muitas vezes infiel. É o que se dá entre vós, quando a opinião de um sábio é transmitida por intermédio de um estonteado ou de uma pessoa de má-fé.[6]

Reconhece-se, então, que o animismo é algo perfeitamente normal, pois o médium, ao interpretar as ideias de um Espírito comunicante, imprime características próprias, mesmo em se tratando dos médiuns mecânicos. Dessa forma,

> É passivo, quando não mistura suas próprias ideias com as do Espírito que se comunica, mas nunca é inteiramente nulo. Seu concurso é sempre indispensável, como o de um intermediário [...].[7]

4.2 MECANISMO BÁSICO DO ANIMISMO

O animismo produz

> [...] muitas ocorrências que podem repontar nos fenômenos mediúnicos de efeitos físicos ou de efeitos intelectuais, com a própria Inteligência encarnada comandando manifestações ou delas participando com diligência, numa demonstração que o corpo espiritual pode efetivamente desdobrar-se e atuar com os seus recursos e implementos característicos, como consciência pensante e organizadora, fora do carro físico.
>
> A verificação de semelhantes acontecimentos criou entre os opositores da Doutrina Espírita as teorias da negação, porquanto, admitida a possibilidade de o próprio Espírito encarnado poder atuar fora do traje fisiológico, apressaram-se os céticos inveterados a afirmar que todos os sucessos medianímicos se reduzem à influência de uma força nervosa que efetua, fora do corpo carnal, determinadas ações mecânicas e plásticas, configurando, ainda, alucinações de variada espécie.
>
> Todavia, os estardalhaços e pavores levantados por esses argumentos indébitos, arredando para longe o otimismo e a esperança de tantas criaturas que começam

> *confiantemente a iniciação nos serviços da mediunidade, não apresentam qualquer significado substancial, porque é forçoso ponderar que os Espíritos desencarnados e encarnados não se filiam a raças antagônicas que se devam reencontrar em condições miraculosas.*[8]

Acreditamos que o mecanismo básico do animismo pode ser entendido com a explicação que o Espírito André Luiz dá sobre mediunidade de psicofonia, usualmente conhecida como "incorporação". O relato que se segue traz elucidações sobre a psicofonia e a influência anímica da médium Otávia, de Dionísio, Espírito desencarnado, recolhido numa das organizações socorristas do Plano Espiritual. André Luiz assim se expressa:

> [...] *Otávia foi cuidadosamente afastada do veículo físico, em sentido parcial, aproximando-se Dionísio, que também parcialmente começou a utilizar-se das possibilidades dela. Otávia mantinha-se a reduzida distância, mas com poderes para retomar o corpo a qualquer momento num impulso próprio, guardando relativa consciência do que estava ocorrendo, enquanto que Dionísio conseguia falar, de si mesmo, mobilizando, no entanto, potências que lhe não pertenciam e que deveria usar, cuidadosamente, sob o controle direto da proprietária legítima e com a vigilância afetuosa de amigos e benfeitores, que lhe fiscalizavam a expressão com o olhar, de modo a mantê-lo em boa posição de equilíbrio emotivo. Reconheci que o processo de incorporação comum era mais ou menos idêntico ao da enxertia da árvore frutífera. A planta estranha revela suas características e oferece seus frutos particulares, mas a árvore enxertada não perde sua personalidade e prossegue operando em sua vitalidade própria. Ali também, Dionísio era um elemento que aderia às faculdades de Otávia, utilizando-as na produção de valores espirituais que lhe eram característicos, mas naturalmente subordinado à médium, sem cujo crescimento mental, fortaleza e receptividade, não poderia o comunicante revelar os caracteres de si mesmo, perante os assistentes. Por isso mesmo, logicamente, não era possível isolar, por completo, a influenciação de Otávia, vigilante. A casa física era seu templo, que urgia defender contra qualquer expressão desequilibrante, e nenhum de nós, os desencarnados presentes, tinha o direito de exigir-lhe maior afastamento, porquanto lhe competia guardar as suas potências fisiológicas e preservá-las contra o mal, perto de nós outros, ou à distância de nossa assistência afetiva.*[9]

4.3 ANIMISMO E MISTIFICAÇÃO

> *Alguns estudiosos do Espiritismo, devotados e honestos, reconhecendo os escolhos do campo do mediunismo, criaram a hipótese do fantasma anímico do próprio medianeiro, o qual agiria em lugar das entidades desencarnadas.* [...][10]

Desconhecendo o mecanismo básico das comunicações mediúnicas e a ação anímica exercida pelos médiuns,

> *Muitos companheiros matriculados no serviço de implantação da Nova Era, sob a égide do Espiritismo, vêm convertendo a teoria animista num travão injustificável a lhes congelarem preciosas oportunidades de realização do bem; portanto, não nos cabe adotar como justas as palavras* "mistificação inconsciente ou subconsciente" *para batizar o fenômeno.* [...][11]

Na verdade, precisamos adquirir maior cabedal de conhecimento sobre o animismo e agir com prudência em relação ao assunto, evitando rotular as naturais manifestações anímicas, "mistificação" caracteriza o ato de alguém mentir, enganar, ludibriar. A propósito, o instrutor Calderaro, citado por André Luiz no livro *No mundo maior,* nos transmite oportunas elucidações:

> [...] *A tese animista é respeitável. Partiu de investigadores conscienciosos e sinceros, e nasceu para coibir os prováveis abusos da imaginação; entretanto, vem sendo usada cruelmente pela maioria dos nossos colaboradores encarnados, que fazem dela um órgão inquisitorial, quando deveriam aproveitá-la como elemento educativo, na ação fraterna. Milhares de companheiros fogem ao trabalho, amedrontados, recuam ante os percalços da iniciação mediúnica, porque o animismo se converteu em Cérbero* [segundo a mitologia grega, cão guardião das portas do Inferno, que impedia a saída dos Espíritos]. *Afirmações sérias e edificantes, tornadas em opressivo sistema, impedem a passagem dos candidatos ao serviço pela gradação natural do aprendizado e da aplicação. Reclama-se deles precisão absoluta, olvidando-se lições elementares da Natureza. Recolhidos ao castelo teórico, inúmeros amigos nossos, em se reunindo para o elevado serviço de intercâmbio com a nossa esfera, não aceitam comumente os servidores, que hão de crescer e de aperfeiçoar-se com o tempo e com o esforço. Exigem meros aparelhos de comunicação, como se a luz espiritual se transmitisse da mesma sorte que a luz elétrica por uma lâmpada vulgar. Nenhuma árvore nasce produzindo, e qualquer faculdade nobre requer burilamento.* [...][12]

Prosseguindo em seus arrazoados, Calderaro pondera:

> [...] *Ninguém receberá as bênçãos da colheita, sem o suor da sementeira. Lamentavelmente, porém, a maior parte de nossos amigos parece desconhecer tais imposições de trabalho e de cooperação: exigem faculdades completas. O instrumento mediúnico é automaticamente desclassificado se não tem a felicidade de exibir absoluta harmonia com os desencarnados, no campo tríplice das forças mentais, perispirituais e fisiológicas.* [...][13]

Em se tratando de animismo nunca é demais recordar que,

> [...] *em matéria de mediunismo, há tipos idênticos de faculdades, mas enorme desigualdade nos graus de capacidade receptiva, os quais variam infinitamente, como as pessoas.*[14]

4.4 ANIMISMO E PERTURBAÇÃO ESPIRITUAL

Um ponto que merece ser considerado, em relação às manifestações anímicas, diz respeito às vinculações com processos de perturbação espiritual, alguns de difícil solução.

> Muitas vezes, conforme as circunstâncias [...], pode cair a mente nos estados anômalos de sentido inferior, dominada por forças retrógradas que a imobilizam, temporariamente, em atitudes estranhas ou indesejáveis.
>
> Neste aspecto, surpreendemos multiformes processos de obsessão, nos quais Inteligências desencarnadas de grande poder senhoreiam vítimas inabilitadas à defensiva, detendo-as, por tempo indeterminado, em certos tipos de recordação, segundo as dívidas cármicas a que se acham presas.
>
> Frequentemente, pessoas encarnadas, nessa modalidade de provação regeneradora, são encontráveis nas reuniões mediúnicas, mergulhadas nos mais complexos estados emotivos, quais se personificassem entidades outras, quando, na realidade, exprimem a si mesmas, a emergirem da subconsciência nos trajes mentais em que se externavam noutras épocas, sob o fascínio constante dos desencarnados que as subjugam.[15]

Nesta situação, o animismo se manifesta descontrolado. O assunto está muito bem estudado no livro *Nos domínios da mediunidade*, de autoria do Espírito André Luiz, capítulo 22 – *Emersão do passado*. Diz respeito à história de uma senhora enferma, que busca os serviços de auxílio espiritual numa Instituição Espírita. Em determinado momento, essa pessoa fala e age como se estivesse sob efeito de transe mediúnico, veiculando a comunicação de um perseguidor espiritual. Entretanto, não há, efetivamente, Espírito comunicante. Não existe, também, o menor vestígio de mistificação, consciente ou inconsciente. Trata-se de alguém, carente de auxílio, que

> [...] imobilizou grande coeficiente de forças do seu mundo emotivo [em torno de uma experiência malsucedida, vivida em reencarnação anterior] [...], a ponto de semelhante cristalização mental haver superado o choque biológico do renascimento no corpo físico, prosseguindo quase que intacta. Fixando-se nessa lembrança, quando instada de mais perto pelo companheiro que lhe foi irrefletido algoz, passa a comportar-se qual se estivesse ainda no passado que teima em ressuscitar. É então que se dá a conhecer como personalidade diferente, a referir-se à vida anterior.
>
> [...]
>
> – Sem dúvida, em tais momentos, é alguém que volta do pretérito a comunicar-se com o presente, porque ao influxo das recordações penosas de que se vê assaltada, centraliza todos os seus recursos mnemônicos tão somente no ponto nevrálgico em que viciou o pensamento. Para o psiquiatra comum é apenas uma candidata

à insulinoterapia ou ao eletrochoque, entretanto, [...] é uma enferma espiritual, uma consciência torturada, exigindo amparo moral e cultural para a renovação íntima, única base sólida que lhe assegurará o reajustamento definitivo.[16]

REFERÊNCIAS

1. XAVIER, Francisco Cândido; VIEIRA, Waldo. *Mecanismos da mediunidade*. Pelo Espírito André Luiz. 28. ed. 4. imp. Brasília, DF: FEB, 2016. cap. 23 – *Animismo*, it. Mediunidade e animismo.
2. KARDEC, Allan. *O livro dos médiuns*. Trad. Guillon Ribeiro. 81. ed. 9. imp. (Edição Histórica). Brasília, DF: FEB, 2020. 2ª pt., cap. 19, it. 223, 2ª perg.
3. _____. _____. 4ª perg.
4. _____. _____. 6ª perg.
5. _____. _____. 7ª perg.
6. _____. _____. 8ª perg.
7. _____. _____. 10ª perg.
8. XAVIER, Francisco Cândido; VIEIRA, Waldo. *Mecanismos da mediunidade*. Pelo Espírito André Luiz. 28. ed. 4. imp. Brasília, DF: FEB, 2016. cap. 23 – *Animismo*, it. Mediunidade e animismo.
9. XAVIER, Francisco Cândido. *Missionários da luz*. Pelo Espírito André Luiz. 45. ed. 13. imp. Brasília, DF: FEB, 2020. cap. 16 – *Incorporação*.
10. _____. *No mundo maior*. Pelo Espírito André Luiz. 28. ed. 5. imp. Brasília, DF: FEB, 2016. cap. 9 – *Mediunidade*.
11. _____. *Nos domínios da mediunidade*. Pelo Espírito André Luiz. 36. ed. 4. imp. Brasília, DF: FEB, 2015. cap. 22 – *Emersão do passado*.
12. _____. *No mundo maior*. Pelo Espírito André Luiz. 28. ed. 5. imp. Brasília, DF: FEB, 2016. cap. 9 – *Mediunidade*.
13. _____. _____.
14. _____. _____.
15. XAVIER, Francisco Cândido; VIEIRA, Waldo. *Mecanismos da mediunidade*. Pelo Espírito André Luiz. 28. ed. 4. imp. Brasília, DF: FEB, 2016. cap. 23 – *Animismo*, it. Obsessão e animismo.
16. XAVIER, Francisco Cândido. *Nos domínios da mediunidade*. Pelo Espírito André Luiz. 36. ed. 4. imp. Brasília, DF: FEB, 2015. cap. 22 – *Emersão do passado*.

O EXERCÍCIO IRREGULAR DA MEDIUNIDADE

1 **OBJETIVOS ESPECÍFICOS**

» Analisar as características do exercício irregular da mediunidade.

» Refletir sobre as suas consequências.

2 **CONTEÚDO BÁSICO**

» *Como todas as outras faculdades, a mediunidade é um Dom de Deus, que se pode empregar tanto para o bem quanto para o mal, e da qual se pode abusar [...].*

[...]

[...] O que abusa e a emprega em coisas fúteis ou para satisfazer interesses materiais, desvia-a do seu fim providencial, e, tarde ou cedo, será punido, como todo homem que faça mau uso de uma faculdade qualquer. (Allan Kardec, O que é o espiritismo, cap. 2, it. 88).

» *O exercício muito prolongado de qualquer faculdade acarreta fadiga; a mediunidade está no mesmo caso, principalmente a que se aplica aos efeitos físicos, ela necessariamente ocasiona um dispêndio de fluido, que traz a fadiga, mas que se repara pelo repouso.* (Allan Kardec, O livro dos médiuns, 2ª pt., cap. 18, it. 221, 2ª perg.).

» *Há casos em que é prudente, necessária mesmo, a abstenção ou, pelo menos, o exercício moderado, tudo dependendo do estado físico e moral do médium. [...]* (Allan Kardec, O livro dos médiuns, 2ª pt., cap.18, it. 221, 3ª perg.).

» *Há pessoas relativamente às quais se devem evitar todas as causas de sobre-excitação e o exercício da mediunidade é uma delas.* (Allan Kardec, O livro dos médiuns, 2ª pt., cap.18, it. 221, 4ª perg.).

> [...] *A mediunidade não produzirá a loucura, quando esta já não exista em gérmen; porém, existindo este, o bom senso está a dizer que se deve usar de cautelas, sob todos os pontos de vista, porquanto qualquer abalo pode ser prejudicial.* (Allan Kardec, O livro dos médiuns, 2ª pt., cap.18, it. 221, 5ª perg.).

3 SUGESTÕES DIDÁTICAS

3.1 SUGESTÃO 1:

Introdução

Iniciar o Roteiro solicitando a um dos participantes que opine sobre o significado das seguintes expressões: *mediunidade, perturbações mentais* e *loucura*.

Ouvir as opiniões, esclarecendo possíveis dúvidas.

Pedir, em seguida, que leiam individualmente os subsídios, destacando os pontos considerados relevantes.

Desenvolvimento

Após a leitura, dividir os participantes em dois grupos para a realização das seguintes tarefas:

Grupo 1 – elaborar um questionário sobre o item 4.1 dos subsídios: Exercício irregular da mediunidade.

Grupo 2 – elaborar um questionário sobre o item 4.2 dos subsídios: A prática mediúnica e as perturbações mentais.

Solicitar aos dois grupos que indiquem um colega para arguir um e outro grupo de acordo com os assuntos propostos.

Pedir aos grupos que se organizem em duas colunas, uma à direita outra à esquerda, e que apresentem os arguidores. Estes devem se posicionar à frente da turma

Passar, então, a palavra a um dos arguidores para que faça, aos participantes do outro grupo, a primeira pergunta do questionário. Se os participantes arguidos responderem à pergunta de forma incorreta ou incompleta, intervir, esclarecendo. Prosseguir assim, até que todas as perguntas dos questionários tenham sido solucionadas

Observação: A dinâmica fica mais interessante se:

a) alternar-se a participação dos arguidores;

b) o monitor, antes de intervir, esclarecendo pontos incorretos ou incompletos, indagar se há alguém, na turma, que saiba responder corretamente o que foi perguntado pelo arguidor.

Conclusão

Destacar, ao final, os benefícios propiciados pela prática mediúnica sadia, à luz do entendimento espírita e do Evangelho de Jesus.

Avaliação

O estudo será considerado satisfatório se os alunos participarem com entusiasmo do debate, num clima de harmonia e, apresentarem respostas corretas às perguntas que lhes forem dirigidas.

Técnica(s): explosão de ideias; leitura individual; trabalho em grupo; arguição; debate.

Recurso(s): subsídios; questionário elaborado pelos grupos.

3.2 SUGESTÃO 2:

Introdução

Iniciar o estudo apresentando o texto para discussão em duplas:

> Como todas as outras faculdades, a mediunidade é um Dom de Deus, que se pode empregar tanto para o bem quanto para o mal, e da qual se pode abusar [...].
>
> [...]
>
> [...] O que abusa e a emprega em coisas fúteis ou para satisfazer interesses materiais, desvia-a do seu fim providencial, e, tarde ou cedo, será punido, como todo homem que faça mau uso de uma faculdade qualquer. (Allan Kardec, *O que é o espiritismo*, cap. 2, it. 88).

Convidar alguns participantes que gostariam de compartilhar as reflexões feitas.

Desenvolvimento

Em seguida, propor leitura oral comentada dos subsídios da apostila.

Após a leitura, convidar os participantes para assistirem a um vídeo – Mediunidade (27:55), disponível em:

https://www.youtube.com/watch?v=oiCvd1Tw7j8

Propor reflexões sobre os conteúdos estudados, da apostila e do vídeo:

» *Em que consiste o exercício irregular da mediunidade?*

» Comentar: *O exercício mediúnico não produz desarmonias mentais.*

Nesse momento, o facilitador esclarece dúvidas e complementa informações sobre o assunto de acordo com subsídios do Roteiro, vídeo e Referência sugerida.

Propor a seguinte reflexão individual (não há a necessidade de comentário):

O que espero da prática mediúnica?

Conclusão

Fazer o fechamento reforçando:

> Como todas as outras faculdades, a mediunidade é um Dom de Deus, que se pode empregar tanto para o bem quanto para o mal, e da qual se pode abusar [...].
>
> [...]
>
> [...] O que abusa e a emprega em coisas fúteis ou para satisfazer interesses materiais, desvia-a do seu fim providencial, e, tarde ou cedo, será punido, como todo homem que faça mau uso de uma faculdade qualquer. (Allan Kardec, *O que é o espiritismo*, cap. 2, it. 88).

Avaliação

O estudo será considerado satisfatório se as ideias de os participantes refletirem entendimento do assunto.

Técnica(s): cochicho, leitura oral comentada; discussão circular.

Recurso(s): subsídios do Roteiro; vídeos.

Outras sugestões de vídeos:

Programa Transição nº 75 – Dimensões da Mediunidade com Suely Caldas Schubert 2/3 (8:49), disponível em:

https://www.youtube.com/watch?v=xcnTw-fYT8o

Café com Luz - Mediunidade à luz do Espiritismo (23:36), disponível em:

https://www.youtube.com/watch?v=wCqnrnDhoY0

Atividade de preparação para o próximo encontro de estudo (Roteiro 1): Sugestão 2.

Esta atividade pode ser proposta aos participantes.

Fazer o estudo do capítulo 14 – *Os fluidos* do livro *A gênese*.

Preparar um resumo contendo as ideias principais.

Anotar as dúvidas formulando perguntas a serem esclarecidas no estudo.

4 SUBSÍDIOS

4.1 EXERCÍCIO IRREGULAR DA MEDIUNIDADE

> *Como todas as outras faculdades, a mediunidade é um Dom de Deus, que se pode empregar tanto para o bem quanto para o mal, e da qual se pode abusar. Seu fim é pôr-nos em relação direta com as almas daqueles que viveram, a fim de recebermos ensinamentos e iniciações da vida futura.*
>
> *Assim como a vista nos põe em relação com o mundo visível, a mediunidade nos liga ao invisível.*
>
> *Aquele que dela se utiliza para o seu adiantamento e o de seus irmãos, desempenha uma verdadeira missão e será recompensado. O que abusa e a emprega em coisas fúteis ou para satisfazer interesses materiais, desvia-a do seu fim providencial, e, tarde ou cedo, será punido, como todo homem que faça mau uso de uma faculdade qualquer.*[1]

Assim, a faculdade é concedida porque as pessoas

> *[...] precisam dela para se melhorarem, para ficarem em condições de receber bons ensinamentos. Se não aproveitam da concessão, sofrerão as consequências. Jesus não pregava de preferência aos pecadores, dizendo ser preciso dar àquele que não tem?*[2]

Entretanto,

> *O exercício muito prolongado de qualquer faculdade acarreta fadiga; a mediunidade está no mesmo caso, principalmente a que se aplica aos efeitos físicos, ela necessariamente ocasiona um dispêndio de fluido, que traz a fadiga, mas que se repara pelo repouso.*[3]
>
> *Há casos em que é prudente, necessária mesmo, a abstenção, ou, pelo menos, o exercício moderado, tudo dependendo do estado físico e moral do médium. Aliás, em geral, o médium o sente e, desde que experimente fadiga, deve abster-se.*[4]

Existem situações, porém, em que o exercício da mediunidade é considerado irregular, não porque esteja acarretando debilidade física ou psíquica, mas pelos inconvenientes que produzem. O desenvolvimento da mediunidade nas crianças, por exemplo, é desaconselhado pelos Espíritos Superiores (reveja mais informações no Módulo IV, Roteiro 2, deste Programa). Outro ponto, não menos importante, diz respeito à inconstância de alguns trabalhadores espíritas às reuniões mediúnicas. São trabalhadores desatentos que não param para refletir sobre a importância e seriedade da tarefa, dela se furtando ante o menor obstáculo que surge no caminho.

Neste sentido, a Casa Espírita deve estar aparelhada para orientar com segurança, atenta às seguintes orientações de Kardec:

> Todos os dias a experiência nos traz a confirmação de que as dificuldades e os desenganos, com que muitos topam na prática do Espiritismo, se originam da ignorância dos princípios desta ciência [...].
>
> [...]
>
> [...] Se bem cada um traga em si o gérmen das qualidades necessárias para se tornar médium, tais qualidades existem em graus muito diferentes e o seu desenvolvimento depende de causas que a ninguém é dado conseguir se verifiquem à vontade. As regras da poesia, da pintura e da música não fazem que se tornem poetas, pintores, ou músicos os que não têm o gênio de alguma dessas artes. Apenas guiam os que as cultivam, no emprego de suas faculdades naturais. O mesmo sucede com o nosso trabalho. Seu objetivo consiste em indicar os meios de desenvolvimento da faculdade mediúnica, tanto quanto o permitam as disposições de cada um, e, sobretudo, dirigir-lhe o emprego de modo útil, quando ela exista. [...]
>
> De par com os médiuns propriamente ditos, há, a crescer diariamente, grande número de pessoas que se ocupam com as manifestações espíritas. Guiá-las nas suas observações, assinalar-lhes os obstáculos que podem e hão de necessariamente encontrar, lidando com uma nova ordem de coisas, iniciá-las na maneira de confabularem com os Espíritos, indicar-lhes os meios de conseguir boas comunicações, tal o círculo que temos de abranger, sob pena de fazermos trabalho incompleto. [...]
>
> [...]
>
> A essas considerações ainda aditaremos outra, muito importante: a má impressão que produzem nos novatos as experiências levianamente feitas e sem conhecimento de causa, experiências que apresentam o inconveniente de gerar ideias falsas acerca do mundo dos Espíritos e de dar azo à zombaria e a uma crítica quase sempre fundada. De tais reuniões, os incrédulos raramente saem convertidos e dispostos a reconhecer que no Espiritismo haja alguma coisa de sério. Para a opinião errônea de grande número de pessoas, muito mais do que se pensa têm contribuído a ignorância e a leviandade de vários médiuns.
>
> Desde alguns anos, o Espiritismo há realizado grandes progressos: imensos, porém, são os que conseguiu realizar, a partir do momento em que tomou rumo

filosófico, porque entrou a ser apreciado pela gente instruída. Presentemente, já não é um espetáculo: é uma doutrina de que não mais riem os que zombavam das mesas girantes. Esforçando-nos por levá-lo para esse terreno e por mantê-lo aí, nutrimos a convicção de que lhe granjeamos mais adeptos úteis, do que provocando a torto e a direito manifestações que se prestariam a abusos. [...][5]

4.2 A PRÁTICA MEDIÚNICA E AS PERTURBAÇÕES MENTAIS

A prática da mediunidade não produz perturbações mentais de qualquer natureza, sobretudo distúrbios graves, genericamente denominados de loucura. Entretanto, devemos considerar que existem pessoas que possuem uma estrutura psíquica delicada cujas emoções, por menores que sejam, lhes provocam abalos. São "[...] *pessoas relativamente às quais se devem evitar todas as causas de sobre-excitação e o exercício da mediunidade é uma delas*".[6]

Não devemos esquecer que é relativamente fácil estabelecer ligações mentais com Espíritos não suficientemente moralizados e ser por eles influenciados. Nesta situação, as nossas emoções, humor e comportamento podem ser negativamente alterados. Os integrantes da reunião mediúnica, em especial, por terem um contato mais assíduo com os desencarnados, devem ter consciência dos cuidados de que se reveste o exercício da mediunidade. Muitos colaboradores das atividades mediúnicas, a despeito da boa vontade demonstrada, esquecem

> [...] *de que toda edificação da alma requer disciplina, educação, esforço e perseverança. Mediunidade construtiva é a língua de fogo do Espírito Santo* [alusão ao fenômeno de Pentecostes citado em Atos dos apóstolos, 2:1 a 4.], *luz divina para a qual é preciso conservar o pavio do amor cristão, o azeite da boa vontade pura. Sem a preparação necessária, a excursão dos que provocam o ingresso no reino invisível é, quase sempre, uma viagem nos círculos de sombra. Alcançam grandes sensações e esbarram nas perplexidades dolorosas. Fazem descobertas surpreendentes e acabam nas ansiedades e dúvidas sem-fim.* [...] *Espírito algum dispensará o esforço de si mesmo, no aprimoramento íntimo...*[7]

Sabemos que

> *O pensamento exterioriza-se e projeta-se, formando imagens e sugestões que arremessa sobre os objetivos que se propõe atingir. Quando benigno e edificante, ajusta-se às Leis que nos regem, criando harmonia e felicidade, todavia, quando desequilibrado e deprimente, estabelece aflição e ruína. A química mental vive na base de todas as transformações, porque realmente evoluímos em profunda comunhão telepática com todos aqueles encarnados ou desencarnados que se afinam conosco.*[8]

Percebe-se, portanto, que a mediunidade, em si,

> [...] não produzirá a loucura, quando esta já não exista em gérmen; porém, existindo este, o bom senso está a dizer que se deve usar de cautelas, sob todos os pontos de vista, porquanto qualquer abalo pode ser prejudicial.⁹

> [...] Do seu exercício cumpre afastar, por todos os meios possíveis, as [pessoas] que apresentem sintomas, ainda que mínimos, de excentricidade nas ideias, ou de enfraquecimento das faculdades mentais, porquanto, nessas pessoas, há predisposição evidente para a loucura [genericamente considerada], que se pode manifestar por efeito de qualquer sobre-excitação. As ideias espíritas não têm, a esse respeito, maior influência do que outras, mas, vindo a loucura a declarar-se, tomará o caráter de preocupação dominante, como tomaria o caráter religioso, se a pessoa se entregasse em excesso às práticas de devoção, e a responsabilidade seria lançada ao Espiritismo. O que de melhor se tem a fazer com todo indivíduo que mostre tendência à ideia fixa é dar outra diretriz às suas preocupações, a fim de lhe proporcionar repouso aos órgãos enfraquecidos.¹⁰

REFERÊNCIAS

1. KARDEC, Allan. *O que é o espiritismo*. Trad. Redação de *Reformador* em 1884. 56. ed. 1. imp. (Edição Histórica). Brasília, DF: FEB, 2013. cap. 2, it. 88.
2. _____. *O livro dos médiuns*. Trad. Guillon Ribeiro. 81. ed. 9. imp. (Edição Histórica). Brasília, DF: FEB, 2020. 2ª pt., cap. 17, it. 220, 14ª perg.
3. _____. _____. cap. 18, it. 221, 2ª perg.
4. _____. _____. 3ª perg.
5. _____. _____. *Introdução*.
6. _____. _____. 2ª pt., cap. 18, it. 221, 4ª perg.
7. XAVIER, Francisco Cândido. *Missionários da luz*. Pelo Espírito André Luiz. 45. ed. 13. imp. Brasília, DF: FEB, 2020. cap. 3 – *Desenvolvimento mediúnico*.
8. _____. *Nos domínios da mediunidade*. Pelo Espírito André Luiz. 36. ed. 4. imp. Brasília, DF: FEB, 2015. cap. 19 – *Dominação telepática*.
9. KARDEC, Allan. *O livro dos médiuns*. Trad. Guillon Ribeiro. 81. ed. 9. imp. (Edição Histórica). Brasília, DF: FEB, 2020. 2ª pt., cap. 18, it. 221, 5ª perg.
10. _____. _____. it. 222.

■ PROGRAMA COMPLEMENTAR

| MÓDULO VI
| **Obsessão e desobsessão**

OBJETIVO GERAL

Possibilitar entendimento das principais características da obsessão e da desobsessão, sob a óptica espírita.

"Jesus o repreendeu, e o mau espírito saiu dele; e o menino foi curado a partir daquela hora." (*Mateus*, 17:18.)

OBSESSÃO: CONCEITO, CAUSAS E GRAUS

1 OBJETIVOS ESPECÍFICOS

» Refletir sobre o conceito de obsessão.

» Analisar as causas e os graus da obsessão.

2 CONTEÚDO BÁSICO

» Obsessão é "[...] *o domínio que alguns Espíritos logram adquirir sobre certas pessoas. Nunca é praticada senão pelos Espíritos inferiores, que procuram dominar* [...]". (Allan Kardec, O livro dos médiuns, 2ª pt., cap. 23, it. 237).

» *Assim como as enfermidades resultam das imperfeições físicas que tornam o corpo acessível às perniciosas influências exteriores, a obsessão decorre sempre de uma imperfeição moral, que dá ascendência a um Espírito mau.* [...] (Allan Kardec, A gênese, cap. 14, it. 46).

» *A obsessão apresenta caracteres diversos, que é preciso distinguir e que resultam do grau do constrangimento e da natureza dos efeitos que produz. A palavra obsessão é, de certo modo, um termo genérico, pelo qual se designa esta espécie de fenômeno, cujas principais variedades são: a obsessão simples, a fascinação e a subjugação.* (Allan Kardec, O livro dos médiuns, 2ª pt., cap. 23, it. 237).

3 SUGESTÕES DIDÁTICAS

3.1 SUGESTÃO 1:

Introdução

Fazer breve exposição sobre o conceito de obsessão.

Em seguida, pedir aos participantes que façam leitura silenciosa dos itens 4.2 e 4.3 dos subsídios.

Desenvolvimento

Concluída a leitura, pedir aos participantes que, com base no texto lido, elaborem uma questão, registrando-a numa tira de papel.

Recolher as tiras de papel e, em seguida, embaralhá-las e redistribuí-las à turma, evitando que o aluno receba a própria questão.

Solicitar a um dos participantes que, após leitura da questão que tem em mãos, responda a ela, ouvindo a opinião dos demais colegas. Continuar assim, sucessivamente, até que todas as questões elaboradas tenham sido lidas e analisadas.

Esclarecer pontos que suscitaram dúvidas, evidenciando a orientação espírita a respeito das ideias analisadas.

Elaborar novas questões ou apresentar contribuições relevantes, não assinaladas no trabalho em plenária.

Conclusão

Recapitular as ideias principais estudadas, utilizando recurso visual.

Avaliação

O estudo será considerado satisfatório se os participantes conseguirem responder, corretamente, às questões elaboradas pelos colegas e pelo facilitador.

Técnica(s): exposição; leitura; debate-modificado.

Recurso(s): subsídios deste Roteiro; tiras de papel com questões; cartaz.

3.2 SUGESTÃO 2:

Introdução

Iniciar o estudo apresentando uma breve exposição dialógica sobre o conceito de obsessão.

(Tempo máximo de 10 minutos.)

Desenvolvimento

Convidar os participantes que quiserem compartilhar seus estudos extra-encontro. Iniciar falando sobre (um assunto de cada vez):

» *O que entendemos por obsessão?*

» *Quais as causas da obsessão?*

» *Quais os tipos* (graus) *em que ela pode manifestar-se?*

» *Qual ou quais o(s) tratamento(s) para a obsessão?* Etc.

Pedir aos participantes para fazerem suas perguntas, durante a exposição dos assuntos.

Nesse momento, o facilitador esclarece dúvidas e complementa informações sobre o assunto de acordo com subsídios do Roteiro, e a Referência sugerida.

Propor a seguinte reflexão individual (não há a necessidade de comentário):

Qual o melhor cuidado que posso ter comigo?

Conclusão

> A obsessão apresenta caracteres diversos, que é preciso distinguir e que resultam do grau do constrangimento e da natureza dos efeitos que produz. A palavra obsessão é, de certo modo, um termo genérico, pelo qual se designa esta espécie de fenômeno, cujas principais variedades são: a obsessão simples, a fascinação e a subjugação. (Allan Kardec, O livro dos médiuns, 2ª pt., cap. 23, it. 237).

Avaliação

O estudo será considerado satisfatório se as ideias de os participantes refletirem entendimento do assunto.

Técnica(s): exposição dialogada, apresentação de estudo, discussão circular.

Recurso(s): subsídios do Roteiro; *A gênese*.

4 SUBSÍDIOS

4.1 Conceito de obsessão

Pululam em torno da Terra os maus Espíritos, em consequência da inferioridade moral de seus habitantes. A ação malfazeja desses Espíritos é parte integrante dos flagelos com que a Humanidade se vê a braços neste mundo. A obsessão que é um dos efeitos de semelhante ação, como as enfermidades e todas as atribulações da vida, deve, pois, ser considerada como provação ou expiação e aceita com esse caráter.

Chama-se obsessão à ação persistente que um Espírito mau exerce sobre um indivíduo. [...][1]

Entre os escolhos que apresenta a prática do Espiritismo, cumpre se coloque na primeira linha a obsessão, isto é, o domínio que alguns Espíritos logram adquirir sobre certas pessoas. Nunca é praticada senão pelos Espíritos inferiores, que procuram dominar. Os bons Espíritos nenhum constrangimento infligem. Aconselham, combatem a influência dos maus e, se não os ouvem, retiram-se. Os maus, ao contrário, se agarram àqueles de quem podem fazer suas presas. Se chegam a dominar algum, identificam-se com o Espírito deste e o conduzem como se fora verdadeira criança.[2]

4.2 CAUSAS DA OBSESSÃO

As causas da obsessão variam, de acordo com o caráter do Espírito. É, às vezes, uma vingança que este toma de um indivíduo de quem guarda queixas da sua vida presente ou do tempo de outra existência. Muitas vezes, também, não há mais do que o desejo de fazer mal: o Espírito, como sofre, entende de fazer que os outros sofram; encontra uma espécie de gozo em os atormentar, em os vexar, e a impaciência que por isso a vítima demonstra mais o exacerba, porque esse é o objetivo que colima, ao passo que a paciência o leva a cansar-se. Com o irritar-se e mostrar-se despeitado, o perseguido faz exatamente o que quer o seu perseguidor. Esses Espíritos agem, não raro, por ódio e inveja do bem; daí o lançarem suas vistas malfazejas sobre as pessoas mais honestas. [...] Outros são guiados por um sentimento de covardia, que os induz a se aproveitarem da fraqueza moral de certos indivíduos, que eles sabem incapazes de lhes resistirem. [...][3]

Assim como as enfermidades resultam das imperfeições físicas que tornam o corpo acessível às perniciosas influências exteriores, a obsessão decorre sempre de uma imperfeição moral, que dá ascendência a um Espírito mau. [...][4]

Há Espíritos obsessores sem maldade, que alguma coisa mesmo denotam de bom, mas dominados pelo orgulho do falso saber. Têm suas ideias, seus sistemas sobre as ciências, a economia social, a moral, a religião, a filosofia, e querem fazer que suas opiniões prevaleçam. [...] São os mais perigosos, porque os sofismas nada lhes custam e podem tornar cridas as mais ridículas utopias. Como conhecem o prestígio dos grandes nomes, não escrupulizam em se adornarem com um daqueles diante dos quais todos se inclinam [...]. Procuram deslumbrar por meio de uma linguagem empolada, mais pretensiosa do que profunda, eriçada de termos técnicos e recheada das retumbantes palavras – caridade e moral. Cuidadosamente evitarão dar um mau conselho, porque bem sabem que seriam repelidos. [...] A moral, porém, para esses Espíritos é simples passaporte, é o que menos os preocupa. O que querem, acima de tudo, é impor suas ideias por mais disparatadas que sejam.[5]

4.3 GRAUS DA OBSESSÃO

Na obsessão, o Espírito atua exteriormente, com a ajuda do seu perispírito, que ele identifica com o do encarnado, ficando este afinal enlaçado por uma como teia e constrangido a proceder contra a sua vontade.[6]

A obsessão apresenta caracteres diversos, que é preciso distinguir e que resultam do grau do constrangimento e da natureza dos efeitos que produz. A palavra obsessão é, de certo modo, um termo genérico, pelo qual se designa esta espécie de fenômeno, cujas principais variedades são: a obsessão simples, a fascinação e a subjugação.[7]

A *obsessão simples*, geralmente denominada de influenciação espiritual, caracteriza-se pela ação de um Espírito malfazejo, que se impõe, se imiscui na vida da pessoa, causando-lhe inúmeros desconfortos.

Neste gênero de obsessão,

[...] o médium [o termo médium pode, aqui, ser utilizado no sentido amplo] sabe muito bem que se acha presa de um Espírito mentiroso e este não se disfarça; de nenhuma forma dissimula suas más intenções e o seu propósito de contrariar. [...] Este gênero de obsessão é, portanto, apenas desagradável e não tem outro inconveniente, além do de opor obstáculo às comunicações que se desejara receber de Espíritos sérios, ou dos afeiçoados.

Podem incluir-se nesta categoria os casos de obsessão física, isto é, a que consiste nas manifestações ruidosas e obstinadas de alguns Espíritos, que fazem se ouçam, espontaneamente, pancadas ou outros ruídos. [...][8]

A obsessão simples apresenta, porém, alguns sinais que surgem esporadicamente, mas que se podem repetir e agravar, com o passar do tempo, se nada for feito para neutralizá-los. Os sinais mais comuns são: irritação, ciúme, inveja, ideia de perseguição, amargura, ansiedades, doenças-fantasma, vaidade, arrogância, irreverência, atitudes debochadas ou inconvenientes etc. De alguma forma a pessoa passa a adotar comportamentos mais marcantes, diferentes do usual, que surpreendem os que a conhecem melhor.

A fascinação tem consequências muito mais graves. É uma ilusão produzida pela ação direta do Espírito sobre o pensamento do médium e que, de certa maneira, lhe paralisa o raciocínio, relativamente às comunicações. O médium fascinado não acredita que o estejam enganando: o Espírito tem a arte de lhe inspirar confiança cega, que o impede de ver o embuste e de compreender o absurdo do que escreve, ainda quando esse absurdo salte aos olhos de toda gente. A ilusão pode mesmo ir até o ponto de o fazer achar sublime a linguagem mais ridícula. Fora erro acreditar que a este gênero de obsessão só estão sujeitas as pessoas simples, ignorantes e baldas de senso. Dela não se acham isentos nem os homens de mais espírito, os mais instruídos e os mais inteligentes sob outros aspectos, o que prova que tal aberração é efeito de uma causa estranha, cuja influência eles sofrem.

Já dissemos que muito mais graves são as consequências da fascinação. Efetivamente, graças à ilusão que dela decorre, o Espírito conduz o indivíduo de quem ele chegou a apoderar-se, como faria com um cego, e pode levá-lo a aceitar as doutrinas mais estranhas, as teorias mais falsas, como se fossem a única expressão da verdade. Ainda mais, pode levá-lo a situações ridículas, comprometedoras e até perigosas.

Compreende-se facilmente toda a diferença que existe entre a obsessão simples e a fascinação; compreende-se também que os Espíritos que produzem esses dois efeitos devem diferir de caráter. Na primeira, o Espírito que se agarra à pessoa não passa de um importuno pela sua tenacidade e de quem aquela se impacienta por desembaraçar-se. Na segunda, a coisa é muito diversa. Para chegar a tais fins, preciso é que o Espírito seja destro, ardiloso e profundamente hipócrita, porquanto não pode operar a mudança e fazer-se acolhido senão por meio da máscara que toma e de um falso aspecto de virtude. Os grandes termos – caridade, humildade, Amor de Deus – lhe servem como que de carta de crédito, porém, através de tudo isso, deixa passar sinais de inferioridade, que só o fascinado é incapaz de perceber. Por isso mesmo, o que o fascinador mais teme são as pessoas que veem claro. Daí o consistir a sua tática, quase sempre, em inspirar ao seu intérprete o afastamento de quem quer que lhe possa abrir os olhos. [...][9]

A subjugação é uma constrição que paralisa a vontade daquele que a sofre e o faz agir a seu mau grado. Numa palavra: o paciente fica sob um verdadeiro jugo.

A subjugação pode ser moral ou corporal. No primeiro caso, o subjugado é constrangido a tomar resoluções muitas vezes absurdas e comprometedoras que, por uma espécie de ilusão, ele julga sensatas: é uma como fascinação. No segundo caso, o Espírito atua sobre os órgãos materiais e provoca movimentos involuntários. Traduz-se, no médium escrevente, por uma necessidade incessante de escrever, ainda nos momentos menos oportunos. [...][10]

Dava-se outrora o nome de possessão ao império exercido por maus Espíritos, quando a influência deles ia até à aberração das faculdades da vítima. A possessão seria, para nós, sinônimo da subjugação. Por dois motivos deixamos de adotar esse termo: primeiro, porque implica a crença de seres criados para o mal e perpetuamente votados ao mal, enquanto não há senão seres mais ou menos imperfeitos, os quais todos podem melhorar-se; segundo, porque implica igualmente a ideia do apoderamento de um corpo por um Espírito estranho, de uma espécie de coabitação, ao passo que o que há é apenas constrangimento. A palavra subjugação exprime perfeitamente a ideia. Assim, para nós, não há possessos, no sentido vulgar do termo, há somente obsidiados, subjugados e fascinados.[11]

REFERÊNCIAS

[1] KARDEC, Allan. *A gênese.* Trad. Guillon Ribeiro. 53. ed. 9. imp. (Edição Histórica). Brasília, DF: FEB, 2020. cap. 14, it. 45.

[2] _____. *O livro dos médiuns.* Trad. Guillon Ribeiro. 81. ed. 9. imp. (Edição Histórica). Brasília, DF: FEB, 2020. 2ª pt., cap. 23, it. 237.

[3] _____. _____. it. 245.

[4] _____. *A gênese.* Trad. Guillon Ribeiro. 53. ed. 9. imp. (Edição Histórica). Brasília, DF: FEB, 2020. cap. 14, it. 46.

[5] _____. *O livro dos médiuns.* Trad. Guillon Ribeiro. 81. ed. 9. imp. (Edição Histórica). Brasília, DF: FEB, 2020. 2ª pt., cap. 23, it. 246.

[6] _____. *A gênese.* Trad. Guillon Ribeiro. 53. ed. 9. imp. (Edição Histórica). Brasília, DF: FEB, 2020. cap. 14, it. 47.

[7] _____. *O livro dos médiuns.* Trad. Guillon Ribeiro. 81. ed. 9. imp. (Edição Histórica). Brasília, DF: FEB, 2020. 2ª pt., cap. 23, it. 237.

[8] _____. _____. it. 238.

[9] _____. _____. it. 239.

[10] _____. _____. it. 240.

[11] _____. _____. it. 241.

MENSAGEM

PRECE DE ISMÁLIA

Senhor! [...] dignai-vos assistir os nossos humildes tutelados, enviando-nos a luz de vossas bênçãos santificantes. Aqui estamos, prontos para executar vossa vontade, sinceramente dispostos a secundar vossos altos desígnios. Conosco, Pai, reúnem-se os irmãos que ainda dormem, anestesiados pela negação espiritual a que se entregaram no mundo. Despertai-os, Senhor, se é de vossos desígnios sábios e misericordiosos, despertai-os do sono doloroso e infeliz. Acordai-os para a responsabilidade, para a noção dos deveres justos!... Magnânimo Rei, apiedai-vos de vossos súditos sofredores; Criador compassivo, levantai as vossas criaturas caídas; Pai Justo, desculpai vossos filhos desventurados! Permiti caia o orvalho do vosso amor infinito sobre o nosso modesto Posto de Socorro!... Seja feita a vossa vontade acima da nossa, mas se é possível, Senhor, deixai que os nossos doentes recebam um raio vivificante do sol da vossa bondade!...

[...]

Temos, ao nosso lado, Senhor, infortunadas mães que não souberam descobrir o sentido sublime da fé, resvalando, imprudentemente, nos despenhadeiros da indiferença criminosa; pais que não conseguiram ultrapassar a materialidade no curso da existência humana, incapazes de ver a formosa missão que lhes confiastes; cônjuges desventurados pela incompreensão de vossas Leis augustas e generosas; jovens que se entregaram, de corpo e alma, aos alvitres da ilusão!... Muitos deles, atolaram-se no pantanal do crime, agravando débitos dolorosos! Agora dormem, Pai, à espera de vossos desígnios santos. Sabemos, contudo, Senhor, que este sono não traduz repouso do pensamento... Quase todos os nossos asilados são vítimas de terríveis pesadelos, por terem olvidado, no mundo material, os vossos mandamentos de amor e sabedoria. Sob a imobilidade aparente, movimenta-se-lhes o Espírito, entre aflições angustiosas que, por vezes, não podemos sondar. São eles, Pai, vossos filhos transviados e nossos companheiros de luta, necessitados de vossa mão paternal para o caminho! Quase todos se desviaram da senda reta, pelas sugestões da ignorância que, como aranha gigantesca dos círculos carnais, tece os fios da miséria, enredando destinos e corações! [...] Sabemos que vossa bondade nunca falha e esperamos confiantes a bênção de vida e luz!...

FONTE: XAVIER, Francisco Cândido. *Os mensageiros*. Pelo Espírito André Luiz. 47. ed. 14. imp. Brasília, DF: FEB, 2020. cap. 24 – *A prece de Ismália*. [Transcrição parcial.]

O PROCESSO OBSESSIVO: O OBSESSOR E O OBSIDIADO

1 OBJETIVOS ESPECÍFICOS

» Discutir sobre a relação entre o obsessor e o obsidiado.
» Analisar as características do processo obsessivo.

2 CONTEÚDO BÁSICO

» *Quando um Espírito, bom ou mau, quer atuar sobre um indivíduo, envolve-o, por assim dizer, no seu perispírito, como se fora um manto. Interpenetrando-se os fluidos, os pensamentos e as vontades dos dois se confundem e o Espírito, então, se serve do corpo do indivíduo, como se fosse seu, fazendo-o agir à sua vontade, falar, escrever, desenhar, quais os médiuns. [...] Fá-lo pensar, falar, agir em seu lugar, impele-o, a seu mau grado, a atos extravagantes ou ridículos; magnetiza-o, em suma, lança-o num estado de catalepsia moral e o indivíduo se torna um instrumento da sua vontade. Tal a origem da obsessão, da fascinação e da subjugação [...].* (Allan Kardec, *Obras póstumas*, 1ª pt., cap. *Manifestações dos Espíritos*, § VII, it. 56).

3 SUGESTÕES DIDÁTICAS

3.1 SUGESTÃO 1:

Introdução

Apresentar, no início da reunião, os objetivos do Roteiro, realizando breves comentários.

Pedir aos participantes que, individual e silenciosamente, leiam os subsídios deste Roteiro, assinalando as principais ideias.

Desenvolvimento

Enquanto os participantes realizam a leitura, colocar em cima de uma mesa tiras de papel contendo frases copiadas dos subsídios, numerando-as de acordo com a ordem de surgimento no texto.

Concluída esta etapa, pedir que cada participante pegue uma das tiras de papel, leia e comente a frase ali existente. O exercício prossegue assim até que todas as frases tenham sido lidas e comentadas.

Conclusão

Apresentar em recurso visual, uma síntese dos principais assuntos analisados em plenária.

Avaliação

O estudo será considerado satisfatório se os comentários refletirem entendimento do assunto.

Técnica(s): exposição; estudo em plenária.

Recurso(s): subsídios do roteiro; tiras de papel/cartolina contendo frases.

3.2 SUGESTÃO 2:

Introdução

Iniciar o estudo lembrando o Roteiro passado, obsessão: conceito, causas e graus.

Desenvolvimento

Propor a leitura oral comentada dos subsídios dos itens 4.1 e 4.2.

Terminada a leitura, dividir os participantes em grupos e pedir para:

Fazer a leitura dos subsídios do item 4.3.

Em seguida, propor uma discussão circular:

No que consiste o processo obsessivo?

No caso trazido por André Luiz, em Ação e reação, *qual o desfecho trazido pelo problema obsessivo?*

Qual era a situação moral do obsidiado Luís? E dos obsessores?

O que causou a ligação mental entre ambos?

A obsessão é unilateral? Etc.

(Como todos os grupos leram todo o conteúdo, a discussão pode dar-se pela participação de todos em qualquer momento, pois não se trata de apresentação de grupo).

Nesse momento, o facilitador esclarece dúvidas e complementa informações sobre o assunto de acordo com subsídios do Roteiro, e Referência sugerida.

Convidar os participantes para assistirem a um vídeo ou os dois sugeridos.

Vida e Doutrina: Obsessão espiritual (24:03), disponível em:

https://www.youtube.com/watch?v=n_gbxhrYAgs

Propor reflexões sobre os conteúdos estudados, da apostila e do vídeo:

Quais as características do processo obsessivo?

Como entendermos a relação obsessor e obsidiado? Etc.

Propor a seguinte reflexão individual (não há a necessidade de comentário):

Estou ocupando meus pensamentos com estudos e bons pensamentos?

Conclusão

Fazer o fechamento reforçando:

> Não há, por isso, obsessão unilateral. Toda ocorrência desta espécie se nutre à base de intercâmbio mais ou menos completo. [...]
>
> [...]
>
> Dar novo pasto à mente pelo estudo que eleve e consagrar-se em paz ao serviço incessante é a fórmula ideal para libertar-se de todas as algemas, pois que, na aquisição de bênçãos para o Espírito e no auxílio espontâneo à vida que nos cerca, refletiremos sempre a Esfera Superior, avançando, por fim, da cegueira mental para a Divina Luz da Divina Visão. (Emmanuel, *Pensamento e vida*. cap. 27 – *Obsessão*).

Avaliação

O estudo será considerado satisfatório se as ideias de os participantes refletirem entendimento do assunto.

Técnica(s): leitura oral comentada; estudo de grupo, discussão circular.

Recurso(s): subsídios do Roteiro; vídeos.

4 SUBSÍDIOS

> *Pululam em torno da Terra os maus Espíritos, em consequência da inferioridade moral de seus habitantes. A ação malfazeja desses Espíritos é parte integrante dos flagelos com que a Humanidade se vê a braços neste mundo. A obsessão que é um dos efeitos de semelhante ação, como as enfermidades e todas as atribulações da vida, deve, pois, ser considerada como provação ou expiação e aceita com esse caráter.*[1]

É importante considerar, entretanto, que "[...] *a obsessão decorre sempre de uma imperfeição moral, que dá ascendência a um Espírito mau*" [...].[2]

4.1 O OBSESSOR

> *Obsessor – Do latim* obsessore. *Aquele que causa a obsessão; que importuna.*
>
> *O obsessor é uma pessoa como nós.*
>
> [...]
>
> *Não é um ser diferente, que só vive de crueldades, nem um condenado sem remissão pela Justiça Divina.*
>
> *Não é um ser estranho a nós. Pelo contrário. É alguém que privou de nossa convivência, de nossa intimidade, por vezes com estreitos laços afetivos. É alguém, talvez, a quem amamos, outrora.* [...]
>
> *O obsessor é o irmão, a quem os sofrimentos e desenganos desequilibraram, certamente com a nossa participação.*[3]
>
> *Os maus Espíritos são aqueles que ainda não foram tocados de arrependimento; que se deleitam no mal e nenhum pesar por isso sentem; que são insensíveis às reprimendas, repelem a prece e muitas vezes blasfemam do nome de Deus. São essas almas endurecidas que, após a morte, se vingam nos homens dos sofrimentos que suportam, e perseguem com o seu ódio aqueles a quem odiaram durante a vida, quer obsidiando-os, quer exercendo sobre eles qualquer influência funesta.*[4]
>
> *A figura do obsessor realmente impressiona, pelos prejuízos que a sua aproximação e sintonia podem ocasionar. E disto ele tira partido para mais facilmente assustar e coagir a sua vítima.* [...][5]
>
> *Os Espíritos sedutores se esforçam por nos afastar das veredas do bem, sugerindo-nos maus pensamentos. Aproveitam-se de todas as nossas fraquezas, como de outras tantas portas abertas, que lhes facultam acesso à nossa alma. Alguns há que se nos aferram, como a uma presa, mas que se afastam, em se reconhecendo impotentes para lutar contra a nossa vontade.*[6]

Contudo, devemos lembrar que os obsessores, não são Espíritos totalmente desprovidos de bons sentimentos, irremediavelmente maus. São, antes de tudo, Espíritos carentes de compreensão, de carinho e amor. São na realidade seres solitários, doentes da alma.

> O obsessor é, em última análise, um irmão enfermo e infeliz. Dominado pela ideia fixa (monodeísmo) de vingar-se, esquece-se de tudo o mais e passa a viver em função daquele que é o alvo de seus planos. [...][7]

4.2 O OBSIDIADO

A Doutrina Espírita nos informa que, antes de tudo, o obsidiado é vítima de si mesmo; sendo descrito no dicionário como: importunado, atormentado, perseguido.

> *Prisão interior.* "Cela pessoal" – nos diz Joanna de Ângelis –, *onde grande maioria se mantém sem lutar por sua libertação, acomodada aos vícios, cristalizada nos erros.* [...]
>
> *Obsidiados! Cada um deles traz consigo um infinito de problemas que não sabe precisar.*
>
> [...]
>
> *O obsidiado é o algoz de ontem e que agora se apresenta como vítima. Ou então é o comparsa de crimes, que o cúmplice das sombras não quer perder, tudo fazendo por cerceá-lo em sua trajetória.*
>
> *As provações que o afligem representam oportunidade de reajuste, alertando-o para a necessidade de se moralizar, porquanto, sentindo-se açulado pelo verdugo espiritual, mais depressa se conscientizará da grandiosa tarefa a ser realizada: transformar o ódio em amor, a vingança em perdão, e humilhar-se, para também ser perdoado.*[8]

O Evangelho nos traz inúmeros exemplos de obsidiados, como os seguintes, citados por Emmanuel:

> *Relata Mateus que os obsidiados gerasenos chegavam a ser ferozes; refere-se Marcos ao obsidiado de Cafarnaum, de quem desventurado obsessor se retira clamando contra o Senhor em grandes vozes; narra Lucas o episódio em que Jesus realizara a cura de um jovem lunático, do qual se afasta o perseguidor invisível, logo após arrojar o doente ao chão, em convulsões epileptoides; e reporta-se João a israelitas positivamente obsidiados, que apedrejam o Cristo sem motivo, na chamada Festa da Dedicação.*
>
> *Entre os que lhe comungam a estrada, surgem obsessões e psicoses diversas.*
>
> *Maria de Magdala, que se faria a mensageira da ressurreição, fora vítima de entidades perversas.*
>
> *Pedro sofria de obsessão periódica.*
>
> *Judas era enceguecido em obsessão fulminante.*

> *Caifás mostrava-se paranoico.*
>
> *Pilatos tinha crises de medo.*
>
> *No dia da crucificação, vemos o Senhor rodeado por obsessões de todos os tipos, a ponto de ser considerado, pela multidão, inferior a Barrabás, malfeitor e obsesso vulgar.*
>
> *E, por último, como se quisesse deliberadamente legar-nos preciosa lição de caridade para com os alienados mentais, declarados ou não, que enxameiam no mundo, o Divino Amigo prefere partir da Terra na intimidade de dois ladrões, que a Ciência de hoje classificaria por cleptomaníacos pertinazes.*[9]

4.3 O PROCESSO OBSESSIVO

O processo obsessivo se caracteriza pela ação do obsessor sobre o obsidiado, que aproveita a menor oportunidade para atingir a pessoa visada.

> *A interferência se dá por processo análogo ao que acontece no rádio, quando uma emissora clandestina passa a utilizar determinada frequência operada por outra, prejudicando-lhe a transmissão. Essa interferência estará tanto mais assegurada quanto mais forte, potente e constante ela se apresentar, até abafar quase por completo os sons emitidos pela emissora burlada.*[10]
>
> *O perseguidor age persistentemente para que se efetue a ligação, a sintonia mental, enviando os seus pensamentos, numa repetição constante, hipnótica, à mente da vítima, que, incauta, invigilante, assimila-os e reflete-os, deixando-se dominar pelas ideias intrusas.*[11]

Allan Kardec esclarece que no processo obsessivo há, também, uma ação fluídica por parte do obsessor que

> *[...] atua exteriormente, com a ajuda do seu perispírito, que ele identifica com o do encarnado, ficando este afinal enlaçado por uma como teia e constrangido a proceder contra a sua vontade.*[12]

Esta ligação fluídica entre obsessor e obsidiado permite que

> *[...] os pensamentos e as vontades dos dois se confundem e o Espírito, então, se serve do corpo do indivíduo, como se fosse seu, fazendo-o agir à sua vontade. [...] Fá-lo pensar, falar, agir em seu lugar, impele-o, a seu mau grado, a atos extravagantes ou ridículos; magnetiza-o, em suma, lança-o num estado de catalepsia moral e o indivíduo se torna um instrumento da sua vontade. Tal a origem da obsessão, da fascinação e da subjugação que se produzem em graus muito diversos de integridade. [...]*[13]

Apresentamos, a seguir, como ilustração de processo obsessivo, o relato do Espírito André Luiz constante do livro *Ação e reação*:

Luís, cujo Espírito se afinava com os antigos sentimentos paternos, apegando-se aos lucros materiais exagerados – informou-nos a interlocutora –, sofria tremenda obsessão no próprio lar. Sob teimosa vigilância dos tios desencarnados, que lhe acalentavam a mesquinhez, detinha larga fortuna, sem aplicá-la em coisa alguma. Enamorara-se do ouro com extremada volúpia. Submetia a esposa e dois filhinhos às mais duras necessidades, receoso de perder os haveres que tudo fazia por defender e multiplicar. Clarindo e Leonel, não satisfeitos com lhe seviciarem a mente, conduziam para a fazenda usurários e tiranos rurais desencarnados, cujos pensamentos ainda se enrodilhavam na riqueza terrestre, para lhe agravarem a sovinice. Luís, desse modo, respirava num mundo de imagens estranhas, em que o dinheiro se erigia em tema constante. Perdera, por isso, o contato com a dignidade social. Tornara-se inimigo da educação e acreditava tão somente no poder do cofre recheado para solucionar as dificuldades da vida. Adquirira o doentio temor de todas as situações em que pudessem surgir despesas inesperadas. Possuía grandes somas em estabelecimentos bancários que a própria companheira desconhecia, tanto quanto mantinha em custódia no lar enormes bens. Fugia deliberadamente à convivência afetiva, relaxara a própria apresentação individual e encravara-se em deplorável misantropia, obcecado pelo pesadelo do ouro que lhe consumia a existência.

Em seguida, a distinta senhora, buscando orientar as nossas futuras atividades, participou-nos que o afogamento dos cunhados se verificara em seus tempos de recém-casada, quando o filhinho mal ensaiava os primeiros passos, e que, após seis anos sobre a dolorosa ocorrência, encontrara, ela também, a desencarnação no lago terrível. Antônio Olímpio lhe sobrevivera, na esfera carnal, quase três lustros e, por vinte anos, precisamente, padecia nas trevas. Luís, dessa forma, alcançava a madureza plena, tendo atravessado os 40 anos de experiência física.

Ante a palavra do assistente, que indagou quanto aos seus tentames de socorro ao marido desencarnado, Alzira declarou que isso lhe fora realmente impossível, porque as vítimas se haviam transformado em carcereiros ferozes do infeliz delinquente, e como, até então, não conseguira escudar-se em qualquer equipe de trabalho assistencial, não lhe permitiam os verdugos qualquer aproximação. Ainda assim, em ocasiões fortuitas, dispensava ao filho, à nora e aos dois netos algum amparo, o que se lhe fazia extremamente difícil, uma vez que os obsessores velavam, irredutíveis, guerreando-lhe as influências.[14]

REFERÊNCIAS

[1] KARDEC, Allan. *A gênese*. Trad. de Guillon Ribeiro. 53. ed. 9. imp. (Edição Histórica). Brasília, DF: FEB, 2020. cap. 14, it. 45.

[2] _____. _____. it. 46.

[3] SCHUBERT, Suely Caldas. *Obsessão/desobsessão*. 3. ed. 2. imp. Brasília, DF: FEB, 2018. 1ª pt., cap. 13 – *Quem é o obsessor?*.

4   KARDEC, Allan. *O evangelho segundo o espiritismo*. Trad. Guillon Ribeiro. 131. ed. 13. imp. (Edição Histórica). Brasília: FEB, 2019. cap. 28, it. 75.

5   SCHUBERT, Suely Caldas. *Obsessão/desobsessão*. 3. ed. 2. imp. Brasília, DF: FEB, 2018. 1ª pt., cap. 13 – *Quem é o obsessor?*.

6   KARDEC, Allan. *O evangelho segundo o espiritismo*. Trad. Guillon Ribeiro. 131. ed. 13. imp. (Edição Histórica). Brasília, DF: FEB, 2019. cap. 28, it. 11.

7   SCHUBERT, Suely Caldas. *Obsessão/desobsessão*. 3. ed. 2. imp. Brasília, DF: FEB, 2018. 1ª pt., cap.13 – *Quem é o obsessor?*.

8   _____. _____. cap. 11 – *O obsidiado*.

9   XAVIER, Francisco Cândido. *Seara dos médiuns*. Pelo Espírito Emmanuel. 20. ed. 7. imp. Brasília, DF: FEB, 2016. cap. 16 – *Obsessão e Jesus*.

10 SCHUBERT, Suely Caldas. *Obsessão/desobsessão*. 3. ed. 2. imp. Brasília, DF: FEB, 2018. 1ª pt., cap. 9 – *O processo obsessivo*.

11 _____. _____.

12 KARDEC, Allan. *A gênese*. Trad. Guillon Ribeiro. 53. ed. 9. imp. (Edição Histórica). Brasília, DF: FEB, 2020. cap. 14, it. 47.

13 _____. *Obras póstumas*. Trad. Guillon Ribeiro. 41. ed. 1. imp. (Edição Histórica). Brasília, DF: FEB, 2019. 1ª pt., cap. *Manifestações dos Espíritos*, § VII, it. 56.

14 XAVIER, Francisco Cândido. *Ação e reação*. Pelo Espírito André Luiz. 30. ed. 13. imp. (Edição Histórica). Brasília, DF: FEB, 2020. cap. 8 – *Preparando o retorno*.

MENSAGEM

CONVERSA COM JESUS

Senhor! Não lastimamos tanto
Contemplar no caminho a penúria sem nome,
Porque sabemos que socorrerás
Os famintos de pão e sedentos de paz;
Dói encontrar na vida
Os que fazem a fome.

Ante aqueles que choram
Não lamentamos tanto,
Já que estendes o braço
Aos que gemem de angústia e de cansaço;
Deploramos achar nas multidões do mundo
Os que abrem na Terra as comportas do pranto.

Não lastimamos tanto os que se esfalfam
Carregando a aflição de férrea cruz,
Uma vez que nós sabemos quanto assistes
Os humildes e os tristes;
Lastimamos os cérebros que brilham
E sonegam a luz.

Não deploramos tanto os que suportam
Sarcasmo e solidão na carência de amor,
Porquanto tens as mãos, hora por hora,
No consolo e no apoio a todo ser que chora;
Lamentamos fitar os amigos felizes
Que alimentam a dor.

É por isso, Jesus, que nós te suplicamos:

Não nos deixes seguir-te o passo em vão,

Que o prazer do conforto não nos vença,

Livra-nos de tombar no pó da indiferença...

Inda que a provação nos seja amparo e guia,

Toma e guarda em serviço o nosso coração.

FONTE: XAVIER, Francisco Cândido. *Antologia da espiritualidade.* Pelo Espírito Maria Dolores. 6. ed. 2. imp. Brasília, DF: FEB, 2014. cap. 36.

OBSESSÃO E ENFERMIDADES MENTAIS

1 OBJETIVO ESPECÍFICO

» Refletir sobre a relação entre obsessão e enfermidades mentais.

2 CONTEÚDO BÁSICO

» *A subjugação corporal, levada a certo grau, poderá ter como consequência a loucura?*

"Pode, a uma espécie de loucura cuja causa o mundo desconhece, mas que não tem relação alguma com a loucura ordinária. Entre os que são tidos por loucos, muitos há que apenas são subjugados; precisariam de um tratamento moral, enquanto com os tratamentos corporais os tornamos verdadeiros loucos. [...]" (Allan Kardec, *O livro dos médiuns*, 2ª pt., cap. 23, it. 254, 6ª perg.).

» *Pode a obsessão transformar-se em loucura?*

– Qualquer obsessão pode transformar-se em loucura, não só quando a lei das provações assim o exige, como também na hipótese de o obsidiado entregar-se voluntariamente ao assédio das forças nocivas que o cercam, preferindo esse gênero de experiências. (Emmanuel, *O consolador*, q. 395).

3 SUGESTÕES DIDÁTICAS

3.1 SUGESTÃO 1:

Introdução

Pedir aos participantes, no início do estudo, que leiam silenciosamente os subsídios deste Roteiro, destacando os pontos considerados importantes.

Ouvir as informações dos participantes, relacionadas aos pontos destacados, comentando-as rapidamente.

Desenvolvimento

Concluído o comentário, dividi-los em duplas e entregar a cada uma delas uma questão para ser analisada e respondida

Observação: Ver sugestão de questões, no Anexo 2.

Pedir que as duplas apresentem, em plenária, as conclusões do trabalho.

Esclarecer as possíveis dúvidas surgidas durante os relatos.

Conclusão

Entregar aos participantes cópia da mensagem mediúnica *Mediunidade e alienação mental*, do Espírito Emmanuel, psicografia de Francisco Cândido Xavier, capítulo 43, e constante do livro *Seara dos médiuns* (veja Anexo 1).

Promover breve debate sobre as ideias desenvolvidas pelo autor espiritual, correlacionando-as com as que foram apresentadas no trabalho em plenária.

Avaliação

O estudo será considerado satisfatório se os participantes:

a) responderem corretamente às questões propostas;

b) correlacionarem as ideias desenvolvidas na mensagem mediúnica com as apresentadas em plenária.

Técnica(s): leitura; estudo em duplas; debate

Recurso(s): subsídios deste Roteiro; questões; mensagem mediúnica.

Atividade de preparação para o próximo encontro de estudo:

Solicitar aos participantes a leitura atenta do próximo Roteiro (Desobsessão), anotando as principais ideias desenvolvidas no texto.

3.2 SUGESTÃO 2:

Introdução

Convidar os participantes para assistirem a um vídeo:

Divaldo P. Franco – Respostas 6: Como diferenciar mediunidade, transtorno mental e obsessão – (2:50), disponível em:

https://www.youtube.com/watch?v=YpyyWYyYLf0

Desenvolvimento

Em seguida, dividir os participantes em grupos e propor a leitura dos subsídios da apostila, destacando aspectos que julgarem importantes (até 5 aspectos).

(Em até 20 minutos.)

Convidar os grupos para apresentarem os aspectos destacados. Um aspecto de cada vez. Outros grupos que compartilharem dos mesmos aspectos podem também complementar informações (sem a necessidade de repeti-las).

Em seguida, propor reflexões sobre os conteúdos estudados, da apostila e do vídeo:

» *Existe relação entre obsessão e enfermidades mentais?*
» *Pode a obsessão transformar-se em loucura?*
» *Como neutralizar a influência dos obsessores?* Etc.

Nesse momento, o facilitador esclarece dúvidas e complementa informações sobre o assunto de acordo com subsídios do Roteiro, vídeo e Referência sugerida.

Propor a seguinte reflexão individual (não há a necessidade de comentário):

A prece é um refrigério e uma ação reparadora e protetora que deve ser cultivada como hábito imprescindível ao meu equilíbrio.

Conclusão

Pode a obsessão transforma-se em loucura?

Fazer o fechamento reforçando que:

– Qualquer obsessão pode transformar-se em loucura, não só quando a lei das provações assim o exige, como também na hipótese de o obsidiado entregar-se voluntariamente ao assédio das forças nocivas que o cercam, preferindo esse gênero de experiências. (Emmanuel, *O consolador*, q. 395).

Avaliação

O estudo será considerado satisfatório se as ideias de os participantes refletirem entendimento do assunto.

Técnica(s): estudo de grupo; discussão circular.

Recurso(s): subsídios do Roteiro; vídeos.

Atividade de preparação para o próximo encontro de estudo: Sugestão 2.

Esta atividade pode ser proposta aos participantes.

Dividir os participantes em grupos.

Fazer o estudo dos subsídios da apostila.

Preparar um resumo contendo as ideias principais sobre: Prevenção das obsessões e Processo da desobsessão. [Ver subsídios – itens 4.1 e 4.2, respectivamente. Roteiro 4 deste Módulo.]

4 SUBSÍDIOS

O tema *obsessão* tem despertado a atenção de grande número de profissionais da saúde – em especial dos psiquiatras –, dada a sua estreita ligação com as enfermidades mentais.

Ao discorrer sobre a importância das ideias espíritas na elucidação das questões das doenças mentais, Kardec aponta a real causa desses distúrbios: a alma, isto é, o Espírito imortal.

> *Abrindo novos horizontes a todas as ciências, o Espiritismo vem [...] elucidar a questão tão obscura das doenças mentais, ao assinalar-lhes uma causa que, até hoje, não havia sido levada em consideração – causa real, evidente, provada pela experiência e cuja verdade mais tarde será reconhecida. Mas como fazer que tal causa seja admitida por aqueles que estão sempre dispostos a enviar ao hospício quem quer que tenha a fraqueza de crer que temos uma alma e que esta desempenha um papel nas funções vitais, sobrevive ao corpo e pode atuar sobre os vivos? Graças a Deus, e para o bem da Humanidade, as ideias espíritas fazem mais progresso entre os médicos do que se podia esperar, e tudo faz prever que, num futuro não muito remoto, a Medicina saia finalmente da rotina materialista.*[1]

Desse modo, sendo a alma (Espírito) a causa real de toda manifestação inteligente do ser, é fácil constatar-se que os desequilíbrios mentais estão ligados à rebeldia, à não observância das Leis de Deus.

Neste sentido,

> *Quase podemos afirmar que noventa em cem dos casos de loucura, excetuados aqueles que se originam da incursão microbiana [sífilis, AIDS] sobre a matéria cinzenta [do cérebro], começam nas consequências das faltas graves que praticamos, com a impaciência ou com a tristeza, isto é, por intermédio de atitudes mentais que imprimem deploráveis deflexões [desvios] ao caminho daqueles que as acolhem e alimentam. Instaladas essas forças desequilibrantes no campo íntimo, inicia-se a desintegração da harmonia mental; esta por vezes perdura, não só numa existência, mas em várias delas, até que o interessado se disponha, com fidelidade, a valer-se das bênçãos divinas que o aljofram, para restabelecer a tranquilidade e a capacidade de renovação que lhe são inerentes à individualidade, em abençoado serviço evolutivo. [...]*[2]

Da mesma forma,

> *[...] as grandes preocupações do Espírito podem ocasionar a loucura: as ciências, as artes e até a religião lhe fornecem contingentes. A loucura tem como causa primária uma predisposição orgânica do cérebro, que o torna mais ou menos acessível a certas impressões. Dada a predisposição para a loucura, esta tomará o caráter de preocupação principal, que então se muda em ideia fixa, podendo tanto ser a dos Espíritos, em quem com eles se ocupou, como a de Deus, dos anjos, do diabo, da fortuna, do poder, de uma arte, de uma ciência, da maternidade, de um sistema político ou social. Provavelmente, o louco religioso se houvera tornado um louco espírita, se o Espiritismo fora a sua preocupação dominante, do mesmo modo que o louco espírita o seria sob outra forma, de acordo com as circunstâncias.*[3]

Podemos dizer então que,

> *[...] Excetuados os casos puramente orgânicos, o louco [ou enfermo mental] é alguém que procurou forçar a libertação do aprendizado terrestre, por indisciplina ou ignorância. Temos neste domínio um gênero de suicídio habilmente dissimulado, a autoeliminação da harmonia mental, pela inconformação da alma nos quadros de luta que a existência humana apresenta. Diante da dor, do obstáculo ou da morte, milhares de pessoas capitulam, entregando-se, sem resistência, à perturbação destruidora, que lhes abre, por fim, as portas do túmulo. A princípio, são meros descontentes e desesperados, que passam despercebidos mesmo àqueles que os acompanham de mais perto. Pouco a pouco, no entanto, transformam-se em doentes mentais de variadas gradações, de cura quase impossível, portadores que são de problemas inextricáveis e ingratos. Imperceptíveis frutos da desobediência, começam por arruinar o patrimônio fisiológico que lhes foi confiado na crosta da Terra, e acabam empobrecidos e infortunados. Aflitos e semimortos, são eles homens e mulheres que desde os círculos terrenos padecem, encovados em precipícios infernais, por se haverem rebelado aos desígnios divinos, preterindo-os, na escola benéfica da luta aperfeiçoadora, pelos caprichos insensatos.*[4]

O doente mental, por obsessão, é alguém que, de alguma forma, "[...] *entregou o invólucro físico ao curso de ocorrências nefastas, e, por fim, situou-se mentalmente em zonas mais baixas da personalidade* [...]".[5] Desarmonizado consigo mesmo, o doente identifica e acata sugestões perturbadoras de outras mentes, igualmente doentes, com as quais sintoniza. Isto acontece porque, sendo a obsessão enfermidade da alma,

> A criatura desvalida de conhecimento superior rende-se, inerme, à influência aviltante, como a planta sem defesa se deixa invadir pela praga destruidora, e surgem os dolorosos enigmas orgânicos que, muitas vezes, culminam com a morte.
>
> Dispomos, contudo, na Doutrina Espírita, à luz dos ensinamentos do Cristo, e verdadeira ciência curativa da alma, com recursos próprios à solução de cada processo morboso da mente, removendo o obsessor do obsidiado, como o agente químico ou a intervenção operatória suprimem a enfermidade no enfermo, desde que os interessados se submetam aos impositivos do tratamento.[6]
>
> As enfermidades espirituais [por obsessão] produzem distúrbios ou lesões no corpo físico decorrentes de desarmonias psíquicas originadas das condições pessoais do enfermo, da influência de entidade espiritual, ou por ação conjunta de ambos. Podem ser consideradas como de baixa, média ou de alta gravidade.
>
> As de baixa gravidade [obsessões simples], mais fáceis de serem controladas, costumam surgir em momentos específicos da vida, quando a pessoa passa por algum tipo de dificuldade: perdas afetivas ou materiais; doenças físicas; insucesso profissional, entre outras. São situações em que as emoções afloram impetuosamente, gerando diferentes tipos de somatizações [...].
>
> As doenças espirituais de média gravidade [fascinações] podem prolongar-se por anos a fio, mantendo-se dentro de um mesmo padrão ou evoluindo para algo mais grave. [...] Se não ocorre a desejável assistência espiritual em benefício do necessitado, nessa fase da evolução da enfermidade, os doentes podem desenvolver comportamentos caracterizados, sobretudo, por "manias" e pelo isolamento social. As ideias e os desejos do enfermo ficam girando dentro de um círculo vicioso, conduzindo à criação de formas-pensamento, alimentadas pela vontade do próprio necessitado e pela dos Espíritos desencarnados, sintonizados nesta faixa de vibração. [...]
>
> As enfermidades espirituais, classificadas como graves [subjugações], são encontradas em pessoas que revelam perdas temporárias ou permanentes da consciência. A perda da consciência, lenta ou repentina, pode estar associada a uma causa fisiológica (velhice) ou a uma patologia (lesões cerebrais de etiologias diversas). Nessa situação, o enfermo vive períodos de alheamentos ou alienações mentais, alternados com outros de lucidez. Esses períodos são particularmente difíceis, pois a pessoa passa a viver numa realidade estranha e dolorosa, sobretudo quando o Espírito enfermo vê-se associado a outras mentes enfermas, em processos de simbioses espirituais. [...][7]

As obsessões por fascinação e por subjugação já revelam sinais visíveis de enfermidades mentais. Se nesta fase da evolução da doença não ocorrer uma assistência – médica, psicológica e espiritual –, a obsessão descamba para a loucura. Nos casos de subjugação, sobretudo, a obsessão pode levar a

> [...] uma espécie de loucura cuja causa o mundo desconhece, mas que não tem relação alguma com a loucura ordinária [orgânica propriamente dita]. Entre os que são tidos por loucos, muitos há que apenas são subjugados; eles precisariam de um tratamento moral, enquanto com os tratamentos corporais os tornamos verdadeiros loucos. [...][8]

As enfermidades mentais produzidas pela obsessão nos fazem compreender que,

> [...] semelhante a uma nuvem de gafanhotos, um bando de Espíritos malfazejos pode lançar-se sobre um certo número de indivíduos, deles se apoderar e produzir uma espécie de epidemia moral. A ignorância, a fraqueza das faculdades, a ausência de cultura intelectual, naturalmente lhes facultam maior influência. É por isso que eles prejudicam, de preferência, certas classes, embora as pessoas inteligentes e instruídas nem sempre estejam isentas. Como diz [o Espírito] Erasto, foi provavelmente uma epidemia desse gênero que imperou no tempo do Cristo, tantas vezes mencionada no Evangelho. Mas por que só a sua palavra bastava para expulsar os chamados demônios? Isto prova que o mal não podia ser curado senão por uma influência moral. [...][9]

Na atualidade, os processos obsessivos apresentam características de uma epidemia, podendo ser controlada ou neutralizada somente pela força do bem. Estamos cercados por inúmeros Espíritos perturbados, encarnados e desencarnados, que buscam nos influenciar de todas as formas.

> Impossível desconhecer as dificuldades e problemas a que estamos sujeitos pela influência dos nossos companheiros apresados nas teias de revolta e desequilíbrio; entretanto, se a Bondade do Senhor no-los encaminha, é que partilhamos com eles o mesmo quinhão de débito a resgatar ou de serviço a desenvolver; se nos trazem sensações de tristeza ou de angústia, é que ainda temos os corações, quais os deles, arraigados à sombra de Espírito.
>
> Recebamo-los na trilha do respeito, quando não nos seja possível acolhê-los no portal da alegria. E comecemos a obra do reajuste, acendendo no íntimo a chama da prece; ela clareará nossas almas e interpretá-los-emos tais quais são: nossos companheiros de caminhada e obreiros indispensáveis da vida.[10]

REFERÊNCIAS

[1] KARDEC, Allan. *Revista Espírita*: jornal de estudos psicológicos. ano 4, n. 4, abr. 1862. Epidemia demoníaca na Saboia. Trad. Evandro Noleto Bezerra. 4. ed. 1. imp. Brasília, DF: FEB, 2019.

2   XAVIER, Francisco Cândido. *No mundo maior*. Pelo Espírito André Luiz. 28. ed. 5. imp. Brasília, DF: FEB, 2016. cap. 16 – *Alienados mentais*.

3   KARDEC, Allan. *O livro dos espíritos*. Trad. Guillon Ribeiro. 93 ed. 9. imp. (Edição Histórica). Brasília, DF: FEB, 2019. *Introdução*, it. XV.

4   XAVIER, Francisco Cândido. *No mundo maior*. Pelo Espírito André Luiz. 28. ed. 5. imp. Brasília, DF: FEB, 2016. cap. 16 – *Alienados mentais*.

5   _____. _____.

6   XAVIER, Francisco Cândido. *Seara dos médiuns*. Pelo Espírito Emmanuel. 20. ed. 7. imp. Brasília, DF: FEB, 2016. cap. 72 – *Obsessão e cura*.

7   MOURA, Marta A. Enfermidades espirituais. *Reformador*, jun. 2004, p. 12(210)-13(211).

8   KARDEC, Allan. *O livro dos médiuns*. Trad. Guillon Ribeiro. 81. ed. 9. imp. (Edição Histórica). Brasília, DF: FEB, 2020. 2ª pt., cap. 23, it. 254, 6ª perg.

9   _____. *Revista Espírita*: jornal de estudos psicológicos. ano 5, n. 4, abr. 1862. Epidemia demoníaca na Saboia. Trad. Evandro Noleto Bezerra. 4. ed. 1. imp. Brasília, DF: FEB, 2019.

10   XAVIER, Francisco Cândido. *Encontro marcado*. Pelo Espírito Emmanuel. 10. ed. imp. Brasília, DF: FEB, 2004. cap. 33 – *Companheiros de experiência*. Tema: Espíritos obsessores.

ANEXO 1

Mediunidade e alienação mental

Quantos não se resignam com as verdades que a Doutrina Espírita veio descerrar à mente humana, há mais de um século, dizem, inconscientemente, que a mediunidade gera a loucura.

E multiplicam teorias complicadas que lhes justifiquem o modo de pensar, observando-a simplesmente como "estado mórbido", dando a ideia de especialistas que apenas examinassem os problemas do homem natural mediante o homem doente.

*

Considerando-se a mediunidade como percepção peculiar à estrutura psíquica de cada um de nós, encontrá-la-emos, nos mais diversos graus, em todas as criaturas.

À vista disso, podemos situá-la facilmente no campo da personalidade, entre os demais sentidos de que se serve o Espírito, a fim de expressar-se e evoluir para a Vida Superior.

Não ignoramos, porém, que os sentidos transviados conduzem fatalmente à deturpação e ao desvario.

Os olhos são auxiliares imediatos dos espiões e dos criminosos que urdem a guerra e povoam as penitenciárias; contudo, por esse motivo, não podem ser acusados como fatores de delinquência.

Os ouvidos são colaboradores diretos da crueldade e da calúnia que suscitam a degradação social, mas não apresentam, em si mesmos, semelhantes desequilíbrios.

As mãos, quando empregadas na fabricação de bombas destruidoras, são operárias da morte; entretanto, não deixam de ser os instrumentos sublimes da inteligência em todas as obras-primas da Humanidade.

O sexo, que constrói o lar em nome de Deus, por toda parte é vítima de tremendos abusos pelos quais se amplia terrivelmente o número de enfermos cadastrados nos manicômios; contudo, isso não é razão para que se lhe deslustre a missão divina.

A manifestação é da instrumentalidade.

O erro é da criatura.

A faculdade mediúnica não pode, assim, responsabilizar-se pela atitude daqueles que a utilizam nos atos de ignorância e superstição, maldade e fanatismo.

E qual acontece aos olhos e aos ouvidos, às mãos e ao sexo que dependem do comando mental, a mediunidade, acima de tudo, precisa levantar-se e esclarecer-se, edificar-se e servir, com bases na educação.

FONTE: XAVIER, Francisco Cândido. *Seara dos médiuns*. Pelo Espírito Emmanuel. 20. ed. 7. imp. Brasília, DF: FEB, 2016. cap. 43.

ANEXO 2

Sugestão de questões para o trabalho em duplas:

1) Qual a causa real das doenças mentais, segundo a percepção do Codificador? Justifique a resposta.

2) Que fatores podem ocasionar a loucura, propriamente dita?

3) Que argumentos poderiam ajudar a esclarecer a pessoa que considera o Espiritismo uma "fábrica de loucos"?

4) Em que consiste o gênero de "suicídio habilmente dissimulado", aplicado ao enfermo mental?

5) Aponte – no quadro da doença mental por obsessão – todos os passos que culminam na ação obsessiva.

6) Qual a situação da pessoa que não possui conhecimentos superiores, diante do problema obsessivo?

7) Que recursos a Doutrina Espírita oferece àquele que enfrenta problemas de obsessão?

8) As obsessões produzem distúrbios no corpo físico? Justifique a resposta.

9) Quanto ao nível de gravidade, como podem ser consideradas as obsessões? Diga, resumidamente, as características de cada uma delas.

10) Explique:

Entre os que são tidos por loucos, muitos há que apenas são subjugados; precisariam de um tratamento moral, enquanto com os tratamentos corporais os tornamos verdadeiros loucos.

MENSAGEM

PRECE DE DR. CARNEIRO DE CAMPOS

Jesus, Mestre Incomparável:

Aqui estamos, os teus discípulos imperfeitos, pois que fazemos apenas e desordenadamente o que nos foi recomendado.

Permanece em nós a aspiração de amar e servir mais e melhor. Ajuda-nos a consegui-lo, não obstante os nossos teimosos limites.

Muitas vezes temos prometido renovar-nos para ascender, mas apesar disso não nos dispusemos a romper as algemas que nos retêm nos charcos das paixões. Hoje, no entanto, brilha em nosso íntimo diferente chama de entusiasmo e fé, apontando-nos o rumo libertador.

Desejamos agradecer-te, Senhor, a incessante ajuda com que nos honraste durante estes dias de atividade grave. Jamais nos faltaram inspiração, apoio e discernimento para agir com equilíbrio. Se houve dificuldades para os que as geraram, rogamos misericórdia.

Abençoa, Jesus, todos aqueles que partilharam das nossas preocupações e tarefas, infundindo-lhes ânimo superior e disposição para o bem, especialmente naqueles que saíram da treva e se dispõem à renovação. Tem piedade deles, os irmãos recém-chegados da ignorância. Compadece-te, também, daqueles outros que se demoram na demência do egoísmo e da presunção, esquecidos de ti.

Roga a Nosso Pai por eles e por nós, os filhos do Calvário, que nos consideramos ainda.

Despede-nos em tua paz e prossegue conosco, pois que, sem ti, é-nos impossível seguir com segurança na direção do porto da paz.

FONTE: FRANCO, Divaldo Pereira. *Trilhas da libertação*. Pelo Espírito Manoel Philomeno. de Miranda. 10. ed. 3. imp. Brasília, DF: FEB, 2014. cap. *Considerações últimas*.

DESOBSESSÃO

1 OBJETIVOS ESPECÍFICOS

» Analisar as características do processo de desobsessão e sua terapêutica.

» Refletir sobre a importância do conhecimento do Espiritismo e da vivência evangélica no tratamento da desobsessão e sua prevenção.

2 CONTEÚDO BÁSICO

» A prevenção da obsessão consiste na prática do bem e na confiança em Deus. "[...] *Guardai-vos de atender às sugestões dos Espíritos que vos suscitam maus pensamentos, que sopram a discórdia entre vós outros e que vos insuflam as paixões más. Desconfiai especialmente dos que vos exaltam o orgulho, pois que esses vos assaltam pelo lado fraco. Essa a razão por que Jesus, na oração dominical, vos ensinou a dizer: 'Senhor! Não nos deixeis cair em tentação, mas livra-nos do mal'.*" (Allan Kardec, *O livro dos espíritos*, q. 469).

» *Nos casos de obsessão grave, o obsidiado fica como que envolto e impregnado de um fluido pernicioso, que neutraliza a ação dos fluidos salutares e os repele. É daquele fluido que importa desembaraçá-lo. Ora, um fluido mau não pode ser eliminado por outro igualmente mau. Por meio de ação idêntica à do médium curador, nos casos de enfermidade, preciso se faz expelir um fluido mau com o auxílio de um fluido melhor.*

Nem sempre, porém, basta esta ação mecânica; cumpre, sobretudo, atuar sobre o ser inteligente, ao qual é preciso se possua o direito de falar com autoridade, que, entretanto, falece a quem não tenha superioridade moral. Quanto maior esta for, tanto maior também será aquela.

Mas, ainda não é tudo: para assegurar a libertação da vítima, indispensável se torna que o Espírito perverso seja levado a renunciar aos seus maus desígnios; que se faça que o arrependimento desponte nele, assim como o desejo do bem, por meio de instruções habilmente ministradas, em evocações particularmente feitas com o objetivo de dar-lhe educação moral. [...]

O trabalho se torna mais fácil quando o obsidiado, compreendendo a sua situação, para ele concorre com a vontade e a prece. Outro tanto não sucede quando, seduzido pelo Espírito que o domina, se ilude com relação às qualidades deste último e se compraz no erro a que é conduzido, porque, então, longe de a secundar, o obsidiado repele toda assistência. É o caso da fascinação, infinitamente mais rebelde sempre, do que a mais violenta subjugação.

Em todos os casos de obsessão, a prece é o mais poderoso meio de que se dispõe para demover de seus propósitos maléficos o obsessor. (Allan Kardec, *A gênese*, cap. 14, it. 46).

3 SUGESTÕES DIDÁTICAS

3.1 SUGESTÃO 1:

Introdução

Fazer breve síntese sobre conceito e causas da *obsessão*, estudados no Roteiro 1 deste Módulo.

Apresentar os objetivos deste Roteiro, introduzindo o assunto.

Desenvolvimento

Pedir aos participantes que formem um grande círculo. Em seguida, apresentar as questões referentes ao assunto deste Roteiro, estudado em casa, conforme orientação anterior.

Quais os meios que a Doutrina Espírita nos oferece para prevenir a obsessão?

Como ocorre o processo da desobsessão?

Esclarecer que cada participante disporá de um minuto para responder às questões.

Indicar um participante para cronometrar o tempo de seus colegas.

Dar início à discussão ouvindo o primeiro participante. Terminado o minuto da fala, seu vizinho continua a discussão, completando, refutando ou levantando dúvidas. A atividade continua até que todos tenham participado. Passar, então, à questão seguinte, procedendo de igual modo.

Estimular um maior aprofundamento da discussão; se necessário, pedir aos participantes que contribuam com novos enfoques

Observação: O facilitador deve continuamente utilizar um tom moderado, acalmando ânimos, incentivando a emissão de ideias positivas, contendo com delicadeza os mais falantes e, sempre que necessário, tecer apreciações em torno das ideias relevantes ao entendimento do assunto.

Conclusão

Fazer a integração do assunto destacando os pontos principais sobre *desobsessão*.

Avaliação

O estudo será considerado satisfatório se as ideias apresentadas refletirem entendimento do assunto.

Técnica(s): exposição, discussão circular.

Recurso(s): subsídios do Roteiro; questões para a discussão circular.

3.2 SUGESTÃO 2:

Introdução

Iniciar o estudo convidando um participante para relatar, em cinco minutos, o assunto estudado no encontro passado.

Desenvolvimento

Em seguida, convidar os grupos para relatarem os resumos preparados em atividade extra-encontro de estudo.

Nesse momento, o facilitador esclarece dúvidas e complementa informações sobre o assunto de acordo com subsídios do Roteiro e Referência sugerida.

Após a discussão, convidar os participantes para assistirem o vídeo Obsessão e Desobsessão – Programa Espírito e Vida – 2012 (28:07), disponível em:

https://www.youtube.com/watch?v=Vnzipc4BJIw

Propor reflexões sobre os conteúdos estudados, da apostila e do vídeo:

Em que consiste a desobsessão e sua terapêutica?

Qual a importância do conhecimento do Espiritismo e da vivência evangélica no tratamento da obsessão e na sua prevenção?

Propor a seguinte reflexão individual (não há a necessidade de comentário):

Preciso cultivar a minha saúde mental.

Conclusão

Fazer o fechamento reforçando:

> A prevenção da obsessão consiste na prática do bem e na confiança em Deus. [...] Guardai-vos de atender às sugestões dos Espíritos que vos suscitam maus pensamentos, que sopram a discórdia entre vós outros e que vos insuflam as paixões más. Desconfiai especialmente dos que vos exaltam o orgulho, pois que esses vos assaltam pelo lado fraco. Essa a razão por que Jesus, na oração dominical, vos ensinou a dizer: "Senhor! Não nos deixeis cair em tentação, mas livra-nos do mal." (Allan Kardec, *O livro dos espíritos*, q. 469).

Avaliação

O estudo será considerado satisfatório se as ideias de os participantes refletirem entendimento do assunto.

Técnica(s): apresentação de atividade extra-encontro de estudo, discussão circular.

Recurso(s): subsídios do Roteiro; vídeos.

Atividade de preparação para o próximo encontro de estudo (Roteiro 1): Sugestão 2.

Esta atividade pode ser proposta aos participantes:

Pedir a leitura dos subsídios da apostila Módulo VII, Roteiro 1.

Anotar as dúvidas.

4 SUBSÍDIOS

> *Algumas pessoas deploram que haja Espíritos maus. De fato, não é sem um certo desencanto que encontramos a perversidade neste mundo, onde só gostaríamos de encontrar seres perfeitos. Desde que as coisas são assim, nada podemos fazer:*

> é preciso aceitá-los como são. É a nossa própria inferioridade que faz com que os Espíritos imperfeitos pululem à nossa volta; as coisas mudarão quando nos tornarmos melhores, como já ocorreu nos mundos mais adiantados. [...] Ver e compreender o mal é uma maneira de nos preservarmos contra ele. [...][1]

> Todos possuímos desafetos de existências passadas, e, no estágio de evolução em que ainda respiramos, atraímos a presença de entidades menos evolvidas, que se nos ajustam ao clima do pensamento, prejudicando, não raro, involuntariamente, as nossas disposições e possibilidades de aproveitamento da vida e do tempo. A desobsessão vige, desse modo, por remédio moral específico, arejando os caminhos mentais em que nos cabe agir, imunizando-nos contra os perigos da alienação e estabelecendo vantagens ocultas em nós, para nós e em torno de nós, numa extensão que, por enquanto, não somos capazes de calcular. Por meio dela, desaparecem doenças-fantasmas, empeços obscuros, insucessos, além de obtermos com o seu apoio espiritual mais amplos horizontes ao entendimento da vida e recursos morais inapreciáveis para agir, diante do próximo, com desapego e compreensão.[2]

4.1 PREVENÇÃO DAS OBSESSÕES

> Terapêuticas diversas merecem estudos para a supressão dos males que flagelam a Humanidade. Antibióticos atacam processos de infecção, institutos especializados examinam a patologia do câncer, a cirurgia atinge o coração para sanar o defeito cardíaco e a vacina constitui defesa para milhões. Ao lado, porém, das enfermidades que supliciam o corpo, encontramos, aqui e além, as calamidades da obsessão que desequilibram a mente.

> [...] Vemo-las instaladas em todas as classes, desde aquelas em que se situam as pessoas providas de elevados recursos da inteligência àquelas outras em que respiram companheiros carecentes das primeiras noções do alfabeto, desbordando, muita vez, na tragédia passional que ocupa a atenção da imprensa ou na insânia conduzida ao hospício. Isso tudo, sem relacionarmos os problemas da depressão, os desvarios sexuais, as síndromes de angústias e as desarmonias domésticas.[3]

Assim, é necessário considerarmos que em todo processo patológico, seja do corpo físico ou da alma, a prevenção, ou a profilaxia, é a base de uma vida sadia.

> Profilaxia é o conjunto de medidas preventivas que evitem o aparecimento de doenças.

> No caso da obsessão – sendo esta doença da alma –, a profilaxia é de vital importância.

> Como vimos, existe a obsessão porque existe inferioridade em nós.[4]

A prevenção da obsessão consiste na prática do bem e na confiança em Deus. Sendo assim, os Espíritos da Codificação nos orientam:

> [...] Guardai-vos de atender às sugestões dos Espíritos que vos suscitam maus pensamentos, que sopram a discórdia entre vós outros e que vos insuflam as paixões más. Desconfiai especialmente dos que vos exaltam o orgulho, pois que esses vos assaltam pelo lado fraco. Essa a razão por que Jesus, na oração dominical, vos ensinou a dizer: "Senhor! não nos deixes cair em tentação, mas livra-nos do mal."[5]

Assim, "[...] *a única profilaxia eficaz contra a obsessão é a do Evangelho. É praticar o Bem e ser bom*".[6]

4.2 O PROCESSO DA DESOBSESSÃO

> *Atendendo ao trabalho da desobsessão nos arredores de Gádara, vemos Jesus a conversar fraternalmente com o obsesso que lhe era apresentado, ao mesmo tempo que se fazia ouvido pelos desencarnados infelizes.*
>
> *Importante verificar que ante a interrogativa do Mestre, a perguntar-lhe o nome, o médium, consciente da pressão que sofria por parte das Inteligências conturbadas e errantes, informa chamar-se Legião, e o Evangelista acrescenta que o obsidiado assim procedia porque tinham entrado nele muitos demônios.*
>
> *Sabemos hoje com Allan Kardec, conforme palavras textuais do codificador da Doutrina Espírita, no item 6 do capítulo XII, "Amai os vossos inimigos", de* O evangelho segundo o espiritismo, *que "esses demônios mais não são do que as almas dos homens perversos, que ainda se não despojaram dos instintos materiais".*
>
> *No episódio, observamos o Cristo entendendo-se, de maneira simultânea, com o médium e com as entidades comunicantes, na benemérita empresa do esclarecimento coletivo, ensinando-nos que a desobsessão não é caça a fenômeno e sim trabalho de amor conjugado ao conhecimento e do raciocínio associado à fé.*[7]

Analisando o problema da obsessão – num grau de maior gravidade – Kardec expõe o seguinte:

> Nos casos de obsessão grave, o obsidiado fica como que envolto e impregnado de um fluido pernicioso, que neutraliza a ação dos fluidos salutares e os repele. É daquele fluido que importa desembaraçá-lo. Ora, um fluido mau não pode ser eliminado por outro igualmente mau. Por meio de ação idêntica à do médium curador, *nos casos de enfermidade,* preciso se faz expelir um fluido mau com o auxílio de um fluido melhor.
>
> Nem sempre, porém, basta esta ação mecânica; cumpre, sobretudo, atuar sobre o ser inteligente, ao qual é preciso se possua o direito de falar com autoridade, que, entretanto, falece a quem não tenha superioridade moral. Quanto maior esta for, tanto maior também será aquela.
>
> Mas, ainda não é tudo: para assegurar a libertação da vítima, indispensável se torna que o Espírito perverso seja levado a renunciar aos seus maus desígnios;

> *que se faça que o arrependimento desponte nele, assim como o desejo do bem, por meio de instruções habilmente ministradas, em evocações particularmente feitas com o objetivo de dar-lhe educação moral.* [...]
>
> *O trabalho se torna mais fácil quando o obsidiado, compreendendo a sua situação, para ele concorre com a vontade e a prece. Outro tanto não sucede quando, seduzido pelo Espírito que o domina, se ilude com relação às qualidades deste último e se compraz no erro a que é conduzido, porque, então, longe de a secundar, o obsidiado repele toda assistência. É o caso da fascinação, infinitamente mais rebelde sempre, do que a mais violenta subjugação.*
>
> *Em todos os casos de obsessão, a prece é o mais poderoso meio de que se dispõe para demover de seus propósitos maléficos o obsessor.*[8]

Ainda com respeito ao trabalho de desobsessão, considerado nas suas inúmeras facetas, destacamos, a seguir, alguns trechos do livro *Missionários da luz* – do autor espiritual André Luiz – nos quais podemos constatar a importância e complexidade do trabalho dos dos Espíritos incumbidos de atender a obsidiados e obsessores, trabalho esse secundado pelos encarnados participantes das chamadas reuniões de desobsessão.

Tendo obtido permissão do instrutor Alexandre para acompanhá-lo ao trabalho de desobsessão, num Centro Espírita, André Luiz obtém deste Espírito orientador preciosas lições sobre o assunto. Eis o teor da conversa, iniciada pelo autor espiritual do livro citado:

> *– Já conhece todos os casos? – indaguei.*
>
> *– Todos – respondeu Alexandre, sem hesitar. – Dos cinco que constituirão o motivo da próxima reunião, apenas uma jovem revela possibilidades de melhoras mais ou menos rápidas. Os demais comparecerão simplesmente para socorro, evitando agravo nas provas necessárias.*
>
> *Considerando muito interessante a menção especial que se fazia, perguntei:*
>
> *– Gozará a jovem de proteção diferente?*
>
> *O instrutor sorriu e esclareceu:*
>
> *– Não se trata de proteção, mas de esforço próprio. O obsidiado, além de enfermo, representante de outros enfermos, quase sempre é também uma criatura repleta de torturantes problemas espirituais. Se lhe falta vontade firme para a autoeducação, para a disciplina de si mesma, é quase certo que prolongará sua condição dolorosa além da morte.* [...]
>
> [...]
>
> *– A jovem a que me referi está procurando a restauração das forças psíquicas, por si mesma; tem lutado incessantemente contra as investidas de entidades malignas, mobilizando todos os recursos de que dispõe no campo da prece, do autodomínio,*

da meditação. Não está esperando o milagre da cura sem esforço e, não obstante, terrivelmente perseguida por seres inferiores, vem aproveitando toda espécie de ajuda que os amigos de nosso plano projetam em seu círculo pessoal. A diferença, pois, entre ela e os outros, é a de que, empregando as próprias energias, entrará, embora vagarosamente, em contato com a nossa corrente auxiliadora, ao passo que os demais continuarão, ao que tudo faz crer, na impassibilidade dos que abandonam voluntariamente a luta edificante.

[...]

Observei, agradavelmente surpreendido, as emissões magnéticas dos que se reuniam ali, em tarefa de socorro, movidos pelo mais santo impulso de caridade redentora. Nossos técnicos em cooperação avançada valiam-se do fluxo abundante de forças benéficas, improvisando admiráveis recursos de assistência, não só aos obsidiados, mas também aos infelizes perseguidores.

De todos os enfermos psíquicos, somente a jovem resoluta a que nos referimos conseguia aproveitar nosso auxílio cem por cento. Identificava-lhe o valoroso esforço para reagir contra o assédio dos perigosos elementos que a cercavam. Envolvida na corrente de nossas vibrações fraternas, recuperara normalidade orgânica absoluta, embora em caráter temporário. Sentia-se tranquila, quase feliz.

Apesar de manter-se em trabalho ativo, Alexandre chamou-me a atenção, assinalando o fato.

– Esta irmã – disse o orientador – permanece, de fato, no caminho da cura. Percebeu a tempo que a medicação, qualquer que seja, não é tudo no problema da necessária restauração do equilíbrio físico. Já sabe que o socorro de nossa parte representa material que deve ser aproveitado pelo enfermo desejoso de restabelecer-se. Por isso mesmo, desenvolve toda a sua capacidade de resistência, colaborando conosco no interesse próprio. Observe.

Efetivamente, sentindo-se amparada pela nossa extensa rede de vibrações protetoras, a jovem emitia vigoroso fluxo de energias mentais, expelindo todas as ideias malsãs que os desventurados obsessores lhe haviam depositado na mente, absorvendo, em seguida, os pensamentos regeneradores e construtivos que a nossa influenciação lhe oferecia. [...]

– Apenas o doente convertido voluntariamente em médico de si mesmo atinge a cura positiva. No doloroso quadro das obsessões, o princípio é análogo. Se a vítima capitula sem condições, ante o adversário, entrega-se-lhe totalmente e torna-se possessa, após transformar-se em autômato à mercê do perseguidor. Se possui vontade frágil e indecisa, habitua-se com a persistente atuação dos verdugos e vicia-se no círculo de irregularidades de muito difícil corrigenda, porquanto se converte, aos poucos, em polos de vigorosa atração mental aos próprios algozes. Em tais casos, nossas atividades de assistência estão quase circunscritas a meros trabalhos de socorro, objetivando resultados longínquos.

> Quando encontramos, porém, o enfermo interessado na própria cura, valendo-se de nossos recursos para aplicá-los à edificação interna, então podemos prever triunfos imediatos.[9]

É fundamental compreender que, na terapêutica da desobsessão, o Espiritismo possui recursos valiosos, auxiliando a combater as influências negativas. No entanto, àquele que se candidata aos benefícios desses recursos, Emmanuel recomenda:

> É natural esperes auxílio, mas é necessário igualmente que te auxilies.
>
> Refaze as forças físicas, sob a inspiração da ciência curativa que a Providência Divina te assegura na Terra, mas satisfaze também à medicação da alma, através de leituras edificantes, em cujos textos a Doutrina Espírita te ajude a retomar o controle de espírito, promovendo o governo da casa íntima. Cultiva a oração, sem esquecer o trabalho sadio que te valorize o tempo e a presença, angariando, sobretudo, alguma atividade beneficente que te faça mais útil à felicidade do próximo, em necessidades talvez maiores que as tuas. Reage contra quaisquer impressões de mágoa ou ressentimento, evita, quanto possível, as circunstâncias em que a tua posição de convalescente seja suscetível de queda, e guarda-te no convívio de irmãos cujos laços de entendimento e de afinidade te garantam o equilíbrio que ainda não pudeste, de todo, recuperar.
>
> [...]
>
> Meditemos no esforço generoso daqueles que nos amparam e saibamos colaborar com eles, a benefício nosso. O enfermo mais ricamente assistido deve cooperar com o médico que o atende, para que se possa curar.[10]

REFERÊNCIAS

[1] KARDEC, Allan. *Revista Espírita*: jornal de estudos psicológicos. ano 1, n. 10, out. 1858. Obsidiados e subjugados. Trad. Evandro Noleto Bezerra. 5. ed. 1. imp. Brasília, DF: FEB, 2014.

[2] XAVIER, Francisco Cândido; VIEIRA, Waldo. *Desobsessão*. Pelo Espírito André Luiz. 28. ed. 12. imp. Brasília, DF: FEB, 2017. cap. 64 – *Benefícios da desobsessão*.

[3] _____. _____. *Desobsessão* [introdução de André Luiz].

[4] SCHUBERT, Suely Caldas. *Obsessão/desobsessão*. 3. ed. 2. imp. Brasília, DF: FEB, 2018. 4ª pt., cap. 1 – *Profilaxia das obsessões*.

[5] KARDEC, Allan. *O livro dos espíritos*. Trad. Guillon Ribeiro. 93. ed. 9. imp. (Edição Histórica). Brasília, DF: FEB, 2019. q. 469.

[6] SCHUBERT, Suely Caldas. *Obsessão/desobsessão*. 3. ed. 2. imp. Brasília, DF: FEB, 2018. 4ª pt., cap. 1 – *Profilaxia das obsessões*.

7. XAVIER, Francisco Cândido; VIEIRA, Waldo. *Desobsessão*. Pelo Espírito André Luiz. 28. ed. 12. imp. Brasília, DF: FEB, 2017. *Um livro diferente* [prefácio de Emmanuel].
8. KARDEC, Allan. *A gênese*. Trad. Guillon Ribeiro. 53. ed. 9. imp. (Edição Histórica). Brasília, DF: FEB, 2020. cap. 14, it. 46.
9. XAVIER, Francisco Cândido. *Missionários da luz*. Pelo Espírito André Luiz. 45. ed. 13. imp. Brasília, DF: FEB, 2020. cap. 18 – *Obsessão*.
10. _____. *Encontro marcado*. Pelo Espírito Emmanuel. 14. ed. 2. imp. Brasília, DF: FEB, 2018. cap. 56 – *Na cura da obsessão*, it. Obsessão e auxílio espírita.

PROGRAMA COMPLEMENTAR

MÓDULO VII
Fenômenos de emancipação da alma

OBJETIVO GERAL

Possibilitar entendimentos dos fenômenos de emancipação da alma.

"[...] A criancinha não morreu, mas dorme. [...] E agarrando a mão da criancinha, diz: 'Talitha kum', que, traduzido, é 'Mocinha, eu te digo: Levanta-te. E imediatamente a mocinha se levantou e andava.' [...]." (*Marcos*, 5:39 a 42.)

O SONO E OS SONHOS

1 **OBJETIVOS ESPECÍFICOS**

» Analisar a diferença entre sono e sonho.

» Refletir sobre a importância do sono, do ponto de vista espírita.

» Refletir sobre a relação entre lucidez sonambúlica e independência da alma

2 **CONTEÚDO BÁSICO**

» *Durante o sono, a alma repousa como o corpo?*

"Não, o Espírito jamais está inativo. Durante o sono, afrouxam-se os laços que o prendem ao corpo e, não precisando este então da sua presença, ele se lança pelo Espaço e *entra em relação mais direta com os outros Espíritos.*" (Allan Kardec, *O livro dos espíritos*, q. 401).

» *Como podemos julgar da liberdade do Espírito durante o sono?*

"Pelos sonhos. Quando o corpo repousa, [...] tem o Espírito mais faculdades do que no estado de vigília. Lembra-se do passado e algumas vezes prevê o futuro. Adquire maior potencialidade e pode pôr-se em comunicação com os demais Espíritos, *quer deste mundo, quer do outro.* [...]

[...]

O sono liberta a alma parcialmente do corpo. Quando dorme, o homem se acha por algum tempo no estado em que fica permanentemente depois que morre. [...]

[...]

O sonho é a lembrança do que o Espírito viu durante o sono. Notai, porém, que nem sempre sonhais. Que quer isso dizer? Que nem sempre vos lembrais do que vistes, ou de tudo o que haveis visto, enquanto dormíeis. É que não tendes então a alma no pleno desenvolvimento de suas faculdades. Muitas vezes, apenas vos fica a lembrança da perturbação que o vosso Espírito experimenta à sua partida ou no seu regresso, acrescida da que resulta do que fizestes ou do que vos preocupa quando despertos. [...]" (Allan Kardec, *O livro dos espíritos*, q. 402).

» "[...] Graças ao sono, os Espíritos encarnados estão sempre em relação com o mundo dos Espíritos. Por isso é que os Espíritos Superiores assentem, sem grande repugnância, em encarnar entre vós. Quis Deus que, tendo de estar em contato com o vício, pudessem eles ir retemperar-se na fonte do bem, a fim de igualmente não falirem, quando se propõem a instruir os outros. O sono é a porta que Deus lhes abriu, para que possam ir ter com seus amigos do Céu; é o recreio depois do trabalho, enquanto esperam a grande libertação, a libertação final, que os restituirá ao meio que lhes é próprio." (Allan Kardec, *O livro dos espíritos*, q. 402).

» [...] O sono foi dado ao homem para reparação das forças orgânicas e também para a das forças morais. Enquanto o corpo recupera os elementos que perdeu por efeito da atividade da vigília, o Espírito vai retemperar-se entre os outros Espíritos. Haure, no que vê, no que ouve e nos conselhos que lhe dão, ideias que, ao despertar, lhe surgem em estado de intuição. É a volta temporária do exilado à sua verdadeira pátria. É o prisioneiro restituído por momentos à liberdade. (Allan Kardec, *O evangelho segundo o espiritismo*, cap. 28, it. 38).

3 SUGESTÕES DIDÁTICAS

3.1 SUGESTÃO 1:

Introdução

Iniciar o estudo apresentando um cartaz contendo a seguinte questão:

Qual a importância do sono para a nossa existência?

Solicitar que os participantes, em duplas, discutam o assunto.

Ouvir as respostas das duplas, sem comentá-las.

Desenvolvimento

Em seguida, formar quatro grupos para a realização das seguintes tarefas, em duas etapas:

1ª Etapa:

1) ler os itens 4.1 e 4.2 dos subsídios;

2) responder às seguintes perguntas: a) Que diferença existe entre sono e sonho? b) Qual a importância do sono, do ponto de vista espírita?

3) escrever as respostas em folha de papel-pardo, afixando-a em local indicado pelo monitor.

2ª Etapa:

Grupo 1 – a) ler o subitem 4.3.1 dos subsídios; b) trocar ideias sobre o conteúdo lido, inclusive compartilhando experiências semelhantes ao caso relatado, eventualmente ocorridas com os integrantes do grupo.

Grupo 2 – a) ler o subitem 4.3.2 dos subsídios; b) trocar ideias sobre o conteúdo lido, inclusive compartilhando experiências semelhantes ao caso relatado, eventualmente ocorridas com os integrantes do grupo.

Grupo 3 – a) ler o subitem 4.3.3 dos subsídios; b) trocar ideias sobre o conteúdo lido, inclusive compartilhando experiências semelhantes ao caso relatado, eventualmente ocorridas com os integrantes do grupo.

Grupo 4 – a) ler o subitem 4.3.4 dos subsídios; b) trocar ideias sobre o conteúdo lido, inclusive compartilhando experiências semelhantes ao caso relatado, eventualmente ocorridas com os integrantes do grupo.

Findo o trabalho dos grupos, fazer uma exposição do assunto, a partir dos cartazes elaborados pelos participantes, esclarecendo pontos e dirimindo dúvidas.

Conclusão

Encerrar o estudo destacando a importância da prece à hora de dormir, a fim de que bem aproveitemos os momentos de liberdade que nos são concedidos pelo sono físico. Sentiremos, assim, ao despertar, energias novas, tornando-nos mais fortes contra o mal, mais corajosos diante das lutas da vida.

Avaliação

O estudo será considerado satisfatório se os participantes realizarem adequadamente as tarefas propostas e ouvirem, com interesse, a exposição do assunto.

Técnica(s): exposição; estudo em duplas; trabalho em pequenos grupos.

Recurso(s): subsídios do Roteiro; cartaz; folhas de papel pardo; caneta hidrográfica; fita adesiva.

3.2 SUGESTÃO 2:

Introdução

Iniciar o estudo com a pergunta:

O que acontece ao Espírito durante o sono?

Desenvolvimento

Ouvir os comentários.

Em seguida, propor reflexões sobre os conteúdos estudados extra-encontro e o vídeo assistido:

» *O que acontece ao Espírito durante o sono?*
» *Qual a importância do sono segundo o Espiritismo?*
» *Como interpretarmos os sonhos, segundo o Espiritismo?*
» *Existe alguma necessidade de nos prepararmos para o sono?*
» *Existe relação entre lucidez sonambúlica e independência da alma?* Etc.

Nesse momento, o facilitador esclarece dúvidas e complementa informações sobre o assunto de acordo com subsídios do Roteiro, Referência sugerida e vídeo.

Propor a seguinte reflexão individual (não há a necessidade de comentário):

Estou me preparando para o descanso do corpo físico e para um sono tranquilo?

Conclusão

Fazer o fechamento reforçando:

Como podemos julgar da liberdade do Espírito durante o sono?

"Pelos sonhos. Quando o corpo repousa, [...] tem o Espírito mais faculdades do que no estado de vigília. Lembra-se do passado e algumas vezes prevê o futuro. Adquire maior potencialidade e pode pôr-se em comunicação com os demais Espíritos, quer deste mundo, quer do outro. [...]

[...]

> O sono liberta a alma parcialmente do corpo. Quando dorme, o homem se acha por algum tempo no estado em que fica permanentemente depois que morre. [...]
>
> [...]
>
> O sonho é a lembrança do que o Espírito viu durante o sono. Notai, porém, que nem sempre sonhais. Que quer isso dizer? Que nem sempre vos lembrais do que vistes, ou de tudo o que haveis visto, enquanto dormíeis. É que não tendes então a alma no pleno desenvolvimento de suas faculdades. Muitas vezes, apenas vos fica a lembrança da perturbação que o vosso Espírito experimenta à sua partida ou no seu regresso, acrescida da que resulta do que fizestes ou do que vos preocupa quando despertos. [...]" (Allan Kardec, *O livro dos espíritos*, q. 402).

Avaliação

O estudo será considerado satisfatório se as ideias de os participantes refletirem entendimento do assunto.

Técnica(s): explosão de ideias, discussão circular, atividade extra-encontro de estudo.

Recurso(s): subsídios do Roteiro; vídeos.

Atividade de preparação para o próximo encontro de estudo (Roteiro 2): Sugestões 2 e 3.

Solicitar aos participantes que pesquisem casos de *quase-morte* para estudo na reunião seguinte.

Observação: Cabe ao facilitador pesquisar também alguns casos para a eventualidade de os casos trazidos pelos participantes serem poucos.

4 SUBSÍDIOS

4.1 SONO E SONHO: DIFERENÇA ENTRE UM E OUTRO

> [...] *o Espírito jamais está inativo. Durante o sono, afrouxam-se os laços que o prendem ao corpo e, não precisando este então da sua presença, ele se lança pelo Espaço e entra em relação mais direta com os outros Espíritos.*[1]

Em resposta à questão 402 de *O livro dos espíritos*, dizem os orientadores espirituais que se pode julgar a liberdade do Espírito durante o sono

> *Pelos sonhos. Quando o corpo repousa, [...] tem o Espírito mais faculdades do que no estado de vigília. Lembra-se do passado e algumas vezes prevê o futuro. Adquire maior potencialidade e pode pôr-se em comunicação com os demais Espíritos, quer deste mundo, quer do outro.* [...]

ROTEIRO 1 – O sono e os sonhos

O sono liberta a alma parcialmente do corpo. Quando dorme, o homem se acha por algum tempo no estado em que fica permanentemente depois que morre. Tiveram sonos inteligentes os Espíritos que, desencarnando, logo se desligam da matéria. Esses Espíritos, quando dormem, vão para junto dos seres que lhes são superiores. Com estes viajam, conversam e se instruem. Trabalham mesmo em obras que se lhes deparam concluídas, quando volvem, morrendo na Terra, ao Mundo Espiritual. [...]

Isto, pelo que concerne aos Espíritos elevados. Pelo que respeita ao grande número de homens que, morrendo, têm que passar longas horas na perturbação, [...] esses vão, enquanto dormem, ou a mundos inferiores à Terra, onde os chamam velhas afeições, ou em busca de gozos quiçá mais baixos do que os em que aqui tanto se deleitam. [...][2]

Mais adiante, na mesma questão, assinalam:

O sonho é a lembrança do que o Espírito viu durante o sono. Notai, porém, que nem sempre sonhais. Que quer isso dizer? Que nem sempre vos lembrais do que vistes, ou de tudo o que haveis visto, enquanto dormíeis. É que não tendes a alma em pleno desenvolvimento de suas faculdades. Muitas vezes, apenas vos fica a lembrança da perturbação que o vosso Espírito experimenta à sua partida ou no seu regresso, acrescida da que resulta do que fizestes ou do que vos preocupa quando despertos. A não ser assim, como explicaríeis os sonhos absurdos, que tanto os sábios, quanto as mais humildes e simples criaturas têm? Acontece também que os maus Espíritos se aproveitam dos sonhos para atormentar as almas fracas e pusilânimes.

Em suma, dentro em pouco vereis vulgarizar-se outra espécie de sonhos. Conquanto tão antiga como a de que vimos falando, vós a desconheceis. Refiro-me aos sonhos de Joana, ao de Jacó, aos dos profetas judeus e aos de alguns adivinhos indianos. São recordações guardadas por almas que se desprendem quase inteiramente do corpo [...].[3]

Assim,

Os sonhos são efeito da emancipação da alma, que mais independente se torna pela suspensão da vida ativa e de relação. Daí uma espécie de clarividência indefinida que se alonga até aos mais afastados lugares e até mesmo a outros mundos. Daí também a lembrança que traz à memória acontecimentos da precedente existência ou das existências anteriores. As singulares imagens do que se passa ou se passou em mundos desconhecidos, entremeados de coisas do mundo atual, é que formam esses conjuntos estranhos e confusos, que nenhum sentido ou ligação parecem ter. A incoerência dos sonhos ainda se explica pelas lacunas que apresenta a recordação incompleta que conservamos do que nos apareceu quando sonhávamos. É como se a uma narração se truncassem frases ou trechos ao acaso. Reunidos depois, os fragmentos restantes nenhuma significação racional teriam.[4]

Kardec pergunta aos Espíritos Superiores por que não nos lembramos sempre dos sonhos. Eles respondem o seguinte:

> Em o que chamais sono, só há o repouso do corpo, visto que o Espírito está constantemente em atividade. Recobra, durante o sono, um pouco da sua liberdade e se corresponde com os que lhe são caros, quer neste mundo, quer em outros. Mas, como é pesada e grosseira a matéria que o compõe, o corpo dificilmente conserva as impressões que o Espírito recebeu, porque a este não chegaram por intermédio dos órgãos corporais.[5]

A fim de que haja a emancipação do Espírito, porém, não há necessidade de o sono ser completo.

> [...] basta que os sentidos entrem em torpor para que o Espírito recobre a sua liberdade. Para se emancipar, ele se aproveita de todos os instantes de trégua que o corpo lhe concede. Desde que haja prostração das forças vitais, o Espírito se desprende, tornando-se tanto mais livre, quanto mais fraco for o corpo.[6]

Dessa forma, estando "[...] *entorpecido o corpo, o Espírito trata de desprender-se. Transporta-se e vê. Se já fosse completo o sono, haveria sonho*".[7]

4.2 A IMPORTÂNCIA DO SONO, DO PONTO DE VISTA ESPÍRITA

Dizem os instrutores da Codificação que, graças ao sono,

> [...] os Espíritos encarnados estão sempre em relação com o mundo dos Espíritos. Por isso é que os Espíritos Superiores assentem, sem grande repugnância, em encarnar entre vós. Quis Deus que, tendo de estar em contato com o vício, pudessem eles ir retemperar-se na fonte do bem, a fim de igualmente não falirem, quando se propõem a instruir os outros. O sono é a porta que Deus lhes abriu, para que possam ir ter com seus amigos do Céu; é o recreio depois do trabalho, enquanto esperam a grande libertação, a libertação final, que os restituirá ao meio que lhes é próprio.[8]

Sendo assim,

> [...] O sono foi dado ao homem para reparação das forças orgânicas e também para a das forças morais. Enquanto o corpo recupera os elementos que perdeu por efeito da atividade da vigília, o Espírito vai retemperar-se entre os outros Espíritos. Haure, no que vê, no que ouve e nos conselhos que lhe dão, ideias que, ao despertar, lhe surgem em estado de intuição. É a volta temporária do exilado à sua verdadeira pátria. É o prisioneiro restituído por momentos à liberdade.[9]

No decorrer do sono, podemos entrar em contato com outros Espíritos encarnados, inclusive com pessoas que desconhecemos no estado de vigília. Podemos ter, sem o suspeitarmos, amigos em outro país. Dizem os Espíritos Superiores: "[...] *É tão habitual o fato de irdes encontrar-vos, durante o sono, com amigos e parentes, com os que conheceis e que vos podem ser úteis, que quase todas as noites fazeis essas visitas*".[10] Ao despertarmos, guardamos intuição desse fato, do qual se originam determinadas ideias, que nos surgem espontaneamente no estado de vigília.[11]

4.3 EXPERIÊNCIAS SIGNIFICATIVAS DURANTE O SONO

A literatura espírita está repleta de exemplos de experiências significativas durante o sono. Alinhamos, a seguir, alguns exemplos dessas experiências.

4.3.1 Esclarecimentos gerais a Espíritos encarnados

No livro *Missionários da luz*, no capítulo 8 intitulado *No plano dos sonhos*, André Luiz nos fala dos esclarecimentos prestados a Espíritos encarnados durante o período do sono físico natural. Diz o referido autor:

> *Após alguns minutos de conversação encantadora, o irmão Francisco [dirigente de equipe socorrista no Plano Espiritual] acercou-se do orientador, indagando sobre os objetivos da reunião da noite.*
>
> *– Sim – esclareceu Alexandre, afável –, teremos algum trabalho de esclarecimento geral a amigos nossos, relativamente a problemas de mediunidade e psiquismo, sem minúcias particulares.*
>
> *– Se nos permite – tornou o interlocutor –, estimaria trazer alguns companheiros que colaboram frequentemente conosco. Seria para nós grande satisfação vê-los aproveitando os minutos de sono físico.*
>
> *– Sem dúvida. Destina-se o serviço de hoje à preparação de cooperadores nossos, ainda encarnados na crosta. Estaremos à sua disposição e receberemos seus auxiliares com alegria.*
>
> *Francisco agradeceu sensibilizado e perguntou:*
>
> *– Poderemos providenciar?*
>
> *– Imediatamente – explicou o instrutor, sem hesitação. – Conduza os amigos ao sítio de seu conhecimento.*
>
> *Afastou-se o grupo de "socorristas", deixando-me verdadeiro mundo de pensamentos novos.*
>
> *Segundo informações anteriores, Alexandre dirigiria, naquela noite, pequena assembleia de estudiosos e, assim que nos vimos a sós, explicou-me, solícito:*
>
> *– Nosso núcleo de estudantes terrestres já possui certa expressão numérica; no entanto, faltam-lhe determinadas qualidades essenciais para funcionar com pleno proveito. Em vista disso, é imprescindível dotar os companheiros de conhecimentos mais construtivos.*
>
> [...]

– Atendendo às injunções dessa ordem, estabeleci um curso de esclarecimento metódico para melhorar a situação.

[...]

– Contamos, em nosso centro de estudos, com número superior a 300 associados; no entanto, apenas 32 conseguem romper as teias inferiores das mais baixas sensações fisiológicas, para assimilarem nossas lições. E noites se verificam em que mesmo alguns desses quebram os compromissos assumidos, atendendo a seduções comuns, reduzindo-se ainda mais a frequência geral. Em compensação, de vez em quando há o comparecimento fortuito de outros companheiros, como ocorre nesta noite, em face da lembrança do irmão Francisco, que nos trará alguns amigos.

– E os irmãos que comparecem – indaguei curioso – conservam a recordação integral dos serviços partilhados, de estudos levados a efeito e observações ouvidas?

Alexandre pensou um momento e considerou:

– Mais tarde, a experiência mostrará a você como é reduzida a capacidade sensorial. O homem eterno guarda a lembrança completa e conservará consigo todos os ensinamentos, intensificando-os e valorizando-os, de acordo com o estado evolutivo que lhe é próprio. O homem físico, entretanto, escravo de limitações necessárias, não pode ir tão longe. O cérebro de carne, pelas injunções da luta a que o Espírito foi chamado a viver, é aparelho de potencial reduzido, dependendo muito da iluminação de seu detentor, no que se refere à fixação de determinadas bênçãos divinas. Desse modo, André, o arquivo de semelhantes reminiscências, no livro temporário das células cerebrais, é muito diferente nos discípulos entre si, variando de alma para alma. Entretanto, cabe-me acrescentar que, na memória de todos os irmãos de boa vontade, permanecerá, de qualquer modo, o benefício, ainda mesmo que eles, no período de vigília, não consigam positivar a origem. As aulas, no teor daquela a que você assistirá nesta noite, são mensageiras de inexprimíveis utilidades práticas. Em despertando, na crosta, depois delas, os aprendizes experimentam alívio, repouso e esperança, a par da aquisição de novos valores educativos. É certo que não podem reviver os pormenores, mas guardarão a essência, sentindo-se revigorados, de inexplicável maneira para eles, não só a retomar a luta diária no corpo físico, mas também a beneficiar o próximo e combater, com êxito, as próprias imperfeições. Seus pensamentos tornam-se mais claros, os sentimentos mais elevados e as preces mais respeitosas e produtivas, enriquecendo-se-lhes as observações e trabalhos de cada dia.[12]

4.3.2 Atendimento individualizado

Em outra obra, *Nos domínios da mediunidade*, o mesmo autor relata um episódio de sono provocado pelos Espíritos benfeitores, com o objetivo de atendimento individualizado. Eis a descrição do fato:

Cuidadosamente, começaram ambos a aplicar-lhe passes sobre a cabeça, concentrando energia magnética ao longo das células corticais.

Anésia viu-se presa de branda hipnose, que ela própria atribuía ao cansaço e não relutou.

Em breves instantes, deixava o corpo denso na prostração do sono, vindo ao nosso encontro em desdobramento quase natural.

Não parecia, contudo, tão consciente em nosso plano quanto seria de desejar.

Centralizada no afeto ao marido, Jovino constituía-lhe obcecante preocupação. Reconheceu Teonília e Áulus por benfeitores e lançou-nos significativo olhar de simpatia, no entanto, mostrava-se atordoada, aflita... Queria ver o esposo, ouvir o esposo...

O assistente [Áulus] deliberou satisfazê-la.

Amparada pelos braços da admirável amiga [Teonília], tomou a direção que lhe pareceu acertada, como quem possuía, de antemão, todos os dados necessários à localização do marido.

Áulus conosco explicou que as almas, quando associadas entre si, vivem ligadas umas às outras pela imanação magnética, superando obstáculos e distâncias.

Em vasto salão de um clube noturno, surpreendemos Jovino e a mulher que se fizera nossa conhecida [...], integrando um grupo alegre, em atitudes de profunda intimidade afetiva.

Rodeando o conjunto, diversas entidades, estranhas para nós, formavam vicioso círculo de vampiros que não nos registraram a presença.

[...]

Ao defrontar o companheiro na posição em que se achava, Anésia desferiu doloroso grito e caiu em pranto.

Seguida por nós, recuou ferida de aflição e assombro, e tão logo nos vimos na via pública, bafejados pelo ar leve da noite, o assistente abraçou-a paternalmente.

Notando-a mais senhora de si, embora o sofrimento lhe transfigurasse o rosto, falou-lhe com extremado carinho:

– Minha irmã, recomponha-se. Você orou, pedindo assistência espiritual, e aqui estamos, trazendo-lhe solidariedade. Reanime-se! Não perca a esperança!...

– Esperança? – clamou a pobre criatura em lágrimas. – Fui traída, miseravelmente traída...

E o entendimento, entre os dois, prosseguia comovente e expressivo.

– Traída por quem?

– Por meu esposo, que falhou aos compromissos do casamento.

– Mas você admite, porventura, que o casamento seja uma simples excursão no jardim da carne? Supôs que o matrimônio terrestre fosse apenas a música da ilusão a eternizar-se no tempo? Minha amiga, o lar é uma escola em que as almas se

reaproximam para o serviço da sua própria regeneração, com vistas ao aprimoramento que nos cabe apresentar de futuro. Você ignora que no educandário há professores e alunos? Desconhece que os melhores devem ajudar aos menos bons?

[...]

– Mas Jovino...

Áulus, porém, cortou-lhe a frase, acrescentando:

– Esquece-se de que seu esposo precisa muito mais agora de seu entendimento e carinho? Nem sempre a mulher poderá ver no companheiro o homem amado com ternura, mas sim um filho espiritual necessitado de compreensão e sacrifício para soerguer-se, como também nem sempre o homem conseguirá contemplar na esposa a flor de seus primeiros sonhos, mas sim uma filha do coração, a requisitar-lhe tolerância e bondade, a fim de que se transfira da sombra para a luz. [...]

[...]

– Sim, sim... Reconheço... Entretanto, não me deixe sozinha... [...]

[...]

– Mas como aceitá-la? Percebo-lhe a influência maligna... [...] *Que fazer de semelhante criatura?*

– Compadeçamo-nos dela! Terrível ser-lhe-á o despertamento.

[...]

Anésia, assemelhando-se a uma criança resignada, pousou no benfeitor os olhos límpidos, como a prometer-lhe obediência, e Áulus, afagando-a, recomendou:

– Volte ao lar e use a humildade e o perdão, o trabalho e a prece, a bondade e o silêncio, na defesa de sua segurança. [...]

[...]

Vimo-la despertar no corpo carnal, de alma renovada, quase feliz...

Enxugou as lágrimas que lhe banhavam o rosto e tentou ansiosamente recordar, ponto a ponto, a entrevista que tivera conosco.

Em verdade, não conseguiu alinhar senão fragmentárias reminiscências, mas reconheceu-se reconfortada, sem revolta e sem amargura, como se mãos intangíveis lhe houvessem lavado a mente, conferindo-lhe uma compreensão mais clara da vida.[13]

4.3.3 Recordação de existência passada

Emmanuel, no livro *Há dois mil anos*, refere um outro tipo de experiência por meio do sono: a recordação de existência passada. Trata-se do sonho de Publius Lentulus, registrado no início da mencionada obra. Eis pequena parte do relato de Publius a seu amigo Flamínio:

> *Recolhi-me cedo e, quando parecia divisar junto de mim a imagem de Têmis [deusa romana da Justiça], que guardamos no altar doméstico, considerando as singulares obrigações de quem exerce as funções da justiça, senti que uma força extraordinária me selava as pálpebras cansadas e doloridas. No entanto, via outros lugares, reconhecendo paisagens familiares ao meu Espírito, das quais me havia esquecido inteiramente.*
>
> *Realidade ou sonho, não o sei dizer, mas vi-me revestido das insígnias de cônsul, ao tempo da República. Parecia-me haver retrocedido à época de Lucius Sergius Catilina, pois o via a meu lado, bem como a Cícero, que se me figuravam duas personificações, do mal e do bem. Sentia-me ligado ao primeiro por laços fortes e indestrutíveis, como se estivesse vivendo a época tenebrosa da sua conspiração contra o Senado, e participando, com ele, da trama ignominiosa que visava à mais íntima organização da República. Prestigiava-lhe as intenções criminosas, aderindo a todos os seus projetos com a minha autoridade administrativa, assumindo a direção de reuniões secretas, onde decretei assassínios nefandos... [...]*
>
> *Todavia, o que mais me humilhava nessas visões do passado culposo, como se a minha personalidade atual se envergonhasse de semelhantes reminiscências, é que me prevalecia da autoridade e do poder para, aproveitando a situação, exercer as mais acerbas vinganças contra inimigos pessoais, contra quem expedia ordens de prisão, sob as mais terríveis acusações. [...]*[14]

4.3.4 Um caso se premonição

Os exemplos de experiências relevantes por meio do sono multiplicam-se, tanto nas obras mediúnicas como nas voltadas para as pesquisas científicas. Dentre essas últimas, pode ser colhido, na obra *A morte e o seu mistério*, este interessante caso, relatado a Camille Flammarion pelo conceituado pesquisador, Sr. Frederic Passy:

> *Não a encontrei [a presente narrativa], [...] na sua obra O desconhecido e tenho a certeza de que o interessará, pois procede de um escritor escrupuloso, um homem de integridade incontestável, o quaker Etienne de Grelet. Dou ao senhor a narrativa, tal qual como a transcrevi da relação da sua viagem à Rússia. Durante a sua permanência em São Petersburgo, a condessa Toutschkoff contou ao quaker viajante o seguinte:*
>
> *Uns três meses antes da entrada dos franceses na Rússia [invasão de Napoleão Bonaparte], o general, seu marido, estava com ela no seu domínio de Toula. Achando-se num hotel, em cidade desconhecida, ela sonhou que seu pai entrara, levando o filho único pela mão e dizendo-lhe estritamente:*
>
> *– A tua felicidade acabou. Teu marido caiu. Caiu em Borodino.*
>
> *Acordou muito perturbada, mas, vendo seu marido junto dela, compreendeu que sonhava e adormeceu novamente.*

O mesmo sonho se repetiu, e ela sentiu tanta tristeza que levou muito tempo a recuperar a serenidade.

O sonho voltou pela terceira vez. Experimentou tão grande angústia que despertou seu marido, perguntando-lhe:

– Onde é Borodino?

Ele não o sabia. Durante a manhã, ambos, com seu pai, se puseram a procurar este nome no mapa, sem encontrá-lo. Borodino era então lugar muito obscuro; mas tornou-se depois afamado, pela batalha sangrenta que se feriu nas suas cercanias. Entretanto, a impressão causada na condessa era profunda, e grande sua inquietação... O teatro da guerra era longe então, mas rapidamente se aproximou.

Antes da chegada dos exércitos franceses a Moscou, o general Toutschkoff foi posto à testa do exército russo de reserva. Certa manhã, o pai da condessa, levando seu filho pela mão, entrou no quarto do hotel em que ela se hospedara. Estava triste, como a condessa o tinha visto em seu sonho, e dizia-lhe:

– Ele caiu, ele caiu em Borodino.

A condessa viu-se, como no sonho que tivera, no quarto, cercada dos mesmos objetos.

Seu marido foi, efetivamente, uma das numerosas vítimas da renhida batalha que se pelejou perto do rio de Borodino, que deu o seu nome a uma aldeia.[15]

Os casos assinalados e inúmeros outros ocorridos ao longo da História da Humanidade demonstram claramente a importância deste período de aparente repouso, e que mais não é do que bendita oportunidade de relacionamento com o mundo dos Espíritos. Compete a nós bem aproveitá-la para o nosso crescimento espiritual, uma vez que, conforme assinalam os Espíritos Superiores: O sono "[...] influi mais do que supondes na vossa vida [...]".[16]

Eleve, pois, aquele que se ache compenetrado desta verdade, o seu pensamento a Deus, quando sinta aproximar-se o sono, e peça o conselho dos bons Espíritos e de todos cuja memória lhe seja cara, a fim de que venham juntar-se-lhe, nos curtos instantes de liberdade que lhe são concedidos, e, ao despertar, sentir-se-á mais forte contra o mal, mais corajoso diante da adversidade.[17]

REFERÊNCIAS

1 KARDEC, Allan. *O livro dos espíritos*. Trad. Guillon Ribeiro. 93. ed. 9. imp. (Edição Histórica). Brasília, DF: FEB, 2019. q. 401.

2 _____. _____. q. 402.

³ _____. _____.

⁴ _____. _____.

⁵ _____. _____. Comentário de Kardec à q. 403.

⁶ _____. _____. q. 407.

⁷ _____. _____. q. 409.

⁸ _____. _____. q. 402.

⁹ _____. *O evangelho segundo o espiritismo*. Trad. Guillon Ribeiro. 131. ed. 13. imp. (Edição Histórica). Brasília, DF: FEB, 2019. cap. 28, it. 38.

¹⁰ _____. *O livro dos espíritos*. Trad. Guillon Ribeiro. 93. ed. 9. imp. (Edição Histórica). Brasília, DF: FEB, 2019. q. 414.

¹¹ _____. _____. q. 415.

¹² XAVIER, Francisco Cândido. *Missionários da luz*. Pelo Espírito André Luiz. 45. ed. 13. imp. Brasília, DF: FEB, 2020. cap. 8 – *No plano dos sonhos*.

¹³ _____. *Nos domínios da mediunidade*. Pelo Espírito André Luiz. 36. ed. 4. imp. Brasília, DF: FEB, 2015. cap. 20 – *Mediunidade e oração*.

¹⁴ _____. *Há dois mil anos*. Pelo Espírito Emmanuel. 49. ed. 11. imp. Brasília, DF: FEB, 2017. 1ª pt., cap. 1– *Dois amigos*.

¹⁵ FLAMMARION, Camille. *A morte e o seu mistério*. v. I. 6. ed. 1. reimp. Brasília, DF: FEB, 2008. cap. 9 – *O conhecimento do futuro*.

¹⁶ KARDEC, Allan. *O livro dos espíritos*. Trad. Guillon Ribeiro. 93. ed. 9. imp. (Edição Histórica). Brasília, DF: FEB, 2019. q. 402.

¹⁷ _____. *O evangelho segundo o espiritismo*. Trad. Guillon Ribeiro. 131. ed. 13. imp. (Edição Histórica). Brasília, DF: FEB, 2019. cap. 28, it. 38.

LETARGIA, CATALEPSIA E FENÔMENOS DE QUASE-MORTE

1 OBJETIVO ESPECÍFICO

» Analisar as características dos fenômenos de letargia, catalepsia e quase-morte.

2 CONTEÚDO BÁSICO

» *A matéria inerte é insensível; o fluido perispirítico igualmente o é, mas transmite a sensação ao centro sensitivo, que é o Espírito. As lesões dolorosas do corpo repercutem, pois, no Espírito, qual choque elétrico, por intermédio do fluido perispiritual, que parece ter nos nervos os seus fios condutores.* [...]

A interrupção pode dar-se pela separação de um membro, ou pela secção de um nervo, mas, também, parcialmente ou de maneira geral e sem nenhuma lesão, nos momentos de emancipação, de grande sobre-excitação ou preocupação do Espírito. Nesse estado, o Espírito não pensa no corpo e, em sua febril atividade, atrai a si, por assim dizer, o fluido perispiritual que, retirando-se da superfície, produz aí uma insensibilidade momentânea. Poder-se-ia também admitir que, em certas circunstâncias, no próprio fluido perispiritual uma modificação molecular se opera, que lhe tira temporariamente a propriedade de transmissão. É por isso que, muitas vezes, no ardor do combate, um militar não percebe que está ferido e que uma pessoa, cuja atenção se acha concentrada num trabalho, não ouve o ruído que se lhe faz em torno. Efeito análogo, porém mais pronunciado, se verifica [...] *na letargia e na catalepsia.* [...] (Allan Kardec, *A gênese*, cap. 14, it. 29).

> A letargia e a catalepsia derivam do mesmo princípio, que é a perda temporária da sensibilidade e do movimento [...]. Diferem uma da outra em que, na letargia, a suspensão das forças vitais é geral e dá ao corpo todas as aparências da morte; na catalepsia, fica localizada, podendo atingir uma parte mais ou menos extensa do corpo a permitir que a inteligência se manifeste livremente, o que a torna inconfundível com a morte. A letargia é sempre natural; a catalepsia é por vezes [...] magnética. (Allan Kardec, O livro dos espíritos, comentário de Kardec à q. 424).

> A chamada Experiência de Quase-morte é o estado de morte clínica experimentado durante alguns momentos, após os quais a pessoa retorna à vida do corpo físico. Os relatos do que se passou, feitos aos médicos e enfermeiras, por indivíduos de várias culturas e credos, coincidem com o que diz o Espiritismo e demais religiões reencarnacionistas. Essas pessoas relatam a ocorrência de acontecimentos semelhantes, vividos nos breves instantes entre uma parada cardíaca mais prolongada e a ressuscitação corporal, subsequente. Entre essas ocorrências, afirmam encontrar, após a travessia de um túnel ou de outras passagens, seres de luz que as acolhem carinhosamente. É frequente a recepção pelos parentes e amigos falecidos [...]. (ANDRADE, Hernani Guimarães. Morte: uma luz no fim do túnel. Prefácio de Carlos Eduardo Noronha Luz. São Paulo: FÉ, 1999, p. 18).

3 SUGESTÕES DIDÁTICAS

3.1 SUGESTÃO 1:

Introdução

Iniciar o estudo afixando, em local visível, duas tiras de cartolina contendo, uma delas, a palavra LETARGIA e a outra, a palavra CATALEPSIA. Em seguida, verificar o entendimento dos participantes a respeito desses dois termos.

Ouvir as respostas.

Desenvolvimento

Fazer uma exposição sobre o assunto, com base no item 4.1 dos subsídios do Roteiro, usando recurso visual. Solicitar aos participantes que façam anotações dos pontos que julgarem significativos. Explicar-lhes que essas anotações lhes serão úteis na tarefa que deverão executar mais adiante.

A seguir, dividir os participantes em quatro grupos, para realização das seguintes tarefas:

Grupo 1: a) ler o caso de letargia transcrito no subitem 4.2.1.1 dos subsídios; b) designar um representante para relatá-lo aos demais grupos; c) com base no conteúdo apresentado pelo monitor, elaborar uma exposição explicando o caso lido, sob o ponto de vista espírita. Se necessário, fazer consultas ao item 4.1 dos subsídios. Ilustrar a exposição com cartazes. Usar, se necessário, esquemas descritivos, ou desenhos que facilitem a compreensão do assunto.

Grupo 2: leitura do subitem 4.2.1.2 e realização das demais tarefas dadas ao Grupo 1.

Grupo 3: leitura do subitem 4.2.1.3 e realização das demais tarefas dadas ao Grupo 1.

Grupo 4: leitura do subitem 4.2.2.1 e realização das demais tarefas dadas ao Grupo 1.

Ouvir a apresentação dos grupos, prestando os esclarecimentos cabíveis.

Conclusão

Encerrar o estudo voltando ao conteúdo das tiras de cartolina apresentadas no seu início, verificando, por meio de breves perguntas, se os participantes aprenderam a diferença entre *letargia* e *catalepsia*.

Avaliação

O estudo será considerado satisfatório se os participantes realizarem corretamente as tarefas propostas para os grupos; ouvirem, atentamente, a exposição do monitor; souberem estabelecer a diferença entre letargia e catalepsia.

Técnica(s): exposição; trabalho em pequenos grupos; perguntas.

Recurso(s): subsídios do Roteiro; tiras de cartolina; cartazes; folhas de papel pardo/cartolina; fita adesiva; canetas hidrográficas; lápis; papel.

3.2 SUGESTÃO 2:

Introdução

Iniciar o estudo introduzindo brevemente o que será estudado, sem entrar em conceitos.

Desenvolvimento

Em seguida, dividir os participantes em grupos para leitura, breves comentários e um resumo do caso lido:

Grupo 1 – fazer a leitura dos subsídios da apostila, subitem 4.2.1 Lázaro;

Grupo 2 – fazer a leitura dos subsídios da apostila, subitem 4.2.2 A filha de Jairo;

Grupo 3 – fazer a leitura dos subsídios da apostila, subitem 4.2.3 O filho da viúva de Naim;

Grupo 4 – fazer a leitura dos subsídios da apostila, subitem 4.2.4 Morte aparente.

(Tempo de até 15 minutos.)

Logo após, explicar, em exposição dialógica, os fenômenos de catalepsia e de letargia de acordo com os subsídios da apostila.

Os grupos serão convidados para irem apresentando e comentando o caso estudado, identificando qual fenômeno poderia ser: catalepsia ou letargia.

Solicitar se algum participante pesquisou e quer comentar algum caso de quase-morte.

Nesse momento, o facilitador esclarece dúvidas e complementa informações sobre o assunto de acordo com subsídios do Roteiro e Referência sugerida.

Propor a seguinte reflexão individual (não há a necessidade de comentário):

A transmissão de fluido vital pelo Cristo aos que lhe pediam cura era em uma potência extraordinária.

Conclusão

Fazer o fechamento reforçando:

> A letargia e a catalepsia derivam do mesmo princípio, que é a perda temporária da sensibilidade e do movimento [...]. Diferem uma da outra em que, na letargia, a suspensão das forças vitais é geral e dá ao corpo todas as aparências da morte; na catalepsia, fica localizada, podendo atingir uma parte mais ou menos extensa do corpo a permitir que a inteligência se manifeste livremente, o que a torna inconfundível com a morte. A letargia é sempre natural; a catalepsia é por vezes [...] magnética. (Allan Kardec, *O livro dos espíritos*, comentário de Kardec à q. 424).

Informar que os casos de quase morte, que permite a emancipação da alma por algum tempo, tem sido evidência efetiva da continuidade da vida após a morte do corpo.

Avaliação

O estudo será considerado satisfatório se as ideias dos participantes refletirem entendimento do assunto.

Técnica(s): exposição dialógica, estudo de grupos, discussão circular.

Recurso(s): subsídios do Roteiro.

Atividade de preparação para o próximo encontro de estudo (Roteiro 3): Sugestão 2.

Esta atividade pode ser proposta aos participantes.

Dividir os participantes em grupos.

Grupo 1 – fazer o estudo: a) dos subsídios do Roteiro 3, Módulo VII – Sonambulismo; b) das questões 425 a 438 de *O livro dos espíritos*.

Preparar a apresentação do assunto sob a supervisão do facilitador: apresentação de até 15 minutos.

Grupo 2 – fazer o estudo: a) dos subsídios, item 4.2 do Roteiro 3, Módulo VII – Êxtase; b) das questões 439 a 446 de *O livro dos espíritos*.

Preparar a apresentação do assunto sob a supervisão do facilitador: apresentação de até 15 minutos.

Grupo 3 – fazer o estudo: a) dos subsídios, item 4.3 do Roteiro 3, Módulo VII – Dupla vista; b) das questões: 425 a 438 de *O livro dos espíritos*.

Preparar a apresentação do assunto sob a supervisão do facilitador: apresentação de até 15 minutos.

4 SUBSÍDIOS

4.1 LETARGIA E CATALEPSIA: CONCEITO; DIFERENÇA ENTRE AMBAS

Sabe-se, pelas informações constantes na Codificação Espírita, que

> *A matéria inerte é insensível; o fluido perispirítico igualmente o é, mas transmite a sensação ao centro sensitivo, que é o Espírito. As lesões dolorosas do corpo*

repercutem, pois, no Espírito, qual choque elétrico, por intermédio do fluido perispiritual, que parece ter nos nervos os seus fios condutores. [...]

A interrupção pode dar-se pela separação de um membro, ou pela secção de um nervo, mas, também, parcialmente ou de maneira geral e sem nenhuma lesão, nos momentos de emancipação, de grande sobre-excitação ou preocupação do Espírito. Nesse estado, o Espírito não pensa no corpo e, em sua febril atividade, atrai a si, por assim dizer, o fluido perispiritual que, retirando-se da superfície, produz aí uma insensibilidade momentânea. Poder-se-ia também admitir que, em certas circunstâncias, no próprio fluido perispiritual uma modificação molecular se opera, que lhe tira temporariamente a propriedade de transmissão. É por isso que, muitas vezes, no ardor do combate, um militar não percebe que está ferido e que uma pessoa, cuja atenção se acha concentrada num trabalho, não ouve o ruído que se lhe faz em torno. Efeito análogo, porém mais pronunciado, se verifica [...] na letargia e na catalepsia. [...][1]

A letargia e a catalepsia, assim,

[...] derivam do mesmo princípio, que é a perda temporária da sensibilidade e do movimento [...]. Diferem uma da outra em que, na letargia, a suspensão das forças vitais é geral e dá ao corpo todas as aparências da morte; na catalepsia, fica localizada, podendo atingir uma parte mais ou menos extensa do corpo a permitir que a inteligência se manifeste livremente, o que a torna inconfundível com a morte. A letargia é sempre natural; a catalepsia é por vezes [...] magnética [isto é, provocada por um agente externo].[2]

Desse modo,

Na letargia, o corpo não está morto, porquanto há funções que continuam a executar-se. Sua vitalidade se encontra em estado latente, como na crisálida, porém não aniquilada. Ora, enquanto o corpo vive, o Espírito se lhe acha ligado. [...][3]

Por isso é que os "[...] *letárgicos e os catalépticos, em geral, veem e ouvem o que em derredor se diz e faz, sem que possam exprimir que estão vendo e ouvindo* [...]".[4]

Essa visão e audiência eles não as têm pelos sentidos físicos e sim pelos espirituais. "[...] *O Espírito tem consciência de si, mas não pode comunicar-se.*"[5] Tal fato se dá

Porque a isso se opõe o estado do corpo. E esse estado especial dos órgãos [...] prova que no homem há alguma coisa mais do que o corpo, pois que, então, o corpo já não funciona e, no entanto, o Espírito se mostra ativo.[6]

Em se rompendo, porém,

[...] por efeito da morte real e pela desagregação dos órgãos, os laços que prendem um ao outro, integral se torna a separação e o Espírito não volta mais ao seu

envoltório. Desde que um homem, aparentemente morto, volve à vida, é que não era completa a morte.[7]

Isso se dá, principalmente, quando, por meio de cuidados dispensados no devido tempo, logra-se reatar os laços prestes a se desfazerem e, dessa forma, restituir à vida um ser que, de certo, desencarnaria, se não fosse socorrido.[8] Nessas circunstâncias, o magnetismo pode constituir "[...] *poderoso meio de ação, porque restitui ao corpo o fluido vital que lhe falta para manter o funcionamento dos órgãos*".[9]

Em suma, pode-se dizer que,

> *Em certos estados patológicos, quando o Espírito há deixado o corpo e o perispírito só por alguns pontos se lhe acha aderido, apresenta ele, o corpo, todas as aparências da morte e enuncia-se uma verdade absoluta, dizendo que a vida aí está por um fio. Semelhante estado pode durar mais ou menos tempo; podem mesmo algumas partes do corpo entrar em decomposição, sem que, no entanto, a vida se ache definitivamente extinta. Enquanto não se haja rompido o último fio, pode o Espírito, quer por uma ação enérgica, da sua própria vontade, quer por um influxo fluídico estranho, igualmente forte, ser chamado a volver ao corpo. É como se explicam certos fatos de prolongamento da vida contra todas as probabilidades e algumas supostas ressurreições. É a planta a renascer, como às vezes se dá, de uma só fibrila da raiz. Quando, porém, as últimas moléculas do corpo fluídico se têm destacado do corpo carnal, ou quando este último há chegado a um estado irreparável de degradação, impossível se torna todo regresso à vida.*[10]

4.2 ALGUNS CASOS DE LETARGIA

Os mais famosos fenômenos desse gênero são, sem dúvida, os narrados no Evangelho. Rememoremos os três, que poderíamos considerar clássicos: os de Lázaro, da filha de Jairo e do filho da viúva de Naim.

4.2.1 Lázaro

> *Estava enfermo Lázaro, de Betânia, da aldeia de Maria e Marta, sua irmã. Esta Maria, cujo irmão Lázaro estava enfermo, era a mesma que ungiu com bálsamo o Senhor e lhe enxugou os pés com os seus cabelos. Mandaram, pois, as irmãs de Lázaro, dizer a Jesus: "Senhor, está enfermo aquele a quem amas." Ao perceber a notícia, disse Jesus: "Esta enfermidade não é para morte, e, sim, para a glória de Deus, a fim de que o Filho de Deus seja por ela glorificado." Ora, amava Jesus a Marta, e a sua irmã e a Lázaro. Quando, pois, soube que Lázaro estava doente, ainda se demorou dois dias no lugar onde estava. Depois, disse aos seus discípulos: "Vamos outra vez para a Judeia." Disseram-lhe os discípulos: "Mestre, ainda agora os judeus procuravam apedrejar-te, e voltas para lá?" Respondeu-lhe Jesus: "Não são doze as horas do dia? Se alguém andar de dia, não tropeça, porque vê a luz deste mundo; mas se andar de*

noite, tropeça, porque nele não há luz." *Isto lhe dizia, e depois lhes acrescentou:* "Nosso amigo Lázaro adormeceu, mas vou para despertá-lo." *Disseram-lhe, pois, os discípulos:* "Senhor, se dorme, estará salvo." *Jesus, porém, falara com respeito à morte de Lázaro; mas eles supunham que tivesse falado do repouso do sono. Então Jesus lhes disse claramente:* "Lázaro morreu; e por vossa causa me alegro de que lá não estivesse, para que possais crer; mas vamos ter com ele." *Então Tomé, chamado Dídimo, disse aos condiscípulos:* "Vamos também nós para morrermos com ele." *Chegando Jesus, encontrou Lázaro já sepultado, havia quatro dias. Ora, Betânia estava cerca de quinze estádios [1 estádio = 25m] perto de Jerusalém. Muitos dentre os judeus tinham vindo ter com Marta e Maria, para as consolar, a respeito de seu irmão. Marta, quando soube que vinha Jesus, saiu ao seu encontro; Maria, porém, ficou sentada em casa. Disse, pois, Marta a Jesus:* "Senhor, se estiveras aqui não teria morrido meu irmão. Mas também sei que, mesmo agora, tudo quanto pedires a Deus, Deus to concederá." *Declarou-lhe Jesus:* "Teu irmão há de ressurgir." "Eu sei", *replicou Marta,* "que ele há de ressurgir na ressurreição, no último dia." *Disse-lhe Jesus:* "Eu sou a ressurreição e a vida. Quem crê em mim, ainda que morra, viverá; e todo o que vive e crê em mim, não morrerá, eternamente. Crês isto?" "Sim, Senhor", *respondeu ela,* "eu tenho crido que tu és o Cristo, o Filho de Deus que devia vir ao mundo." *Tendo dito isto, retirou-se e chamou Maria, sua irmã, e lhe disse em particular:* "o Mestre chegou e te chama." *Ela, ouvindo isto, levantou-se depressa e foi ter com ele, pois Jesus ainda não tinha entrado na aldeia, mas permanecia onde Marta se avistara com ele. Os judeus que estavam com Maria em casa e a consolavam, vendo-a levantar-se depressa e sair, seguiram-na, supondo que ela ia ao túmulo para chorar. Quando Maria chegou ao lugar onde estava Jesus, ao vê-lo, lançou-se-lhe aos pés, dizendo:* "Senhor, se estiveras aqui, meu irmão não teria morrido." *Jesus, vendo-a chorar, e bem assim os judeus que a acompanhavam, agitou-se no Espírito e comoveu-se. E perguntou:* "Onde o sepultastes?" *Eles lhe responderam:* "Senhor, vem e vê." *Jesus chorou. Então disseram os judeus:* "Vede quanto o amava!" *Mas alguns objetaram:* "Não podia ele, que abriu os olhos ao cego, fazer que este não morresse?" *Jesus, agitando-se novamente em si mesmo, encaminhou-se para o túmulo; era este uma gruta, a cuja entrada tinham posto uma pedra. Então ordenou Jesus:* "Tirai a pedra." *Disse-lhe Marta, irmã do morto:* "Senhor, já cheira mal, porque já é de quatro dias." *Respondeu-lhe Jesus:* "Não te disse eu que se creres verá a glória de Deus?" *Tiraram, então, a pedra. E Jesus, levantando os olhos para o céu, disse:* "Pai, graças te dou porque me ouviste. Aliás, eu sabia que sempre me ouves, mas assim falei por causa da multidão presente, para que creiam que tu me enviaste." *E, tendo dito isto, clamou em alta voz:* "Lázaro, vem para fora." *Saiu aquele que estivera morto, tendo os pés e as mãos ligados com ataduras, e o rosto envolto num lenço. Então lhes ordenou Jesus:* "Desatai-o, e deixai-o ir." *Muitos, pois, dentre os judeus que tinham vindo visitar Maria, vendo o que fizera Jesus, creram nele. Outros, porém, foram ter com os fariseus e lhes contaram dos feitos que Jesus realizara.* (João, 11:1 a 46.)

4.2.2 A filha de Jairo

Tendo Jesus passado novamente, de barca, para a outra margem, logo que desembarcou, grande multidão se lhe apinhou ao derredor. Então, o chefe de sinagoga, chamado Jairo, veio ao seu encontro e, aproximando-se dele, se lhe lançou aos pés, a suplicar com grande instância, dizendo: "Tenho uma filha que está no momento extremo; vem impor-lhe as mãos para a curar e lhe salvar a vida".

Jesus foi com ele, acompanhado de grande multidão, que o comprimia.

Quando Jairo ainda falava, vieram pessoas que lhe eram subordinadas e lhe disseram: "Tua filha está morta; por que hás de dar ao Mestre o incômodo de ir mais longe?" – Jesus, porém, ouvindo isso, disse ao chefe da sinagoga: "Não te aflijas, crê apenas." – E a ninguém permitiu que o acompanhasse, senão a Pedro, Tiago e João, irmão de Tiago.

Chegando à casa do chefe da sinagoga, viu Ele uma aglomeração confusa de pessoas que choravam e soltavam grandes gritos. – Entrando, disse-lhes Ele: "Por que fazeis tanto alarido e por que chorais? Esta menina não está morta, está apenas adormecida." – Zombavam dele. Tendo feito que toda a gente saísse, chamou o pai e mãe da menina e os que tinham vindo em sua companhia e entrou no lugar onde a menina se achava deitada. – Tomou-lhe a mão e disse: "Talitha cumi", isto é: "Minha filha, levanta-te, eu to ordeno." – No mesmo instante a menina se levantou e se pôs a andar, pois contava doze anos, e ficaram todos maravilhados e espantados. (Marcos, 5:21 a 43.)[11]

4.2.3 O filho da viúva de Naim

No dia seguinte, dirigiu-se Jesus para uma cidade chamada Naim; acompanhavam-no seus discípulos e grande multidão de povo. – Quando estava perto da porta da cidade, aconteceu que levavam a sepultar um morto, que era filho único de sua mãe e essa mulher era viúva; estava com ela grande número de pessoas da cidade. – Tendo-a visto, o Senhor se tomou de compaixão para com ela e lhe disse: "Não chores." – Depois, aproximando-se, tocou o esquife e os que o conduziam pararam. Então, disse Ele: "Mancebo, levanta-te, eu o ordeno." – Imediatamente, o moço se sentou e começou a falar. E Jesus o restituiu à sua mãe.

Todos os que estavam presentes ficaram tomados de espanto e glorificavam a Deus, dizendo: "Um grande profeta surgiu entre nós e Deus visitou o seu povo." – O rumor desse milagre que Ele fizera se espalhou por toda a Judeia e por todas as regiões circunvizinhas. (Lucas, 7:11 a 17.)[12]

São vários os episódios envolvendo os fenômenos estudados. Trazemos, ainda, para reflexão, o ocorrido com a médium Yvonne A. Pereira e por ela relatado no seu livro *Recordações da mediunidade*.

4.2.4 Morte aparente

Tendo vindo ao mundo na noite de Natal, 24 de dezembro, a 23 de janeiro, durante um súbito acesso de tosse, em que sobreveio sufocação, fiquei como morta. Tudo indica que, em existência pretérita, eu morrera afogada por suicídio, e aquela sufocação, no primeiro mês do meu nascimento, nada mais seria que um dos muitos complexos que acompanham o Espírito do suicida, mesmo quando reencarnado, reminiscências mentais e vibratórias que o traumatizam por períodos longos, comumente.

Durante seis horas consecutivas permaneci com rigidez cadavérica, o corpo arroxeado, a fisionomia abatida e macilenta do cadáver, os olhos aprofundados, o nariz afilado, a boca cerrada e o queixo endurecido, enregelada, sem respiração e sem pulso. O único médico da localidade – pequena cidade do Sul do Estado do Rio de Janeiro, hoje denominada Rio das Flores, mas então chamada Santa Teresa de Valença –, o único médico e o farmacêutico, examinando-me, constataram a morte súbita por sufocação, à falta de outra "causa mortis" mais lógica. A certidão de óbito foi, portanto, legalmente passada.[...] Eu era recém-chegada na família e, por isso, ao que parece, "minha morte" não abalava o sentimento de ninguém, pois, havendo ao todo 28 pessoas na residência rural de minha avó materna, onde nasci, porquanto a família se havia reunido para as comemorações do Natal e do Ano-Novo, ninguém demonstrava pesar pelo acontecimento, muito ao contrário do que se passara na residência do fariseu Jairo, há quase dois mil anos...

Vestiram-me então de branco e azul, como o "Menino Jesus", com rendinhas prateadas na túnica de cetim, faixas e estrelinhas, e me engrinaldaram a fronte com uma coroa de rosinhas brancas. [...] A eça mortuária, uma mesinha com toalhas rendadas, com as velas e o crucifixo tradicional, encontrava-se à minha espera, solenemente preparada na sala de visitas. Nem minha mãe chorava. Mas esta não chorava porque não acreditava na minha morte. Opunha terminantemente que me expusessem na sala e encomendassem o caixão mortuário. A fim de não excitá-la, deixaram-me no berço mesmo [...] mas encomendaram o caixãozinho, todo branco, bordado de estrelinhas e franjas douradas... Minha mãe, então, quando havia já seis horas que eu me encontrava naquele estado insólito, conservando-se ainda católica romana, por aquele tempo, e vendo que se aproximava a hora do enterro, retirou-se para um aposento solitário da casa, fechou-se nele, acompanhou-se de um quadro com estampa representando Maria, Mãe de Jesus, e, com uma vela acesa, prostrou-se de joelhos ali, sozinha, e fez a invocação seguinte, concentrando-se em preces durante uma hora:

"Maria Santíssima, Santa Mãe de Jesus e nossa Mãe, vós, que também fostes mãe e passastes pelas aflições de ver padecer e morrer o vosso Filho sob os pecados dos homens, ouvi o apelo da minha angústia e atendei-o, Senhora, pelo amor do vosso Filho: se minha filha estiver realmente morta, podereis levá-la de retorno a Deus, porque eu me resignarei à inevitável lei da morte; mas se, como creio, ela estiver viva, apenas sofrendo um distúrbio cuja causa ignoramos, rogo a vossa intervenção junto a Deus Pai para que ela torne a si, a fim de que não seja

sepultada viva. E como prova do meu reconhecimento por essa caridade que me fareis eu vo-la entregarei para sempre. Renunciarei aos meus direitos sobre ela a partir deste momento! Ela é vossa! Eu vo-la entrego! E seja qual for o destino que a esperar, uma vez retorne à vida, estarei serena e confiante, porque será previsto pela vossa proteção."

[...]

Entrementes, ao se retirar do aposento, onde se dera a comunhão com o Alto, minha mãe abeirou-se do meu insignificante fardo carnal [...] e tocou-o carinhosamente com as mãos, repetidas vezes, como se transmitisse energias novas por meio de um passe. Então, um grito estridente, como de susto, de angústia, acompanhado de choro inconsolável de criança, surpreendeu as pessoas presentes. Minha mãe, provável veículo dos favores caritativos de Maria de Nazaré, levantou-me do berço e despiu-me a mortalha, verificando que a grinalda de rosinhas me ferira a cabeça.[13]

Os casos acima relatados são perfeitamente explicáveis à luz dos ensinamentos sintetizados no item 4.1 destes subsídios, o que nos leva a identificar, nos fenômenos de letargia e catalepsia, por mais estranhos que pareçam, apenas fatos naturais resultantes do processo de emancipação da alma.

4.2.5 Sra. Schwabenhaus. Letargia extática[14]

Segundo o Courrier des États-Unis, *vários jornais relataram o fato que a seguir apresentamos, e que nos pareceu fornecer matéria para um estudo interessante:*

"Diz o *Courrier des États-Unis* que uma família alemã de Baltimore acaba de emocionar-se vivamente com um caso singular de morte aparente. A Sra. Schwabenhaus, há longo tempo enferma, parecia ter exalado o derradeiro suspiro na noite de segunda para terça-feira. As pessoas que dela cuidavam puderam observar todos os sintomas da morte: o corpo estava gelado e seus membros tornaram-se rígidos. Após ter prestado ao cadáver os últimos deveres, e quando tudo na câmara mortuária estava pronto para o enterro, os assistentes foram repousar. Esgotado de fadiga, o Sr. Schwabenhaus em breve os acompanhou. Estava mergulhado num sono agitado quando, cerca de seis horas da manhã, a voz da esposa feriu-lhe o ouvido. A princípio julgou-se vítima de um sonho; mas o seu nome, repetido várias vezes, não mais lhe deixou qualquer dúvida, precipitando-se de imediato para o quarto da esposa. Aquela que era tida por morta estava sentada na cama, parecendo fruir de todas as faculdades e mais forte do que nunca, desde o início da doença.

A Sra. Schwabenhaus pediu água e depois desejou tomar chá e vinho. Rogou ao marido que fizesse adormecer a criança que chorava num quarto vizinho. Ele, porém, estava muito emocionado para isso e correu a despertar as demais pessoas de casa. Sorridente, a doente acolheu os amigos e domésticos que, trêmulos, aproximaram- se de seu leito. Não parecia surpreendida com o aparato funerário que lhe feria o olhar. "Sei que me acreditáveis morta", disse; "entretanto, estava

ROTEIRO 2 – Letargia, catalepsia e fenômenos de quase-morte

apenas adormecida. Durante esse tempo minha alma transportou-se para as regiões celestes; um anjo veio buscar-me e em poucos instantes transpusemos o Espaço. O anjo que me conduzia era a filhinha que perdemos o ano passado... Oh! em breve irei reunir- me a ela... Agora, que experimentei as alegrias do Céu, não mais queria viver na Terra. Pedi ao anjo para, uma vez mais, vir abraçar meu marido e meus filhos; mas logo retornará para buscar-me."

Às oito horas, após se haver despedido com ternura do marido, dos filhos e de uma multidão de pessoas que a rodeavam, dessa vez a Sra. Schwabenhaus expirou realmente, conforme foi constatado pelos médicos, de forma a não deixar subsistir nenhuma dúvida a esse respeito.

Esta cena impressionou profundamente os habitantes de Baltimore.

Havendo sido evocado no dia 27 de abril passado, numa sessão da Sociedade Parisiense de Estudos Espíritas, o Espírito da Sra. Schwabenhaus manteve a seguinte conversa:

1) Com vistas à nossa instrução, desejaríamos fazer algumas perguntas relacionadas com a vossa morte; consentiríeis em responder-lhas? *Resp.* – Como não, logo agora que começo a vislumbrar as verdades eternas, e sabedora da necessidade que igualmente sentis de também as conhecer?

2) Lembrais da circunstância particular que precedeu vossa morte? *Resp.* – Sim; foi o momento mais feliz da minha existênciana Terra.

3) Durante vossa morte aparente, ouvíeis o que se passava à volta e percebíeis os preparativos do funeral? *Resp.* – Minha alma estava muita preocupada com a felicidade que se avizinhava.

Observação – *Sabe-se, em geral, que os letárgicos vêem e ouvem o que se passa à volta deles, conservando a lembrança ao despertar. O fato a que nos referimos oferece a particularidade de ser o sono letárgico acompanhado de êxtase, circunstância que explica por que foi desviada a atenção da paciente.*

4) Tínheis a consciência de não estar morta? *Resp.* – Sim; mas isso me era ainda mais penoso.

5) Poderíeis dizer a diferença que fazeis entre o sono natural e o letárgico? *Resp.* – O sono natural é o repouso do corpo; o letárgico, a exaltação da alma.

6) Sofríeis durante a letargia? *Resp.* – Não.

7) Como se operou vosso retorno à vida? *Resp.* – Deus permitiu-me voltar para consolar os corações aflitos que me rodeavam.

8) Desejaríamos uma explicação mais material. *Resp.* – O que chamais de perispírito ainda animava o meu invólucro terrestre.

9) Como foi possível não vos terdes surpreendido à vista dos preparativos que faziam para o enterro? *Resp.* – Eu sabia que devia morrer; tudo aquilo pouco me importava, desde que havia entrevisto a felicidade dos eleitos.

10) Recobrando a consciência, ficastes satisfeita de retornar à vida? *Resp.* – Sim, para consolar.

11) Onde estivestes durante o sono letárgico? *Resp.* – Não posso descrever toda a felicidade que experimentava: a linguagem humana é incapaz de exprimir essas coisas.

12. Ainda vos sentíeis na Terra ou no Espaço? *Resp.* – Nos Espaços.

13. Dissestes, quando voltastes a vós, que a filhinha que havíeis perdido no ano anterior vos tinha vindo buscar. É verdade? *Resp.* – Sim; é um Espírito puro.

Observação – *Nas respostas dessa mãe, tudo anuncia tratar-se de um Espírito elevado; nada há, pois, de espantoso que um Espírito mais elevado ainda se tivesse unido ao seu por simpatia. Entretanto, não devemos tomar ao pé da letra a qualificação de* Espírito puro, *que por vezes os Espíritos se dão entre si. Por essa expressão devemos entender os Espíritos de uma ordem mais elevada que, achando-se completamente desmaterializados e purificados, não mais estão sujeitos à reencarnação: são os anjos que desfrutam a Vida Eterna. Ora, aqueles que não atingiram um grau suficiente não compreendem ainda esse estado supremo; podem, pois, empregar o termo* Espírito puro *para designar uma superioridade relativa, mas não absoluta. Disso temos numerosos exemplos, querendo parecer-nos que a Sra. Schwabenhaus encontra-se neste caso. Algumas vezes os Espíritos zombeteiros também se atribuem a qualidade de Espíritos puros, a fim de inspirarem mais confiança àqueles a quem desejam enganar, e que não têm suficiente perspicácia para os julgarem por sua linguagem, pela qual sempre se traem em razão de sua inferioridade.*

14) Que idade tinha essa criança quando morreu? *Resp.* – Sete anos.

15) Como a reconhecestes? *Resp.* – Os Espíritos Superiores se reconhecem mais depressa.

16) Vós a reconhecestes sob uma forma qualquer? *Resp.* – Somente a vi como Espírito.

17) O que ela vos dizia? *Resp.* – "Vem; segue-me em direção ao Eterno."

18) Vistes outros Espíritos, além do de vossa filha? *Resp.* – Vi uma porção de outros Espíritos, mas a voz de minha filha e a felicidade que pressentia eram minhas únicas preocupações.

19) Por ocasião de vosso retorno à vida, dissestes que em breve iríeis reencontrar a filha; tínheis, pois, consciência de vossa morte próxima? *Resp.* – Para mim era uma esperança feliz.

20) Como o sabíeis? *Resp.* – Quem não sabe que é preciso morrer? Minha doença mo dizia bem.

21) Qual era a causa de vossa enfermidade? *Resp. – Os desgostos.*

22) Que idade tínheis? *Resp.* – Quarenta e oito anos.

23) Deixando a vida definitivamente, tivestes de imediato consciência clara e lúcida da nova situação? *Resp.* – Tive-a no momento da letargia.

24) Experimentastes a perturbação que acompanha ordinariamente o retorno à vida espírita? *Resp.* – Não; estava deslumbrada, mas não perturbada.

Observação – *Sabe-se que a perturbação que se segue à morte é tanto menor e menos duradoura quanto mais se depurou o Espírito durante a vida. O êxtase que precedeu a morte dessa mulher era, aliás, um primeiro desprendimento da alma de seus laços terrenos.*

25) Desde que estais morta já revistes vossa filha? *Resp.* – Frequentemente estou com ela.

26) A ela estais reunida por toda a eternidade? *Resp.* – Não. Sei, porém, que depois de minhas últimas encarnações estarei no paraíso, onde habitam os Espíritos puros.

27) Então vossas provas não terminaram? *Resp.* – Não, mas, doravante, serão mais felizes. Não me deixam senão esperar, e a esperança já é quase a felicidade.

28) Vossa filha tinha vivido em outros corpos antes daquele pelo qual foi vossa filha? *Resp.* – Sim; em muitos outros.

29) Sob que forma vos encontrais entre nós? *Resp.* – Sob minha derradeira forma de mulher.

30) Percebei-nos tão distintamente como o faríeis quando viva? *Resp.* – Sim.

31) Desde que estais aqui sob a forma que tínheis na Terra, é pelos olhos que nos vedes? *Resp.* – Claro que não, o Espírito não tem olhos. Encontro-me sob minha última forma tão somente para satisfazer às leis que regem os Espíritos, quando evocados e obrigados a retomar aquilo a que chamais *perispírito*.

32) Podeis ler os nossos pensamentos? *Resp.* – Sim, posso; lerei caso eles sejam bons.

Agradecemos as explicações que houvestes por bem nos dar; pela sabedoria das vossas respostas reconhecemos que sois um Espírito elevado e esperamos que possais fruir a felicidade que mereceis.

Resp. – Sinto-me feliz em contribuir para vossa obra; morrer é uma alegria, quando podemos auxiliar o progresso, como o faço agora.

REFERÊNCIAS

[1] KARDEC, Allan. *A gênese*. Trad. Guillon Ribeiro. 53. ed. 9. imp. (Edição Histórica). Brasília, DF: FEB, 2020. cap. 14, it. 29.

[2] _____. *O livro dos espíritos*. Trad. Guillon Ribeiro. 93. ed. 9. imp. (Edição Histórica). Brasília, DF: FEB, 2019. Comentário de Kardec à q. 424.

3 _____. _____. q. 423.
4 _____. _____. q. 422.
5 _____. _____.
6 _____. _____. q. 422-a.
7 _____. _____. q. 423.
8 _____. _____. q. 424.
9 _____. _____.
10 _____. *A gênese*. Trad. Guillon Ribeiro. 53. ed. 9. imp. (Edição Histórica). Brasília, DF: FEB, 2020. cap. 14, it. 30.
11 _____. _____. cap. 15, it. 37.
12 _____. _____. it. 38.
13 PEREIRA, Yvonne do A. *Recordações da mediunidade*. 10. ed. imp. Brasília, DF: FEB, 2016. cap. 2 – *Faculdade nativa*.
14 KARDEC, Allan. *Revista Espírita*: jornal de estudos psicológicos. ano, n. 9, set. 1858. Conversas familiares de Além-Túmulo, it. Sra. Schwabenhaus. Letargia extática. Trad. de Evandro Noleto. 5. ed. 1. imp. Brasília, DF: FEB, 2014.

MENSAGEM

Prece do Espírito André Luiz

Senhor Jesus,

Dá-nos o poder de operar a própria conversão,

Para que o teu Reino de Amor seja irradiado

Do centro de nós mesmos!...

Contigo em nós,

Converteremos

A treva em claridade,

A dor em alegria,

O ódio em amor,

A descrença em fé viva,

A dúvida em certeza,

A maldade em bondade,

A ignorância em compreensão e sabedoria,

A dureza em ternura,

A fraqueza em força,

O egoísmo em cântico fraterno,

O orgulho em humildade,

O torvo mal em infinito bem!

Sabemos, Senhor,

Que de nós mesmos

Somente possuímos a inferioridade

De que nos devemos desvencilhar...

Mas, unidos a ti,

Somos galhos frutíferos

Na árvore dos séculos

Que as tempestades da experiência jamais deceparão!...

Assim, pois, Mestre Amoroso,

Digna-te amparar-nos

A fim de que nos elevemos

Ao encontro de tuas mãos sábias e compassivas,

Que nos erguerão da inutilidade

Para o serviço da Cooperação Divina,

Agora e para sempre. Assim seja!...

FONTE: XAVIER, Francisco Cândido. *Voltei*. Pelo Espírito Irmão Jacob. 28. ed. 10. imp. Brasília, DF: FEB, 2016. cap. 20 – *Retorno à tarefa,* it. 20.3 Assembleia de fraternidade.

SONAMBULISMO, ÊXTASE E DUPLA VISTA

1 OBJETIVOS ESPECÍFICOS

» Analisar as características dos fenômenos de sonambulismo, êxtase e dupla vista.

» Analisar a diferença entre êxtase e sonambulismo.

» Refletir sobre a diferença entre sonambulismo, êxtase e dupla vista.

2 CONTEÚDO BÁSICO

» O sonambulismo é "[...] *um estado de independência do Espírito, mais completo do que no sonho, estado em que maior amplitude adquirem suas faculdades. A alma tem então percepções de que não dispõe no sonho, que é um estado de sonambulismo imperfeito*". (Allan Kardec, *O livro dos espíritos*, q. 425).

» *No sonambulismo, o Espírito está na posse plena de si mesmo. Os órgãos materiais, achando-se de certa forma em estado de catalepsia, deixam de receber as impressões exteriores. Esse estado se apresenta principalmente durante o sono [...]. Quando se produzem os fatos do sonambulismo, é que o Espírito, preocupado com uma coisa ou outra, se aplica a uma ação qualquer, para cuja prática necessita de utilizar-se do corpo. Serve-se então deste, como se serve de uma mesa ou de outro objeto material no fenômeno das manifestações físicas [...].* (Allan Kardec, *O livro dos espíritos*, comentário de Kardec à q. 425).

» Que diferença há entre o êxtase e o sonambulismo?

"*O êxtase é um sonambulismo mais apurado. A alma do extático ainda é mais independente.*" (Allan Kardec, *O livro dos espíritos*, q. 439).

> No estado de êxtase, o aniquilamento do corpo é quase completo. Fica-lhe somente [...] a vida orgânica. Sente-se que a alma se lhe acha presa unicamente por um fio, que mais um pequenino esforço quebraria sem remissão. Nesse estado, desaparecem todos os pensamentos terrestres, cedendo lugar ao sentimento apurado, que constitui a essência mesma do nosso ser imaterial. (Allan Kardec, O livro dos espíritos, q. 455).

> O fenômeno a que se dá a designação de dupla vista tem alguma relação com o sonho e o sonambulismo?

> "Tudo isso é uma só coisa. O que se chama dupla vista é ainda resultado da libertação do Espírito, sem que o corpo seja adormecido. A dupla vista ou segunda vista é a vista da alma." (Allan Kardec, O livro dos espíritos, q.447).

> O poder da vista dupla varia, indo desde a sensação confusa até a percepção clara e nítida das coisas presentes ou ausentes. Quando rudimentar, confere a certas pessoas o tato, a perspicácia, uma certa segurança nos atos, a que se pode dar o qualificativo de precisão de golpe de vista moral. [...] (Allan Kardec, O livro dos espíritos, q. 455).

3 SUGESTÕES DIDÁTICAS

3.1 SUGESTÃO 1:

Introdução

Iniciar o estudo apresentando o assunto e os objetivos do Roteiro.

Em seguida, solicitar aos participantes que se organizem em duplas e entregar, a cada dupla, uma ficha contendo as seguintes expressões: SONAMBULISMO; ÊXTASE; DUPLA VISTA.

Logo após, pedir aos integrantes de cada dupla que troquem ideias a respeito das palavras constantes nas fichas recebidas.

Desenvolvimento

Ouvir o entendimento do plenário acerca do conteúdo das fichas, sem comentá-lo.

Dividir os participantes em três grupos, para a realização das seguintes tarefas:

Grupo 1 – a) leitura do item 4.1 dos subsídios; b) troca de ideias sobre o conteúdo lido; c) listagem das características do *sonambulismo*, apresentadas no texto; d) elaboração de cartaz com essas características; e) afixação do mesmo em lugar indicado pelo facilitador; f) escolha de um representante para explicar o conteúdo do cartaz aos demais grupos.

Grupo 2 – a) leitura do item 4.2 dos subsídios; b) troca de ideias sobre o conteúdo lido; c) listagem das características do *êxtase*, encontradas no texto; d) elaboração de cartaz com essas características; e) afixação do mesmo em lugar indicado pelo facilitador; f) escolha de um representante para explicar o conteúdo do cartaz aos demais grupos.

Grupo 3 – a) leitura do item 4.3 dos subsídios; b) troca de ideias sobre o conteúdo lido; c) listagem das características da *dupla vista*, registradas no texto; d) elaboração de cartaz com essas características; e) afixação do mesmo em lugar indicado pelo facilitador; f) escolha de um representante para explicar o conteúdo do cartaz aos demais grupos.

Ouvir as conclusões dos grupos, solicitando aos seus representantes que incluam, dentre as características apresentadas, aquelas que, eventualmente, tenham sido omitidas.

A seguir, em conjunto com os participantes, assinalar nos cartazes afixados os itens que indiquem as semelhanças e as diferenças existentes entre os fenômenos em questão, prestando os esclarecimentos que se fizerem necessários.

Conclusão

Encerrar o estudo ressaltando a importância dos fenômenos do sonambulismo, do êxtase e da dupla vista, para demonstração da existência da alma.

Avaliação

O estudo será considerado satisfatório se os participantes realizarem corretamente as tarefas propostas.

Técnica(s): cochicho; estudo em pequenos grupos; exposição.

Recurso(s): ficha; folha de papel pardo/cartolina; fita adesiva; caneta hidrográfica.

3.2 SUGESTÃO 2:

Introdução

Iniciar o estudo apresentando os assuntos a serem estudados nesse encontro.

Desenvolvimento

Em seguida, convidar os grupos para apresentarem os estudos preparados em atividade extra-encontro de estudo.

(Até 15 minutos para cada grupo.)

Os grupos anotam dúvidas a serem esclarecidas em tempo oportuno.

Após as apresentações, os Grupos 2 e 3 farão perguntas ao Grupo 1 (1 e 3 perguntam ao 2; 1 e 2 perguntam ao 3).

Nesse momento, o facilitador acompanha e complementa informações sobre o assunto, sempre que necessário de acordo com subsídios do Roteiro e Referência sugerida.

(Até 10 minutos para cada grupo.)

Propor reflexões sobre os conteúdos estudados, da apostila e de *O livro dos espíritos*:

» *O que consiste o sonambulismo?*
» *Qual a diferença entre sonambulismo, êxtase e dupla vista?*
» *Alguém tem alguma experiência de emancipação da alma?* Etc.

Propor a seguinte reflexão individual (não há a necessidade de comentário):

Sinto-me preparado(a) para minha emancipação (emancipação de minha alma)?

Conclusão

Fazer o fechamento reforçando:

> O sonambulismo é "[...] um estado de independência do Espírito, mais completo do que no sonho, estado em que maior amplitude adquirem suas faculdades. A alma tem então percepções de que não dispõe no sonho, que é um estado de sonambulismo imperfeito". (Allan Kardec, *O livro dos espíritos*, q. 425).

> No sonambulismo, o Espírito está na posse plena de si mesmo. Os órgãos materiais, achando-se de certa forma em estado de catalepsia, deixam de receber

as impressões exteriores. Esse estado se apresenta principalmente durante o sono [...]. Quando se produzem os fatos do sonambulismo, é que o Espírito, preocupado com uma coisa ou outra, se aplica a uma ação qualquer, para cuja prática necessita de utilizar-se do corpo. Serve-se então deste, como se serve de uma mesa ou de outro objeto material no fenômeno das manifestações físicas [...]. (Allan Kardec, *O livro dos espíritos*, comentário de Kardec à q. 425).

No estado de êxtase, o aniquilamento do corpo é quase completo. Fica-lhe somente [...] a vida orgânica. Sente-se que a alma se lhe acha presa unicamente por um fio, que mais um pequenino esforço quebraria sem remissão. Nesse estado, desaparecem todos os pensamentos terrestres, cedendo lugar ao sentimento apurado, que constitui a essência mesma do nosso ser imaterial. (Allan Kardec, *O livro dos espíritos*, q. 455).

O fenômeno a que se dá a designação de dupla vista tem alguma relação com o sonho e o sonambulismo?

"Tudo isso é uma só coisa. O que se chama dupla vista é ainda resultado da libertação do Espírito, sem que o corpo seja adormecido. A dupla vista ou segunda vista é a vista da alma." (Allan Kardec, *O livro dos espíritos*, q. 447).

Avaliação

O estudo será considerado satisfatório se as ideias de os participantes refletirem entendimento do assunto.

Técnica(s): apresentação de atividade extra-encontro de estudo, discussão circular.

Recurso(s): subsídios do Roteiro; *O livro dos espíritos*.

4 SUBSÍDIOS

4.1 SONAMBULISMO

De acordo com o Espiritismo, o *sonambulismo* natural

É um estado de independência do Espírito, mais completo do que no sonho, estado em que maior amplitude adquirem suas faculdades. A alma tem então percepções de que não dispõe no sonho, que é um estado de sonambulismo imperfeito.[1]

No sonambulismo, o Espírito está na posse plena de si mesmo. Os órgãos materiais, achando-se de certa forma em estado de catalepsia, deixam de receber as impressões exteriores. Esse estado se apresenta principalmente durante o sono, ocasião em que o Espírito pode abandonar provisoriamente o corpo, por se encontrar este gozando do repouso indispensável à matéria. Quando se produzem os fatos do sonambulismo, é que o Espírito, preocupado com uma coisa ou

> outra, se aplica a uma ação qualquer, para cuja prática necessita de utilizar-se do corpo. Serve-se então deste, como se serve de uma mesa ou de outro objeto material no fenômeno das manifestações físicas, ou mesmo como se utiliza da mão do médium nas comunicações escritas. [...][2]
>
> Os fenômenos do sonambulismo natural se produzem espontaneamente e independem de qualquer causa exterior conhecida. Mas, em certas pessoas dotadas de especial organização, podem ser provocados artificialmente, pela ação do agente magnético.
>
> O estado que se designa pelo nome de sonambulismo magnético apenas difere do sonambulismo natural em que um é provocado, enquanto o outro é espontâneo.
>
> O sonambulismo natural constitui fato notório, que ninguém mais se lembra de pôr em dúvida, não obstante o aspecto maravilhoso dos fenômenos a que dá lugar. Por que seria então mais extraordinário ou irracional o sonambulismo magnético? Apenas por produzir-se artificialmente, como tantas outras coisas? [...].[3]

Em verdade,

> Para o Espiritismo, o sonambulismo é mais do que um fenômeno psicológico, é uma luz projetada sobre a psicologia. É aí que se pode estudar a alma, porque é onde esta se mostra a descoberto. Ora, um dos fenômenos que a caracterizam é o da clarividência independente dos órgãos ordinários da vista. Fundam-se os que contestam este fato em que o sonâmbulo nem sempre vê, e à vontade do experimentador, como com os olhos. Será de admirar que difiram os efeitos, quando diferentes são os meios? Será racional que se pretenda obter os mesmos efeitos, quando há e quando não há o instrumento? A alma tem suas propriedades, como os olhos têm as suas. Cumpre julgá-las em si mesmas e não por analogia.
>
> De uma causa única se originam a clarividência do sonâmbulo magnético e a do sonâmbulo natural. É um atributo da alma, uma faculdade inerente a todas as partes do ser incorpóreo que existe em nós e cujos limites não são outros senão os assinados à própria alma. O sonâmbulo vê em todos os lugares onde sua alma possa transportar-se, qualquer que seja a longitude.
>
> No caso de visão a distância, o sonâmbulo não vê as coisas de onde está o seu corpo, como por meio de um telescópio. Vê as presentes, como se se achasse no lugar onde elas existem, porque sua alma, em realidade, lá está. Por isso é que seu corpo fica como que aniquilado e privado de sensação, até que a alma volte a habitá-lo novamente. Essa separação parcial da alma e do corpo constitui um estado anormal, suscetível de duração mais ou menos longa, porém não indefinida. Daí a fadiga que o corpo experimenta após certo tempo, mormente quando aquela se entrega a um trabalho ativo.[4]

Note-se, contudo, que

> O poder da lucidez sonambúlica não é ilimitado. O Espírito, mesmo quando completamente livre, tem restringidos seus conhecimentos e faculdades, conforme

ao grau de perfeição que haja alcançado. Ainda mais restringidos os tem quando ligado à matéria, a cuja influência está sujeito. É o que motiva não ser universal, nem infalível, a clarividência sonambúlica. E tanto menos se pode contar com a sua infalibilidade, quanto mais desviada seja do fim visado pela natureza e transformada em objeto de curiosidade e de experimentação.

No estado de desprendimento em que fica colocado, o Espírito do sonâmbulo entra em comunicação mais fácil com os outros Espíritos encarnados, ou não encarnados, comunicação que se estabelece pelo contato dos fluidos, que compõem os perispíritos e servem de transmissão ao pensamento, como o fio elétrico. O sonâmbulo não precisa, portanto, que se lhe exprimam os pensamentos por meio da palavra articulada. Ele os sente e adivinha. É o que o torna eminentemente impressionável e sujeito às influências da atmosfera moral que o envolva. [...][5]

Como se sabe,

Em cada uma de suas existências corporais, o Espírito adquire um acréscimo de conhecimentos e de experiência. Esquece-os parcialmente, quando encarnado em matéria por demais grosseira, porém deles se recorda como Espírito. Assim é que certos sonâmbulos revelam conhecimentos acima do grau da instrução que possuem e mesmo superiores às suas aparentes capacidades intelectuais. Portanto, da inferioridade intelectual e científica do sonâmbulo, quando desperto, nada se pode inferir com relação aos conhecimentos que porventura revele no estado de lucidez. Conforme as circunstâncias e o fim que se tenha em vista, ele os pode haurir da sua própria experiência, da sua clarividência relativa às coisas presentes, ou dos conselhos que receba de outros Espíritos. Podendo o seu próprio Espírito ser mais ou menos adiantado, possível lhe é dizer coisas mais ou menos certas.

Pelos fenômenos do sonambulismo, quer natural, quer magnético, a Providência nos dá a prova irrecusável da existência e da independência da alma e nos faz assistir ao sublime espetáculo da sua emancipação. [...][6]

A literatura espírita é plena de fatos de *sonambulismo*. Como exemplificação, eis o relato de um deles, nas próprias palavras de Allan Kardec, conforme consta na *Revista Espírita*:

Residindo em Bercy, na rua Charenton, 43, o Sr. Marillon havia desaparecido desde o dia 13 de janeiro último. Todas as pesquisas para descobrir o seu paradeiro foram infrutíferas; nenhuma das pessoas na casa das quais estava habituado a ir o tinham visto; nenhum negócio podia motivar sua ausência prolongada. Por outro lado, seu caráter, sua posição e seu estado mental afastavam qualquer ideia de suicídio. Restava a possibilidade de que tivesse sido vítima de um crime ou de um acidente; nesta última hipótese, porém, teria sido facilmente reconhecido e levado para sua casa, ou pelo menos, despachado para o necrotério. Todas as probabilidade apontavam, pois, para um crime, nele se firmando o pensamento, tanto mais quanto o Sr. Marillon havia saído para fazer um pagamento. Mas onde e como o crime havia sido cometido? Ninguém o sabia. Sua filha recorreu, então, a uma sonâmbula, a Sra. Roger que em muitas outras situações semelhantes dera provas de notável lucidez, que nós mesmos constatamos. A Sra. Roger seguiu o Sr. Marillon desde a saída da casa dele, às três horas da tarde, até cerca de sete horas da noite, quando ele se dispunha a voltar. Viu-o descer às margens do Sena para satisfazer a uma urgente necessidade, sendo aí acometido de um ataque de apoplexia. Ela descreveu tê-lo visto cair sobre uma pedra, abrir uma fenda na fronte e depois rolar dentro d'água; não se tratou, pois, nem de suicídio, nem de crime; ainda havia dinheiro e uma chave dentro do bolso de seu paletó. A sonâmbula indicou o local do acidente, acrescentando que o corpo não mais se encontrava no local, em virtude de ter sido arrastado facilmente pela correnteza. Encontraram-no, com efeito, no local assinalado. Tinha a ferida indicada na fronte, a chave e o dinheiro estavam no bolso e a posição de suas roupas indicava claramente que a sonâmbula não se havia enganado quanto ao motivo que o levara à beira do rio. Diante de tantos detalhes, perguntamos onde se poderia ver a transmissão de um pensamento qualquer. [...][7]

4.2 ÊXTASE

O *êxtase*, por sua vez, é, segundo o ensino espírita, "[...] *um sonambulismo mais apurado. A alma do extático é mais independente*".[8]

De fato,

No sonho e no sonambulismo, o Espírito anda em giro pelos mundos terrestres. No êxtase, penetra em um mundo desconhecido, o dos Espíritos etéreos, com os quais entra em comunicação, sem que, todavia, lhe seja lícito ultrapassar certos limites, porque, se os transpusesse, totalmente se partiriam os laços que o prendem ao corpo. Cerca-o então resplendente e desusado fulgor, inebriam-no harmonias que na Terra se desconhecem, indefinível bem-estar o invade: goza antecipadamente da beatitude celeste e bem se pode dizer que pousa um pé no limiar da eternidade.

No estado de êxtase, o aniquilamento do corpo é quase completo. Fica-lhe somente, pode-se dizer, a vida orgânica. Sente-se que a alma se lhe acha presa unicamente por um fio, que mais um pequenino esforço quebraria sem remissão.

Nesse estado, desaparecem todos os pensamentos terrestres, cedendo lugar ao sentimento apurado, que constitui a essência mesma do nosso ser imaterial. Inteiramente entregue a tão sublime contemplação, o extático encara a vida apenas como paragem momentânea. Considera os bens e os males, as alegrias grosseiras e as misérias deste mundo quais incidentes fúteis de uma viagem, cujo termo tem a dita de avistar.

Dá-se com os extáticos o que se dá com os sonâmbulos: mais ou menos perfeita podem ter a lucidez e o Espírito mais ou menos apto a conhecer e compreender as coisas, conforme seja mais ou menos elevado. Muitas vezes, porém, há neles mais excitação do que verdadeira lucidez, ou, melhor, muitas vezes a exaltação lhes prejudica a lucidez. Daí o serem, frequentemente, suas revelações um misto de verdades e erros, de coisas grandiosas e coisas absurdas, até ridículas. Dessa exaltação, que é sempre uma causa de fraqueza, quando o indivíduo não sabe reprimi-la, Espíritos inferiores costumam aproveitar-se para dominar o extático, tomando, com tal intuito, aos seus olhos, aparências que mais o aferram às ideias que nutre no estado de vigília. Há nisso um escolho, mas nem todos são assim. Cabe-nos julgar friamente e pesar-lhes as revelações na balança da razão.[9]

Há, ainda, com relação ao *êxtase*, uma singularidade. É que, se o extático ficasse entregue a si mesmo, poderia ocorrer a sua desencarnação.[10]

> *[...] Por isso* [dizem os Espíritos Superiores] *é que preciso se torna chamá-lo a voltar, apelando para tudo o que o prende a este mundo, fazendo-lhe sobretudo compreender que a maneira mais certa de não ficar lá, onde vê que seria feliz, consistiria em partir a cadeia que o tem preso ao planeta terreno.*[11]

De toda forma, como assinala Denis,

> *A felicidade dos extáticos, o júbilo que experimentam, contemplando as magnificências do Além, seriam só por si suficientes para nos demonstrar a extensão dos gozos que nos reservam as esferas espirituais, se as nossas grosseiras concepções nos não impedissem muitíssimas vezes de os compreender e pressentir.*[12]

À guisa de ilustração, extraímos da *Revista Espírita*, de Allan Kardec, o seguinte caso de *êxtase*, que, segundo a tradição, ocorreu com o famoso compositor italiano de música religiosa, Pergolesi, que viveu no século XVIII. O fato é relatado pelo Sr. Ernest Le Nordez:

> *Sabeis com que piedade aqui celebramos, ainda em nossos dias, a despeito da debilidade da fé, o tocante aniversário da morte do Cristo; a semana em que a Igreja o relembra a seus filhos é bem realmente, para nós, uma semana santa. Assim, reportando-vos à época de fé em que vivia Pergolesi, podeis pensar com que fervor o povo acorria em massa às igrejas, para meditar as cenas enternecedoras do drama sangrento do Calvário.*
>
> *Na sexta-feira santa Pergolesi acompanhou a multidão. Aproximando-se do templo, parecia-lhe que uma calma, há muito desconhecida para ele, se fazia em sua alma e, quando transpôs o portal, sentiu-se como que envolto por uma nuvem ao mesmo tempo espessa e luminosa. Logo nada mais viu; profundo silêncio se fez em seu redor; depois, ante os seus olhos admirados, e em meio à nuvem, na qual até então lhe parecia ter sido levado, viu desenharem-se os traços puros e divinos de uma virgem, inteiramente vestida de branco; ele a viu pousar seus dedos etéreos nas teclas de um órgão, e ouviu como um concerto longínquo de vozes melodiosas, que insensivelmente dele se aproximava. O canto que essas vozes repetiam o enchia de encantamento, mas não lhe era desconhecida; parecia-lhe que esse canto era aquele do qual não tinha podido perceber senão*

vagos ecos; essas vozes eram bem aquelas que, desde longos meses, lançavam perturbação em sua alma e agora lhe traziam uma felicidade sem limite. Sim, esse canto, essas vozes eram bem o sonho que ele tinha perseguido, o pensamento, a inspiração que inutilmente havia procurado por tanto tempo.

Mas, enquanto sua alma, arrebatada no êxtase, bebia a longos sorvos as harmonias simples e celestes desse concerto angélico, sua mão, como que movida por força misteriosa, agitava-se no espaço e parecia traçar, mau grado seu, notas que traduziam os sons que o ouvido escutava.

Pouco a pouco as vozes se afastaram, a visão desapareceu, a nuvem se desvaneceu e Pergolesi viu, ao abrir os olhos, escrito por sua mão, no mármore do templo, esse canto de sublime simplicidade, que o devia imortalizar, o Stabat Mater, que desde esse dia todo o mundo cristão repete e admira.

O artista ergueu-se, saiu do templo, calmo, feliz e não mais inquieto e agitado. Mas nesse dia uma nova aspiração se apoderou dessa alma de artista: ela ouvira o canto dos anjos, o concerto dos Céus. As vozes humanas e os concertos terrestres já não lhe podiam bastar. Essa sede ardente, impulso de um grande gênio, acabou por esgotar o sopro de vida que lhe restava, e foi assim que aos 33 anos, na exaltação, na febre, ou melhor, no amor sobrenatural de sua arte, Pergolesi encontrou a morte.[13]

4.3 DUPLA VISTA

O fenômeno designado como *dupla vista* tem relação com o *sonho* e o *sonambulismo*, uma vez que, segundo ensina a Codificação Espírita, isso tudo "[...] *é uma só coisa. O que se chama dupla vista é ainda resultado da libertação do Espírito, sem que o corpo seja adormecido. A dupla vista ou segunda vista é a vista da alma*".[14]

Com efeito, a alma às vezes emancipa-se também no estado de vigília, produzindo, neste caso, o fenômeno chamado de *dupla vista*, que

> [...] *é a faculdade graças à qual quem a possui vê, ouve e sente além dos limites dos sentidos humanos. Percebe o que exista até onde estende a alma a sua ação. Vê, por assim dizer, através da vista ordinária e como por uma espécie de miragem.*
>
> *No momento em que o fenômeno da segunda vista se produz, o estado físico do indivíduo se acha sensivelmente modificado. O olhar apresenta alguma coisa de vago. Ele olha sem ver. Toda a sua fisionomia reflete uma como exaltação. Nota-se que os órgãos visuais se conservam alheios ao fenômeno, pelo fato de a visão persistir, mau grado à oclusão dos olhos.*
>
> *Aos dotados desta faculdade ela se afigura tão natural, como a que todos temos de ver. Consideram-na um atributo de seus próprios seres, que em nada lhes parecem excepcionais. De ordinário, o esquecimento se segue a essa lucidez*

passageira, cuja lembrança, tornando-se cada vez mais vaga, acaba por desaparecer, como a de um sonho.

O poder da vista dupla varia, indo desde a sensação confusa até a percepção clara e nítida das coisas presentes ou ausentes. Quando rudimentar, confere a certas pessoas o tato, a perspicácia, uma certa segurança nos atos, a que se pode dar o qualitativo de precisão de golpe de vista moral. Um pouco desenvolvida, desperta os pressentimentos. Mais desenvolvida, mostra os acontecimentos que deram ou estão para dar-se.[15]

São muitos os casos de *dupla vista* encontrados na literatura espírita. A título de exemplo, citamos o seguinte, conforme consta na obra *A morte e o seu mistério*, de Camille Flammarion:

O professor Boehm, que ensinava matemáticas em Marburg, estando uma noite com amigos, teve de repente a convicção de que devia regressar a sua casa. Mas, como tomasse tranquilamente o seu chá, resistiu a esta impressão, a qual, todavia, tornou a arrastá-lo com tanta força que se viu obrigado a obedecer. Chegado à sua morada, encontrou aí tudo como o havia deixado; mas sentia-se obrigado a mudar o seu leito de lugar. Por mais absurda que lhe parecesse esta imposição mental, entendeu que a devia cumprir, chamou a criada e com o auxílio dela colocou a cama do outro lado do quarto. Feito isto, ficou satisfeito e voltou para junto de seus amigos a acabar o serão. Despediu-se deles às dez horas, voltou para casa, deitou-se e adormeceu. Foi despertado, durante a noite, por grande fragor e verificou que grossa viga tinha desabado, arrastando uma parte do teto e caindo no lugar que o seu leito havia ocupado.[16]

Em suma, pode-se dizer que

O sonambulismo natural e artificial, o êxtase e a dupla vista são efeitos vários, ou de modalidades diversas, de uma mesma causa. Esses fenômenos, como os sonhos, estão na ordem da Natureza. Tal a razão por que hão existido em todos os tempos. A História mostra que foram sempre conhecidos e até explorados desde a mais remota antiguidade e neles se nos depara a explicação de uma imensidade de fatos que os preconceitos fizeram fossem tidos por sobrenaturais.[17]

REFERÊNCIAS

[1] KARDEC, Allan. *O livro dos espíritos*. Trad. Guillon Ribeiro. 93. ed. 9. imp. (Edição Histórica). Brasília, DF: FEB, 2019. q. 425.

[2] _____. _____. Comentário de Kardec à q. 425.

[3] _____. _____. q. 455.

[4] _____. _____.

[5] _____. _____.

[6] _____. _____.

7 _____. *Revista Espírita*: jornal de estudos psicológicos. ano 1, n. 11, nov. 1858. Independência sonambúlica. Trad. Evandro Noleto Bezerra. 5. ed. 1. imp. Brasília, DF: FEB, 2015.

8 _____. *O livro dos espíritos*. Trad. Guillon Ribeiro. 93. ed. 9. imp. (Edição Histórica). Brasília, DF: FEB, 2019. q. 439.

9 _____. _____. q. 455.

10 _____. _____. q. 442.

11 _____. _____.

12 DENIS, Léon. *No invisível*. Trad. Leopoldo Cirne. 26. ed. 1. imp. Brasília, DF: FEB, 2014. 2ª pt., cap. 12 – *Exteriorização do ser humano. Telepatia. Desdobramento. Os fantasmas dos vivos.*

13 KARDEC, Allan. *Revista Espírita*: jornal de estudos psicológicos. ano 12, n. 2, fev. 1869. Visão de Pergolese. Trad. Evandro Noleto Bezerra. 4. ed. 1. imp. Brasília, DF: FEB, 2019.

14 _____. *O livro dos espíritos*. Trad. Guillon Ribeiro. 93. ed. 9. imp. (Edição Histórica). Brasília, DF: FEB, 2019. q. 447.

15 _____. _____. q. 455.

16 FLAMMARION, Camille. *A morte e o seu mistério*. v. I. 6. ed. 1. reimp. Brasília, DF: FEB, 2008. cap. 8 – *A visão dos acontecimentos futuros.*

17 KARDEC, Allan. *O livro dos espíritos*. Trad. Guillon Ribeiro. 93. ed. 9. imp. (Edição Histórica). Brasília, DF: FEB, 2019. q. 455.

MENSAGEM

Oração

Divino Benfeitor!

Amanhece em nossos caminhos. As sombras da noite moral insistente diluem-se ante a claridade que nos visita.

Em todos os trâmites de dor e inquietação foste a nossa segurança e o nosso apoio.

Sempre experimentamos a dita de fruir a tua presença.

No dia novo, segue conosco, Jesus, a fim de que não o nublemos com a treva teimosa que ainda perdura em nós, por culpa nossa.

Se não pudermos alcançar, por enquanto, os alcantis dourados, nos tentames da ascensão que nos destinas, faculta-nos embelezar as escarpas, a fim de melhorarmos a paisagem para os que vêm, corajosos, depois de nós...

Se não conseguirmos o êxito por nossa imprevidência, enseja-nos, ao menos, a sabedoria que impede o acumpliciamento com o crime.

Ensina-nos a valorizar o tempo, aplicando-o com elevação.

Não nos concedas a hora vazia, a fim de que a ociosidade não nos entorpeça o caráter.

Nós, que temos vivido em fugas incessantes, agora te suplicamos a coragem e o destemor para o avanço do Espírito robustecido pela fé e dignificado pelo sacrossanto sentimento do Amor.

Permite que façamos sempre segundo a tua e não a nossa vontade, por seres o Caminho, a Verdade e a Vida, que todos anelamos.

Senhor! despede-nos em tua santa paz!

FONTE: FRANCO, Divaldo Pereira. *Tramas do destino*. Pelo Espírito Manoel Philomeno de Miranda. 12. ed. 2. imp. Brasília, DF: FEB. 2018. cap. 30 – *Novos rumos*.

PROGRAMA COMPLEMENTAR

MÓDULO VIII
A evolução do pensamento religioso

OBJETIVO GERAL

Propiciar entendimento sobre a evolução do pensamento religioso.

"Mestre, qual é o grande mandamento da lei? [...] Amarás o Senhor teu Deus com todo o coração, com toda a tua alma, e com toda a tua mente. [...] Amarás teu próximo como a ti mesmo. Nestes dois mandamentos está dependurada toda a lei e os profetas." (*Mateus*, 22:36 a 40.)

A BASE RELIGIOSA DA HUMANIDADE

1 OBJETIVOS ESPECÍFICOS

» Analisar as principais características da experiência religiosa humana.

» Refletir sobre as características da experiência religiosa humana.

2 CONTEÚDO BÁSICO

» *Religião é o sentimento divino, cujas exteriorizações são sempre o Amor, nas expressões mais sublimes. [...]* (Emmanuel, *O consolador*, q. 260).

» Religião natural é "*[...] a que parte do coração e vai diretamente a Deus [...]*". (Allan Kardec, *Obras póstumas*, 2ª pt., *A minha primeira iniciação no Espiritismo*, it. Futuro do Espiritismo).

» *No sentido especial da fé religiosa, a revelação se diz mais particularmente das coisas espirituais que o homem não pode descobrir por meio da inteligência, nem com o auxílio dos sentidos e cujo conhecimento lhe dão Deus ou seus mensageiros, quer por meio da palavra direta, quer pela inspiração. [...]* (Allan Kardec, *A gênese*, cap. 1, it. 7).

» *Lembremo-nos, com o devido apreço aos irmãos que esposam princípios diferentes dos nossos, de que existem tantos modos de expressar confiança no Criador quantos são os estágios evolutivos das criaturas.* (Emmanuel, *Justiça divina*, cap. 27 – Nos círculos da fé).

3 SUGESTÕES DIDÁTICAS

3.1 SUGESTÃO 1:

Introdução

Fazer uma breve exposição sobre o item 4.1 dos subsídios (Conceito de religião, religião natural e religião revelada).

Pedir, então, aos participantes que leiam silenciosamente o item 4.2 dos subsídios (Características da experiência religiosa humana), destacando os pontos considerados importantes.

Observação: Durante a realização da leitura, afixar no mural da sala seis cartazes que tenham como título, respectivamente, as perguntas existentes no texto.

Desenvolvimento

Entregar, em seguida, a cada participante, uma tira de cartolina contendo recortes dos subitens 4.2.1 a 4.2.6 dos subsídios, solicitando a montagem desses subitens, como num quebra-cabeça e sem consulta prévia, nos cartazes do mural.

Explicar que a montagem dos subitens deve levar em consideração as perguntas registradas nos cartazes.

Verificar se a montagem dos subitens está correta, fazendo as devidas correções, se for o caso.

Conclusão

Ao término da reunião, esclarecer qual deve ser a postura do espírita perante os profitentes de outras religiões, tendo como base a mensagem psicografada: *Nos círculos da fé,* do Espírito Emmanuel, constante do livro *Justiça divina* (veja Anexo).

Avaliação

O estudo será considerado satisfatório se os participantes realizarem corretamente a montagem dos subitens dos subsídios.

Técnica(s): exposição; leitura; montagem de texto.

Recurso(s): subsídios deste roteiro; questões; mensagem psicografada.

3.2 SUGESTÃO 2:

Introdução

Iniciar o estudo com a pergunta:

Podemos perceber, na História da Humanidade, evolução do pensamento religioso?

Em duplas, iniciarão as discussões. (Até 5 minutos.)

Desenvolvimento

Em seguida, convidar participantes que queiram compartilhar suas reflexões. Ouvir os comentários e convidar os participantes para a leitura silenciosa dos subsídios e o texto no Anexo (*Nos círculos da fé*) da apostila.

Propor reflexões sobre os conteúdos, em discussão circular:

» *Podemos perceber, na História da Humanidade, evolução do pensamento religioso?*

» *Como entendermos o conceito de religião* (natural e revelada)*?*

» *Podemos criar uma linha do tempo contendo a experiência religiosa da Humanidade?*

» *Como tratarmos religiosidade* (conjunto de valores éticos de certo teor religioso) *e reforma íntima?* Etc.

Nesse momento, o facilitador esclarece dúvidas e complementa informações sobre o assunto de acordo com subsídios do Roteiro e Referência sugerida.

Propor a seguinte reflexão individual (não há a necessidade de comentário):

A minha religiosidade aproxima meu coração diretamente a Deus?

Conclusão

Fazer o fechamento reforçando:

> Religião é o sentimento divino, cujas exteriorizações são sempre o Amor, nas expressões mais sublimes. [...] (Emmanuel, *O consolador*, q. 260).

> Religião natural é "[...] a que parte do coração e vai diretamente a Deus [...]". (Allan Kardec, *Obras póstumas*, 2ª pt., *A minha primeira iniciação no Espiritismo*, it. Futuro do Espiritismo).

> No sentido especial da fé religiosa, a revelação se diz mais particularmente das coisas espirituais que o homem não pode descobrir por meio da inteligência,

nem com o auxílio dos sentidos e cujo conhecimento lhe dão Deus ou seus mensageiros, quer por meio da palavra direta, quer pela inspiração. [...] (Allan Kardec, *A gênese*, cap. 1, it. 7).

Avaliação

O estudo será considerado satisfatório se as ideias de os participantes refletirem entendimento do assunto.

Técnica(s): cochicho, leitura silenciosa, discussão circular.

Recurso(s): subsídios do Roteiro.

Atividade de preparação para o próximo encontro de estudo (Roteiro 2): Sugestão 2.

Esta atividade pode ser proposta aos participantes.

Dividi-los em grupos.

Grupo 1 – fazer o estudo: a) dos subsídios do Roteiro 2, subitem 4.2.1 Tradição religiosa chinesa (Módulo VIII).

Preparar a apresentação do assunto sob a supervisão do facilitador: apresentação de até 10 minutos.

Grupo 2 – fazer o estudo: a) dos subsídios do Roteiro 2, subitem 4.2.2 As crenças religiosas hindus (Módulo VIII).

Preparar a apresentação do assunto sob a supervisão do facilitador: apresentação de até 10 minutos.

Grupo 3 – fazer o estudo: a) dos subsídios do Roteiro 2, subitens 4.2.3 O politeísmo egípcio e 4.2.4 A mitologia grega e os cânticos órficos (Módulo VIII).

Preparar a apresentação do assunto sob a supervisão do facilitador: apresentação de até 10 minutos.

Observação: Propor a leitura de todo o subsídio, com atenção especial ao tema do grupo. Podem ser pesquisadas obras complementares.

4   SUBSÍDIOS

4.1   CONCEITO DE RELIGIÃO, RELIGIÃO NATURAL E RELIGIÃO REVELADA

A evolução moral da Humanidade tem como base o sentimento religioso inato da existência de Deus.[1] Esta religiosidade natural de todo ser humano fez surgir no cenário terrestre múltiplas formas de experiência religiosa, caracterizadas pela concepção do sagrado e pela submissão aos poderes divinos. Dessa forma, *religião* pode ser entendida como a crença na existência de um ente supremo como causa, fim ou lei universal.

> [...] é o sentimento divino que prende o homem ao Criador. As religiões são organizações dos homens, falíveis e imperfeitas como eles próprios; dignas de todo acatamento pelo sopro de inspiração superior que as faz surgir, são como gotas de orvalho celeste, misturadas com os elementos da terra em que caíram. [...][2]

Esclarece, porém, Emmanuel, que em face da Ciência e da Filosofia,

> *Religião é o sentimento divino, cujas exteriorizações são sempre o Amor, nas expressões mais sublimes. Enquanto a Ciência e a Filosofia operam o trabalho da experimentação e do raciocínio, a Religião edifica e ilumina os sentimentos.*
>
> *As primeiras se irmanam na Sabedoria, a segunda personifica o Amor, as duas asas divinas com que a alma humana penetrará, um dia, nos pórticos sagrados da Espiritualidade.*[3]

Tais esclarecimentos abrangem tanto

> [...] as religiões dos povos primitivos quanto as formas mais complexas de organização de vários sistemas religiosos, embora variem muito os conceitos sobre o conteúdo e a natureza da experiência religiosa.[4]

O estudo da evolução do pensamento religioso classifica a religião em *natural* e em *revelada*. A *religião natural* indica que o homem traz consigo, desde a sua origem, a ideia da existência de um Ente Superior. Os fenômenos da Natureza são cultivados nas religiões naturais. Neste contexto, a adoração a Deus "[...] *está na Lei Natural, pois resulta de um sentimento inato no homem. Por essa razão é que existe entre todos os povos, se bem que sob formas diferentes*".[5] Sabemos, por outro lado, que o tóxico do intelectualismo procura desacreditar esta ordem de ideias, dizendo

> [...] que o pensamento religioso é uma ilusão. Tal afirmativa carece de fundamento. Nenhuma teoria científica, nenhum sistema político, nenhum programa de reeducação pode roubar do mundo a ideia de Deus e da imortalidade do ser, inatas no coração dos homens. As ideologias novas também não conseguirão eliminá-la.
>
> A religião viverá entre as criaturas, instruindo e consolando, como um sublime legado.[6]

É importante destacar que

> *O Espiritismo é chamado a desempenhar imenso papel na Terra. Ele reformará a legislação ainda tão frequentemente contrária às Leis Divinas; retificará os*

> *erros da História; restaurará a religião do Cristo* [...]; *instituirá a verdadeira religião, a religião natural, a que parte do coração e vai diretamente a Deus, sem se deter nas franjas de uma sotaina ou nos degraus de um altar. Extinguirá para sempre o ateísmo e o materialismo, aos quais alguns homens foram levados pelos incessantes abusos dos que se dizem ministros de Deus, pregam a caridade com a espada em cada mão, sacrificam às suas ambições e ao espírito de dominação os mais sagrados direitos da Humanidade.*[7]

Em termos históricos, importa considerar que a

> [...] *teologia cristã introduziu o termo "revelação" – manifestação de um mistério escondido – para definir a especificidade da fé cristã, dependente de um evento histórico: o nascimento, vida, morte e ressurreição de Jesus Cristo. Religião revelada estaria assim em oposição a religião natural, uma vez que esta corresponderia a uma atividade humana que poderia ser analisada pela Filosofia, Psicologia, Sociologia ou qualquer ciência específica de religião.*[8]

> *No sentido especial da fé religiosa, a revelação se diz mais particularmente das coisas espirituais que o homem não pode descobrir por meio da inteligência, nem com o auxílio dos sentidos e cujo conhecimento lhe dão Deus ou seus mensageiros, quer por meio da palavra direta, quer pela inspiração. Neste caso, a revelação é sempre feita a homens predispostos, designados sob o nome de profetas ou messias, isto é,* enviados ou missionários, *incumbidos de transmiti-la aos homens.* [...][9]

As religiões reveladas são o Judaísmo, o Cristianismo e o Islamismo, respectivamente transmitidas por Moisés, Jesus e Maomé.

4.2 CARACTERÍSTICAS DA EXPERIÊNCIA RELIGIOSA HUMANA

4.2.1 O que a experiência religiosa tem em comum nas diferentes culturas?

> *Sendo Deus o eixo de todas as crenças religiosas e o objetivo de todos os cultos, o caráter de todas as religiões é conforme à ideia que elas dão de Deus. As religiões que fazem de Deus um ser vingativo e cruel julgam honrá-lo com atos de crueldade, com fogueiras e torturas; as que têm um Deus parcial e cioso são intolerantes e mais ou menos meticulosas na forma, por crerem-no mais ou menos contaminado das fraquezas e ninharias humanas.*[10]

4.2.2 Haverá revelações diretas de Deus aos homens?

Algumas interpretações religiosas, cristãs e não-cristãs, acreditam que Deus pode revelar-se diretamente aos homens, sem utilização de intermediários. Em relação a esta questão, Kardec analisa:

> [...] *É uma questão que não ousaríamos resolver, nem afirmativamente, nem negativamente, de maneira absoluta. O fato não é radicalmente impossível, porém, nada nos dá dele prova certa. O que não padece dúvida é que os Espíritos*

mais próximos de Deus pela perfeição se imbuem do seu pensamento e podem transmiti-lo. Quanto aos reveladores encarnados, segundo a ordem hierárquica a que pertencem e o grau a que chegaram de saber, esses podem tirar dos seus próprios conhecimentos as instruções que ministram, ou recebê-las de Espíritos mais elevados, mesmo dos mensageiros diretos de Deus, os quais, falando em nome de Deus, têm sido às vezes tomados pelo próprio Deus.[11]

4.2.3 De que forma as verdades divinas são reveladas aos homens?

Todas as religiões tiveram seus reveladores e estes, embora longe estivessem de conhecer toda a verdade, tinham uma razão de ser providencial, porque eram apropriados ao tempo e ao meio em que viviam, ao caráter particular dos povos a quem falavam e aos quais eram relativamente superiores.

Apesar dos erros das suas doutrinas, não deixaram de agitar os Espíritos e, por isso mesmo, de semear os germens do progresso [...].

[...]

Infelizmente, as religiões hão sido sempre instrumentos de dominação; o papel de profeta há tentado as ambições secundárias e tem-se visto surgir uma multidão de pretensos reveladores ou messias, que, valendo-se do prestígio deste nome, exploram a credulidade em proveito do seu orgulho, da sua ganância, ou da sua indolência, achando mais cômodo viver às custas dos iludidos. A religião cristã não pôde evitar esses parasitas.[12]

Assim, devemos ficar atentos, pois, haverá

[...] revelações sérias e verdadeiras como as há apócrifas e mentirosas. O caráter essencial da revelação divina é o da eterna verdade. Toda revelação eivada de erros ou sujeita a modificação não pode emanar de Deus. [...][13]

4.2.4 Onde surgiram as organizações religiosas do planeta?

As primeiras organizações religiosas da Terra tiveram, naturalmente, sua origem entre os povos primitivos do Oriente, aos quais enviava Jesus, periodicamente, os seus mensageiros e missionários.

Dada a ausência de escrita, naquelas épocas longínquas, todas as tradições se transmitiam de geração a geração através do mecanismo das palavras [tradição oral] *[...].*[14]

4.2.5 Qual é a mais antiga manifestação religiosa conhecida?

São os *Vedas*, livros sagrados da religião hindu,

[...] que contam mais de seis mil anos, já nos falam da sabedoria dos Sastras, ou grandes mestres das ciências hindus, que os antecederam de mais ou menos dois milênios, nas margens dos rios sagrados da Índia. Vê-se, pois, que a ideia religiosa nasceu com a própria Humanidade, constituindo o alicerce de todos os seus esforços e realizações no plano terráqueo.[15]

4.2.6 O que é culto religioso?

É a forma respeitosa de reverenciar Deus. No homem primitivo, o culto se manifesta sob a forma de oferendas materiais ou de sacrifícios de seres humanos ou de animais, ingenuamente dedicados à Divindade. Não podemos esquecer, primeiramente, que

> [...] *Nos povos primitivos a matéria sobrepuja o espírito; eles se entregam aos instintos do animal selvagem. Por isso é que, em geral, são cruéis; é que neles o senso moral ainda não se acha desenvolvido. Em segundo lugar, é natural que os homens primitivos acreditassem ter uma criatura animada muito mais valor, aos olhos de Deus, do que um corpo material. Foi isto que os levou a imolarem, primeiro, animais e, mais tarde, homens. De conformidade com a falsa crença que possuíam, pensavam que o valor do sacrifício era proporcional à importância da vítima.* [...][16]

O homem culturalmente mais adiantado, porém materialista, cultua Deus por meio de rituais, mais ou menos sofisticados, existentes em diferentes seitas e interpretações religiosas. Os cultos religiosos são manifestações externas da crença em Deus,

> [...] *depreendendo-se daí que a Verdade é uma só, e que as seitas terrestres são materiais de experiência e evolução, dependendo a preferência de cada um do estado evolutivo em que se encontre no aprendizado da existência humana* [...].[17]

4.2.7 O que é fé religiosa?

> *Do ponto de vista religioso, a fé consiste na crença em dogmas especiais, que constituem as diferentes religiões. Todas elas têm seus artigos de fé. Sob esse aspecto, pode a fé ser* raciocinada *ou* cega. *Nada examinando, a fé cega aceita, sem verificação, assim o verdadeiro como o falso, e a cada passo se choca com a evidência e a razão. Levada ao excesso, produz o fanatismo. Assentando no erro, cedo ou tarde desmorona; somente a fé que se baseia na verdade garante o futuro, porque nada tem a temer do progresso das luzes, dado que o que é verdadeiro na obscuridade, também o é à luz meridiana. Cada religião pretende ter a posse exclusiva da verdade*; preconizar alguém a fé cega sobre um ponto de crença é confessar-se impotente para demonstrar que está com a razão.[18]

REFERÊNCIAS

[1] XAVIER, Francisco Cândido. *Emmanuel*. Pelo Espírito Emmanuel. 28. ed. 9. imp. Brasília, DF: FEB, 2020. cap. 4 – *A base religiosa*, it. 4.2 A experiência que fracassaria.

[2] _____. _____. it. 4.5 Religião e religiões.

[3] _____. *O consolador*. Pelo Espírito Emmanuel. 29. ed. 11. imp. Brasília, DF: FEB, 2020. q. 260.

4 ENCICLOPÉDIA MIRADOR INTERNACIONAL. v. 7. São Paulo, SP: Companhia Melhoramentos de São Paulo, 1995. p. 9.558.
5 KARDEC, Allan. *O livro dos espíritos*. Trad. Guillon Ribeiro. 93. ed. 9. imp. (Edição Histórica). Brasília, DF: FEB, 2019. q. 652.
6 XAVIER, Francisco Cândido. *Emmanuel*. Pelo Espírito Emmanuel. 28. ed. 9. imp. Brasília, DF: FEB, 2020. cap. 4 – A base religiosa, it. 4.4 O sublime legado.
7 KARDEC, Allan. *Obras póstumas*. Trad. Guillon Ribeiro. 41. ed. 1. imp. (Edição Histórica). Brasília, DF: FEB, 2019. 2ª pt., cap. *A minha primeira iniciação no Espiritismo*, it. Futuro do Espiritismo.
8 ENCICLOPÉDIA MIRADOR INTERNACIONAL. v. 7. São Paulo, SP: Companhia Melhoramentos de São Paulo, 1995. p. 9.560.
9 KARDEC, Allan. *A gênese*. Trad. Guillon Ribeiro. 53. ed. 9. imp. (Edição Histórica). Brasília, DF: FEB, 2020. cap. 1, it. 7.
10 _____. _____. it. 24.
11 _____. _____. it. 9.
12 _____. _____. it. 8.
13 _____. _____. it. 10.
14 XAVIER, Francisco Cândido. *A caminho da luz*. Pelo Espírito Emmanuel. 38. ed. 13. imp. Brasília, DF: FEB, 2020. cap. 9 – *As grandes religiões do passado*, it. As primeiras organizações religiosas.
15 _____. _____.
16 KARDEC, Allan. *O livro dos espíritos*. Trad. Guillon Ribeiro. 93. ed. 9. imp. (Edição Histórica). Brasília, DF: FEB, 2019. q. 669.
17 XAVIER, Francisco Cândido. *O consolador*. Pelo Espírito Emmanuel. 29. ed. 11. imp. Brasília, DF: FEB, 2020. q. 296.
18 KARDEC, Allan. *O evangelho segundo o espiritismo*. Trad. Guillon Ribeiro. 131. ed. 13. imp. (Edição Histórica). Brasília, DF: FEB, 2019. cap. 19, it. 6.

ANEXO

Nos círculos da fé

Acende a flama da reverência, onde observes lisura na ideia religiosa.

Lembremo-nos, com o devido apreço aos irmãos que esposam princípios diferentes dos nossos, de que existem tantos modos de expressar confiança no Criador quantos são os estágios evolutivos das criaturas.

Há os que pretendem louvar a Infinita Bondade, manejando borés; há os que se supõem plenamente desobrigados de todos os compromissos com a própria crença, tão somente por se entregarem a bailados exóticos; há os que se cobrem de amuletos, admitindo que o Eterno Poder vibre absolutamente concentrado nas figurações geométricas; há os que fazem votos de solidão, crendo agradar aos Céus, fugindo de trabalhar; há os que levantam santuários de ouro e pedrarias, julgando homenagear o Divino Amor; e há, ainda, os que se presumem detentores de prerrogativas e honras especiais, pondo e dispondo nos assuntos da alma, como se Deus não passasse de arruinado ancião, ao sabor do capricho de filhos egoístas e intransigentes...

Ainda assim, toda vez que se mostrem sinceros, não lhes negues consideração e respeito.

Quase sempre, são corações infantis, usando símbolos como exercícios da escola ou sofrendo sugestões de terror para se acomodarem à disciplina.

Contudo, não lhes abraces as ilusões, a pretexto de honorificar a fraternidade, porque a verdadeira fraternidade se movimenta a favor dos companheiros de evolução, clareando-lhes o raciocínio sem violentar-lhes o sentimento.

É preciso não engrossar hoje as amarras do preconceito, para que o preconceito não se faça crueldade amanhã, perseguindo em nome da caridade ou supliciando em nome da fé.

*

Se a Doutrina Espírita já te alcançou o entendimento, apoiando-te a libertação interior e ensinando-te a Religião natural da responsabilidade com Deus em ti mesmo, recorda a promessa do Cristo: "Conhecereis a verdade e a verdade, afinal, vos fará livres".

FONTE: XAVIER, Francisco Cândido. *Justiça divina*. Pelo Espírito Emmanuel. 14. ed. 6. imp. Brasília, DF: FEB, 2017. cap. 27.

POLITEÍSMO

1 OBJETIVO ESPECÍFICO

» Refletir sobre o papel do politeísmo na evolução do pensamento religioso.

2 CONTEÚDO BÁSICO

» *A concepção de um Deus único não poderia existir no homem, senão como resultado do desenvolvimento de suas ideias. Incapaz, pela sua ignorância, de conceber um ser imaterial, sem forma determinada, atuando sobre a matéria, conferiu-lhe o homem atributos da natureza corpórea, isto é, uma forma e um aspecto e, desde então, tudo o que parecia ultrapassar os limites da inteligência comum era, para ele, uma divindade.* [...] (Allan Kardec, *O livro dos espíritos*, q. 667).

» *Vamos encontrar, historicamente, as concepções mais remotas da organização religiosa na civilização chinesa, nas tradições da Índia védica e bramânica, de onde também se irradiaram as primeiras lições do Budismo, no antigo Egito, com os mistérios do culto dos mortos, na civilização resplandecente dos faraós, na Grécia com os ensinamentos órficos e com a simbologia mitológica, existindo já grandes mestres, isolados intelectualmente das massas, a quem ofereciam os seus ensinos exóticos, conservando o seu saber de iniciados no círculo restrito daqueles que os poderiam compreender devidamente.* (Emmanuel, *Emmanuel*, cap. 2 – A ascendência do Evangelho, it. 2.1 As tradições religiosas).

3 SUGESTÕES DIDÁTICAS

3.1 SUGESTÃO 1:

Introdução

Pedir aos participantes que formem um grande círculo e faça leitura, em voz alta, do item 4.1 dos subsídios deste Roteiro, de forma que cada participante leia uma pequena parte do texto.

Em seguida, verificar por meio de indagações, análises de ideias, reflexões etc., se ocorreu efetiva compreensão do texto.

Desenvolvimento

Dividir, então, os participantes em cinco grupos, entregando a cada um folhas de papel pardo (ou cartolinas) e pincéis hidrográficos, de cores variadas. Esclarecer que cada grupo deverá indicar um relator para apresentar as conclusões do trabalho, em plenária.

Pedir-lhes que façam uma síntese das principais características do politeísmo, tendo como referência o seguinte plano de trabalho:

Grupo 1 – Características gerais do politeísmo (item 4.2 dos subsídios).

Grupo 2 – Características da tradição religiosa chinesa (subitem 4.2.1).

Grupo 3 – Características das crenças religiosas hindus (subitem 4.2.2).

Grupo 4 – Características do politeísmo egípcio (subitem 4.2.3).

Grupo 5 – Características da mitologia grega e dos cânticos órficos (subitem 4.2.4).

Conclusão

Ouvir os relatos dos grupos, esclarecendo possíveis dúvidas e destacando, sempre que possível, as ideias espíritas citadas nos subsídios.

Avaliação

O estudo será considerado satisfatório se os participantes demonstrarem, nas atividades plenárias e grupais, que houve entendimento do politeísmo, no contexto da evolução do pensamento religioso e na identificação de tradições religiosas politeístas.

Técnica(s): leitura; estudo em plenária; trabalho em grupo.

Recurso(s): subsídios deste Roteiro; questões; folha de papel pardo/ cartolinas; pincéis hidrográficos.

3.2 SUGESTÃO 2:

Introdução

Iniciar o estudo com uma breve introdução dialógica sobre *A ideia politeísta no contexto da evolução do pensamento religioso*. Ter como base a Referência sugerida na apostila.

Desenvolvimento

Em seguida, convidar os grupos para iniciarem suas apresentações.

Após as apresentações, abrir espaço para que os participantes façam perguntas, se houver dúvidas. Os grupos podem responder, sob a supervisão e orientação do facilitador.

Nesse momento, o facilitador esclarece dúvidas e complementa informações sobre o assunto de acordo com subsídios do Roteiro, Referência sugerida.

Propor a seguinte reflexão individual (não há a necessidade de comentário):

Nosso pensamento evolui com a nossa percepção e sentimento de perfeição e harmonia existentes no Universo.

Conclusão

Fazer o fechamento reforçando:

> A concepção de um Deus único não poderia existir no homem, senão como resultado do desenvolvimento de suas ideias. Incapaz, pela sua ignorância, de conceber um ser imaterial, sem forma determinada, atuando sobre a matéria, conferiu-lhe o homem atributos da natureza corpórea, isto é, uma forma e um aspecto e, desde então, tudo o que parecia ultrapassar os limites da inteligência comum era, para ele, uma divindade. [...] (Allan Kardec, *O livro dos espíritos*, q. 667).

Avaliação

O estudo será considerado satisfatório se as ideias de os participantes refletirem entendimento do assunto.

Técnica(s): exposição dialógica, discussão circular, atividade extra-encontro de estudo.

Recurso(s): subsídios do Roteiro.

4 SUBSÍDIOS

4.1 A IDEIA POLITEÍSTA NO CONTEXTO DA EVOLUÇÃO DO PENSAMENTO RELIGIOSO

A história religiosa classifica religião em politeísta e monoteísta. Politeísmo é o sistema ou crença em vários deuses. O monoteísmo aceita apenas um Deus, Criador Supremo de todos os seres e coisas do Universo. As manifestações politeístas apresentam algumas das seguintes características:

Mitológica – conjunto de mitos de determinado povo. Mito é um relato fantástico característico das tradições orais, geralmente protagonizado por seres que encarnam, sob forma simbólica, as forças da Natureza e os aspectos gerais da condição humana.[1]

Fetichista – culto de objetos (fetiches) a que se atribui poder sobrenatural ou mágico.[2]

Anímica – culto da alma humana. *Os defensores da teoria animista [...] afirmam que a religião não começou pela mitologia nem pela adoração de objetos* (fetichismo), *mas pelo culto da alma.*

Adoração dos astros ou mitologia astral – trata-se de uma teoria desenvolvida no século XIX, segundo a qual a religião começou com a adoração dos astros, considerados sagrados pelos povos primitivos.

Magia – para alguns estudiosos, a magia é o ponto inicial da religião. Para outros, a magia antecede a manifestação religiosa.

Manismo – esta característica indica que a religião nasceu do culto dos antepassados desde o momento em que o homem começou a cultuar os seus mortos.[3]

A crença em vários deuses foi o sistema religioso inicial porque

> *A concepção de um Deus único não poderia existir no homem, senão como resultado do desenvolvimento de suas ideias. Incapaz, pela sua ignorância, de conceber um ser imaterial, sem forma determinada, atuando sobre a matéria, conferiu-lhe o homem atributos da natureza corpórea, isto é, uma forma e um aspecto e, desde então, tudo o que parecia ultrapassar os limites da inteligência comum era, para ele, uma divindade. Tudo o que não compreendia devia ser obra de uma potência sobrenatural. Daí a crer em tantas potências distintas quantos os efeitos que observava, não havia mais que um passo. Em todos os tempos, porém, houve homens instruídos, que compreenderam ser impossível a*

existência desses poderes múltiplos a governarem o mundo, sem uma direção superior, e que, em consequência, se elevaram à concepção de um Deus único.[4]

Dessa forma,

> [...] *chamando* deus *a tudo o que era sobre-humano, os homens tinham por deuses os Espíritos. Daí veio que, quando um homem, pelas suas ações, pelo seu gênio, ou por um poder oculto que o vulgo não lograva compreender, se distinguia dos demais, faziam dele um deus e, por sua morte, lhe rendiam culto.*[5]

> *A palavra deus tinha, entre os antigos, acepção muito ampla. Não indicava, como presentemente, uma personificação do Senhor da Natureza. Era uma qualificação genérica, que se dava a todo ser existente fora das condições da Humanidade. Ora, tendo-lhes as manifestações espíritas revelado a existência de seres incorpóreos a atuarem como potência da Natureza, a esses seres deram eles o nome de* deuses, *como lhes damos atualmente o de* Espíritos. *Pura questão de palavras, com a única diferença de que, na ignorância em que se achavam, mantida intencionalmente pelos que nisso tinham interesse, eles erigiram templos e altares muito lucrativos a tais deuses, ao passo que hoje os consideramos simples criaturas como nós, mais ou menos perfeitas e despidas de seus invólucros terrestres.* [...][6]

Assim,

> *A ignorância do princípio de que são infinitas as perfeições de Deus foi que gerou o politeísmo, culto adotado por todos os povos primitivos, que davam o atributo de divindade a todo poder que lhes parecia acima dos poderes inerentes à Humanidade. Mais tarde, a razão os levou a reunir essas diversas potências numa só. Depois, à proporção que os homens foram compreendendo a essência dos atributos divinos, retiraram dos símbolos, que haviam criado, a crença que implicava a negação desses atributos.*[7]

4.2 TRADIÇÕES RELIGIOSAS DO POLITEÍSMO

Em todas as épocas da Humanidade Deus jamais deixou de enviar ao planeta Espíritos missionários com a incumbência de instruir espiritualmente os homens. Neste sentido,

> [...] *as religiões houveram de ser em sua origem relativas ao grau de adiantamento moral e intelectual dos homens: estes, assaz materializados para compreenderem o mérito das coisas puramente espirituais, fizeram consistir a maior parte dos deveres religiosos no cumprimento de fórmulas exteriores.*[8]

> *Nos tempos primevos, como na atualidade, o homem teve uma concepção antropomórfica de Deus. Nos períodos primários da Civilização, como preponderavam as leis da força bruta e a Humanidade era uma aglomeração de seres que nasciam da brutalidade e da aspereza, que apenas conheciam os instintos nas suas manifestações, a adoração aos seres invisíveis que personificavam os seus deuses era feita de sacrifícios inadmissíveis* [...].[9]

De forma abrangente,

> Vamos encontrar, historicamente, as concepções mais remotas da organização religiosa na civilização chinesa, nas tradições da Índia védica e bramânica, de onde também se irradiaram as primeiras lições do Budismo, no antigo Egito, com os mistérios do culto dos mortos, na civilização resplandecente dos faraós, na Grécia com os ensinamentos órficos e com a simbologia mitológica, existindo já grandes mestres, isolados intelectualmente das massas, a quem ofereciam os seus ensinos exóticos, conservando o seu saber de iniciados no círculo restrito daqueles que os poderiam compreender devidamente.[10]

Vemos, então, que os habitantes do planeta concebiam a religião de forma politeísta e antropomórfica, identificando em cada deus reverenciado qualidades supra-humanas. As ideias politeístas e antropomórficas aparecem na Religião, na Filosofia e em outras atividades culturais dos povos antigos. Destacaremos, a propósito, algumas contribuições registradas pela História.

4.2.1 Tradição religiosa chinesa

Desde as épocas mais distantes, Jesus enviou missionários às criaturas que se organizavam, econômica e politicamente, entre as primeiras comunidades da Terra.[11] É importante considerar, porém, que a tradição religiosa chinesa apresenta uma feição mais filosófica do que religiosa, propriamente dita, daí ser nomeada como "filosofia religiosa" ou "religião-filosófica".

Taoísmo – originalmente, o termo chinês *Tao* significava "caminho", palavra-chave de todas as antigas escolas filosóficas da China, até mesmo o *Confucionismo*. Foi somente no século IV a.C., por intermédio de Lao-Tsu e Chuang-Tsu, que o Taoísmo recebeu impulso decisivo. Como religião, sabe-se que a doutrina começou a se tornar conhecida no século I a.C., quando era divulgada por sacerdotes mágicos, os quais, se julgando possuidores de poderes divinos, prometiam aos crentes a restauração da juventude, a aquisição de virtudes sobre-humanas e a garantia da imortalidade da alma.[12]

> A bíblia do taoísmo é o Tao te King, que prega a existência de três caminhos: a) o Tao, ou caminho da realidade íntima (refere-se ao Criador, de onde brota a vida e ao qual toda a vida retorna); b) o Tao, ou caminho do Universo, da norma, do ritmo da Natureza, enfim; c) o Tao, ou caminho da vida humana.[13]

Confucionismo – Emmanuel nos esclarece que Confúcio (ou Kung-Fu-Tze), fundador do Confucionismo,

> [...] na qualidade de missionário do Cristo, teve de saturar-se de todas as tradições chinesas, aceitar as circunstâncias imperiosas do meio, de modo a beneficiar o país na medida de suas possibilidades de compreensão. [...] Suas lições estão cheias do perfume de requintada sabedoria moral. [...].[14]

4.2.2 As crenças religiosas hindus

As organizações hindus são de origem anterior à própria civilização egípcia e antecederam de muito os agrupamentos israelitas, de onde sairiam mais tarde personalidades notáveis como as de Abraão e Moisés.

As almas exiladas naquela parte do Oriente muito haviam recebido da Misericórdia do Cristo, de cuja palavra de amor e de cuja figura luminosa guardaram as mais comovedoras recordações, traduzidas na beleza dos Vedas e nos Upanishads. Foram elas as primeiras vozes da filosofia e da religião no mundo terrestre, como provindo de uma raça de profetas, de mestres e iniciados, em cujas tradições iam beber a verdade os homens e os povos do porvir, salientando-se que também as suas escolas de pensamento guardavam os mistérios iniciáticos, com as mais sagradas tradições de respeito.[15]

Bramanismo – durante a época védica, na vasta solidão dos bosques, nas margens dos rios e lagos, anacoretas ou *rishis* passavam os dias no retiro. Intérpretes da ciência oculta, da doutrina secreta dos *Vedas*, eles desenvolveram misteriosos poderes, transmitidos de século em século, de que gozam ainda os faquires e os iogues. Dessa comunidade de pessoas solitárias nasceu o Bramanismo, a mais colossal das teocracias. Krishna, um brâmane educado pelos ascetas e anacoretas nas distantes regiões do Himalaia, foi o grande Reformador da religião hindu. Renovou as doutrinas védicas, apoiando-se nas ideias da "trindade universal" (mais tarde renascida na trindade católica), da imortalidade da alma e dos renascimentos sucessivos. Se considerarmos o Bramanismo somente pelas fórmulas ritualísticas, por suas prescrições ingênuas, cerimonial pomposo, ritos complicados, fábulas e imagens, seremos levados a nele não ver mais que um acervo de superstições. Seria, porém, erro julgá-lo unicamente pelas suas aparências exteriores. No Bramanismo, como em todas as religiões antigas, cumpre distinguir duas coisas: a) o culto e o ensino vulgar (manifestações exotéricas), repletos de fantasias e simbolismos que tanto cativam o povo. A esta ordem de ideias liga-se o dogma da metempsicose ou renascimento das almas culpadas em corpos de animais, insetos ou plantas; b) o ensino secreto (esotérico) que fornece explicações sobre a alma, seus destinos e sobre as leis divinas universais.[16]

Hinduísmo – esta religião tem origem no sincretismo dos ensinamentos védicos. Prega a existência de um número significativo de deuses, embora considere *Bramah* o primeiro "grande deus", de onde provêm outros milhares de deuses. O Hinduísmo acredita na reencarnação: a alma pode passar de um corpo para outro, aperfeiçoando-se; ou melhor, aquele que praticou boas ações renasce após a morte noutra forma superior, ou terá, em caso contrário, que renascer inúmeras vezes para alcançar a *moksha* (espécie de libertação das novas reencarnações), porque nascer outra vez é ter outro sofrimento. Para os hinduístas existe uma lei fatal: a lei do *Karma* que governa o destino dos seres humanos.[17]

4.2.3 O politeísmo egípcio

> *Nos círculos esotéricos, onde pontificava a palavra esclarecida dos grandes mestres de então, sabia-se da existência do Deus Único e Absoluto, Pai de todas as criaturas e Providência de todos os seres [...].*
>
> *Desse ambiente reservado de ensinamentos ocultos, partiu, então, a ideia politeísta dos numerosos deuses, que seriam os senhores da Terra e do Céu, do homem e da Natureza.*
>
> *As massas [populares] requeriam esse politeísmo simbólico, nas grandes festividades exteriores da religião.*
>
> *Já os sacerdotes da época conheciam essa fraqueza das almas jovens, de todos os tempos, satisfazendo-as com as expressões exotéricas de suas lições sublimadas.*
>
> *Dessa ideia de homenagear as forças invisíveis que controlam os fenômenos naturais, classificando-as para o espírito das massas, na categoria dos deuses, é que nasceu a mitologia da Grécia, ao perfume das árvores e ao som das flautas dos pastores, em contato permanente com a Natureza.*[18]

4.2.4 A mitologia grega e os cânticos órficos

A palavra *mitologia* vem de *mito* cujo significado

> *[...] abriga a noção de narrativa tradicional de conteúdo religioso. Entende-se, assim, por mitologia, em primeiro lugar o conjunto de narrativas desse tipo tal como se apresentam em um ou mais povos; em segundo lugar, o estudo das concepções mitológicas encaradas como um dos elementos integrantes da vida social. A narrativa mitológica envolve, basicamente, pretensos acontecimentos relativos a épocas primordiais, ocorridos antes do surgimento dos homens (história dos deuses) ou com os "primeiros" homens (história ancestral). Contudo, o verdadeiro objeto do mito não são os deuses nem os ancestrais, mas a apresentação de um conjunto de ocorrências fabulosas [concernentes ao legendário ou às narrativas criadas pela imaginação] com que se procurou dar sentido ao mundo e às relações entre os seres.*[19]

Os cânticos órficos fazem parte da tradição religiosa ocidental.

> *Segundo a mitologia, Zeus teve nove filhas, denominadas musas, que dominavam a ciência universal e presidiam as artes liberais. Uma dessas musas, Calíope, patrona da poesia lírica e épica, e da eloquência, desposou Eagro, o deus-rio, de quem teve Orfeu, célebre cantor, músico e poeta. As belezas da harmonia e do conteúdo dos cantos e poesias órficos retratam, na gnose helênica (gnose = conhecimento sublime ou divino), o dualismo entre o bem e o mal, e as noções de corpo e alma.*[20, 21]

É importante registrar que foi o pensamento mítico e a gnose helênica que forneceram os elementos para a construção da Filosofia grega, a qual, por sua vez, representa a base da organização social e cultural dos povos do Ocidente. A mitologia grega e os cânticos de Orfeu, ligados à experiência religiosa, são caracteristicamente politeístas e antropomórficos, nos apresentando uma comunidade de deuses e deusas, detentores de poderes supra-humanos, e distribuídos numa organização hierarquicamente estruturada: chefia de um deus maior e todo-poderoso (Zeus ou Júpiter) ao qual estavam submetidos os demais deuses: os principais, os subalternos a estes, as divindades infernais e os heróis ou semideuses.

REFERÊNCIAS

1. DICIONÁRIO HOUAISS DA LÍNGUA PORTUGUESA. Instituto Antônio Houaiss. Rio de Janeiro, RJ: Objetiva, 2001. p. 1.936.
2. _____. _____. p. 1.333.
3. AMORIM, Deolindo. *Cadernos doutrinários.* Salvador, BA: Circulus, 2000. cap. V – *Estudos complementares* – noções sumárias de história das religiões, p. 69.
4. KARDEC, Allan. *O livro dos espíritos.* Trad. Guillon Ribeiro. 93. ed. 9. imp. (Edição Histórica). Brasília, DF: FEB, 2019. q. 667.
5. _____. _____. q. 668.
6. _____. _____. Comentário de Kardec à q. 668.
7. _____. *A gênese.* Trad. Guillon Ribeiro. 53. ed. 9. imp. (Edição Histórica). Brasília, DF: FEB, 2020. cap. 2, it. 17.
8. _____. *O céu e o inferno.* Trad. Manuel Justiniano Quintão. 61. ed. 5. imp. (Edição Histórica). Brasília, DF: FEB, 2018. 1ª pt., cap. 1, it. 12.
9. XAVIER, Francisco Cândido. *Emmanuel.* Pelo Espírito Emmanuel. 28. ed. 9. imp. Brasília, DF: FEB, 2020. cap. 15 – *A ideia da imortalidade,* it. 15.3 O antropomorfismo.
10. _____. _____. cap. 2 – *A ascendência do Evangelho,* it. 2.1 As tradições religiosas.
11. _____. *A caminho da luz.* Pelo Espírito Emmanuel. 38. ed. 13. imp. Brasília, DF: FEB, 2020. cap. 8 – *A China milenária,* it. Fo-Hi.
12. ENCICLOPÉDIA BARSA. v. 13, it. Taoísmo, p. 129-A.
13. FEDERAÇÃO ESPÍRITA BRASILEIRA. Estudo aprofundado da doutrina espírita. Livro I – Programa religião à luz do Espiritismo. Brasília, DF: FEB, 2005. Roteiro 2, p. 20.

14 XAVIER, Francisco Cândido. *A caminho da luz*. Pelo Espírito Emmanuel. 38. ed. 13. imp. Brasília, DF: FEB, 2020. cap. 8 – *A China milenária*, it. Confúcio e Lao-Tsé.

15 _____. _____. cap. 5 – *A Índia*, it. A organização hindu.

16 DENIS, Léon. *Depois da morte*. 28. ed. 4. imp. Brasília, DF: FEB, 2016. 1ª pt., cap. 2 – *A Índia*.

17 ENCICLOPÉDIA BARSA. v. 7, it. Hinduísmo e Bramanismo, p. 310.

18 XAVIER, Francisco Cândido. *A caminho da luz*. Pelo Espírito Emmanuel. 38. ed. 13. imp. Brasília, DF: FEB, 2020. cap. 4 – *A civilização egípcia*, it. O politeísmo simbólico.

19 ENCICLOPÉDIA MIRADOR INTERNACIONAL. v. 4. São Paulo, SP: Companhia Melhoramentos de São Paulo, 1995. p. 7.762.

20 _____. _____. v. 10. p. 5.358.

21 GUIMARÃES, Ruth. *Dicionário da mitologia grega*. São Paulo, SP: Cultrix, 2004. p. 239 e 240.

MENSAGEM

Prece

Senhor, ensina-nos a oferecer-te o coração puro e o pensamento elevado na oração.

Ajuda-nos a pedir, em teu nome, para que a força de nossos desejos não perturbe a execução de teus desígnios.

Ampara-nos, a fim de que o nosso sentimento se harmonize com a tua vontade e que possamos, cada dia, ser instrumentos vivos e operosos da paz e do amor, do aperfeiçoamento e da alegria, de acordo com a tua Lei.

Assim seja.

FONTE: XAVIER, Francisco Cândido. *Pai nosso*. Pelo Espírito Meimei. 28. ed. 10. imp. Brasília, DF: FEB, 2020.

MOISÉS E O DECÁLOGO

1 **OBJETIVOS ESPECÍFICOS**

» Analisar a missão de Moisés, sob a óptica espírita.
» Refletir sobre a origem divina do Decálogo.

2 **CONTEÚDO BÁSICO**

» *Deus é único e Moisés é o Espírito que Ele enviou em missão para torná-lo conhecido não só dos hebreus, como também dos povos pagãos. O povo hebreu foi o instrumento de que se serviu Deus para se revelar por Moisés e pelos profetas* [...].

Os mandamentos de Deus, dados por intermédio de Moisés, contêm o gérmen da mais ampla moral cristã. [...] (Allan Kardec, O evangelho segundo o espiritismo, cap. 1, it. 9).

» Moisés, *como profeta, revelou aos homens a existência de um Deus único, Soberano Senhor e Criador de todas as coisas; promulgou a lei do Sinai e lançou as bases da verdadeira fé. Como homem, foi o legislador do povo pelo qual essa primitiva fé, purificando-se, havia de espalhar-se por sobre a Terra.* (Allan Kardec, A gênese, cap. 1, it. 21).

» [...] *O caráter essencial da revelação divina é o da eterna verdade. Toda revelação eivada de erros ou sujeita à modificação não pode emanar de Deus. É assim que a lei do Decálogo tem todos os caracteres de sua origem, enquanto que as outras leis moisaicas, fundamentalmente transitórias* [...] *são obra pessoal e política do legislador hebreu. Com o abrandarem-se os costumes do povo, essas leis por si mesmas caíram em desuso, ao passo que o Decálogo ficou sempre de pé, como farol da Humanidade. O Cristo fez dele a base do seu edifício, abolindo as outras leis.* [...] (Allan Kardec, A gênese, cap. 1, it. 10).

3 SUGESTÕES DIDÁTICAS

3.1 SUGESTÃO 1:

Introdução

Fazer uma exposição introdutória do assunto do item 4.1 (A missão de Moisés) dos subsídios deste Roteiro, incentivando a participação de todos.

Observação: Enriquecer a exposição com gravuras ou projeção de imagens e textos relacionados ao tema.

Desenvolvimento

Pedir aos participantes, em seguida, que se reúnam em pequenos grupos para leitura do item 4.2 dos subsídios, seguida de troca de ideias e de elaboração de uma síntese que contenha justificativas sobre a origem divina dos Dez Mandamentos.

Orientar os grupos a indicar um representante para apresentar, em plenária, as conclusões do trabalho.

Analisar as justificativas apresentadas pelos relatores, esclarecendo possíveis dúvidas.

Conclusão

Explicar, ao final, os Dez Mandamentos segundo a orientação espírita.

Avaliação

O estudo será considerado satisfatório se os participantes justificarem corretamente a origem divina do Decálogo.

Técnica(s): exposição; leitura; trabalho em pequenos grupos.

Recurso(s): subsídios deste Roteiro.

3.2 SUGESTÃO 2:

Introdução

Iniciar o estudo comentando a sequência da *evolução do pensamento religioso*, continuando, nesse estudo, com Moisés e o Decálogo.

Desenvolvimento

Propor aos participantes a leitura oral comentada dos subsídios da apostila.

Depois da leitura oral comentada, fazer uma reflexão sobre os Dez Mandamentos.

- » *Os dez mandamentos ainda servem como referência de conduta moral e religiosa? Justifique.*
- » *Qual a importância do decálogo na evolução do pensamento religioso?*
- » *Quais as principais características do decálogo?*
- » *A religião natural está sujeita à mudança humana? Justifique.*
- » *Mestre, qual é o grande mandamento da lei? [...] Amarás o Senhor teu Deus com todo o coração, com toda a tua alma, e com toda a tua mente. [...] Amarás teu próximo como a ti mesmo. Nestes dois mandamentos está dependurada toda a lei e os profetas. (Mateus, 22:36 a 40.)*
- » *Já conseguimos praticar esse ensinamento diário?*

Nesse momento, o facilitador esclarece dúvidas e complementa informações sobre o assunto de acordo com subsídios do Roteiro, Referência sugerida na apostila.

Propor a seguinte reflexão individual (não há a necessidade de comentário):

Consigo seguir a Lei amando a Deus e ao próximo?

Conclusão

Fazer o fechamento reforçando:

> *Moisés,* como profeta, revelou aos homens a existência de um Deus único, Soberano Senhor e Criador de todas as coisas; promulgou a lei do Sinai e lançou as bases da verdadeira fé. Como homem, foi o legislador do povo pelo qual essa primitiva fé, purificando-se, havia de espalhar-se por sobre a Terra. (Allan Kardec, *A gênese,* cap. 1, it. 21).

Avaliação

O estudo será considerado satisfatório se as ideias de os participantes refletirem entendimento do assunto.

Técnica(s): leitura oral comentada, discussão circular.

Recurso(s): subsídios do Roteiro.

4 SUBSÍDIOS

4.1 A MISSÃO DE MOISÉS

O Espírito Emmanuel nos informa que dos

> [...] *Espíritos degredados na Terra, foram os hebreus que constituíram a raça mais forte e mais homogênea, mantendo inalterados os seus caracteres através de todas as mutações.*
>
> *Examinando esse povo notável no seu passado longínquo, reconhecemos que, se grande era a sua certeza na existência de Deus, muito grande também era o seu orgulho, dentro de suas concepções da verdade e da vida.*[1]
>
> *Enquanto a civilização egípcia e os iniciados hindus criavam o politeísmo para satisfazer os imperativos da época, contemporizando com a versatilidade das multidões, o povo de Israel acreditava na existência do Deus Todo-Poderoso, por amor do qual aprendia a sofrer todas as injúrias e a tolerar todos os martírios.*
>
> *Quarenta anos no deserto representaram para aquele povo como que um curso de consolidação da sua fé, contagiosa e ardente.*
>
> [...]
>
> *Todas as raças da Terra devem aos judeus esse benefício sagrado, que consiste na revelação de Deus Único, Pai de todas as criaturas e Providência de todos os seres.*[2]

O Judaísmo é uma religião revelada que teve em Moisés o seu missionário.

> *Deus é único e Moisés é o Espírito que Ele enviou em missão para torná-lo conhecido não só dos hebreus, como também dos povos pagãos. O povo hebreu foi o instrumento de que se serviu Deus para se revelar por Moisés e pelos profetas, e as vicissitudes por que passou esse povo destinavam-se a chamar a atenção geral e a fazer cair o véu que ocultava aos homens a divindade.*[3]

Moisés era um judeu, nascido no Egito, e criado por Termutis, irmã do faraó.

> *A religião israelita foi a primeira que formulou, aos olhos dos homens, a ideia de* Deus espiritual [e Único]. *Até então os homens adoravam: uns, o Sol; outros, a Lua; aqui, o fogo; ali, os animais. Mas em parte alguma a ideia de Deus era representada em sua essência espiritual e imaterial.*
>
> *Chegou Moisés; trazia uma lei nova, que derrubava todas as ideias até então recebidas. Tinha de lutar contra os sacerdotes egípcios, que mantinham os povos na mais absoluta ignorância, na mais abjeta escravidão, e contra esses sacerdotes, que desse estado de coisas tiravam um poder ilimitado, não podendo ver sem pavor a propagação de uma ideia nova, que vinha destruir os*

fundamentos de seu poder e ameaçava derrubá-los. Essa fé trazia consigo a luz, a inteligência e a liberdade de pensar; era uma revolução social e moral. Assim, os adeptos dessa fé, recrutados entre todas as classes do Egito, e não só entre os descendentes de Jacó [patriarca de uma das tribos de Israel], *como erroneamente tem sido dito, eram perseguidos, acossados, submetidos aos mais duros vexames e, por fim, expulsos do país, porque infestavam a população com ideias subversivas e antissociais.* [...]

Mas Deus Todo-Poderoso, que conduz com infinita sabedoria os acontecimentos de onde deve surgir o progresso, inspirou Moisés; deu-lhe um poder que homem algum havia tido e, pela irradiação desse poder, cujos efeitos feriam os olhos dos mais incrédulos, Moisés adquiriu uma imensa influência sobre a população que, confiando cegamente em seu destino, realizou um desses milagres [palavra entendida, aqui, como algo fabuloso, grande feito], *cuja impressão deveria perpetuar-se de geração em geração, como lembrança imperecível do poder de Deus e de seu profeta.*

A passagem do mar Vermelho foi o primeiro ato da libertação desse povo. Mas a sua educação estava por fazer [...]; *era preciso inculcar-lhes a fé e a moral, ensinando-lhes a pôr a força e a confiança num Deus criador, ser imaterial, infinitamente bom e justo.* [...][4]

Moisés, como profeta, revelou aos homens a existência de um Deus único, Soberano Senhor e Criador de todas as coisas; promulgou a lei do Sinai [cadeia montanhosa existente no Oriente Médio, local onde Moisés recebeu as Tábuas da Lei ou Dez Mandamentos] *e lançou as bases da verdadeira fé. Como homem, foi o legislador do povo pelo qual essa primitiva fé, purificando-se, havia de espalhar-se por sobre a Terra.*[5]

4.2 A ORIGEM DIVINA DO DECÁLOGO

[...] O caráter essencial da revelação divina é o da eterna verdade. Toda revelação eivada de erros ou sujeita a modificação não pode emanar de Deus. *É assim que a lei do Decálogo tem todos os caracteres de sua origem, enquanto que as outras leis moisaicas, fundamentalmente transitórias, muitas vezes* em contradição com a lei do Sinai, *são obra pessoal e política do legislador hebreu.* [...][6]

A Lei de Deus está formulada nos *Dez Mandamento* ou *Decálogo*. Nela

[...] *há duas partes distintas: a Lei de Deus* [...] *e a lei civil ou disciplinar* [...]. *Uma é invariável; a outra,* [...] *se modifica com o tempo.*[7]

[...] *Mas, nem por isso os dez mandamentos de Deus deixavam de ser um como frontispício brilhante, qual farol destinado a clarear a estrada que a Humanidade tinha de percorrer.*

A moral que Moisés ensinou era apropriada ao estado de adiantamento em que se encontravam os povos que ela se propunha regenerar, e esses povos, semisselvagens quanto ao aperfeiçoamento da alma, não teriam compreendido que se pudesse adorar a Deus de outro modo que não por meio de holocaustos, nem que se devesse perdoar a um inimigo. Notável do ponto de vista da matéria e mesmo do das artes e das ciências, a inteligência deles muito atrasada se achava em moralidade e não se houvera convertido sob o império de uma religião inteiramente espiritual. Era-lhes necessária uma representação semimaterial, qual a que apresentava então a religião hebraica. Os holocaustos lhes falavam aos sentidos, do mesmo passo que a ideia de Deus lhes falava ao espírito.[8]

Moisés "[...] *foi inspirado a reunir todos os elementos úteis à sua grandiosa missão, vulgarizando o monoteísmo e estabelecendo o Decálogo, sob a inspiração divina, cujas determinações são até hoje a edificação basilar da Religião da Justiça e do Direito* [...]".[9]

Os Dez Mandamentos da Lei de Deus são os seguintes:

I. Eu sou o Senhor, vosso Deus, que vos tirei do Egito, da casa da servidão. Não tereis, diante de mim, outros deuses estrangeiros. – Não fareis imagem esculpida, nem figura alguma do que está em cima do céu, nem embaixo na Terra, nem do que quer que esteja nas águas sob a terra. Não os adorareis e não lhes prestareis culto soberano.

II. Não pronunciareis em vão o nome do Senhor, vosso Deus.

III. Lembrai-vos de santificar o dia do sábado.

IV. Honrai a vosso pai e a vossa mãe, a fim de viverdes longo tempo na terra que o Senhor vosso Deus vos dará.

V. Não mateis.

VI. Não cometais adultério.

VII. Não roubeis.

VIII. Não presteis testemunho falso contra o vosso próximo.

IX. Não desejeis a mulher do vosso próximo.

X. Não cobiceis a casa do vosso próximo, nem o seu servo, nem a sua serva, nem o seu boi, nem o seu asno, nem qualquer das coisas que lhe pertençam.

É de todos os tempos e de todos os países essa lei e tem, por isso mesmo, caráter divino. Todas as outras são leis que Moisés decretou, obrigado que se via a conter, pelo temor, um povo de seu natural turbulento e indisciplinado, no qual tinha ele de combater arraigados abusos e preconceitos, adquiridos durante a escravidão do Egito. Para imprimir autoridade às suas leis, houve de lhes atribuir origem divina, conforme o fizeram todos os legisladores dos povos primitivos. A autoridade do homem precisava apoiar-se na autoridade de Deus; mas, só a ideia de um Deus terrível podia impressionar criaturas ignorantes, em as quais ainda pouco desenvolvidos se encontravam o senso moral e o sentimento de uma justiça reta. É evidente que aquele que incluíra, entre os seus mandamentos, este: "Não matareis; não causareis dano ao vosso próximo", *não poderia contradizer-se, fazendo da exterminação um dever. As leis moisaicas, propriamente ditas, revestiam, pois, um caráter essencialmente transitório.*[10]

REFERÊNCIAS

[1] XAVIER, Francisco Cândido. *A caminho da luz*. Pelo Espírito Emmanuel. 38. ed. 13. imp. Brasília, DF: FEB, 2020. cap. 7 – *O povo de Israel*, it. Israel.

[2] _____. _____. it. O monoteísmo.

[3] KARDEC, Allan. *O evangelho segundo o espiritismo*. Trad. Guillon Ribeiro. 131. ed. 13. imp. (Edição Histórica). Brasília, DF: FEB, 2019. cap. 1, it. 9.

[4] _____. *Revista Espírita*: jornal de estudos psicológicos. ano 4, n. 9, set. 1861. Dissertações e ensinos espíritas. Trad. Evandro Noleto Bezerra. 3. ed. imp. Brasília, DF: FEB, 2019.

[5] _____. *A gênese*. Trad. Guillon Ribeiro. 53. ed. 9. imp. (Edição Histórica). Brasília, DF: FEB, 2020. cap. 1, it. 21.

[6] _____. _____. it. 10.

[7] _____. *O evangelho segundo o espiritismo*. Trad. Guillon Ribeiro. 131. ed. 13. imp. (Edição Histórica). Brasília, DF: FEB, 2019. cap. 1, it. 2.

[8] _____. _____. it. 9.

[9] XAVIER, Francisco Cândido. *Emmanuel*. Pelo Espírito Emmanuel. 28. ed. 9. imp. Brasília, DF: FEB, 2020. cap. 2 – *A ascendência do Evangelho*, it. 2.3 A lei mosaica.

[10] KARDEC, Allan. *O evangelho segundo o espiritismo*. Trad. Guillon Ribeiro. 131. ed. 13. imp. (Edição Histórica). Brasília, DF: FEB, 2019. cap. 1, it. 2.

MENSAGEM

Oração

Pai Nosso, que estás nos Céus,
Na luz dos sóis infinitos,
Pai de todos os aflitos
Deste mundo de escarcéus.

Santificado, Senhor,
Seja o teu nome sublime,
Que em todo o Universo exprime
Concórdia, ternura e amor.

Venha ao nosso coração
O teu Reino de bondade,
De paz e de claridade
Na estrada da redenção.

Cumpra-se o teu mandamento
Que não vacila e nem erra,
Nos Céus, como em toda a Terra
De luta e de sofrimento.

Evita-nos todo o mal,
Dá-nos o pão no caminho,
Feito na luz, no carinho
Do pão espiritual.

Perdoa-nos, meu Senhor,
Os débitos tenebrosos,
De passados escabrosos,
De iniquidade e de dor.

Auxilia-nos, também,
Nos sentimentos cristãos,
A amar nossos irmãos
Que vivem longe do bem.

Com a proteção de Jesus,
Livra a nossa alma do erro,
Sobre o mundo de desterro,
Distante da vossa luz.

Que a nossa ideal igreja
Seja o altar da Caridade,
Onde se faça a vontade
Do vosso amor... Assim seja.

José Silvério Horta

FONTE: XAVIER, Francisco Cândido. *Parnaso de além-túmulo*. (Poesias mediúnicas). 19. ed. 6. imp. Brasília, DF: 2019.

JESUS E O EVANGELHO

1 OBJETIVOS ESPECÍFICOS

» Favorecer entendimento de Jesus como Guia e Modelo da Humanidade.

» Analisar a essência dos ensinamentos contidos no Evangelho.

» Refletir sobre a influência do Evangelho na transformação moral da Humanidade.

2 CONTEÚDO BÁSICO

» *Qual o tipo mais perfeito que Deus tem oferecido ao homem, para lhe servir de guia e modelo? "Jesus."* (Allan Kardec, *O livro dos espíritos*, q. 625).

» *Para o homem, Jesus constitui o tipo da perfeição moral a que a Humanidade pode aspirar na Terra. Deus no-lo oferece como o mais perfeito modelo e a doutrina que ensinou é a expressão mais pura da Lei do Senhor, porque, sendo Ele o mais puro de quantos têm aparecido na Terra, o Espírito Divino o animava.* (Allan Kardec, *O livro dos espíritos*, comentário de Kardec à q. 625).

» *Jesus não veio destruir a lei, isto é, a Lei de Deus; veio cumpri-la, isto é, desenvolvê-la, dar-lhe o verdadeiro sentido e adaptá-la ao grau de adiantamento dos homens. Por isso é que se nos depara, nessa lei, o princípio dos deveres para com Deus e para com o próximo, base da sua doutrina.* [...] (Allan Kardec, *O evangelho segundo o espiritismo*, cap. 1, it. 3).

» [...] *Amarás ao Senhor teu Deus, de todo o coração, de toda a alma e de todo o entendimento. Esse é o grande e o primeiro mandamento. O segundo é semelhante a esse: Amarás o teu próximo como a ti mesmo. Desses dois mandamentos dependem toda a Lei e os Profetas.* (*Mateus*, 22:37 a 40).

3 SUGESTÕES DIDÁTICAS

3.1 SUGESTÃO 1:

Introdução

Iniciar a reunião com uma exposição participativa em que se aborde, em linhas gerais, o tema Jesus e o Evangelho.

Desenvolvimento

Dividir os participantes em pequenos grupos para leitura silenciosa dos subsídios.

Em seguida, pedir aos participantes que, em plenária, respondam às seguintes questões:

» *Apresentar a concepção espírita de Jesus.*
» *Explicar por que Jesus é considerado o Modelo e Guia da Humanidade.*
» *Identificar a essência dos ensinamentos do Evangelho.*
» *Comentar os esclarecimentos prestados por Jesus durante a conversa que teve com Zebedeu* (veja o terceiro parágrafo dos subsídios).

Conclusão

Apresentar, ao final, numa transparência (ou num cartaz) citações do Evangelho de Jesus que destaquem a excelência da mensagem cristã (veja sugestões no Anexo).

Avaliação

O estudo será considerado satisfatório se as respostas às questões, apresentadas pelos participantes, indicarem que houve perfeito entendimento do assunto.

Técnica(s): exposição; leitura; trabalho em pequenos grupos; debate em plenária.

Recurso(s): subsídios deste Roteiro; transparência/retroprojetor.

3.2 SUGESTÃO 2:

Introdução

Iniciar o estudo propondo um pequeno comentário entre duplas:

> [...] Jesus constitui o tipo da perfeição moral a que a Humanidade pode aspirar na Terra. Deus no-lo oferece como o mais perfeito modelo e a doutrina que ensinou é a expressão mais pura da Lei do Senhor, porque, sendo Ele o mais puro de quantos têm aparecido na Terra, o Espírito Divino o animava. (Allan Kardec, *O livro dos espíritos*, comentário de Kardec à q. 625).

Desenvolvimento

Ouvir os comentários dos participantes que quiserem compartilhar.

Em seguida, fazer a leitura silenciosa dos subsídios da apostila.

Dividir os participantes em grupos e distribuir o trecho, abaixo, do *Evangelho de Mateus* para cada grupo.

Pedir para que façam a leitura e escolham uma bem-aventurança para comentarem:

Como interpretar a bem-aventurança ditada pelo Cristo?

Qual a extensão de sua mensagem?

(Tempo de até 15 minutos.)

> Vendo as turbas, subiu ao monte. Após assentar-se, aproximaram-se dele os seus discípulos e, abrindo a sua boca, os ensinava, dizendo: Bem-aventurados os pobres em espírito, porque deles é o Reino dos Céus. Bem-aventurados os aflitos, porque eles serão consolados. Bem-aventurados os mansos, porque eles herdarão a terra. Bem-aventurados os que têm fome e sede da justiça, porque eles serão saciados. Bem-aventurados os misericordiosos, porque eles receberão misericórdia. Bem-aventurados os limpos de coração, porque eles verão a Deus. Bem-aventurados os pacificadores, porque eles serão chamados filhos de Deus. Bem-aventurados os perseguidos por causa da justiça, porque deles é o Reino dos Céus. Bem-aventurados sois vós, quando vos injuriarem e perseguirem, e disserem todo mal contra vós, por causa de mim. Alegrai-vos e regozijai-vos, porque é grande a vossa recompensa nos Céus, pois assim perseguiram os profetas anteriores a vós. (*Mateus*, 5:1 a 12.)

Convidar os grupos para a apresentação de suas reflexões. Após a apresentações propor reflexões:

» *Qual a essência dos ensinamentos contidos no Evangelho?*

» *Como entender Jesus como Guia e Modelo da Humanidade?*

> *Podemos ter no Evangelho base segura para a transformação moral da Humanidade?* Etc.

Nesse momento, o facilitador esclarece dúvidas e complementa informações sobre o assunto de acordo com subsídios do Roteiro, item 4 do capítulo 2 – *Meu Reino não é deste mundo* de *O evangelho segundo o espiritismo* e a Referência sugerida.

Propor a seguinte reflexão individual (não há a necessidade de comentário):

O Evangelho é repositório de luz e de vida para o Espírito imortal.

Conclusão

Fazer o fechamento reforçando:

> Para o homem, Jesus constitui o tipo da perfeição moral a que a Humanidade pode aspirar na Terra. Deus no-lo oferece como o mais perfeito modelo e a doutrina que ensinou é a expressão mais pura da Lei do Senhor, porque, sendo Ele o mais puro de quantos têm aparecido na Terra, o Espírito Divino o animava. (Allan Kardec, *O livro dos espíritos*, comentário de Kardec à q. 625).

Avaliação

O estudo será considerado satisfatório se as ideias de os participantes refletirem entendimento do assunto.

Técnica(s): cochicho, leitura silenciosa, estudo de grupo, discussão circular.

Recurso(s): subsídios do Roteiro; vídeos.

3.3 SUGESTÃO 3:

Sugestão de vídeo – Haroldo Dutra Dias, Salão Azul "Milagres de Jesus", FEEGO (1:03:46) 2018, disponível em:

https://www.youtube.com/watch?v=PDJZY5n46vU

Após o estudo do Roteiro, fazer o debate sobre o conteúdo do vídeo acima, relacionando-o aos conteúdos estudados.

Atividade de preparação para o próximo encontro de estudo (Roteiro 5 – A revelação espírita): Sugestão 2.

Esta atividade pode ser proposta aos participantes.

Convidar dois grupos para prepararem o estudo seguinte:

Grupo 1 – fazer o estudo: a) dos subsídios do Roteiro 5, Módulo VIII.

Fazer resumo do item 4.1 – Características da revelação.

Preparar a apresentação do assunto sob a supervisão do facilitador: apresentação de até 10 minutos.

Grupo 2 – fazer o estudo: a) dos subsídios do Roteiro 5, Módulo VIII.

Fazer resumo do item 4.2 – Caráter da Revelação Espírita.

Preparar a apresentação do assunto sob a supervisão do facilitador: apresentação de até 10 minutos.

Observação: Pode ser pesquisado em obras complementares.

4 SUBSÍDIOS

4.1 JESUS: GUIA E MODELO DA HUMANIDADE

Os Espíritos Superiores nos ensinam que Jesus é o tipo mais perfeito que Deus tem oferecido ao homem, para nos servir de Guia e Modelo.[1]

Significa dizer que

> [...] Jesus constitui o tipo da perfeição moral a que a Humanidade pode aspirar na Terra. Deus no-lo oferece como o mais perfeito modelo e a doutrina que ensinou é a expressão mais pura da Lei do Senhor, porque, sendo Ele o mais puro de quantos têm aparecido na Terra, o Espírito Divino o animava.[2]

> Jesus, cuja perfeição se perde na noite imperscrutável das eras, personificando a sabedoria e o amor, tem orientado todo o desenvolvimento da humanidade terrena, enviando os seus iluminados mensageiros, em todos os tempos, aos agrupamentos humanos e, assim como presidiu à formação do orbe, dirigindo, como Divino Inspirador, a quantos colaboraram na tarefa da elaboração geológica do planeta e da disseminação da vida em todos os laboratórios da Natureza, desde que o homem conquistou a racionalidade, vem-lhe fornecendo a ideia de sua divina origem, o tesouro das concepções de Deus e da imortalidade do Espírito, revelando-lhe, em cada época, aquilo que a sua compreensão pode abranger.[3]

Sabemos que

> Raças e povos ainda existem, que o desconhecem, porém, não ignoram a Lei de Amor da sua Doutrina, porque todos os homens receberam, nas mais remotas plagas do orbe, as irradiações do seu Espírito misericordioso, por meio das palavras inspiradas dos seus mensageiros.[4]

[Jesus] [...] *é a Luz do Princípio e nas suas mãos misericordiosas repousam os destinos do mundo. Seu coração magnânimo é a fonte da vida para toda a humanidade terrestre. Sua mensagem de amor, no Evangelho, é a eterna palavra da ressurreição e da justiça, da fraternidade e da misericórdia. Todas as coisas humanas passaram, todas as coisas humanas se modificarão. Ele, porém, é a Luz de todas as vidas terrestres, inacessível ao tempo e à destruição.*[5]

Enviado de Deus, Ele foi a representação do Pai junto do rebanho de filhos transviados do seu amor e da sua sabedoria, cuja tutela lhe foi confiada nas ordenações sagradas da vida no Infinito.

Diretor angélico do orbe, seu coração não desdenhou a permanência direta entre os tutelados míseros e ignorantes [...].[6]

4.2 AS BASES DA DOUTRINA CRISTÃ

A mensagem cristã está sintetizada nestes ensinamentos:

> [...] *Amarás ao Senhor teu Deus de todo o coração, de toda a alma e de todo o entendimento. Esse é o grande e o primeiro mandamento. O segundo é semelhante a esse: Amarás o teu próximo como a ti mesmo. Desses dois mandamentos dependem toda a Lei e os profetas. (Mateus, 22:37 a 40).*[7]

Tais orientações nos fazem refletir que a prática do bem, pela vivência da caridade, é a condição necessária para alcançarmos o Reino dos Céus anunciado por Jesus, amando a Deus e ao próximo.

> *Caridade e humildade, tal a senda única da salvação. Egoísmo e orgulho, tal a da perdição. Este princípio se acha formulado nos seguintes precisos termos: "Amarás a Deus de toda a tua alma e a teu próximo como a ti mesmo; toda a lei e os profetas se acham contidos nesses dois mandamentos." E, para que não haja equívoco sobre a interpretação do Amor de Deus e do próximo, acrescenta: "E aqui está o segundo mandamento que é semelhante ao primeiro", isto é, que não se pode verdadeiramente amar a Deus sem amar o próximo, nem amar o próximo sem amar a Deus. Logo, tudo o que se faça contra o próximo o mesmo é que fazê-lo contra Deus. Não podendo amar a Deus sem praticar a caridade para com o próximo, todos os deveres do homem se resumem nesta máxima: Fora da caridade não há salvação.*[8]

Estamos cientes de que a melhoria moral do ser humano não acontece de uma hora para outra. Exige esforço, perseverança e superação de inúmeros obstáculos, surgidos ao longo da caminhada evolutiva. Entretanto, consoante as promessas do Cristo, estaremos sempre guardados no seu imenso amor que nos concederá, ao final, o Reino dos Céus, base da nossa imorredoura felicidade. A propósito, relata o Espírito Humberto de Campos que, durante elucidativa conversa com Zebedeu, pai dos Apóstolos Tiago e João, Jesus teria afirmado:

> [...] *a mensagem da Boa-Nova é excelente para todos; porém, nem todos os homens são ainda bons e justos para com ela. É por isso que o Evangelho traz consigo o fermento da renovação e é ainda por isso que deixarei o júbilo e a energia como as melhores armas aos meus discípulos. Exterminando o mal e cultivando o bem, a Terra será para nós um glorioso campo de batalha. Se um companheiro cair na luta, foi o mal que tombou, nunca o irmão que, para nós outros, estará sempre de pé. Não repousaremos até o dia da vitória final. Não nos deteremos numa falsa contemplação de Deus, à margem do caminho, porque o Pai nos falará por intermédio de todas as criaturas trazidas à boa estrada; estaremos juntos na tempestade, porque aí a sua voz se manifesta com mais retumbância. Alegrar-nos-emos nos instantes transitórios da dor e da derrota, porque aí o seu coração amoroso nos dirá: "Vem, filho meu, estou nos teus sofrimentos com a luz dos meus ensinos!" Combateremos os deuses dos triunfos fáceis, porque sabemos que a obra do mundo pertence a Deus, compreendendo que a sua sabedoria nos convoca para completá-la, edificando o seu reino de venturas sem-fim no íntimo dos corações.*[9]

Partindo das concepções do Judaísmo sobre Deus e a Justiça Divina, Jesus nos transmite, então, o maior código de moralidade, jamais imaginado existir no planeta, ensinando e exemplificando, Ele mesmo, a Lei de Amor em sua plenitude. Dessa forma,

> Jesus *não veio destruir a lei, isto é, a Lei de Deus; veio cumpri-la, isto é, desenvolvê-la, dar-lhe o verdadeiro sentido e adaptá-la ao grau de adiantamento dos homens. Por isso é que se nos depara, nessa lei, o princípio dos deveres para com Deus e para com o próximo, base da sua doutrina. Quanto às leis de Moisés, propriamente ditas, Ele, ao contrário, as modificou profundamente, quer na substância, quer na forma.*[10]

> *O papel de Jesus não foi o de um simples legislador moralista, tendo por exclusiva autoridade a sua palavra. Cabia-lhe dar cumprimento às profecias que lhe anunciaram o advento; a autoridade lhe vinha da natureza excepcional do seu Espírito e da sua missão divina. Ele viera ensinar aos homens que a verdadeira vida não é a que transcorre na Terra, e sim a que é vivida no Reino dos Céus; viera ensinar-lhes o caminho que a esse reino conduz, os meios de eles se reconciliarem com Deus e de pressentirem esses meios na marcha das coisas por vir, para a realização dos destinos humanos. Entretanto, não disse tudo, limitando-se, respeito a muitos pontos, a lançar o gérmen de verdades que, segundo Ele próprio o declarou, ainda não podiam ser compreendidas. [...]*[11]

A mensagem cristã, cedo ou tarde, triunfará:

> *O Evangelho do Divino Mestre ainda encontrará, por algum tempo, a resistência das trevas. A má-fé, a ignorância, a simonia, o império da força conspirarão contra ele, mas tempo virá em que a sua ascendência será reconhecida. Nos dias de flagelo e de provações coletivas, é para sua Luz Eterna que a Humanidade se*

voltará, tomada de esperança. Então, novamente se ouvirão as palavras benditas do Sermão da Montanha e, através das planícies, dos montes e dos vales, o homem conhecerá o Caminho, a Verdade e a Vida.[12]

REFERÊNCIAS

[1] KARDEC, Allan. *O livro dos espíritos*. Trad. Guillon Ribeiro. 93. ed. 9. imp. (Edição Histórica). Brasília, DF: FEB, 2019. q. 625.

[2] _____. _____. Comentário de Kardec à q. 625.

[3] XAVIER, Francisco Cândido. *Emmanuel*. Pelo Espírito Emmanuel. 28. ed. 9. imp. Brasília, DF: FEB, 2020. cap. 2 – *A ascendência do Evangelho*.

[4] _____. _____. it. 2.5 O Evangelho e o futuro.

[5] _____. *A caminho da luz*. Pelo Espírito Emmanuel. 38. ed. 13. imp. Brasília, DF: FEB, 2020. *Introdução*.

[6] _____. *O consolador*. Pelo Espírito Emmanuel. 29. ed. 11. imp. Brasília, DF: FEB, 2020. q. 283.

[7] BÍBLIA DE JERUSALÉM. Diversos tradutores. Nova ed., rev. e ampl. São Paulo, SP: Editora Paulus, 2002. Evangelho segundo Mateus, 22:37 a 40.

[8] KARDEC, Allan. *O evangelho segundo o espiritismo*. Trad. Guillon Ribeiro. 131. ed. 13. imp. (Edição Histórica). Brasília, DF: FEB, 2019. cap.15, it. 5.

[9] XAVIER, Francisco Cândido. *Boa nova*. Pelo Espírito Humberto de Campos. 35. ed. imp. Brasília, DF: FEB, 2016. cap. 4 – *A Família Zebedeu*.

[10] KARDEC, Allan. *O evangelho segundo o espiritismo*. Trad. Guillon Ribeiro. 131. ed. 13. imp. (Edição Histórica). Brasília, DF: FEB, 2019. cap. 1, it. 3.

[11] _____. _____.

[12] XAVIER, Francisco Cândido. *Emmanuel*. Pelo Espírito Emmanuel. 28. ed. 9. imp. Brasília, DF: FEB, 2020. cap. 2 – *A ascendência do Evangelho*, it. 2.5 O Evangelho e o futuro.

ANEXO

Citações evangélicas

1) Evangelho segundo Mateus

» Estando Ele a caminhar junto ao mar da Galileia, viu dois irmãos: Simão, chamado Pedro, e seu irmão André, que lançavam a rede ao mar, pois eram pescadores. Disse-lhes: "Segui-me e eu vos farei pescadores de homens." Eles, deixando imediatamente as redes, o seguiram. (*Mateus*, 4:18 a 20.)

» Bem-aventurados os pobres de Espírito, porque deles é o Reino dos Céus. Bem-aventurados os aflitos, porque serão consolados. Bem-aventurados os mansos porque herdarão a terra. Bem-aventuradosos que têm fome e sede de justiça, porque serão saciados. Bem-aventurados os misericordiosos, porque alcançarão misericórdia. Bem-aventurados os puros de coração, porque verão a Deus. Bem-aventurados os que promovem a paz, porque serão chamados filhos de Deus. Bem-aventurados os que são perseguidos por causa da justiça, porque deles é o Reino dos Céus. (*Mateus*, 5:3 a 10.)

2) Evangelho segundo Marcos

» E ensinava-lhes muitas coisas por meio de parábolas. E dizia-lhes no seu ensino: Escutai: Eis que o semeador saiu a semear. E ao semear, uma parte da semente caiu à beira do caminho, e vieram as aves e a comeram. Outra parte caiu em solo pedregoso e, não havendo terra bastante, nasceu logo, porque não havia terra profunda, mas, ao surgir o sol, queimou-se, e, por não ter raiz, secou. Outra parte caiu entre os espinhos; os espinhos cresceram e a sufocaram, e não deu fruto. Outra parte, finalmente, caiu em terra boa, e produziu fruto que foi crescendo e aumentando; de modo que produziu trinta, sessenta e cem por um. E disse: "Quem tem ouvidos para ouvir, ouça." (*Marcos*, 4:2 a 9.)

» Ele disse: "O que sai do homem, é isso que o torna impuro. [...] Com efeito, é de dentro, do coração dos homens, que saem as intenções malignas; prostituições, roubos, assassínios, adultérios, ambições desmedidas, maldades, malícia, devassidão, inveja, difamação, arrogância, insensatez. Todas estas coisas más saem de dentro do homem, e são elas que o tornam impuro." (*Marcos*, 7:15, 20 a 23.)

3) Evangelho segundo Lucas

» Eu, porém, vos digo a vós que me escutais: "Amai os vossos inimigos, fazei o bem aos que vos odeiam, bendizei os que vos amaldiçoam, orai por aqueles que vos difamam. A quem te ferir numa face, oferece a outra; a quem te arrebatar a capa, não recuses a túnica. Dá a quem te pedir, e não reclames de quem tomar o que é teu. Como quereis que os outros vos façam, faze também a eles. Se amais os que vos amam, que graça alcançais? Pois até mesmo os pecadores amam aqueles que os amam. E se fazeis o bem aos que vo-lo fazem, que graça alcançais? Até mesmo os pecadores agem assim!" (*Lucas*, 6:27 a 33.)

» Jesus perguntou-lhe "Qual é o teu nome? E ele disse: 'Legião', porque muitos demônios haviam entrado nele." (*Lucas*, 8:30.)

4) Evangelho segundo João

» Diz-lhe Jesus: "Eu sou o Caminho, a Verdade e a Vida. Ninguém vem ao Pai a não ser por mim. [...] E o que pedirdes em meu nome fá-lo-ei, a fim de que o Pai seja glorificado no Filho. Se me pedirdes algo em meu nome, eu o farei. [...] Quem não me ama não guarda as minhas palavras; e a palavra que ouvis não é minha, mas do Pai que me enviou. Estas coisas vos tenho dito estando entre vós. [...] Vós ouvistes o que vos disse: Vou e retorno a vós. Se me amásseis, alegrar-vos-íeis por eu ir para o Pai, porque o Pai é maior do que eu." (*João*, 14:6; 13 e 14; 24, 25 e 28.)

» Assim falou Jesus, e, erguendo os olhos ao céu, disse: "Pai, chegou a hora: glorifica teu Filho, para que teu Filho te glorifique, e que pelo poder que lhe deste sobre toda carne, ele dê a vida eterna a todos os que lhe deste! Ora, a vida eterna é esta: que eles te conheçam a ti, o Deus único e verdadeiro, e aquele que enviaste: Jesus Cristo." (*João*, 17:1 a 3.)

A REVELAÇÃO ESPÍRITA

1   OBJETIVO ESPECÍFICO

» Analisar o caráter da revelação espírita.

2   CONTEÚDO BÁSICO

» *A característica essencial de qualquer revelação tem que ser a verdade. [...] Toda revelação desmentida por fatos deixa de o ser, se for atribuída a Deus. Não podendo Deus mentir, nem se enganar, ela não pode emanar d'Ele: deve ser considerada produto de uma concepção humana.* (Allan Kardec, *A gênese*, cap. 1, it. 3).

» *Por sua natureza, a revelação espírita tem duplo caráter: participa ao mesmo tempo da revelação divina e da revelação científica. Participa da revelação divina, porque foi providencial o seu aparecimento e não o resultado da iniciativa, nem de um desígnio premeditado do homem; porque os pontos fundamentais da doutrina provêm do ensino que deram os Espíritos encarregados por Deus de esclarecer os homens acerca de coisas que eles ignoravam, que não podiam aprender por si mesmos e que lhes importa conhecer, hoje os homens estão aptos a compreendê-las. Participa da revelação científica, por não ser esse ensino privilégio de indivíduo algum, mas ministrado a todos do mesmo modo; por não serem os que o transmitem e os que o recebem seres* passivos, *dispensados do trabalho da observação e da pesquisa, por não renunciarem ao raciocínio e ao livre-arbítrio; porque não lhes é interdito o exame, mas, ao contrário, recomendado; enfim, porque a Doutrina não foi ditada completa, nem imposta à crença cega; porque é deduzida, pelo trabalho do homem, da observação dos fatos que os Espíritos lhe põem sob os olhos e das instruções que lhe dão, instruções que ele estuda, comenta, compara, a fim de tirar ele próprio as ilações e aplicações. Numa palavra, o que caracteriza* a revelação espírita é o ser divina a sua origem e da iniciativa dos Espíritos, sendo a sua elaboração fruto do trabalho do homem. (Allan Kardec, *A gênese,* cap. 1, it. 13).

3 SUGESTÕES DIDÁTICAS

3.1 SUGESTÃO 1:

Introdução

Apresentar os objetivos específicos deste Roteiro, comentando-os brevemente.

Tendo como base as orientações relacionadas à atividade extra-encontro de estudo, indicadas no Roteiro anterior, proceder da seguinte forma:

a) apresentar os painelistas;

b) citar o título dos temas que serão por eles desenvolvidos;

c) informar que cada painelista disporá de 10 minutos para expor o assunto;

d) pedir aos participantes que elaborem questões, durante a exposição dos painelistas, as quais serão esclarecidas no momento reservado à participação do auditório.

Desenvolvimento

Indicar o primeiro painelista para fazer uma exposição sobre as principais características de uma revelação.

Em seguida, passar a palavra para o segundo painelista que apresentará uma análise do caráter da revelação espírita. O terceiro expositor é solicitado a fazer um resumo das duas explanações anteriores, destacando pontos fundamentais.

Pedir, então, ao auditório que encaminhe as questões elaboradas.

Ler as questões recebidas, de forma sequencial e em voz alta, indicando um ou outro expositor para respondê-las.

Conclusão

Concluída a participação do auditório, encerrar o painel, ressaltando seus aspectos mais importantes.

Avaliação

O estudo será considerado satisfatório se as ideias apresentadas pelos painelistas suscitarem a participação efetiva do auditório por meio de questões.

Técnica(s): painel de discussão (simplificado).

Recurso(s): subsídios deste Roteiro; questões elaboradas pelos participantes.

3.2 SUGESTÃO 2:

Introdução

Iniciar o estudo lembrando os roteiros passados complementando a ideia da evolução do pensamento religioso.

Desenvolvimento

Em seguida, convidar os dois grupos responsáveis pela apresentação das atividades extra-encontro de estudo.

Os demais participantes anotam as perguntas a serem realizadas, em caso de dúvidas, em tempo oportuno.

Após as apresentações, as perguntas podem ser feitas aos grupos.

Nesse momento, o facilitador acompanha, esclarece dúvidas e complementa informações sobre o assunto de acordo com a Referência.

Propor a seguinte reflexão individual (não há a necessidade de comentário):

No que a revelação espírita tem colaborado para minha evolução espiritual?

Conclusão

Fazer o fechamento reforçando:

> Por sua natureza, a revelação espírita tem duplo caráter: participa ao mesmo tempo da revelação divina e da revelação científica. Participa da revelação divina, porque foi providencial o seu aparecimento e não o resultado da iniciativa, nem de um desígnio premeditado do homem; porque os pontos fundamentais da doutrina provêm do ensino que deram os Espíritos encarregados por Deus de esclarecer os homens acerca de coisas que eles ignoravam, que não podiam aprender por si mesmos e que lhes importa conhecer, hoje os homens estão aptos a compreendê-las. Participa da revelação científica, por não ser esse

ensino privilégio de indivíduo algum, mas ministrado a todos do mesmo modo; por não serem os que o transmitem e os que o recebem seres *passivos*, dispensados do trabalho da observação e da pesquisa, por não renunciarem ao raciocínio e ao livre-arbítrio; porque não lhes é interdito o exame, mas, ao contrário, recomendado; enfim, porque a Doutrina *não foi ditada completa, nem imposta à crença cega;* porque é deduzida, pelo trabalho do homem, da observação dos fatos que os Espíritos lhe põem sob os olhos e das instruções que lhe dão, instruções que ele estuda, comenta, compara, a fim de tirar ele próprio as ilações e aplicações. Numa palavra, o que caracteriza a revelação espírita é o ser divina a sua origem e da iniciativa dos Espíritos, sendo a sua elaboração fruto do trabalho do homem. (Allan Kardec, *A gênese*, cap. 1, it. 13).

Avaliação

O estudo será considerado satisfatório se as ideias de os participantes refletirem entendimento do assunto.

Técnica(s): discussão circular, atividade extra-encontro de estudo.

Recurso(s): subsídios do Roteiro.

Atividade de preparação para o próximo encontro de estudo (Roteiro 6): Sugestão 2.

Propor aos participantes.

Fazer o estudo dos subsídios do Roteiro 6, Módulo VIII.

4 SUBSÍDIOS

Pode o Espiritismo ser considerado uma revelação? Neste caso, qual o seu caráter? Em que se funda a sua autenticidade? A quem e de que maneira foi ela feita? É a Doutrina Espírita uma revelação, no sentido teológico da palavra, ou por outra, é, no seu todo, o produto do ensino oculto vindo do Alto? É absoluta ou suscetível de modificações? Trazendo aos homens a verdade integral, a revelação não teria por efeito impedi-los de fazer uso das suas faculdades, pois que lhes pouparia o trabalho da investigação? Qual a autoridade do ensino dos Espíritos, se eles não são infalíveis e superiores à Humanidade? Qual a utilidade da moral que pregam, se essa moral não é diversa da do Cristo, já conhecida? Quais as verdades novas que eles nos trazem? Precisará o homem de uma revelação? E não poderá achar em si mesmo e em sua consciência tudo quanto é mister para se conduzir na vida?[1]

Definamos primeiro o sentido da palavra revelação. Revelar, do latim revelãre, *cuja raiz,* vēlum, *véu, significa literalmente sair de sob o véu – e, figuradamente, descobrir, dar a conhecer uma coisa secreta ou desconhecida. Em sua acepção vulgar mais genérica, essa palavra se emprega a respeito de qualquer coisa ignota que é divulgada, de qualquer ideia nova que nos põe ao corrente do que não sabíamos.*

Deste ponto de vista, todas as ciências que nos fazem conhecer os mistérios da Natureza são revelações e pode dizer-se que há para a Humanidade uma revelação incessante. A Astronomia revelou o mundo astral, que não conhecíamos; a Geologia revelou a formação da Terra; a Química, a lei das afinidades; a Fisiologia, as funções do organismo etc.; Copérnico, Galileu, Newton, Laplace, Lavoisier foram reveladores.[2]

4.1 CARACTERÍSTICAS DA REVELAÇÃO

A característica essencial de qualquer revelação tem que ser a verdade. Revelar um segredo é tornar conhecido um fato; se falso, já não é um fato e, por consequência, não existe revelação. Toda revelação desmentida por fatos deixa de o ser, se for atribuída a Deus. Não podendo Deus mentir, nem se enganar, ela não pode emanar dele: deve ser considerada produto de uma concepção humana.[3]

No sentido especial da fé religiosa, a revelação se diz mais particularmente das coisas espirituais que o homem não pode descobrir por meio da inteligência, nem com o auxílio dos sentidos e cujo conhecimento lhe dão Deus ou seus mensageiros, quer por meio da palavra direta, quer pela inspiração. Neste caso, a revelação é sempre feita a homens predispostos, designados sob o nome de profetas *ou* messias, *isto é,* enviados *ou* missionários, *incumbidos de transmiti-la aos homens. Considerada debaixo deste ponto de vista, a revelação implica a passividade absoluta e é aceita sem verificação, sem exame, nem discussão.*[4]

Todas as religiões tiveram seus reveladores e estes, embora longe estivessem de conhecer toda a verdade, tinham uma razão de ser providencial, porque eram apropriados ao tempo e ao meio em que viviam, ao caráter particular dos povos a quem falavam e aos quais eram relativamente superiores.

Apesar dos erros das suas doutrinas, não deixaram de agitar os Espíritos e, por isso mesmo, de semear os germens do progresso, que mais tarde haviam de desenvolver-se, ou se desenvolverão à luz brilhante do Cristianismo.

É, pois, injusto se lhes lance anátema em nome da ortodoxia, porque dia virá em que todas essas crenças tão diversas na forma, mas que repousam realmente sobre um mesmo princípio fundamental – Deus e a imortalidade da alma, se fundirão numa grande e vasta unidade, logo que a razão triunfe dos preconceitos.

Infelizmente, as religiões hão sido sempre instrumentos de dominação; o papel de profeta há tentado as ambições secundárias e tem-se visto surgir uma multidão de pretensos reveladores ou messias, que, valendo-se do prestígio deste nome, têm explorado a credulidade em proveito do seu orgulho, da sua ganância, ou da sua indolência, achando mais cômodo viver à custa dos iludidos. A religião cristã não pôde evitar esses parasitas.[5]

Só os Espíritos puros recebem a palavra de Deus com a missão de transmiti-la; mas, sabe-se hoje que nem todos os Espíritos são perfeitos e que existem muitos que se apresentem sob falsas aparências, o que levou João a dizer: "Não acrediteis em todos os Espíritos; vede antes se os Espíritos são de Deus." (I João, 4:1.)

Pode, pois, haver revelações sérias e verdadeiras, como as há apócrifas e mentirosas. O caráter essencial da revelação divina é o da eterna verdade. Toda revelação eivada de erros ou sujeita a modificação não pode emanar de Deus. É assim que a Lei do Decálogo tem todos os caracteres de sua origem, enquanto que as outras leis moisaicas, fundamentalmente transitórias, muitas vezes em contradição com a lei do Sinai, são obra pessoal e política do legislador hebreu. Com o abrandarem-se os costumes do povo, essas leis por si mesmas caíram em desuso, ao passo que o Decálogo ficou sempre de pé, como farol da Humanidade. O Cristo fez dele a base do seu edifício, abolindo as outras leis. Se estas fossem obra de Deus, seriam conservadas intactas. O Cristo e Moisés foram os dois grandes reveladores que mudaram a face ao mundo e nisso está a prova da sua missão divina. Uma obra puramente humana careceria de tal poder.[6]

4.2 CARÁTER DA REVELAÇÃO ESPÍRITA

Moisés, como profeta, revelou aos homens a existência de um Deus único, Soberano Senhor e Criador de todas as coisas; promulgou a lei do Sinai e lançou as bases da verdadeira fé. [...][7]

O Cristo, tomando da antiga lei o que é eterno e divino e rejeitando o que era transitório, puramente disciplinar e de concepção humana, acrescentou a revelação da vida futura, de que Moisés não falara, assim como a das penas e recompensas que aguardam o homem, depois da morte.[8]

A parte mais importante da revelação do Cristo, no sentido de fonte primária, de pedra angular de toda a sua doutrina é o ponto de vista inteiramente novo sob que considera Ele a Divindade. [...][9]

Jesus nos revela um *"[...] Deus clemente, soberanamente justo e bom, cheio de mansidão e misericórdia, que perdoa ao pecador arrependido e 'dá a cada um segundo as suas obras' [...]."*[10]

O Espiritismo, dando-nos a conhecer o mundo invisível que nos cerca e no meio do qual vivíamos sem o suspeitarmos, assim como as leis que o regem, suas relações com o mundo visível, a Natureza e o estado dos seres que o habitam e, por conseguinte, o destino do homem depois da morte, é uma verdadeira revelação, na acepção científica da palavra.[11]

Por sua natureza, a revelação espírita tem duplo caráter: participa ao mesmo tempo da revelação divina e da revelação científica. Participa da revelação divina, porque foi providencial o seu aparecimento e não o resultado da iniciativa, nem de um desígnio premeditado do homem; porque os pontos fundamentais da doutrina provêm do ensino que deram os Espíritos encarregados por Deus de esclarecer os homens acerca de coisas que eles ignoravam, que não podiam aprender por si mesmos e que lhes importa conhecer, hoje os homens estão aptos a compreendê-las. Participa da revelação científica, por não ser esse ensino privilégio de indivíduo algum, mas ministrado a todos do mesmo modo; por não serem os que o transmitem e os que o recebem seres passivos, *dispensados do trabalho da observação e da pesquisa, por não renunciarem ao raciocínio e ao livre-arbítrio; porque não lhes é interdito o exame, mas, ao contrário, recomendado; enfim, porque a Doutrina não foi ditada completa, nem imposta à crença cega; porque é deduzida, pelo trabalho do homem, da observação dos fatos que os Espíritos lhe põem sob os olhos e das instruções que lhe dão, instruções que ele estuda, comenta, compara, a fim de tirar ele próprio as ilações e aplicações. Numa palavra, o que caracteriza a revelação espírita é o ser divina a sua origem e da iniciativa dos Espíritos, sendo a sua elaboração fruto do trabalho do homem.*[12]

Quis Deus que a nova revelação chegasse aos homens por mais rápido caminho e mais autêntico. Incumbiu, pois, os Espíritos de levá-la de um polo a outro, manifestando-se por toda parte, sem conferir a ninguém o privilégio de lhes ouvir a palavra. Um homem pode ser ludibriado, pode enganar-se a si mesmo; já não será assim, quando milhões de criaturas veem e ouvem a mesma coisa. Constitui isso uma garantia para cada um e para todos. [...][13]

Um último caráter da revelação espírita, a ressaltar das condições mesmas em que ela se produz, é que, apoiando-se em fatos, a Doutrina tem que ser, e não pode deixar de ser, essencialmente progressiva, como todas as ciências de observação. Pela sua substância, alia-se à Ciência que, sendo a exposição das Leis da Natureza, com relação a certa ordem de fatos, não pode ser contrária às Leis de Deus, autor daquelas leis. As descobertas que a Ciência realiza, longe de o rebaixarem, glorificam a Deus; unicamente destroem o que os homens edificaram sobre as falsas ideias que formaram de Deus.

O Espiritismo, pois, não estabelece como princípio absoluto somente o que se acha evidentemente demonstrado, ou o que ressalta logicamente da observação. Entendendo-se com todos os ramos da economia social, aos quais dá o apoio das suas próprias descobertas, assimilará sempre todas as doutrinas progressivas, de qualquer ordem que sejam, desde que hajam assumido o estado de verdades práticas e abandonado o domínio da utopia, sem o que o Espiritismo se suicidaria. Deixando de ser o que é, mentiria à sua origem e ao seu fim providencial. Caminhando de par com o progresso, o Espiritismo jamais será ultrapassado, porque, se novas descobertas lhe demonstrassem estar em erro acerca de um ponto qualquer, ele se modificaria nesse ponto. Se uma verdade nova se revelar, ele a aceitará.[14]

Entendemos, assim, que a revelação espírita

[...] É uma revolução completa a operar-se nas ideias, revolução tanto maior, tanto mais poderosa, quanto não se circunscreve a um povo, nem a uma

casta, visto que atinge simultaneamente, pelo coração, todas as classes, todas as nacionalidades, todos os cultos.

Razão há, pois, para que o Espiritismo seja considerado a terceira das grandes revelações. [...][15]

A primeira revelação teve a sua personificação em Moisés, a segunda no Cristo, a terceira não a tem em indivíduo algum. As duas primeiras foram individuais, a terceira coletiva; aí está um caráter essencial de grande importância. Ela é coletiva no sentido de não ser feita ou dada como privilégio a pessoa alguma; ninguém, por consequência, pode inculcar-se como seu profeta exclusivo; foi espalhada simultaneamente, por sobre a Terra, a milhões de pessoas, de todas as idades e condições, desde a mais baixa até a mais alta da escala, conforme esta predição registrada pelo autor dos Atos dos apóstolos: "Nos últimos tempos, disse o Senhor, derramarei o meu Espírito sobre toda a carne; os vossos filhos e filhas profetizarão, os mancebos terão visões, e os velhos, sonhos.".[16]

REFERÊNCIAS

1 KARDEC, Allan. *A gênese*. Trad. Guillon Ribeiro. 53. ed. 9. imp. (Edição Histórica). Brasília, DF: FEB, 2020. cap. 1, it. 1.
2 _____. _____. it. 2.
3 _____. _____. it. 3.
4 _____. _____. it. 7.
5 _____. _____. it. 8.
6 _____. _____. it. 10.
7 _____. _____. it. 21.
8 _____. _____. it. 22.
9 _____. _____. it. 23.
10 _____. _____.
11 _____. _____. it. 12.
12 _____. _____. it. 13.
13 _____. *O evangelho segundo o espiritismo*. Trad. Guillon Ribeiro. 131. ed. 13. imp. (Edição Histórica). Brasília, DF: FEB, 2019. *Introdução*, it. II.
14 _____. *A gênese*. Trad. Guillon Ribeiro. 53. ed. 9. imp. (Edição Histórica). Brasília, DF: FEB, 2020. cap. 1, it. 55.
15 _____. _____. it. 20.
16 _____. _____. it. 45.

MENSAGEM

Melodia sublime

Ó Senhor Supremo de todos os Mundos
E de Todos os Seres,
Recebe, Senhor,
O nosso agradecimento
De filhos devedores do teu amor!

Dá-nos tua bênção,
Ampara-nos a esperança,
Ajuda-nos o ideal
Na estrada imensa da vida...

Seja para o teu coração,
Cada dia,
Nosso primeiro pensamento de amor!

Seja para tua bondade
Nossa alegria de viver!...

Pai de Amor Infinito
Dá-nos tua mão generosa e santa.

Longo é o caminho.
Grande o nosso débito,
Mas inesgotável é a nossa esperança.

Pai Amado,
Somos as tuas criaturas,
Raios divinos
De tua Divina Inteligência.

Ensina-nos a descobrir
Os tesouros imensos
Que guardaste
Nas profundezas de nossa vida,
Auxilia-nos a acender
A lâmpada sublime
Da Sublime Procura!

Senhor,
Caminhamos contigo
Na eternidade!...
Em Ti nos movemos para sempre.

Abençoa-nos a senda,
Indica-nos a Sagrada Realização.
E que a glória eterna
Seja em teu eterno trono!...

Resplandeça contigo a Infinita Luz,
Mane em teu coração misericordioso
A Soberana Fonte do Amor,
Cante em tua Criação Infinita
O sopro divino da eternidade.

Seja a tua bênção
Claridade aos nossos olhos,
Harmonia ao nosso ouvido,
Movimento às nossas mãos,
Impulso aos nossos pés.

No amor sublime da Terra e dos Céus!...

Na beleza de todas as vidas,

Na progressão de todas as coisas,

Na voz de todos os seres,

Glorificado sejas para sempre,

Senhor.

FONTE: XAVIER, Francisco Cândido. *Os mensageiros*. Pelo Espírito Emmanuel. 47. ed. 14. imp. Brasília, DF: FEB, 2020. cap. 32.

ESPIRITISMO: O CONSOLADOR PROMETIDO POR JESUS

1 OBJETIVOS ESPECÍFICOS

» Refletir sobre a promessa de Jesus a respeito da vinda de outro consolador.

» Analisar o Espiritismo como Consolador prometido por Jesus.

» Refletir sobre a abrangência do Espiritismo.

2 CONTEÚDO BÁSICO

» *Se me amais, observareis os meus mandamentos, e rogarei ao Pai e ele vos dará outro Paráclito [Consolador], para que convosco permaneça para sempre, o Espírito da Verdade, que o mundo não pode acolher, porque não o vê nem o conhece. Vós o conheceis, porque permanece convosco. Não vos deixareis órfãos [...]. Mas o Paráclito, o Espírito Santo que o Pai em meu nome, vos ensinará tudo e vos recordará tudo o que eu vos disse.* (Bíblia de Jerusalém, João, 14:15 a 18 e 26).

» *Jesus promete outro consolador: o Espírito de Verdade, que o mundo ainda não conhece, por não estar maduro para o compreender, consolador que o Pai enviará para ensinar todas as coisas e para relembrar o que o Cristo há dito. Se, portanto, o Espírito de Verdade tinha de vir mais tarde ensinar todas as coisas, é que o Cristo não dissera tudo; se ele vem relembrar o que o Cristo disse, é que o que este disse foi esquecido ou mal compreendido.*

O Espiritismo vem, na época predita, cumprir a promessa do Cristo: preside ao seu advento o Espírito de Verdade. Ele chama os homens à observância da lei; ensina todas as coisas fazendo compreender o que Jesus só disse por parábolas. [...] Vem, finalmente, trazer a consolação suprema aos deserdados da Terra e a todos os que sofrem, atribuindo causa justa e fim útil a todas as dores. (Allan Kardec, *O evangelho segundo o espiritismo*, cap. 6, it. 4).

» *Ministrando a prova material da existência e da imortalidade da alma, iniciando-nos em os mistérios do nascimento, da morte, da vida futura, da vida universal, tornando-nos palpáveis as inevitáveis consequências do bem e do mal, a Doutrina Espírita, melhor do que qualquer outra, põe em relevo a necessidade da melhoria individual. Por meio dela, sabe o homem donde vem, para onde vai, por que está na Terra; o bem tem um objetivo, uma utilidade prática. Ela não se limita a preparar o homem para o futuro, forma-o também para o presente, para a sociedade. Melhorando-se moralmente, os homens prepararão na Terra o reinado da paz e da fraternidade.*

A Doutrina Espírita é assim o mais poderoso elemento de moralização, por se dirigir simultaneamente ao coração, à inteligência e ao interesse pessoal bem compreendido.

Por sua mesma essência, o Espiritismo participa de todos os ramos dos conhecimentos físicos, metafísicos e morais. [...] (Allan Kardec, *Obras póstumas*, 2ª pt., cap. *Credo espírita*, Preâmbulo).

3 SUGESTÕES DIDÁTICAS

3.1 SUGESTÃO 1:

Introdução

Iniciar o estudo dizendo que Jesus, ao despedir-se dos discípulos que compunham o seu colégio apostólico, prometeu-lhes a vinda de um outro Consolador. Acrescentar que alguns segmentos religiosos acreditam que o Consolador veio no dia de *Pentecostes* (festa dos judeus em memória do dia em que Moisés recebeu as Tábuas da Lei).

Desenvolvimento

Em seguida, relatar o episódio de *Pentecostes* (*Atos dos apóstolos*, 2).

Findo o relato, lançar ao plenário, para reflexão, as seguintes perguntas:

Poderia o Consolador realmente já ter vindo?

Será o Espiritismo o Consolador prometido por Jesus?

Pedir aos participantes que não respondam a essas perguntas, apenas reflitam sobre o assunto.

Logo após, formar quatro grupos, para realização das seguintes tarefas:

Grupos 1 e 2:

a) ler os subsídios do Roteiro; b) elaborar, com base no item 4.1 dos subsídios, um texto explicando por que o Espiritismo deve ser considerado o Consolador prometido por Jesus.

Grupos 3 e 4:

a) ler os subsídios do Roteiro; b) extrair do item 4.2 dos subsídios os principais pontos que identificam a abrangência do Espiritismo, anotando-os em folha de papel.

Ao término dessas atividades, reunir os Grupos 1 e 2, de modo que formem uma só equipe. Realizar idêntico procedimento com os Grupos 3 e 4.

Os Grupos 1 e 2, reunidos, devem ler os textos elaborados; trocar ideias, promovendo eventuais acréscimos ou supressões; elaborar redação final para posterior apresentação, em plenária, após a escolha de um relator.

Os Grupos 3 e 4, reunidos, devem ler os textos elaborados; trocar ideias, promovendo eventuais acréscimos ou supressões; confecionar um cartaz para posterior apresentação, em plenária, após a escolha de um relator.

Em sequência, solicitar aos representantes escolhidos que apresentem as conclusões do trabalho.

Ouvir os relatos, prestando os esclarecimentos cabíveis.

Logo após, pedir aos participantes que expliquem, com base no estudo feito, por que o fenômeno ocorrido no dia de *Pentecostes* não poderia ser considerado como a vinda do Consolador prometido por Jesus. Verificar se as respostas estão embasadas nos itens 4.1 e 4.2 dos subsídios, completando-as, se necessário.

Conclusão

Encerrar o estudo, enfatizando o trabalho dos espíritas relacionado à missão do Consolador (veja o item 4.1, último parágrafo).

Avaliação

O estudo será considerado satisfatório se os participantes, ao final das atividades, demonstrarem compreensão de que o Espiritismo é o Consolador prometido por Jesus, identificando a sua abrangência.

Técnica(s): exposição; trabalho em pequenos grupos.

Recurso(s): subsídios do Roteiro; folhas de papel; lápis/canetas; folhas de papel pardo; canetas hidrográficas.

3.2 SUGESTÃO 2:

Introdução

Iniciar o estudo fazendo a leitura do trecho de *O evangelho segundo o espiritismo*, capítulo 6, item 3:

> Se me amais, guardai os meus mandamentos; e eu rogarei a meu Pai e Ele vos enviará outro Consolador, a fim de que fique eternamente convosco: *O Espírito de Verdade*, que o mundo não pode receber, porque não o vê e absolutamente não o conhece. Mas, quanto a vós, conhecê-lo-eis, porque ficará convosco e estará em vós. Porém, o Consolador, que é o Santo Espírito, que meu Pai enviará em meu nome, vos ensinará todas as coisas e vos fará recordar tudo o que vos tenho dito. (*João*, 14: 15 a 17 e 26.)

Desenvolvimento

Ouvir os comentários, e convidar os participantes para assistirem a um vídeo – Haroldo Dutra – O Cristo Consolador e o Espiritismo – (1:12:09), disponível em:

https://www.youtube.com/watch?v=MX5RNTC6cbU&list=PLsdjH9S-CObZqDHEWpmL22Dv5hpfaiurFP

(O vídeo pode ser sugerido para casa ou editado em pontos fundamentais.)

Em seguida, propor reflexões sobre os conteúdos estudados extra-encontro de estudo e o vídeo assistido:

Como compreender Espiritismo: o Consolador prometido por Jesus?

Qual a abrangência do Espiritismo?

Por que o Espiritismo consola?

Apenas a crença no Espiritismo transforma o caráter do homem? Justifique.

Qual a base do Espiritismo Consolador? Etc.

Nesse momento, o facilitador esclarece dúvidas e complementa informações sobre o assunto de acordo com subsídios do Roteiro, Referência sugerida e vídeo.

Propor a seguinte reflexão individual (não há a necessidade de comentário):

Minhas ações refletem minha crença e evolução espiritual.

O Espiritismo Consolador me fortalece para minha transformação moral?

Conclusão

Fazer o fechamento reforçando:

> Jesus promete outro consolador: o *Espírito de Verdade*, que o mundo ainda não conhece, por não estar maduro para o compreender, consolador que o Pai enviará para ensinar todas as coisas e para relembrar o que o Cristo há dito. Se, portanto, o Espírito de Verdade tinha de vir mais tarde ensinar todas as coisas, é que o Cristo não dissera tudo; se ele vem relembrar o que o Cristo disse, é que o que este disse foi esquecido ou mal compreendido.
>
> O Espiritismo vem, na época predita, cumprir a promessa do Cristo: preside ao seu advento o Espírito de Verdade. Ele chama os homens à observância da lei; ensina todas as coisas fazendo compreender o que Jesus só disse por parábolas. [...] Vem, finalmente, trazer a consolação suprema aos deserdados da Terra e a todos os que sofrem, atribuindo causa justa e fim útil a todas as dores. (Allan Kardec, *O evangelho segundo o espiritismo*, cap. 6, it. 4).

Avaliação

O estudo será considerado satisfatório se as ideias dos participantes refletirem entendimento do assunto.

Técnica(s): explosão de ideias, discussão circular, atividade extra-encontro de estudo.

Recurso(s): subsídios do Roteiro; vídeos.

4 SUBSÍDIOS

4.1 ESPIRITISMO: O CONSOLADOR PROMETIDO POR JESUS

Jesus, na última ceia, ao despedir-se dos discípulos que compunham o seu colégio apostólico, prometeu-lhes a vinda de um outro consolador. Será o Espiritismo este consolador? Busquemos interpretar-lhe a promessa, de acordo com os ensinamentos da Doutrina Espírita. Diz Jesus:

> Se me amais, observareis os meus mandamentos, e rogarei ao Pai e ele vos dará outro Paráclito [Consolador], para que convosco permaneça para sempre, o Espírito da Verdade, que o mundo não pode acolher, porque não o vê nem o

conhece. Vós o conheceis, porque permanece convosco. Não vos deixareis órfãos [...]. Mas o Paráclito, o Espírito Santo que o Pai em meu nome, vos ensinará tudo e vos recordará tudo o que eu vos disse. (João, 14:15 a 18 e 26).[1,2]

Conforme ensina Allan Kardec,

> Jesus promete outro consolador: o Espírito de Verdade, que o mundo ainda não conhece, por não estar maduro para compreender, consolador que o Pai enviará para ensinar todas as coisas e para relembrar o que o Cristo há dito. Se, portanto, o Espírito de Verdade tinha de vir mais tarde ensinar todas as coisas, é que o Cristo não dissera tudo; se ele vem relembrar o que o Cristo disse, é que o que este disse foi esquecido ou mal compreendido.
>
> O Espiritismo vem, na época predita, cumprir a promessa do Cristo: preside ao seu advento o Espírito de Verdade. Ele chama os homens à observância da lei; ensina todas as coisas fazendo compreender o que Jesus só disse por parábolas. Advertiu o Cristo: "Ouçam os que têm ouvidos para ouvir." O Espiritismo vem abrir os olhos e os ouvidos, porquanto fala sem figuras, nem alegorias; levanta o véu intencionalmente lançado sobre certos mistérios. Vem, finalmente, trazer a consolação suprema aos deserdados da Terra e a todos os que sofrem, atribuindo causa justa e fim útil a todas as dores.
>
> Disse o Cristo: "Bem-aventurados os aflitos, pois que serão consolados." Mas como há de alguém sentir-se ditoso por sofrer, se não sabe por que sofre? O Espiritismo mostra a causa dos sofrimentos nas existências anteriores e na destinação da Terra, onde o homem expia o seu passado. Mostra o objetivo dos sofrimentos, apontando-os como crises salutares que produzem a cura e como meio de depuração que garante a felicidade nas existências futuras. O homem compreende que mereceu sofrer e acha justo o sofrimento. Sabe que este lhe auxilia o adiantamento e o aceita sem murmurar, como o obreiro aceita o trabalho que lhe assegurará o salário. O Espiritismo lhe dá fé inabalável no futuro e a dúvida pungente não mais se lhe apossa da alma. Dando-lhe a ver do alto as coisas, a importância das vicissitudes terrenas some-se no vasto e esplêndido horizonte que ele o faz descortinar, e a perspectiva da felicidade que o espera lhe dá a paciência, a resignação e a coragem de ir até ao termo do caminho.
>
> Assim, o Espiritismo realiza o que Jesus disse do Consolador Prometido: conhecimento das coisas, fazendo que o homem saiba donde vem, para onde vai e por que está na Terra; atrai para os verdadeiros princípios da Lei de Deus e consola pela fé e pela esperança.[3]

Em uma comunicação inserida por Kardec em O evangelho segundo o espiritismo, o Espírito de Verdade, representando o próprio Cristo, ratifica esse entendimento, quando afirma:

> Venho, como outrora aos transviados filhos de Israel, trazer-vos a verdade e dissipar as trevas. Escutai-me. O Espiritismo, como o fez antigamente a minha palavra, tem de lembrar aos incrédulos que acima deles reina a imutável verdade:

> o Deus bom, o Deus grande, que faz germinem as plantas e se levantem as ondas. Revelei a doutrina divinal. Como um ceifeiro, reuni em feixes o bem esparso no seio da Humanidade e disse: "Vinde a mim, todos vós que sofreis."
>
> Mas, ingratos, os homens afastaram-se do caminho reto e largo que conduz ao Reino de meu Pai e enveredaram pelas ásperas sendas da impiedade. Meu Pai não quer aniquilar a raça humana; quer que, ajudando-vos uns aos outros, mortos e vivos, isto é, mortos segundo a carne, porquanto não existe a morte, vos socorrais mutuamente, e que se faça ouvir não mais a voz dos profetas e dos apóstolos, mas a dos que já não vivem na Terra, a clamar: Orai e crede! pois que a morte é a ressurreição, sendo a vida a prova buscada e durante a qual as virtudes que houverdes cultivado crescerão e se desenvolverão como o cedro.
>
> [...]
>
> Espíritas! Amai-vos, este o primeiro ensinamento; instrui-vos, este o segundo. No Cristianismo encontram-se todas as verdades; são de origem humana os erros que nele se enraizaram. Eis que do Além-túmulo, que julgáveis o nada, vozes vos clamam: "Irmãos! nada perece. Jesus Cristo é o vencedor do mal, sede os vencedores da impiedade."[4]

Em outra comunicação, colocada por Kardec como *Prefácio* da obra citada, é ainda o Espírito de Verdade quem assinala:

> Os Espíritos do Senhor, que são as virtudes dos Céus, qual imenso exército que se movimenta ao receber as ordens do seu comando, espalham-se por toda a superfície da Terra e, semelhantes a estrelas cadentes, vêm iluminar os caminhos e abrir os olhos aos cegos.
>
> Eu vos digo, em verdade, que são chegados os tempos em que todas as coisas hão de ser restabelecidas no seu verdadeiro sentido, para dissipar as trevas, confundir os orgulhosos e glorificar os justos.
>
> As grandes vozes do Céu ressoam como sons de trombetas, e os cânticos dos anjos se lhes associam. Nós vos convidamos, a vós homens, para o divino concerto. Tomai da lira, fazei uníssonas vossas vozes, e que, num hino sagrado, elas se estendam e repercutam de um extremo a outro do Universo.
>
> Homens, irmãos a quem amamos, aqui estamos junto de vós. Amai-vos, também, uns aos outros e dizei do fundo do coração, fazendo as vontades do Pai, que está no Céu: Senhor! Senhor!... e podereis entrar no Reino dos Céus.[5]

Sendo assim, consoante declaração de Emmanuel,

> – O Espiritismo evangélico é o Consolador prometido por Jesus, que, pela voz dos seres redimidos, espalha as luzes divinas por toda a Terra, restabelecendo a verdade e levantando o véu que cobre os ensinamentos na sua feição de Cristianismo Redivivo, a fim de que os homens despertem para a era grandiosa da compreensão espiritual com o Cristo.[6]

O Espiritismo, contudo,

> [...] não pode guardar a pretensão de exterminar as outras crenças, parcelas da verdade que a sua Doutrina representa, mas, sim, trabalhar por transformá-las, elevando-lhes as concepções antigas para o clarão da verdade imortalista.
>
> A missão do Consolador tem que se verificar junto das almas e não ao lado das gloríolas efêmeras dos triunfos materiais. Esclarecendo o erro religioso, onde quer que se encontre, e revelando a verdadeira luz, pelos atos e pelos ensinamentos, o espiritista sincero, enriquecendo os valores da fé, representa o operário da regeneração do Templo do Senhor, onde os homens se agrupam em vários departamentos, ante altares diversos, mas onde existe um só Mestre, que é Jesus Cristo.[7]

4.2 A ABRANGÊNCIA DO ESPIRITISMO

Allan Kardec, no item V da *Conclusão* de *O livro dos espíritos*, apresenta argumentação que descortina, de forma clara, a abrangência do Espiritismo. Suas palavras, embora retratando a realidade da época, resistem, pela força da lógica, o perpassar dos tempos:

> Os que dizem que as crenças espíritas ameaçam invadir o mundo, proclamam, ipso facto, a força do Espiritismo, porque jamais poderia tornar-se universal uma ideia sem fundamento e destituída de lógica. Assim, se o Espiritismo se implanta por toda parte, se, principalmente nas classes cultas, recruta adeptos, como todos facilmente reconhecerão, é que tem um fundo de verdade. Baldados, contra essa tendência, serão todos os esforços dos seus detratores e a prova é que o próprio ridículo, de que procuram cobri-lo, longe de lhe amortecer o ímpeto, parece ter-lhe dado novo vigor, resultado que plenamente justifica o que repetidas vezes os Espíritos hão dito: "Não vos inquieteis com a oposição; tudo o que contra vós fizerem se tornará a vosso favor e os vossos maiores adversários, sem o quererem, servirão à vossa causa. Contra a vontade de Deus não poderá prevalecer a má-vontade dos homens".
>
> Por meio do Espiritismo, a Humanidade tem que entrar numa nova fase, a do progresso moral, que lhe é consequência inevitável. Não mais, pois, vos espanteis da rapidez com que as ideias espíritas se propagam. A causa dessa celeridade reside na satisfação que trazem a todos os que as aprofundam e que nelas veem alguma coisas mais do que fútil passatempo. Ora, como cada um o que acima de tudo quer é a sua felicidade, nada há de surpreendente em que cada um se apegue a uma ideia que faz ditosos os que a esposam.
>
> Três períodos distintos apresenta o desenvolvimento dessas ideias: primeiro, o da curiosidade, que a singularidade dos fenômenos produzidos desperta; segundo, o do raciocínio e da filosofia; terceiro, o da aplicação e das consequências. O período da curiosidade passou; a curiosidade dura pouco. Uma vez satisfeita,

muda de objeto. O mesmo não acontece com o que desafia a meditação séria e o raciocínio. Começou o segundo período, o terceiro virá inevitavelmente.

O Espiritismo progrediu principalmente depois que foi sendo mais bem compreendido na sua essência íntima, depois que lhe perceberam o alcance, porque tange a corda mais sensível do homem: a da sua felicidade, mesmo neste mundo. Aí a causa da sua propagação, o segredo da força que o fará triunfar. Enquanto a sua influência não atinge as massas, ele vai felicitando os que o compreendem. Mesmo os que nenhum fenômeno têm testemunhado dizem: à parte esses fenômenos, há a filosofia, que me explica o que nenhuma outra *me havia explicado. Nela encontro, por meio unicamente do raciocínio, uma solução racional para os problemas que no mais alto grau interessam ao meu futuro. Ela me dá calma, firmeza, confiança; livra-me do tormento da incerteza. Ao lado de tudo isto, secundária se torna a questão dos fatos materiais.*

Quereis, vós todos que o atacais, um meio de combatê-lo com êxito? Aqui o tendes. Susbstituí-o por alguma coisa melhor; indicai solução mais filosófica para todas as questões que ele resolveu; dai ao homem outra certeza *que o faça mais feliz, porém compreendei bem o alcance desta palavra certeza, porquanto o homem não aceita como certo, senão o que lhe parece* lógico. *Não vos contenteis com dizer: isto não é assim; demasiado fácil é semelhante afirmativa. Provai, não por negação, mas por fatos, que isto não é real, nunca o foi e não pode ser. Se não é, dizei o que o é, em seu lugar. Provai, finalmente, que as consequências do Espiritismo não são tornar melhor o homem e, portanto, mais feliz, pela prática da mais pura moral evangélica, moral a que se tecem muitos louvores, mas que muito pouco se pratica. Quando houverdes feito isso, tereis o direito de o atacar.*

O Espiritismo é forte porque assenta sobre as próprias bases da religião: Deus, a alma, as penas e as recompensas futuras; sobretudo, porque mostra que essas penas e recompensas são corolários naturais da vida terrestre e, ainda, porque, no quadro que apresenta do futuro, nada há que a razão mais exigente possa recusar.

Que compensação oferecereis aos sofrimentos deste mundo, vós cuja doutrina consiste unicamente na negação do futuro? Enquanto vos apoiais na incredulidade, ele se apoia na confiança em Deus; ao passo que convida os homens à felicidade, à esperança, à verdadeira fraternidade, vós lhes ofereceis o nada por perspectiva *e o egoísmo por consolação. Ele tudo explica, vós nada explicais. Ele prova pelos fatos, vós nada provais. Como quereis que se hesite entre as duas doutrinas?*[8]

Essas palavras de Kardec deixam entrever o grande alcance social da Doutrina Espírita. Acreditar, porém, que

> [...] *o Espiritismo possa influenciar sobre a vida dos povos, facilitar a solução dos problemas sociais é ainda muito incompreensível para as ideias da época. Mas, por pouco que se reflita, seremos forçados a reconhecer que as crenças têm uma influência considerável sobre a forma das sociedades.*

Na Idade Média, a sociedade era a imagem fiel das concepções católicas. A sociedade moderna, sob a inspiração do materialismo, vê apenas no Universo a concorrência vital, a luta dos seres, luta ardente, na qual todos os apetites estão em liberdade. Tende a fazer do mundo atual a máquina formidável e cega que tritura as existências, e onde o indivíduo não passa de partícula, ínfima e transitória, saída do nada para, em breve, a ele voltar.

Mas, quanta mudança nesse ponto de vista, logo que o novo ideal vem esclarecer-nos o ser e regular-nos a conduta! Convencido de que esta vida é um meio de depuração e de progresso, que não está isolada de outras existências, ricos ou pobres, todos ligarão menos importância aos interesses do presente. Em virtude de estar estabelecido que cada ser humano deve renascer muitas vezes sobre este mundo, passar por toda as condições sociais, sendo as existências obscuras e dolorosas então as mais numerosas e a riqueza mal empregada acarretando gravosas responsabilidades, todo homem compreenderá que, trabalhando em benefício da sorte dos humildes, dos pequenos, dos deserdados trabalhará para si próprio [...].

Graças a essa revelação, a fraternidade e a solidariedade impõem-se; os privilégios, os favores, os títulos perdem sua razão de ser. A nobreza dos atos e dos pensamentos substitui a dos pergaminhos.

Assim concebida, a questão social mudaria de aspecto: as concessões entre classes tornar-se-iam fáceis e veríamos cessar todo o antagonismo entre o capital e o trabalho. Conhecida a verdade, compreender-se-ia que os interesses de uns são os interesses de todos e que ninguém deve estar sob a pressão de outros. Daí a justiça distributiva, sob cuja ação não mais haveria ódios nem rivalidades selvagens, porém, sim, uma confiança mútua, a estima e a afeição recíprocas; em uma palavra, a realização da lei de fraternidade, que se tornará a única regra entre os homens. Tal é o remédio que o ensino dos Espíritos traz à sociedade. [...][9]

Desse modo, certo é dizer-se que,

Ministrando a prova material da existência e da imortalidade da alma, iniciando-nos em os mistérios do nascimento, da morte, da vida futura, da vida universal, tornando-nos palpáveis as inevitáveis consequências do bem e do mal, a Doutrina Espírita, melhor do que qualquer outra, põe em relevo a necessidade da melhoria individual. Por meio dela, sabe o homem donde vem, para onde vai, por que está na Terra; o bem tem um objetivo, uma utilidade prática. Ela não se limita a preparar o homem para o futuro, forma-o também para o presente, para a sociedade. Melhorando-se moralmente, os homens prepararão na Terra o reinado da paz e da fraternidade.

A Doutrina Espírita é assim o mais poderoso elemento de moralização, por se dirigir simultaneamente ao coração, à inteligência e ao interesse pessoal bem compreendido.

Por sua mesma essência, o Espiritismo participa de todos os ramos dos conhecimentos físicos, metafísicos e morais. [...][10]

REFERÊNCIAS

1. BÍBLIA DE JERUSALÉM. Diversos tradutores. São Paulo, SP: Edições Paulinas, 1981. O evangelho segundo São João, 14:15 a 17 e 26, p. 1.404 e 1.405.
2. KARDEC, Allan. *O evangelho segundo o espiritismo*. Trad. Guillon Ribeiro. 131. ed. 13. imp. (Edição Histórica). Brasília, DF: FEB, 2019. cap. 6, it. 3.
3. _____. _____. it. 4.
4. _____. _____. it. 5.
5. _____. _____. *Prefácio*.
6. XAVIER, Francisco Cândido. *O consolador*. Pelo Espírito Emmanuel. 29. ed. 11. imp. Brasília, DF: FEB, 2020. q. 352.
7. _____. _____. q. 353.
8. KARDEC, Allan. *O livro dos espíritos*. Trad. Guillon Ribeiro. 93. ed. 9. imp. (Edição Histórica). Brasília, DF: FEB, 2019. *Conclusão*, it. V.
9. DENIS, Léon. *Depois da morte*. 28. ed. 4. imp. Brasília, DF: FEB, 2016. 5ª pt., cap. 55 – *Questões sociais*.
10. KARDEC, Allan. *Obras póstumas*. Trad. Guillon Ribeiro. 41. ed. 1. imp. (Edição Histórica). Brasília, DF: FEB, 2019. 2ª pt., cap. *Credo espírita*, Preâmbulo.

MENSAGEM

Algo mais no Natal

Senhor Jesus!

Diante do Natal, que te lembra

a glória na manjedoura,

nós te agradecemos:

a música da oração;

o regozijo da fé;

a mensagem de amor;

a alegria do lar;

o apelo à fraternidade;

o júbilo da esperança;

a bênção do trabalho;

a confiança no bem;

o tesouro de tua paz;

a palavra da Boa-Nova,

e a confiança no futuro!...

Entretanto, ó Divino Mestre!

de corações voltados para o teu coração,

nós te suplicamos algo mais!...

Concede-nos, Senhor,

o dom inefável

da humildade para que

tenhamos a precisa

coragem de

seguir-te os exemplos!

Emmanuel

FONTE: XAVIER, Francisco Cândido. *Antologia mediúnica do natal*. Espíritos diversos. 7. ed. 1. imp. Brasília, DF: FEB, 2017. cap. 77.

ORIENTAÇÕES PEDAGÓGICO-DOUTRINÁRIAS

"Se me amais, guardai os meus mandamentos; e eu rogarei a meu Pai e ele vos enviará outro Consolador, a fim de que fique eternamente convosco: O Espírito de Verdade, que o mundo não pode receber, porque não o vê e absolutamente não o conhece. Mas, quanto a vós, conhecê-lo-eis, porque ficará convosco e estará em vós.

Porém, o Consolador, que é o Santo Espírito, que meu Pai enviará em meu nome, vos ensinará todas as coisas e vos fará recordar tudo o que vos tenho dito." (*João*, 14:15 a 17, 26.)

Qual a missão do Espiritismo?

O Espiritismo, em sua feição de Cristianismo redivivo, tem papel muito mais alto que o simples campo para novas observações técnicas da ciência instável do mundo.

[...]

Espiritismo sem Evangelho é apenas sistematização de ideias para transposição da atividade mental, sem maior eficiência na construção do porvir humano.

[...]

[...] A missão da Doutrina é consolar e instruir, em Jesus, para que todos mobilizem as suas possibilidades divinas no caminho da vida. [...] a verdadeira construção da felicidade geral só será efetiva com bases legítimas no espírito das criaturas. (XAVIER Francisco C. *Palavras de Emmanuel*, pelo Espírito Emmanuel, cap. 17 – Espiritismo, Espiritualismo e Evangelho).

Qual a melhor metodologia para os estudos espíritas com adultos?

Não se espantem os adeptos com esta palavra – ensino. Não constitui ensino unicamente o que é dado do púlpito ou da tribuna. Há também o da simples conversação. Ensina todo aquele que procura persuadir a outro, seja pelo processo das explicações, seja pelo das experiências. [...]

Todo ensino metódico tem que partir do conhecido para o desconhecido. [...]

[...] O verdadeiro espírita jamais deixará de fazer o bem. Lenir corações aflitos; consolar, acalmar desesperos, operar reformas morais, essa a sua missão. É nisso também que encontrará satisfação real. O Espiritismo anda no ar; difunde-se pela força mesma das coisas, porque torna felizes os que o professam [...] (KARDEC, Allan. *O livro dos médiuns*, 1ª pt., cap. 3, its. 18, 19 e 30).

O que é ser facilitador de estudos espíritas?

Capacitemo-nos de que o estudo reclama esforço de equipe. E a vida em equipe é disciplina produtiva, com esquecimento de nós mesmos, em favor de todos.

Destacar a obra e olvidar-nos.

Compreender que realização e educação solicitam entendimento e apoio mútuo.

Associarmo-nos sem a pretensão de comando.

Aceitar as opiniões claramente melhores que as nossas; resignarmo-nos a não ser pessoa providencial. (XAVIER, Francisco C; VIEIRA, Waldo, *Estude e viva*, pelos Espíritos Emmanuel e André Luiz. *Estude e viva* [prefácio de André Luiz]).

A importância do estudo e da formação continuada do facilitador

É grande a missão do Espiritismo, são incalculáveis as suas consequências morais. Data somente de ontem, entretanto, que tesouros de consolação e esperança já não espalhou no mundo! Quantos corações contristados, frios, não aqueceu ou reconfortou! Quantos desesperados retidos sobre o declive do suicídio! [...]

O Espiritismo é, pois, uma poderosa síntese das leis físicas e morais do Universo e, simultaneamente, um meio de regeneração e de adiantamento [...] (DENIS, Léon. *Depois da morte*, 3ª pt., cap. 28 – Utilidade dos estudos psicológicos).

Para refletir a tarefa do facilitador de estudos da Doutrina Espírita no contexto *o Consolador*, é preciso, primeiro, responder as seguintes questões:

» *Qual a tarefa dos estudos da Doutrina Espírita nesse contexto (o Consolador)?*

» *Qual a tarefa do facilitador de estudos nesse contexto?*

Outro ponto importante é definir: *tarefa* como *ações*. Portanto, ao facilitador do ESDE cabe: acolher, consolar, orientar e esclarecer, conforme as diretrizes estabelecidas para esse trabalho.

Para que essas ações sejam contempladas, o facilitador precisa proporcionar ambiente de estudos que promovam a integração entre os participantes, clima respeitoso e acolhedor entre todos – por meio de seu exemplo: acolhedor, respeitoso, integrador e pesquisador – colocando-se na posição de aprendiz, como os próprios participantes.

A proposta deste material é de estimular o estudo ativo dos participantes em convivência fraterna, por isso, o perfil de facilitador é o mais adequado na condução dos estudos. Três aspectos merecem cuidados especiais: o *participante*, o *conteúdo* e o *processo de aprendizagem*. Como servidor do Cristo, o facilitador estará atento na condução da *Doutrina Espírita* como o *Consolador Prometido*.

É preciso reconhecer que o *participante* é o irmão que busca na Doutrina Espírita (*conteúdo*) esclarecimentos que o conforte, console, auxilie na compreensão da vida e que proporcione meios de conquista espiritual, que o mundo não contempla. A reforma íntima é tarefa que lhe cabe (ao participante). A Doutrina Espírita (*conteúdo*) fornece recursos seguros para essa conquista. O facilitador é o servidor de Jesus que acolhe, em seu nome, orienta e esclarece; acompanhando-o (o participante) em seu processo de autoesclarecimento e autoiluminação. Nesse contexto, sua presença fraterna reforça a convivência e a integração entre todos. Para o *processo de aprendizagem* precisamos considerar as bases fundamentais da aprendizagem do adulto. Adequar recursos, metodologias e ambientes para favorecer as reflexões e a construção coletiva, facilitando na compreensão dos assuntos.

O estudo da Doutrina Espírita implica o estudo da vida, das questões fundamentais: de onde vim? Para onde vou? Por que estou aqui? Ao facilitador não cabe o papel de "professor", "dono do conhecimento", pois, o conhecimento, atualmente, está na palma da mão. A tecnologia traz-nos a facilidade de acesso, mas a reflexão, o estudo sério e a aplicação, é responsabilidade de cada um e de todos.

Exemplos de ações que refletem postura acolhedora do facilitador espírita-cristão:

» Saber ouvir a todos e respeitar suas opiniões;

» Esclarecer assuntos de acordo com a Doutrina Espírita à luz do Evangelho;

» Respeitar o tempo de cada um, muitos assuntos demandam amadurecimento conquistado pela vivência (a "verdade relativa" de cada um);

» Lembrar-se de que alguns estão ali porque buscam um ambiente acolhedor, esclarecimentos para dúvidas "particulares", mesmo que não se exponham;

» O encontro para estudos espíritas não é apenas sala de discussões doutrinárias;

» Jamais fazer piadas preconceituosas e/ou julgamentos;

» Criar um grupo integrado no qual o respeito deve permear todas as atividades propostas, se o facilitador não respeitar o grupo, não criará um ambiente acolhedor;

» Colocar-se na posição de aprendiz etc.

Criar ambiente acolhedor é promover um ambiente de convivência fraterna, favorecendo o amadurecimento do grupo, transformando-o em grupo de aprendizagem.

Para criar um grupo de aprendizagem é importante:

» Favorecer respeito às diferenças, sejam quais forem;

» Criar, junto ao grupo, "regras" para o desenvolvimento das atividades (domínio do tempo, objetividade nas colocações, dar oportunidade para quem não falou ainda etc.);

» Construir ambiente de confiança: colocar-se (facilitador) em situação de "aprendiz";

» Ouvir opiniões para perceber o nível de compreensão e onde ser útil nos esclarecimentos;

» Compartilhar com os participantes as fontes de suas pesquisas;

» Perguntar ao grupo como preferem a condução de determinados assuntos, se gostariam que modificasse algo na condução dos estudos, tornando-os partícipes corresponsáveis pelo seu processo de aprendizagem;

» Dividir responsabilidade nas pesquisas e apresentação de temas, auxiliando-os, orientando-os, fortalecendo-os em suas aprendizagens;

» Incentivar o participante a ser autodidata, auxiliando-o a buscar fontes seguras de estudos, para sua reforma íntima.

O facilitador deve estar atento durante o desempenho da tarefa:

» Ações falam mais que palavras;

» Não existe convivência (de qualquer espécie) se não existir RESPEITO;

» Os temas devem ser trabalhados gradualmente, contextualizados, crescendo em complexidade, partindo do conhecido para o desconhecido;

» É importante ter uma visão "integral" do ser, visão holística;

» O diálogo é a melhor metodologia de compreensão e de envolvimento daqueles que participam do processo de aprendizagem;

» ESTUDAR sempre;

» Aprender **ouvir** e **sentir** para **servir**;

Muitos irmãos frequentadores podem estar vivendo: perda de entes amados; baixa autoestima; rejeição familiar/escolar/trabalho etc.; dificuldades financeiras extremas; problemas de saúde graves (ou na família); problemas com vícios; perturbação espiritual; distúrbios psicológicos; em processo de separação, outros.

Colocarmo-nos no lugar do outro ainda é a melhor medida para nossas ações.

> "Vinde a mim, todos vós que estais aflitos e sobrecarregados, que eu vos aliviarei. Tomai sobre vós o meu jugo e aprendei comigo que sou brando e humilde de coração e achareis repouso para vossas almas, pois é suave o meu jugo e leve o meu fardo." (*Mateus*, 11: 28 a 30.)

Para o uso das apostilas, é importante destacar:

» A apostila serve como referência de bibliografia, **roteiro** de estudos, evitando ser o fim (conteúdo) em si mesma;

» Cada roteiro apresenta duas ou mais sugestões de atividades. Leia-as atentamente, escolha a que melhor se adeque ao seu grupo de estudos, podendo, inclusive, desenvolver todas as atividades (o estudo será profundo), ou criar outra;

» O ideal é que o estudo não seja interrompido, ou seja, se o assunto não for esgotado em um encontro, **incentivamos** continuá-lo em outro, aprofundando reflexões;

» Não substitua o estudo sério por dinâmicas de vivência, cada recurso com seu objetivo;

» Sugerimos algumas dinâmicas com objetivo de: revisão ou, integração ou introdução de assuntos, que podem ser incorporadas aos roteiros complementando as atividades sugeridas;

» Se possível, faça o fechamento dos módulos, integrando todos os assuntos estudados nos roteiros. Essa integração poderá ser por meio de discussões livres, cinedebates (filmes com conteúdo afim), estudos de livros etc.;

» Estar aberto aos compartilhamentos de referência e vídeos, antes da reunião de estudos, para que os participantes tenham oportunidade de estudarem antes do encontro, trazendo mais reflexões, incentivando o participante a ser autodidata;

» Incentive a leitura nas obras e, sempre que possível, peça aos participantes que levem suas obras (especialmente do pentateuco).

Além das atividades desenvolvidas na apostila, sugerimos que o facilitador:

» Proporcione aos participantes momentos de integração, confraternização e descontração – sem atividades dirigidas – para que os participantes possam conversar livremente, estreitando laços com quem quiser;

» Trabalhe com leitura de obras que tenham relação com os assuntos estudados, aprofundando e complementando as reflexões. Os trabalhos podem contemplar: estudos na turma; estudos entre turmas; debates envolvendo convidados e várias turmas etc. O importante é o contato com a obra, na íntegra, para conhecer a mensagem ali contida. Para a leitura de obras, reforçamos a não divisão em capítulos, pois não se trata de estudo apenas, mas de conhecimento da mensagem consoladora e a divisão pode impedir que o "consolo" chegue ao que precisa, porque está no capítulo que o outro ficou responsável. Extrair a mensagem da obra é o importante a ser considerado; não apenas repetir o que consta de cada capítulo, como fazem os cursos escolares;

» As mídias sociais são excelentes recursos que devem ser aproveitados. A turma pode criar grupo de *e-mail* e *WhatsApp* para envio de sugestões de leitura, encontros, estudos, vídeos etc., comunicação restrita aos aspectos de estudo.

Orientações para a condução das atividades sugeridas na apostila

Discussão circular: usar a metodologia dialógica, para que a turma compartilhe reflexões, em construção coletiva com orientação e esclarecimentos do facilitador (não há necessidade de que todos os trabalhos de grupo façam apresentação da conclusão do grupo; quando o texto é comum a todos, pode-se partir direto para a discussão);

Leitura oral compartilhada: leitura oral com comentários pelos participantes e esclarecimentos do facilitador. Esse recurso é preferível às projeções (ex.: *PowerPoint*), pois nas projeções teremos trechos de textos, enquanto na leitura de texto, teremos um tema mais desenvolvido, mais completo, ampliando a compreensão. Para alguns assuntos, a leitura direto na obra é mais segura, profunda e facilitadora das reflexões que o assunto proporciona;

Debates: chamamos de debates ou debates livres as discussões que podem ser feitas entre os participantes: a partir de temas já estudados; fatos relevantes ocorridos no mundo, no país, na região, no estado e na cidade. Podem ser convidadas pessoas especiais, com conhecimento, sensíveis aos conteúdos espíritas, em quem o facilitador tenha confiança de que as discussões serão respeitosas e fraternas.

Propomos a seguinte condução para o desenvolvimento dos encontros:

1) Pedir a leitura antecipada do roteiro a ser estudado no encontro;

2) Compartilhar a Referência a ser lida, caso haja alguma extra, além da contida no Roteiro. Mesmo que o grupo todo não leia a Referência e o Roteiro, precisamos reforçar a importância da leitura (não apenas para o encontro, mas, principalmente, para uma melhor compreensão da vida);

3) Permitir que o grupo participe ativamente, nas reflexões, nos comentários, nos estudos, nas pesquisas e compartilhamentos;

4) Proporcionar sempre reflexões em discussão circular, conduzindo as discussões com respeito, afastando-se (como observador, porém atento) para permitir que o grupo compartilhe entre si;

5) As reflexões devem conduzir os conceitos para a vida, em sociedade, na família, no trabalho e pessoal;

6) Quando utilizar exposição na condução de estudos, preferir a exposição dialogada, com pouca projeção, até 16 lâminas;

7) Formar um grupo de estudos é proporcionar oportunidade de reflexões mais profundas e mais próximas da vida, em construção coletiva a partir da análise e compreensão dos conceitos;

8) Não cabe, em ação acolhedora e consoladora, cobrar presença, mas dizer que as ausências foram sentidas (saber se o participante precisa de algo);

9) Permitir que o participante que se afastou, independente do motivo, volte, se quiser, ao mesmo grupo, pedindo que, se possível, faça a leitura do

conteúdo que não viu para acompanhar as discussões (quando a turma se sente acolhida, ela acolhe os colegas, naturalmente);

10) Para a utilização de dinâmicas é importante considerar alguns aspectos, dentre outros:

» Qual é o **objetivo** da dinâmica (toda dinâmica tem objetivo que pode não ser o que você gostaria de atingir, por isso cuidado na escolha);
» O nível de integração da turma;
» O perfil dos participantes;
» Tempo disponível para a realização;
» Estar adequada a faixa etária;
» A dinâmica não pode substituir o estudo sério e reflexivo do conteúdo.

As dinâmicas sugeridas neste material, restringem-se a revisão, discussão livre e introdução de assunto para o estudo. O facilitador pode adequá-las, criar outras, tendo o cuidado de não trazer para o ESDE práticas, não espíritas, que possam confundir o participante neófito.

> "A [...] facilitação da aprendizagem significativa se baseia na qualidade das atitudes que existem no relacionamento pessoal entre o facilitador e aquele que aprende." – CARL ROGERS (JR. Harold C. Lyon. *Aprender a sentir – sentir para aprender*: educação humanista para o homem completo. Trad. Maria Clotilde Santoro. 1. ed. Brasileira 1977. Livraria Martins Fontes Editora Ltda.).
>
> Estude e viva.
>
> [...]
>
> Como desinteressarmo-nos dos encontros espíritas, nos quais se ventilam questões fundamentais da vida eterna?
>
> A reunião espírita não é um culto estanque de crença embalsamada em legendas tradicionalistas. Define-se como assembleia de fraternidade ativa, procurando na fé raciocinada a explicação lógica aos problemas da vida, do ser e do destino.
>
> Todos somos chamados a participar dela.
>
> Falar e ouvir.
>
> Ensinar e aprender. (XAVIER, Francisco C.; VIEIRA, Waldo, *Estude e viva*, pelos Espíritos Emmanuel e André Luiz. *Estude e viva* [prefácio de André Luiz]).

"[...] Paz convosco! Assim como o Pai me enviou, eu também vos envio." (*João*, 20:21.)

SUGESTÕES DE DINÂMICAS DE ESTUDO

Orientação pedagógico-doutrinária para o uso das dinâmicas sugeridas neste material:

» As dinâmicas são para o trabalho de integração entre os participantes e de estudo.

» As dinâmicas não devem substituir o estudo dos roteiros; são recursos de integração, ou de revisão, ou para introdução de assuntos.

» Em caso de revisão, sugerimos que ampliem a revisão contemplando todo o módulo e este com os anteriores, proporcionando complemento aos assuntos em reflexão continuada.

1) Dupla rotativa

Sugestão de uso:

» Introduzir tema de estudo;

» Revisão de conteúdo;

» Discussão livre de assunto.

Turma de pé, dividida em duplas.

Distribuir uma pergunta para cada participante (a mesma pergunta para todos).

A dupla discute por até 2 minutos.

Terminado o tempo, o facilitador pede aos participantes que troquem de dupla.

A atividade continua enquanto houver duplas novas a serem formadas, ou enquanto houver envolvimento de todos.

Finalizar a atividade com discussão circular, dirimindo dúvidas, em caso de revisão e discussão livre, ou dando seguimento ao estudo do Roteiro em caso de introdução de assunto.

2) Trios rotativos. Variação

Sugestão de uso:

» Introduzir tema de estudo;
» Revisão de conteúdo;
» Discussão livre de assunto.

Seguir a mesma dinâmica acima com a turma dividida em trios.

O tempo de discussão nos trios será de 3 minutos.

Finalizar a atividade com discussão circular, dirimindo dúvidas, em caso de revisão e discussão livre, ou dando seguimento ao estudo do Roteiro em caso de introdução de assunto.

3) Discussão ampliada

Sugestão de uso:

» Introduzir tema de estudo;
» Discussão livre de assunto.

Preparar cópias de três frases diferentes, contendo o assunto que será estudado.

Dividir a turma em duplas.

Entregar a frase 1 para que as duplas iniciem discussão (2 minutos).

Ao comando do facilitador, as duplas se desfazem e formam trios, para discutirem a frase 2 (2 minutos).

Novo comando para que os trios se desfaçam e formem grupos de quatro participantes, para discutirem a frase três (3 minutos).

Finalizar a atividade com discussão circular, dirimindo dúvidas, em caso de discussão livre, ou dando seguimento ao estudo do Roteiro em caso de introdução de assunto.

4) Formando frases

Sugestão de uso:

» Introduzir tema de estudo;
» Revisão de conteúdo;
» Discussão livre de assunto.

Preparar frases diferentes contendo o assunto (para a revisão, pode ser do mesmo módulo ou de vários módulos estudados).

Cada frase deve estar dividida em dois cartões, de modo que os participantes encontrem a sequência correta do seu cartão – assunto.

Distribuir, aleatoriamente, um cartão (trecho de uma frase) para cada participante.

Ao comando do facilitador, cada participante procura o trecho correspondente, com outro participante, completando a frase.

Quando todas as duplas estiverem formadas, terão 3 minutos para refleti-la.

Em discussão circular, as duplas vão ler e comentar suas reflexões, permitindo a participação dos demais (até 20 minutos).

Finalizar a atividade dirimindo dúvidas, em caso de revisão e discussão livre, ou dando seguimento ao estudo do Roteiro em caso de introdução de assunto.

5) Dúvida ou entendimento

Sugestão de uso:

» Introduzir tema de estudo;
» Discussão livre de assunto.

Distribuir uma tira de papel para cada participante.

Comentar, brevemente, sobre o assunto que será estudado.

Em seguida, pedir para que escrevam na tira de papel, uma dúvida ou seu entendimento sobre o assunto comentado (1 minuto) – sem nomeá-lo.

Todos devem dobrar os papéis, colocando dentro de uma caixa ou saco opaco.

Segue o estudo do Roteiro, normalmente.

Findo o estudo do Roteiro, distribuir os papéis aleatoriamente. Pedir para que um participante inicie com a leitura em voz alta.

A turma analisa se a dúvida foi esclarecida durante o estudo, ou se o entendimento do assunto está de acordo com os preceitos estudados.

Em caso positivo, o facilitador pergunta se há ainda alguma dúvida, esclarecendo se necessário. Se a dúvida ou entendimento não tiverem sido contemplados pelo estudo, o facilitador esclarece, brevemente, orientando leituras.

6) Dúvida ou entendimento. Variação

Sugestão de uso:

» Introduzir tema de estudo;

» Discussão livre de assunto.

Distribuir uma tira de papel para cada participante.

Comentar, brevemente, sobre o assunto que será estudado.

Em seguida, pede para que escrevam na tira de papel, uma dúvida ou seu entendimento sobre o assunto comentado (1 minuto).

Pedir para que guardem os papéis consigo.

Finalizado o estudo do Roteiro, cada um relê sua dúvida ou entendimento, silenciosamente. Analisa se a dúvida foi esclarecida durante o estudo, ou se o seu entendimento do assunto está de acordo com os preceitos estudados.

Em caso positivo, o facilitador pergunta se há ainda alguma dúvida, esclarecendo se necessário. Se a dúvida ou entendimento não tiverem sido contemplados pelo estudo, o facilitador esclarece, brevemente, orientando leituras.

7) Palavra cruzada

Sugestão de uso:

» Revisão de conteúdo;

» Discussão livre de assunto.

Escrever na cartolina (ou similar), ou no quadro, na vertical, a palavra-chave do tema a ser estudado, por exemplo: ESPÍRITO.

| E |
| S |
| P |
| Í |
| R |
| I |
| T |
| O |

Dividir a turma em grupos.

Cada grupo deverá pensar e escrever duas perguntas, cujas respostas compreendam duas palavras na cruzada:

Grupo 1 – duas palavras (RESPOSTAS) que se encaixem nas duas primeiras letras – E, S;

Grupo 2 – duas palavras (RESPOSTAS) que se encaixem nas duas seguintes – P, I;

Os demais grupos fazem o mesmo para as letras seguintes.

Cada grupo desenha, na cruzada, os quadrinhos que correspondam as respostas (palavras) a serem completadas pelos demais grupos.

Quando a cruzada estiver pronta – com todos os quadrinhos desenhados – o facilitador dá o comando para que o Grupo 1 leia sua primeira pergunta, dando tempo para que os outros grupos pensem na resposta. Acertando a resposta, preenche os quadrinhos da cruzada. Em seguida, o Grupo 1 lê a segunda pergunta.

Repetir as ações até que a cruzada toda tenha sido preenchida.

O facilitador acompanha a atividade dirimindo dúvidas, mantendo o grupo em possível harmonia.

8) Síntese coletiva

Sugestão de uso:

» Revisão de conteúdo;

» Reforço de conceitos.

Após o estudo do Roteiro, ou do módulo, propor a construção de um pequeno texto coletivo sobre o assunto. O texto deve ser objetivo e caber em até duas folhas de cartolina ou similar.

Dividir a turma em três ou quatro grupos.

Iniciar dando aos grupos 3 minutos para discutirem sobre o que abordarão **objetivamente** do assunto.

Em seguida, o facilitador apresenta um cartaz contendo o TEMA, por exemplo: Sobre a REENCARNAÇÃO concluímos que...

Entrega ao Grupo 1 que iniciará a conclusão. O grupo discute e elabora a sequência em até 3 minutos, mais o tempo para escrever no cartaz.

O Grupo 2 observa, recebe o rascunho da resposta, em papel, enquanto o Grupo 1 escreve no cartaz, o Grupo 2 discute e elabora a sequência, preparando o rascunho para ser entregue ao Grupo 3.

Quando o Grupo 1 terminar de escrever, o Grupo 2 dará sequência a conclusão, observando a coerência e coesão do texto.

Enquanto o Grupo 2 escreve no cartaz, o Grupo 3 recebe o rascunho da resposta, em papel, discute e elabora a sequência, preparando o rascunho para ser entregue ao Grupo 4.

O grupo que tiver terminado sua parte, observa e ajuda os demais, caso queiram ajuda.

Terminada a CONCLUSÃO, todos comentam e o facilitador participa dirimindo dúvidas e complementando as informações.

9) Continue

Sugestão de uso:

» Introduzir tema de estudo;

» Revisão de conteúdo;

» Discussão livre de assunto.

O facilitador comenta brevemente um assunto.

Em seguida, convida os participantes para escreverem, em até quatro palavras, algo sobre o assunto. Quem não quiser, ou não tiver nenhuma opinião sobre o assunto, passa a vez.

Inicia passando a folha de papel com o assunto, por exemplo: Mundo de expiação por ser entendido como... (se a turma for grande, podem ser passadas duas folhas, uma em cada ponta, com o mesmo teor).

Terminada a atividade de escrita, o facilitador faz a leitura seguida de breves comentários, se a dinâmica for utilizada como introdução; ou esclarece as dúvidas, complementando as informações, se a dinâmica for utilizada como revisão ou discussão livre.

10) Revisando

Sugestão de uso:

» Revisão de conteúdo;

» Discussão livre de assunto.

Dividir a turma em grupos e distribuir três tiras de papel para cada grupo.

Cada grupo deverá escolher um módulo (sem que o outro saiba), e escrever três conceitos dentre os assuntos estudados, um em cada tira de papel. Dobrá-las.

O facilitador recolhe e mistura todas as tiras de papel.

Cada grupo retira três tiras de papel, comenta-as e relacionando-as, se possível.

Em seguida, o facilitador pede ao Grupo 1 que inicie a apresentação das tiras retiradas, comentando-as e relacionando-as, se possível.

O grupo que tiver o assunto correspondente se manifesta fazendo a leitura justificando a relação.

Toda a turma analisa o assunto complementando informações.

Ao final, os grupos recolhem suas tiras elaboradas e fixam na ordem, em local visível a todos.

O facilitador acompanha o trabalho, dirimindo dúvidas e complementando informações.

11) Perguntando ao outro grupo

Sugestão de uso:

» Revisão de conteúdo;

» Discussão livre de assunto.

Dividir a turma em grupos.

Cada grupo vai elaborar uma questão que deverá ser respondida por outro grupo (em até 5 minutos).

O grupo A pergunta ao B; o grupo B pergunta ao C; o grupo C pergunta ao D; o grupo D pergunta ao A.

O grupo entrega sua pergunta ao grupo que irá responder. O tempo destinado ao trabalho de resposta será de até 10 minutos para cada grupo. Os grupos poderão consultar fontes.

Terminado o tempo para a elaboração das respostas, inicia-se a apresentação delas, seguindo a sequência sugerida acima.

O facilitador acompanha o trabalho dos grupos, esclarecendo as dúvidas e complementando informações.

12) Perguntando ao outro grupo – tarefa de casa. Variação

Sugestão de uso:

» Introduzir tema de estudo;

» Revisão de conteúdo;

» Discussão livre de assunto.

Dividir a turma em grupos.

Cada grupo vai elaborar uma questão que deverá ser respondida por outro grupo.

O grupo A pergunta ao B; o grupo B pergunta ao C; o grupo C pergunta ao D; o grupo D pergunta ao A.

O grupo entrega sua pergunta ao grupo que irá responder.

As perguntas são sugeridas para casa, como trabalho de apresentação para o próximo encontro.

O facilitador acompanha o trabalho dos grupos e orienta a consulta de fontes bibliográficas.

13) Do aspecto geral para o particular

Sugestão de uso:

» Introduzir tema de estudo;

» Revisão de conteúdo;

» Discussão livre de assunto.

Iniciar com uma breve exposição dialogada do assunto.

Distribuir uma pergunta ou um texto para cada participante.

Dividir a turma em dois grupos para conversarem sobe os aspectos gerais do assunto (até 10 minutos).

Em seguida pedir para que se dividam em trios e discutam sobre a relação do assunto em situações cotidianas, aplicações das reflexões na vida prática.

As reflexões podem ser encaminhadas para uma reflexão ou uma tarefa individual.

O facilitador encaminha a conclusão esclarecendo as dúvidas e complementando informações.

14) Caixinha de assuntos

Sugestão de uso:

» Introduzir tema de estudo;

» Revisão de conteúdo;

» Discussão livre de assunto.

Uma caixinha contendo vários assuntos estudados ou não.

Turma em círculo, a caixinha passa de mão em mão. Ao sinal do facilitador a caixa para e o participante retira um assunto. O participante comenta o que sabe, ou diz sua curiosidade sobre o assunto, ou se não quiser comentar, passar o comentário ao grupão.

Essa atividade deve respeitar o tempo de interesse do grupo.

15) Grupo de observação e grupo de discussão (variação do GV – GO)

Sugestão de uso:

» Revisão de conteúdo;

» Discussão livre de assunto.

Apresentar o tema a ser discutido para a turma.

Dividir a turma em dois grupos: um de observação e um de discussão.

O grupo de observação ficará em volta do grupo de discussão.

Distribuir um texto para todos os participantes. Dar tempo para a leitura individual e silenciosa.

Em seguida, convidar o grupo de discussão para iniciarem suas reflexões acerca do que foi lido, relacionando-o, se possível, com outros assuntos que foram estudados (até 20 minutos).

O grupo de observação apenas observa, registrando, se quiser.

Terminado o tempo estipulado, fazer a troca de lugares. Os participantes observadores serão discutidores e os discutidores serão observadores.

O novo grupo de discutidores faz reflexões sobre o texto e sobre o que observou (20 minutos).

Encerrado o tempo, propor uma discussão circular encaminhando para a conclusão, esclarecendo dúvidas e complementando conceitos.

16) Em torno do tema

Sugestão de uso:

» Introduzir tema de estudo.

Escrever o tema no quadro ou em papel fixado na parede.

Convidar os participantes para:

» Refletir sobe o tema e o que ele sugere;

» Escrever, em volta do tema, algo que o tema significa;

» Deixar um tempo para a reflexão com a participação de todos.

Seguir com o estudo do Roteiro.

Terminado o estudo do Roteiro, convidar os participantes para analisarem o tema e as palavras escritas na atividade inicial: resume o que foi estudado? Precisa de algum complemento? Alguém entendeu diferente? etc.

Fazer o fechamento esclarecendo dúvidas e complementando informações.

17) Corrigindo e complementando

Sugestão de uso:

» Revisão de conteúdo;

» Discussão livre de assunto.

Uma caixa com várias frases, com diversos assuntos estudados. Algumas com conceitos completos, outras incompletas, outras com algum ponto errado.

Em duplas, retirar uma frase da caixa. Discutir por 5 minutos.

Terminado o tempo cada dupla vai ler sua frase, confirmando, corrigindo ou complementando a frase.

Todos podem participar concordando ou discordando, justificando sua compreensão.

O facilitador acompanha os trabalhos, esclarecendo dúvidas, reforçando conceitos e complementando informações.

18) Complementando

Sugestão de uso:

» Revisão de conteúdo.

Dividir a turma em 4 grupos. Preparar quatro folhas com assuntos diferentes para serem comentados e escrito pequenos resumos, por exemplo: folha 1 – tema: Espírito e matéria; folha 2 – tema: Diferentes categorias de mundos habitados; folha 3 – tema: Encarnação nos diferentes mundos; folha 4 – tema: Terra, mundo de expiação e de provas.

Cada grupo recebe uma folha. Discute e inicia um resumo, em até 8 minutos.

Ao comando do facilitador, trocam-se as folhas dos grupos.

O grupo continua o resumo onde o grupo anterior parou (5 minutos).

Trocar as folhas até que o grupo receba a sua primeira. Analisar e complementar fazendo a conclusão do resumo.

Os grupos fazem a leitura em voz alta e todos participam comentando todos os assuntos.

O facilitador acompanha o trabalho, esclarecendo dúvidas, complementando as informações em construção coletiva.

PLANEJAMENTO DO ESTUDO ESPÍRITA

"Podes dizer-me, por favor, que caminho devo seguir para sair daqui?"

Isso depende muito para onde você quer ir – respondeu o gato.

Preocupa-me pouco aonde ir – disse Alice.

Nesse caso, pouco importa o caminho que sigas – replicou o gato (Extraído de *Alice nos país das maravilhas*, Lewis Carroll).

Para iniciar o planejamento, o facilitador/evangelizador deve estar preparado para atender ao público ao qual se integrará. Conhecer os fundamentos da aprendizagem é ponto essencial para a orientação segura do planejamento.

Lindeman identificou [...] cinco pressupostos-chave para a educação de adultos e que mais tarde se transformaram em suporte de pesquisas. Hoje, eles fazem parte dos fundamentos da moderna teoria de aprendizagem de adulto:

1) Adultos são motivados a aprender quando percebem que suas necessidades e interesses serão satisfeitos. Por isso, estes são os pontos mais apropriados para se iniciar a organização das atividades de aprendizagem do adulto;

2) A orientação de aprendizagem do adulto está centrada na vida. Por isso, as unidades apropriadas para se organizar seu programa de aprendizagem são as situações de vida e não disciplina;

3) A experiência é a mais rica fonte para o adulto aprender, logo, o centro da metodologia da educação do adulto é a análise das experiências;

4) Adultos têm profunda necessidade de serem autodirigidos. O papel do professor é engajar-se no processo de mútua investigação com os alunos e não apenas transmitir-lhes seu conhecimento e depois avaliá-los;

5) As diferenças individuais entre pessoas crescem com a idade, então, a educação de adultos deve considerar as diferenças de estilo, tempo, lugar e ritmo de aprendizagem." – Eduardo C. Lindeman (CASTRO, Eder A.; OLIVEIRA, Paulo R. (Org.). *Educando para o pensar*. São Paulo: Editora Pioneira Thomson Learning, 2002. pt. 3, cap. *O pensar no ensino superior*, p. 113).

Ao facilitador de estudo para adultos o ideal é proporcionar ações que promovam a autonomia do pensamento e a reflexão. Como o adulto é autodidata, podem ser oferecidas atividades como: incentivar a leitura prévia da referência a ser trabalhada, destacando pontos relevantes; incentivar pesquisas que enriqueçam o estudo e os debates. Pesquisas que não se limitem aos temas espíritas, mas que sirvam para complementação científica, social e cultural e promover debates e discussões.

Elementos do planejamento

Objetivos gerais e específicos na prática

Todo estudo deve conter elementos básicos que organizam e direcionam as ações para o alcance de um determinado fim.

O módulo de estudo, que compreende o conjunto de temas a serem estudados no decorrer de alguns encontros, tem objetivo geral que especifica, em linhas gerais, o que se pretende com o estudo daquele módulo. Por exemplo:

Módulo: Reencarnação.

Objetivo geral: Possibilitar entendimento da reencarnação segundo a Doutrina Espírita.

O módulo pode conter tantos temas quantos forem necessários para o estudo que se deseja alcançar. Para cada tema que o módulo oferece é importante observar:

Os objetivos específicos (que compreendem as ações que são esperadas do participante naquele estudo), por exemplo:

Módulo Reencarnação.

Tema/Roteiro: Provas da reencarnação.

Objetivos específicos: Analisar evidências da reencarnação; Refletir sobre estudos de casos científicos da reencarnação.

E qual a tarefa do facilitador?

Oferecer conteúdo suficiente para que os objetivos específicos sejam alcançados pelos participantes.

Para isso, além da escolha/seleção do conteúdo, é necessário planejar a maneira como esse conteúdo será abordado, analisado e estudado. Nesse momento, o facilitador elege recursos que melhor lhe atendam aos propósitos, respeitando:

» O perfil do grupo;

» A disponibilidade de recursos humanos e materiais e,

» O tempo de duração do encontro.

O conteúdo na prática

Para a escolha do conteúdo, primeiro é preciso saber o que se pretende com o estudo.

Os programas prontos, por exemplo: ESDE, EADE etc., trazem os objetivos: geral e específicos, conteúdo básico, subsídios ao facilitador e referência. A partir do conteúdo selecionado, basta planejar a maneira de condução do estudo e os recursos para facilitar a compreensão.

O conteúdo pode ser estudado nos subsídios, nos livros, em pequenos vídeos, em exposições dialógicas etc., destacamos que nesse momento é importante ter claros os objetivos a serem alcançados para decidir, também, o quanto apresentar.

Joseph Lowman em *Dominando as técnicas de ensino* esclarece que apenas um pequeno número de pontos relevantes pode ser apresentado eficazmente em um único estudo e que pesquisas sobre o que pode ser lembrado após os estudos indicam que a maioria pode absorver, independente do conteúdo que está sendo ensinado, em 50 minutos = 3 ou 4 pontos; 75 minutos = 4 ou 5 pontos. Por isso, abranger muitas coisas torna a abordagem de cada ponto superficial, o ritmo apressado para o facilitador e frenético para o participante.

É importante dar uma pausa, a fim de que as ideias assentem, e esse momento (de pausa) é muito importante para a compreensão dos assuntos.

A profundidade e a complexidade de um assunto também influenciam na hora de escolher o que apresentar. Um estudo não pode ser tão simplista ou óbvio que os participantes não aprendem nada novo; nem deve ser tão sofisticado e denso que impede a participação do grupo.

A melhor exposição é aquela totalmente compreensível para a maioria dos ouvintes, e que envolve alguma reflexão nova ou a organização daquilo que eles já sabem. (Adaptado: LOWMAN, J. *Dominando as técnicas de ensino*. Trad. Haure Ohara Avritscher. 2. ed. São Paulo: Atlas, 2004).

O planejamento é um momento destinado ao facilitador para refletir, escolher, programar, organizar e elaborar o roteiro de estudo. É também um momento de sintonia com o Plano Espiritual que o auxiliará na condução dos estudos, na integração entre os participantes e no acolhimento ao grupo.

"Os pontos cuidadosamente selecionados e organizados, embora sejam louváveis, constituem uma aula de qualidade apenas média, a menos que eles sejam bem comunicados." (LOWMAN, J. *Dominando as técnicas de ensino*. Trad. Haure Ohara Avritscher. 2. ed. São Paulo: Atlas, 2004).

Recursos na prática

Recursos são os meios e instrumentos de que podemos nos utilizar para facilitar a compreensão de assuntos em momentos de estudo. Recomendamos a leitura do Módulo II: Estratégias de dinamização dos processos de estudo, desse mesmo Eixo.

Avaliação do estudo espírita na prática

A avaliação tem sido, ao longo de muito tempo, utilizada como um instrumento de controle. É necessário ressaltar que a avaliação tem várias utilidades e a que importa ao estudo espírita é a de *acompanhar o desenvolvimento do grupo*. Nessa perspectiva, a avaliação objetiva atender ao acolhimento do participante no grupo, sua integração ao grupo, sua integração e permanência no estudo.

A integração do grupo faz com que os membros se acolham e se cuidem durante todo o processo de aprendizagem. O facilitador tem papel importantíssimo nessa tarefa.

Quando o grupo se sente acolhido e existe respeito entre os membros, o facilitador pode proporcionar "momentos de avaliação" das atividades, em que todos os participantes podem falar ou escrever suas impressões sobre o estudo. Podem ser distribuídas perguntas claras, objetivas e que chamem o participante para a responsabilidade de sua participação, por exemplo:

» *Do que você mais gosta no estudo?*

» *Você se envolve nas propostas de estudo? Por quê?*

» *O que você propõe melhorar* (participante) *nos próximos encontros?*

» *O que precisa melhorar para os próximos encontros* (metodologia, recursos... etc.)?

» *Os temas têm contribuído para suas reflexões pessoais? Para sua reforma íntima? Etc.*

A avaliação é um termômetro do trabalho. Ela auxilia na melhoria das atividades e da integração quando bem utilizada. A partir de seus resultados o trabalho pode ser replanejado, reforçado aspectos positivos e melhorados os aspectos negativos.

Lembrando ao trabalhador espírita, que sua tarefa é receber os participantes que buscam a Doutrina para encontrar **Jesus**:

> Vinde a mim, todos vós que estais aflitos e sobrecarregados, que eu vos aliviarei. Tomai sobre vós o meu jugo e aprendei comigo que sou brando e humilde de coração e achareis repouso para vossas almas, pois é suave o meu jugo e leve o meu fardo (*Mateus*, 11:28 a 30. *In*: *O evangelho segundo o espiritismo*, cap. 6, it. 1).

ESTUDO SISTEMATIZADO DA DOUTRINA ESPÍRITA
PROGRAMA COMPLEMENTAR – TOMO III

EDIÇÃO	IMPRESSÃO	ANO	TIRAGEM	FORMATO
1	1	2008	10.000	18x25
1	2	2009	5.000	18x25
1	3	2010	10.000	18x25
1	4	2011	10.000	18x25
1	5	2012	6.000	18x25
1	6	2012	10.000	17x24
1	7	2014	3.500	18x25
1	8	2014	5.000	17x24
1	9	2015	5.000	17x24
1	10	2015	4.000	17x24
1	11	2016	5.000	17x24
1	12	2016	4.500	17x25
1	13	2017	4.000	17x25
1	14	2017	5.500	17x25
1	15	2018	2.000	17x25
1	16	2018	3.000	17x25
1	17	2019	2.300	17x25
1	18	2019	2.000	17x25
1	19	2019	3.000	17x25
2	1	2022	2.500	17x25
2	2	2023	2.000	17x25
2	3	2023	1.000	17x25
2	4	2024	2.000	17x25
2	5	2024	2.000	17x25
2	6	2025	2.500	17x25

O QUE É ESPIRITISMO?

O ESPIRITISMO É UM CONJUNTO DE PRINCÍPIOS E LEIS revelados por Espíritos Superiores ao educador francês Allan Kardec, que compilou o material em cinco obras que ficariam conhecidas posteriormente como a Codificação: *O livro dos espíritos*, *O livro dos médiuns*, *O evangelho segundo o espiritismo*, *O céu e o inferno* e *A gênese*.

Como uma nova ciência, o Espiritismo veio apresentar à Humanidade, com provas indiscutíveis, a existência e a natureza do Mundo Espiritual, além de suas relações com o mundo físico. A partir dessas evidências, o Mundo Espiritual deixa de ser algo sobrenatural e passa a ser considerado como inesgotável força da Natureza, fonte viva de inúmeros fenômenos até hoje incompreendidos e, por esse motivo, são tidos como fantasiosos e extraordinários.

Jesus Cristo ressaltou a relação entre homem e Espírito por várias vezes durante sua jornada na Terra, e talvez alguns de seus ensinamentos pareçam incompreensíveis ou sejam erroneamente interpretados por não se perceber essa associação. O Espiritismo surge então como uma chave, que esclarece e explica as palavras do Mestre.

A Doutrina Espírita revela novos e profundos conceitos sobre Deus, o Universo, a Humanidade, os Espíritos e as leis que regem a vida. Ela merece ser estudada, analisada e praticada todos os dias de nossa existência, pois o seu valioso conteúdo servirá de grande impulso à nossa evolução.

O EVANGELHO NO LAR

Quando o ensinamento do Mestre vibra entre quatro paredes de um templo doméstico, os pequeninos sacrifícios tecem a felicidade comum.*

Quando entendemos a importância do estudo do Evangelho de Jesus, como diretriz ao aprimoramento moral, compreendemos que o primeiro local para esse estudo e vivência de seus ensinos é o próprio lar.

É no reduto doméstico, assim como fazia Jesus, no lar que o acolhia, a casa de Pedro, que as primeiras lições do Evangelho devem ser lidas, sentidas e vivenciadas.

O espírita compreende que sua missão no mundo principia no reduto doméstico, em sua casa, por meio do estudo do Evangelho de Jesus no Lar.

Então, como fazer?

Converse com todos que residem com você sobre a importância desse estudo, para que, em família, possam compreender melhor os ensinamentos cristãos, a partir de um momento de união fraterna, que se desenvolverá de maneira harmônica e respeitosa. Explique que as reflexões conjuntas acerca do Evangelho permitirão manter o ambiente da casa espiritualmente saneado, por meio de sentimentos e pensamentos elevados, favorecendo a presença e a influência de Mensageiros do Bem; explique, também, que esse momento facilitará, em sua residência, a recepção do amparo espiritual, já que auxilia na manutenção de elevado padrão vibratório no ambiente e em cada um que ali vive.

Convide sua família, quem mora com você, para participar. Se mora sozinho, defina para você esse momento precioso de estudo e reflexões. Lembre-se de que, espiritualmente, sempre estamos acompanhados.

Escolha, na semana, um dia e horário em que todos possam estar presentes.

---

* XAVIER, Francisco Cândido. *Luz no lar*. Por Espíritos diversos. 12. ed. 7. imp. Brasília: FEB, 2018. Cap. 1.

O tempo médio para a realização do Evangelho no Lar costuma ser de trinta minutos.

As crianças são bem-vindas e, se houver visitantes em casa, eles também podem ser convidados a participar. Se não forem espíritas, apenas explique a eles a finalidade e importância daquele momento.

O seguinte roteiro pode ser utilizado como sugestão:

1. Preparação: leitura de mensagem breve, sem comentários;
2. Início: prece simples e espontânea;
3. Leitura: *O evangelho segundo o espiritismo* (um ou dois itens, por estudo, desde o prefácio);
4. Comentários: breves, com a participação dos presentes, evidenciando o ensino moral aplicado às situações do dia a dia;
5. Vibrações: pela fraternidade, paz e pelo equilíbrio entre os povos; pelos governantes; pela vivência do Evangelho de Jesus em todos os lares; pelo próprio lar...
6. Pedidos: por amigos, parentes, pessoas que estão necessitando de ajuda...
7. Encerramento: prece simples, sincera, agradecendo a Deus, a Jesus, aos amigos espirituais.

As seguintes obras podem ser utilizadas nesse momento tão especial:

- *O evangelho segundo o espiritismo*, como obra básica;
- *Caminho, verdade e vida; Pão nosso; Vinha de luz; Fonte viva; Agenda cristã.*

Esse momento no lar não se trata de reunião mediúnica e, portanto, qualquer ideia advinda pela via da intuição deve permanecer como comentário geral, a ser dito de maneira simples, no momento oportuno.

No estudo do Evangelho de Jesus no Lar, a fé e a perseverança são diretrizes ao aprimoramento moral de todos os envolvidos.

O LIVRO ESPÍRITA

Cada livro edificante é porta libertadora.

O livro espírita, entretanto, emancipa a alma nos fundamentos da vida.

O livro científico livra da incultura; o livro espírita livra da crueldade, para que os louros intelectuais não se desregrem na delinquência.

O livro filosófico livra do preconceito; o livro espírita livra da divagação delirante, a fim de que a elucidação não se converta em palavras inúteis.

O livro piedoso livra do desespero; o livro espírita livra da superstição, para que a fé não se abastarde em fanatismo.

O livro jurídico livra da injustiça; o livro espírita livra da parcialidade, a fim de que o direito não se faça instrumento da opressão.

O livro técnico livra da insipiência; o livro espírita livra da vaidade, para que a especialização não seja manejada em prejuízo dos outros.

O livro de agricultura livra do primitivismo; o livro espírita livra da ambição desvairada, a fim de que o trabalho da gleba não se envileça.

O livro de regras sociais livra da rudeza de trato; o livro espírita livra da irresponsabilidade que, muitas vezes, transfigura o lar em atormentado reduto de sofrimento.

O livro de consolo livra da aflição; o livro espírita livra do êxtase inerte, para que o reconforto não se acomode em preguiça.

O livro de informações livra do atraso; o livro espírita livra do tempo perdido, a fim de que a hora vazia não nos arraste à queda em dívidas escabrosas.

Amparemos o livro respeitável, que é luz de hoje; no entanto, auxiliemos e divulguemos, quanto nos seja possível, o livro espírita, que é luz de hoje, amanhã e sempre.

O livro nobre livra da ignorância, mas o livro espírita livra da ignorância e livra do mal.

Emmanuel[*]

---

[*] Página recebida pelo médium Francisco Cândido Xavier, em reunião pública da Comunhão Espírita Cristã, na noite de 25 de fevereiro de 1963, em Uberaba (MG), e transcrita em *Reformador*, abr. 1963, p. 9.

LITERATURA ESPÍRITA

Em qualquer parte do mundo, é comum encontrar pessoas que se interessem por assuntos como imortalidade, comunicação com Espíritos, vida após a morte e reencarnação. A crescente popularidade desses temas pode ser avaliada com o sucesso de vários filmes, seriados, novelas e peças teatrais que incluem em seus roteiros conceitos ligados à Espiritualidade e à alma.

Cada vez mais, a imprensa evidencia a literatura espírita, cujas obras impressionam até mesmo grandes veículos de comunicação devido ao seu grande número de vendas. O principal motivo pela busca dos filmes e livros do gênero é simples: o Espiritismo consegue responder, de forma clara, perguntas que pairam sobre a Humanidade desde o princípio dos tempos. Quem somos nós? De onde viemos? Para onde vamos?

A literatura espírita apresenta argumentos fundamentados na razão, que acabam atraindo leitores de todas as idades. Os textos são trabalhados com afinco, apresentam boas histórias e informações coerentes, pois se baseiam em fatos reais.

Os ensinamentos espíritas trazem a mensagem consoladora de que existe vida após a morte, e essa é uma das melhores notícias que podemos receber quando temos entes queridos que já não habitam mais a Terra. As conquistas e os aprendizados adquiridos em vida sempre farão parte do nosso futuro e prosseguirão de forma ininterrupta por toda a jornada pessoal de cada um.

Divulgar o Espiritismo por meio da literatura é a principal missão da FEB, que, há mais de cem anos, seleciona conteúdos doutrinários de qualidade para espalhar a palavra e o ideal do Cristo por todo o mundo, rumo ao caminho da felicidade e plenitude.

FEB editora
Livro espírita para um novo mundo
www.febeditora.com.br
@febeditoraoficial
@febeditora

Conselho Editorial:
Carlos Roberto Campetti
Cirne Ferreira de Araújo
Evandro Noleto Bezerra
Geraldo Campetti Sobrinho – Coord. Editorial
Jorge Godinho Barreto Nery – Presidente
Maria de Lourdes Pereira de Oliveira
Miriam Lúcia Herrera Masotti Dusi

Produção Editorial:
Elizabete de Jesus Moreira

Revisão e atualização de conteúdo:
Carlos Roberto Campetti (Coordenação)
Maria Tulia Bertoni
Paula Pantalena
Veridiana de Paula Reis Castro

Revisão:
Mônica dos Santos

Capa:
Fátima Agra

Projeto Gráfico e Diagramação:
Rones José Silvano de Lima - instagram.com/bookebooks_designer

Normalização Técnica:
Biblioteca de Obras Raras e Documentos Patrimoniais do Livro

Esta edição foi impressa pela Viena Gráfica e Editora Ltda., Santa Cruz do Rio Pardo, SP, com uma tiragem de 2,5 mil exemplares, todos em formato fechado de 170x250 mm e com mancha de 124x204 mm. Os papéis utilizados foram o Offset 63 g/m² para o miolo e o Cartão 250 g/m² para a capa. O texto principal foi composto em fonte Minion Pro Regular 12/15 e os títulos em Zurich Lt BT Light 22/26,4. Impresso no Brasil. *Presita en Brazilo.*